뒤틀린 우리 사회,
어떻게 경영할
것인가?

통합지향의
사회디자인

통합지향의 사회디자인

뒤틀린 우리 사회,
어떻게 경영할
것인가?

양 창 삼 著

분열과 차별이 난무하는 사회에서 생명을 존중하고, 있는 것을
함께 나누며, 섬기며 사는 것이 너무나 중요하다.

한국학술정보㈜

머리말

　세계는 미움과 질시로 어두워지고 있다. 우리 사회도 화합보다는 반목이 더 두드러진다. 이런 세계의 아픔과 사회의 고질적 현상을 깨뜨릴 수는 없을까? 보다 지선의 사회로 나아가기 위해 사회과학도나 경영자는 어떤 생각을 해야 하는가? 이 책은 바로 이런 물음에서 시작되었다. 학문적으로나마 이 길을 제시할 수 있다면 학자로서의 의무를 어느 정도 담당했다고 볼 수 있기 때문이다.

　그동안 교수로서 많은 글을 썼고, 또 책을 냈다. 학문으로 들어선 초기에는 '자아실현(self-realization)'에 관심을 가졌다. 테일러의 생각처럼 하늘이 준 달란트를 땅에 묻지 않고 자기의 최선을 다하며 산다는 것은 매우 중요하고, 주변에서 그런 환경을 만들어주는 것이 마땅한 도리라고 생각하였다. 그러나 세상은 그렇게 되는 것 같지 않았다. 생각보다 자신의 달란트를 묻는 사람도 많았고, 남을 배려하기보다 남을 깎아내리는 일이 많다는 것도 알았다. 하지만 부정적 현실을 보기보다 그 어려운 가운데서도 일어서는 사람, 남의 등을 두드려주는 사람이 있어 세상은 아직 살만한 곳이라는 것을 깨달았다.

　'통합(integration)'이라는 주제에 관심을 갖게 된 것은 오래되었지만 이것을 학문적으로 추구하는 일을 해온 것은 최근의 일이다. 분열과 차별이 난무하는 사회에서 생명을 존중하고, 있는 것을 함께 나누며, 섬기며 사는 것이 너무나 중요하다는 것을 알았기 때문이다. 디지털 신경제 사회는 디자인을 중시한다. 디자인은 단지 상품과 포장을 어떻게 디자인할 것인가에 한정되지 않는다. 우리 사회를 어떻게 만들어갈 것인가

하는 사회디자인(social design), 문화디자인(cultural design)도 우리가 해야 할 일이다. 이런 의미에서 우리 모두는 이 디자인에 참여해야 할 디자이너들이다. 나는 이 디자인을 '경영'이라 부른다. 내가 사회경영뿐 아니라 민족경영, 문화경영이라 했을 때 그 속에는 사회나 민족, 나라, 문화, 세계를 어떻게 디자인하고 경영해야 하는가 하는 학문적 추구가 담겨있다.

이 책은 모두 3부로 구성되어 있다. 제1부는 세계화와 반세계화로 나뉜 우리 세계를 어떻게 통합할 수 있을까, 세계 각국에 흩어져 사는 우리 민족이 더 이상 주변부의식에 사로잡히지 않고 있는 자리에서 중심의식을 가질 수 있는가, 동아시아도 이제 반목과 질시에서 벗어나 서로 화합하고 교통할 수 있을까, 그리고 마키아벨리가 이탈리아 통일을 그토록 바랐던 것처럼 우리에게도 그런 통합의 날이 올 수 있을까에 초점을 맞추었다. 제2부는 차별당하는 성에 존중의 날개를 달아주고, 과학의 발달로 인해 위험에 처한 생명에 윤리의 옷을 입히며, 타나토스가 풍미하는 세상에서 우리가 택해야 할 길을 찾고, 자아실현뿐 아니라 사회실현의 바탕을 모색한다. 제3부는 나눔의 세상을 만들어가기 위한 작업을 하고 있다. 포스트모던 사회에서 자본주의 성격을 규명하고, 기업윤리를 바로 세움과 동시에 나눔과 봉사의 중요성을 강조하고 있다. 사회는 우리가 어떤 뜻을 세우는가에 달라질 것이다. 우리는 분열보다 통합의 길로 나가야 희망이 있다. 우리 모두는 이 길을 닦는 사람들이다.

2007년
양창삼

차 례

제1부

国가, 민족, 세계화와
사회통합

제 1 장

세계화와 반세계화,
그리고 통합적 세계경영

21세기로 접어들면서 인류는 새로운 밀레니엄에 대한 기대와 함께 평화를 기원했다. 특히 세계화는 지구촌 가족을 만들면서 그 평화를 가져다줄 중요한 도구로 간주되기도 했다. 그러나 9·11사건과 미국의 테러와의 전쟁 선포, 미국의 아프가니스탄 및 이라크 침공 등으로 세계는 평화에 앞서 전쟁이라는 비극적 사건을 먼저 맞아야 했다.

에모트에 따르면 인류 앞에는 지금 도전 받는 평화와 의심받는 자본주의라는 두 개의 커다란 과제가 놓여 있다. 세계는 과연 평화를 유지하면서 자본주의적 발전을 계속할 수 있겠는가 하는 것이다(에모트, 2003). 지금 세계화는 세계의 지구촌화나 평화공존이라는 순박한 생각을 넘어 불확실성, 혼돈, 정보화, 포스트모더니즘, 지식사회, 탈냉전 등으로 일컬어지는 일련의 세기말적 증후군을 배경으로 하는 복합적이고 사회적인 과정으로 인식되고 있다. 따라서 이러한 복잡한 관계 속에서 세계화를 이해하고, 보다 나은 세계를 구축하고자 하는 통합적 노력이 필요하다.

이 글은 미국을 주축으로 하는 신자유주의적 세계화와 그에 대한 반론,

포스트모던 제국주의 논쟁, 그리고 자원을 중심으로 하는 세계 각축과 세계화 문제를 논하고자 한다. 그리고 이러한 환경에서 우리는 어떻게 통합적 세계관을 구축하여 세계를 보다 바람직하게 경영해야 하는가를 살펴보기로 한다.

1. 신자유주의적 세계화와 반세계화 논쟁

인류가 바라는 세계화는 평화적 공존과 화해, 그리고 행복한 지구사회를 만드는 이상을 담고 있다. 그러나 세계화가 선진 국가들의 상업적 및 문화적 지배로 오염되면서 반세계화에 대한 논쟁도 끊임없이 제기되고 있다. 그러므로 지금은 세계화 개념 자체에 대한 논란이 충분히 있을 수 있다.

현재 세계화냐 반세계화냐의 문제는 현시대를 살아가는 지구인들이 풀어가야 할 중요한 주제이다. 이것은 아랍권과 비아랍권의 문제로 한정되지 않는다. 세계화와 반세계화를 가장 분명하게 구분 짓는 것으로 세계경제포럼(WEF)과 세계사회포럼(WSF)이 있다. 이 두 포럼은 각각 세계 자본주의 체제의 지배 및 피지배 세력을 대변한다. 세계화의 확대를 선도하는 국제적 정치인과 경제인들이 경제포럼을 열었다면 세계화에 저항하는 각국의 시민과 민중대표들은 세계사회포럼을 열었다. 이것은 21세기 초 인류사회의 갈등을 극명하게 입증하는 양대 포럼이다. 두 포럼 모두 '세계'라는 단어를 사용했다. 그러나 그들이 보는 세계화 개념은 분명히 다르다. 세계경제포럼에서 주장하는 세계화는 그들 스스로 지켜져야 할 대상이지만 세계사회포럼에서 보는 세계화는 무너뜨려야 할 대상이다. 이처럼 세계화를 보는 눈이 다르다. 그 이유는 두 포럼의 성격 차이에서 비롯된다. 특히 신자유주의에 대한 입장 차이가 아주 크다.

세계경제포럼 총회는 매년 초 스위스의 스키 휴양지 다보스(Davos)에서 열려 흔히 '다보스 포럼'이라 불려왔다. 그러나 2002년에는 9·11 테러 참사를 당한 뉴욕을 지지한다는 차원에서 뉴욕에서 열려 '뉴욕 포럼'이라 불리었다. 다보스 포럼은 1971년 당시 30대 후반이던 슈바프(K. Schwab)라는 스위스 경영학 교수가 주도한 비공식 모임이었다. 처음에는 노동계·정계·업계 지도자들을 한곳에 모은다는 목적으로 시작되었다. 하지만 이 포럼은 시간이 흐르면서 규모도 커지고 참가비도 지나치게 비싸 영리적이며 폐쇄적 귀족주의라는 비판을 받기도 했다. 뉴욕 세계경제포럼의 대주제는 어려운 시기의 리더십, 특히 미래 공존을 위한 비전이다. 소주제는 안정된 경제성장 회복방안, 안전보장 및 새로운 형태의 공격 대응방안, 비즈니스 도전 재정립, 빈곤퇴치 및 균형발전, 리더십과 정부의 역할 재조명, 그리고 문화적 가치공존 및 조화증진 방안 등 6가지이다. 세계불황, 9·11테러와 문화 및 종교 간 갈등 등을 고려, 무거운 주제들로 일관되어 있다. 난세의 리더십을 주제로 6개 소의제를 설정하고 300여 개 이상의 분임 토의 및 회의를 했다. 투자위축, 실업증가 및 소비자 신뢰 하락 간 악순환의 단절방안과 가장 효과적인 재정 및 금융정책을 모색했다. 또 국제테러리즘을 비롯해 새로운 차원의 공격에 대응하기 위한 정부·기업·개인의 조치사항도 논의했다. 9·11테러 이후 제기되는 시민의 인권과 공공의 안전 사이에 어떻게 균형을 이룰 것인가 하는 문제, 미국과 아랍권 간 관계 재설정을 위한 토론도 있었다. 중요한 것은 이들의 시각이 신자유주의를 이끄는 부국들의 입장을 대변한다는 점이다.

이에 반해 세계화에 반대하는 전 세계 사회운동가들이 브라질의 항구도시 포르토 알레그레에서 세계사회포럼을 열었다. 이 포럼은 '또 다른 세계가 가능하다'는 구호를 내걸고, 신자유주의적 세계화에 맞서기 위한 투쟁노선을 견지했다. 세계사회포럼은 2001년 1월 포르토 알레그레에서

13

각국 반세계화운동가들이 참가한 가운데 출범했다. 브라질의 비정부기구연합회가 프랑스의 '아탁'(ATTAC: 시민지원을 위한 국제금융거래과세 추진협회) 등 반세계화운동단체의 예산 지원을 얻어 포럼을 추진했다. 브라질의 노동당이 집권한 항구도시 포르토 알레그레는 시민단체 대표들이 시의 예산집행에 관여하는 참여적 민주주의를 실천함으로써 좌파운동의 세계적 모범사례로 꼽히기 때문에 포럼 장소로 결정되었다. 포럼 주최 측에 따르면 '다보스는 부의 집중, 빈곤의 세계화, 우리 지구의 파괴를 상징한다면 포르토 알레그레는 인류와 자연이 중심이 되는, 가능한 새로운 세계를 위한 희망과 투쟁을 상징한다.' 포르토 알레그레는 반세계화운동의 메카가 된 것이다. 2002년 세계사회포럼은 26개의 주제를 700개의 소모임에서 나눠 토의했다. 주요의제는 국제투기자본을 규제하기 위해 세금을 매겨야 한다는 토빈세(Tobin tax) 제정운동을 비롯해 저개발국의 부채탕감, 새로운 세계정부 체제, 농업생산의 재조직화, 민주주의 개혁 등이다. 농민 운동가들은 농업이 무역협상에서 배제되어야 한다는 입장에서 농산물 시장개방의 의무화 반대, 농산물 수출 보조금 폐지, 유전자 변형 농작물 금지 등을 논의했다.

두 포럼은 한 마디로 신자유주의적 세계화를 지지하느냐 반대하느냐로 나뉜다. 세계사회포럼의 입장에 선 베르나르 카셴 아탁 회장은 신자유주의적 세계화는 움직이는 모든 것을 상품화한다고 지적했다. 말레이시아 경제학자 마틴 코르 '제3세계 네트워크' 회장도 북반구 정부들은 통제되지 않은 세계화의 작용으로 야기되는 남반구의 불평등과 사회적 소외가 빈곤과 단절을 낳고 폭력으로 이어진다는 것을 알아야 한다고 강조한다.

컬럼비아대학 경제학 교수 하비에르 살라 이 마르틴(X. Sala-i-Martin)은 세계화가 될수록 국가 간·계층 간 소득 차가 늘어난다는 반세계화 진영의 논리는 허구라고 주장한다. 그는 반세계화 진영이 세계화를 공격할 때 참고서처럼 사용하는 유엔 개발프로그램(UNDP) 보고서를 조목조목

비판하는 방식으로 반세계화 논리를 공격했다. 그는 이 보고서가 국가마다 구매력과 인구가 다르다는 사실 등을 고려하지 않았다고 비판했다. 그는 1달러 구매력의 차이를 고려해야 하고, 저소득층의 소득이 함께 오를 경우 국가내부의 소득격차도 나쁜 일은 아니며, 13억 중국과 8만 인구의 그레나다를 동일시해서는 안 된다고 보았다. UNDP는 1999년 '인간개발 보고서'를 통해 지난 1960년 부국 국민(세계인구의 20%)의 1인당 소득은 빈국 국민(20%)의 30배였으나, 1997년에는 74배로 벌어졌다는 보고서를 발표했다. 반세계화 진영은 이 보고서를 계기로 세계화는 잘사는 나라와 못사는 나라 국민들 간 소득 차를 벌려놨다고 비판했다. 마르틴 교수는 이것은 각국 소득을 환율로만 비교한 것이며, 같은 금액이라도 나라마다 구매력이 다르다는 점을 고려하지 않았다고 비판했다. 에티오피아 등 빈국의 물가는 선진국보다 낮기 때문에 구매력을 감안할 경우 부국 국민이 빈국 국민보다 잘사는 비율은 15.09배(1998년)로 떨어진다는 것이다. 이는 1980년(15.9)보다 오히려 조금 낮아진 수치다(Barro & Sala-i-Martin, 1998).

UNDP보고서는 1980년대와 1990년대 초 선진국은 물론 동아시아 국가들에서도 계층 간 소득격차가 벌어졌다고 밝혔다. 그러나 마르틴 교수는 그 시기 계층 간 소득격차를 따지는 지니(Gini) 계수를 보면 한국은 15.2%, 홍콩은 10.2%, 인도네시아는 16.2%로 오히려 내려갔다고 밝혔다. 또 UNDP의 보고서가 나온 1999년의 OECD 국가 수는 한국 등 29개국인데도 UNDP는 이 중 19개국만 선정했고, 그나마 조사도 불성실했다는 주장이다. 그는 "저소득층의 소득이 함께 올라간다면 한 국가 안에서 계층 간 소득격차의 증가 자체가 그렇게 나쁜 일은 아니다"고 주장했다. 마르틴 교수의 연구에서 실제로 계층 간에 부익부 빈익빈 현상을 겪은 유일한 국가는 아프리카의 나이지리아지만 이는 세계화보다는 부패 및 정치에 좌우되는 경제정책 때문이라고 진단했다.

반세계화 진영은 늘어나는 빈국의 숫자를 강조한다. 그러나 마르틴은 가장 못사는 아프리카 국가들이 35개국이나 되지만 이들의 인구는 중

15

국의 절반밖에 안 된다고 밝혔다. 따라서 지난 20년간 중국과 인도(모두 25억 인구)가 보인 고도성장과 이들 국가 국민들이 이룬 소득증대를 고려하지 않고 무작정 UNDP보고서처럼 나라 수로만 비교하는 것은 오류라고 주장했다. 그는 125개국을 대상으로 각국의 인구를 고려해 따진 국가 소득격차는 1970년 이해 계속 줄어들고 있다고 밝혔다.

세계은행의 보고서에 따르면 세계화는 가계소득이 최소한 5000-6000달러 이상인 국가에서만 계층 간 소득격차를 줄이는 효과를 가져왔다. 그동안 세계은행의 입장은 세계화, 즉 개방화(국내총생산·GDP에서 수출입이 차지하는 비중) 정도와 외국인 직접투자(FDI)의 규모가 클수록 그 국가의 계층 간 소득 불균형은 줄어든다는 것이었다. 그러나 세계은행의 빈곤문제 수석연구원인 브랑코 밀라노비치(Milanovic)는 '세계화가 소득분배에 미친 영향'이라는 보고서를 통해 가계소득이 최소 5000~6000달러 이상인 국가들에서만 세계화가 소득격차 해소에 긍정적으로 작용해 저·중간 소득계층이 전체 소득에서 차지하는 비중이 오르고 부유층의 비중이 내려갔으며, 저소득·저개발국에서는 세계화가 될수록 부익부 빈익빈 현상이 심화되었다고 밝혔다. 이는 세계화를 옹호하는 세계은행의 기존 입장에 정면으로 대치되는 것이다.

밀라노비치는 전 세계 88개국을 대상으로 1992~1997년 기간과 1985~1991년 기간의 가계소득 변화와 세계화 정도를 비교했다. 그는 가계소득 5000달러 이하인 저개발국에서 세계화가 오히려 소득격차를 넓히는 부익부 빈익빈 현상을 초래한 이유로, 개방화되면서 교육수준이 낮은 저개발국의 기존 자영업자들은 저기술·저임금 근로자로 전락해 소득이 줄지만 고소득층이 독점하는 부동산가치는 뛰는 점을 들었다.

이번 보고서는 또 전 세계 가계소득을 10개 등급으로 나눈 뒤 이를 평균소득과 비교한 결과 소득계층 중 최하 10%의 평균소득은 1988년 전체 평균소득의 30.7% 수준에서 1993년에는 24.8%로 더 하락했다고 밝혔다. 반대로 상위 소득계층 10%의 소득은 1988년 평균소득의 273.5%에서

1993년에는 293.4%로 더 높아졌다(이철민, 2002). 이러한 결과는 세계화 될수록 빈국은 소득의 차가 커지며 소수가 부를 독점하는 현상이 나타남을 의미한다.

기든스는 2002년 10월 런던 정경대에서 '세계화, 선인가 악인가'를 주제로 한 공개토론에서 세계화를 지지하고, 국가의 부패와 무능이 세계화를 가로막고 있다고 비판했다. 그에 따르면 대부분 저개발국의 빈곤은 국가가 운영하는 비효율적인 시장에서 비롯된다. 국가의 부패와 무능은 경제발전을 추진하는 구조개혁을 저해한다. 단순히 재분배만 가지고는 저개발국의 빈곤문제를 해결할 수 없다. 유럽에는 극우세력이 부상하는가 하면, 반세계화운동이 격렬하게 일어나고 있다. 좌파와 우파는 서로 다른 세계를 지향한다. 하지만 시장경제와 민주적 정부는 우리가 희망하는 최선의 사회다. 전통적 사회주의가 얘기하는 계획경제는 더 이상 존재하지 않는다. 기든스는 중도좌파를 표방하지만 현실주의자다. 그는 사회주의 유토피아를 믿지는 않는다. 동유럽에서 보듯 현실에서 실패했다. 따라서 그는 유토피아 리얼리즘을 말한다. 유토피아는 현실적인 정책과 연결되어야 한다. 유토피아가 현실과 멀어지면 좌파 혹은 우파의 포퓰리즘(민중주의)에 휩쓸리게 된다. 기든스는 제3의 길 시각이 세계화에 긍정적인 태도를 갖도록 한다고 주장한다. 하지만 부국과 빈국의 불평등 심화 같은 세계화의 부정적 요소에 눈을 감는다는 비판을 받기도 한다.

스티글리츠 컬럼비아대 교수는 그의 책 '세계화와 그 불만들'에서 세계화에 성공적으로 대응하려면 구조조정과 제도변화, 민주화가 필요하다고 주장했다. 한국은 급속한 경제성장을 이룬 대표적인 국가로, 다른 저개발국의 모범이 되고 있다. 그는 한국과 중국의 경제성장에는 정부의 적극적 역할과 보호정책이 작용했다고 보았다.

세계화로 인해 뒤쳐진 나라에 대해서는 어떻게 해야 하는가? 컬럼비아대 제프리 삭스 교수는 세계화에 대해 의사적 접근(medical approach)

을 주장한다. 빈곤문제에 대한 의사적 접근이다. 세계화가 사상 지금까지 받지 못한 공격을 받고 있다. 시장개방과 자유무역을 옹호하는 이들에게 요즘과 같은 전 세계적 경기침체 및 지역적 편차는 세계화에 대한 보다 근본적인 의문을 던져주고 있다. 세계화의 혜택이 왜 일부 지역에만 쏠리고 있는가? 보다 균형화된 세계화는 불가능한 것인가? 사실 쏟아지는 질문 중 어느 하나 대답하기 쉬운 것이 없다는 게 더 큰 문제다. 시장개방은 경제성장을 위해 필요하지만 충분한 조건은 아니다. 동아시아와 중국은 세계화에 성공한 반면 사하라 이남(以南) 아프리카는 비참한 실패에 직면해 있다. 미국 정부는 '빈국들의 복잡다단한 문제들은 그들 스스로 만든 것'이라고 주장한다. 예를 들면 아프리카의 저성장은 부패와 부정 때문이라는 것이다. 하지만 가나·탄자니아·말라위·감비아를 보면 부정·부패만이 문제가 아니라는 것을 알 수 있다. 파키스탄·방글라데시·미얀마·스리랑카와 같은 아시아 국가들은 이들 아프리카 국가보다 부정·부패가 더 심하면서도 더 높은 경제성장세를 지속하고 있다.

결국 경제성장은 부정·부패만이 아니라 지정학적 위치 및 경제구조에 의해서도 영향을 받는다는 사실을 알 수 있다. 반론의 여지가 없는 것은 아니지만 인구가 많아 내수시장이 큰 나라가 인구가 적은 나라에 비해 성장에 유리하다. 해안국가가 내륙국가에 비해, 말라리아 발병률이 낮은 나라가 높은 나라에 비해 성장이 빠를 가능성이 높다. 또 멕시코처럼 주변에 잘사는 나라가 있을 경우 그러하지 못한 나라에 비해 유리할 것이다. 따라서 부국들이 이 같은 구조적 차이점을 고려치 않을 경우 국가 간 빈부격차는 점점 더 커질 것이다.

빈국들이 세계화의 혜택을 받지 못하는 이유를 그들 스스로의 정치적·문화적 문제점으로만 돌린다면 빈국들은 더 가난해질 뿐 아니라 세계적 불안요인으로 자리 잡게 될 것이다. 이는 곧 폭력·갈등은 물론 테러의 증가로 나타나게 될 것이다. 물론 빈국들의 부정·부패를 추방하려는 자구노력도 필요하다. 하지만 이들 빈국이 정작 필요로 하는 것은 부정·부패를 줄이라는 선진국들의 훈계가 아니라 전염병, 메마른 토질, 각박한 기후, 지리적 불리 등 스스로 어쩔 수 없는 어려움을 타개해 나갈 수 있는 금융적 지원이다.

말라리아를 퇴치하기 위해서는 비타민 등 영양보충을 통한 예방은 물론 약품·병원과 의료진이 필요하다. 이를 위해서는 적어도 1년에 1인당 40달러 정도가 필요하다. 건강 관련 지출이 1년에 1인당 2000달러 이상인 선진국에서는 큰돈이 아니지만, 연간 소득이 1인당 200달러에 불과한 말라위와 같은 나라에서는 엄청나게 큰돈이다. 말라위가 투명한 정부와 제도를 가지고 있다고 하더라도 돈이 없으면 말라리아에 걸려 죽어갈 수밖에 없다. 세계화가 성공하기 위해서는 설교자보다는 의사적 접근이 필요하다. 좋은 의사가 환자에 대해 적절한 진단과 처방을 하듯이 나라마다 필요한 경제적 진단과 처방을 해야 한다.

지리적으로 고립된 남미의 안데스 및 중앙아시아 국가들은 도로·공항 및 인터넷 기반시설을 갖추기 위한 자금이 필요하다. 사하라 이남의 아프리카 국가들은 질병감소·토질개선·교육기회 부여 등이 필수적이며, 또 다른 지역에서는 물 부족 또는 여성차별 등으로 시달리고 있다. 세계에 따르는 문제점은 갈수록 복잡해지고 있다.

천편일률적(one-size-fits-all)인 워싱턴 콘센서스는 더 이상 통하지 않는다. 세계화가 모두에게 이득이 되도록 하는 일은 미국·이라크 전쟁 이상으로 시급한 과제다. 부국이 이상향을 버리고 빈국과의 실질적인 파트너십을 가진다면 우리 앞에 보다 밝은 공동의 미래가 다가올 것이다(Sachs, 2001; 삭스, 2002).

2. 포스트모던 제국주의와 세계화

세계사회포럼에 참가한 여러 운동가들은 9·11테러 이후 국제정세를 감안해 '반세계화운동＝반미주의 혹은 폭력운동'이라는 인상을 씻는 것이 중요하다고 강조했다. 세계화 권력을 비판한 저서 『제국』으로 유명한 이탈리아의 극좌파 철학자 네그리(A. Negri)는 '반미주의자란 진짜 바보라며 미국정부는 우리가 대항해야 할 가장 중요한 권력이지만 유일한 적은 아니다'고 주장했다(Hardt & Negri, 2001). 그러나 미·영이 주도한 연합군의 이라크 침공을 전후로 미국을 제국주의 국가로 인식하려는 경향이 두드러졌다. 신자유주의 세계화를 주도하는 미국에 대한 평가가 더욱 강경해지고 있는 것이다.

미국은 과연 제국주의 국가인가? 옛 공산권과 이슬람권, 제3세계에서는 미국을 제국주의 국가로 불러왔다. 하지만 요즘은 미국의 우파들도 자기 나라를 서슴없이 제국이라 부른다는 점에서 전과 다르다. 90년대 초 소련연방 해체 이후, 특히 9·11테러 후 강력한 지배권을 행사해 나가는 미국의 모습에서 옛 로마제국의 재건을 떠올리기도 한다. 압도적인 군사력과 과학기술, 지구 곳곳에 갖고 있는 기지(미 국방부에 따르면 유엔 회원국 190개국 중 132개국에 미군 주둔)가 그렇다. 로마가 토가(로마식 의상)와 검투로 시민들을 열광시켰듯, 미국은 스타벅스와 맥도날드, 코카콜라와 할리우드 영화로 세계를 정복하고 있다. 아랍권에서는 미국을 21세기판 몽골제국으로 묘사하기도 한다. 연합군의 바그다드 점령이 1258년 몽골제국 칭기즈칸의 손자 훌라구가 바그다드를 점령한 일을 연상케 하기 때문이다.

프랑스의 르몽드 디플로마틱 사장인 이그나시오 라모네 등은 섣부른 반미(反美)를 외치기보다, 제국으로 부상한 미국을 제대로 이해해야 한다고 주장한다. 제국을 세계의 다른 보통 나라와 동일한 국민국가의 하나로 생각한 것에 오류가 있지 않느냐는 근본적 질문까지 던진다(라모네 외, 2002). 도쿄대 후지와라 기이치 교수는 현재의 국제정치를 미국정부가 단독으로 결정하고 동맹국과 다른 나라를 포함한 세계가 그 결정에 따르는 구도로 요약한다. 제국으로 권력이 집중되는 과정을 분석한 그는 미국의 단독 행동에 대한 의존도가 높아지고 있다고 경고한다. 국제기구까지 방해자로 취급하고 배제한다는 것이다. 하지만 미국이 제국을 지향하는 것은 국제협조로 지탱돼 온 제도적 틀을 부수는 변화라고 비판한다. 결과는 국제적 고립뿐이라는 것이다. 따라서 그는 제국으로 향하고 있는 미국을 국제주의와 국제협력 안으로 되돌리기 위한 노력이 요구된다고 주장한다(후지와라, 2002).

21

보수주의적인 부시정권은 도덕적 절대주의, 패권적 일방주의, 공세적 현실주의, 국가안보개념의 변화 등 이른바 부시 독트린의 4개 축을 중심으로 이끌어가고 있다. 그의 이러한 주장은 기본적으로 악의 세력에 대한 철저한 대처에서 비롯된 것이다. 9·11테러 후 이 독트린은 더욱 공고화되었다. 부시의 입장에서 볼 때 아프가니스탄이나 이라크 침공은 악의 세력에 대한 도덕적 응징이다. 알 카에다나 악한 정권과의 타협은 결코 없다는 것이 그의 입장이다.

제임스 울시(J. Woolsey) 전 중앙정보국(CIA) 국장은 UCLA의 한 강연에서 동서 냉전이 제3차 세계대전이었다면 미국은 현재 제4차 세계대전을 치르고 있으며 이 전쟁은 앞으로 몇 년 동안 지속될 수 있다고 주장했다. 그는 미국이 새로운 전쟁에서 세 부류의 적을 갖고 있다고 말했다. 그는 미국의 적들로 이란의 종교 지도자들, 이라크와 시리아의 파시스트들, 알 카에다와 같은 이슬람 극단주의자들을 꼽은 뒤 이들은 이미 몇 년 동안 미국에 대해 전쟁을 벌여왔으나 미국은 최근에 와서야 깨달았다고 말했다. 그는 제4차 세계대전이 제1차나 제2차 세계대전보다 훨씬 더 오래 지속될 것으로 전망하지만 냉전처럼 40여 년이나 지속되지 않기를 바라지 않았다.

부시 대통령과 교감하는 블레어 영국 총리의 측근이 포스트모던 제국주의(post-modern imperialism)의 필요성과 전근대적 국가들(premodern states)에 대한 이중 잣대 적용의 불가피성을 주장하여 논란이 일었다. 문제의 주장을 편 로버트 쿠퍼는 블레어 총리의 외교정책 자문으로 아프가니스탄·소말리아·미얀마 등 구시대 국가들은 국토방위 능력도 없을 정도로 미약하지만 마약·범죄·테러 등으로 서방 선진국들에 위협이 될 수 있어 필요할 경우 유엔과 국제법을 무시하더라도 무력으로 제압하는 방어적 제국주의로 상대해서 국제사회의 식민보호령(colonial protectorate)으로 바꿔야 한다고 주장했다(Cooper, 2002). 그에 따르면 주권평등 원칙을 벗어나 과거 식민지시대 때와 같은 강력한 무력행사와 기만전략 등 필요한 모든 수단을 동원해야 한다. 또 89-90년 구소련의 붕괴는 냉전시대의 종언일 뿐 아니라 과거 개념의 식민주의가 종식을 고한 계기로 해석해야 한다고 보았다.

쿠퍼에 따르면 포스트모던 세계질서의 가장 큰 특징 가운데 하나는 세계 각국의 국내외 문제 구분이 애매해졌다는 것이다. 한 나라의 국내문제가 자신들만의 문제로 끝나지 않고 인근 국가, 지역에 막대한 영향을 미치기 때문에 신경을 쓰지 않을 수 없고, 그로 인해 상호 감시를 하게 된다. 따라서 필요한 경우에는 어느 국가의 주권을 침해하더라도 새로운 개념의 제국주의 정책을 펴야 한다는 것이다.

그의 이러한 주장은 새로운 형태의 식민지를 만들 수도 있다는 뜻으로 해석되어 국제적으로 논란을 불러일으켰다. 영국 노동당의 탬 댈리얼 의원은 반식민주의를 지향해온 오랜 당론과 어긋나는 것이라 비난했다. 반면 같은 당의 앨런 심슨 의원은 미국과 영국이 유엔을 무시하고 행동할 수밖에 없는 상황을 이성적으로 합리화했다며 지지입장을 밝혔다.

영국 노동당 정부는 9·11테러 훨씬 이전부터 유엔의 역할을 격하하고, 국제법의 제재와 상관없이 전쟁을 수행할 수 있는 임시 연합군을 만들 수 있다는 입장을 밝혀왔다. 새로운 개입주의(interventionism)와 관련해 유엔에서 따지는 논리적 지지 여부보다는 도덕적 필요성으로 합리화할 수 있다는 자세를 취한 것이다. 영국정부는 2년 전 점증하는 국제보호령 관리를 위해 신탁통치위원회를 다시 만들어야 한다고 유엔에 촉구하기도 했다.

현재 NATO 사무총장인 조지 로버슨 전 영국 국방장관은 서방 선진국 지도자들의 역할은 법·도덕·무력사용의 균형을 맞추는 것이라고 주장한다. 지구촌 어느 곳이든 이유만 정당하다면 미국이나 영국 등이 개입하는 데 법적 제한이 있을 수 없다고 말한다. 강대국의 개입 여부는 순전히 선택적인 양심과 양식의 문제라는 주장이다. 아프가니스탄, 이라크 등에 대한 영국의 최근 정책의 배경이 되는 블레어 총리의 신국제주의와 인도적 개입주의는 결국 상대국가의 주권을 제한하는 결과를 초래한다.

블레어 총리의 이 같은 정책적 배경을 형성하는 데 큰 역할을 한 쿠퍼는 자신의 포스트모던 국가론을 통해 진보적 제국주의와 이중적 기준의 외교정책의 필요성을 주장했다. 그에 따르면 지난 89년은 유럽에서 3세기에 걸쳐 지속된 세력균형과 제국주의적 충돌이라는 정치제도가 종말을 고한 해다. 냉전이 끝난 해일 뿐만 아니라 더 중요한 것은 30년 전쟁 때부터 유럽을 지배해온 국가제도가 끝난 해다. 9·11테러는 이 변화의 의미를 상징적으로 보여준 사건이다. 유럽의 제국 때문에 분열한 상태로 20세기를 시작한 세계는 모든 제국이 사라진 상태에서 세기를 마감했다. 오토만 터키·독일·오스트리아·프랑스·영국에 이어 마지막으로 소련제국이 이제는 기억에 남아있을 뿐이다.

제국의 소멸은 세 가지 형태의 국가를 남겼다. 첫째는 과거 식민지였던 국가들 가운데 국가의 존재 자체가 없어져 끊임없는 내분이 벌어지는 소말리아와 과거 아프가니스탄과 같은 전근대적 국가다. 둘째는 안보를 더는 정복이라는 개념에서 생각하지 않는 초제국주의적, 포스트모던 국가가 그것이다. 그리고 세 번째로 전통적인 형태의 근대국가로 마키아벨리즘을 따르는 인도·파키스탄·중국 등이 있다.

특히 실패한 국가들의 세계인 전근대적 세계의 도전은 새로운 것으로 이 국가들은 정통성과 권력의 합법적 행사에 따른 독점을 상실한 나라이다. 체첸과 과거 아프가니스탄, 미얀마의 북부 지역, 남미 일부 지역이 위험한 지역이며 아프리카 전체가 위험에 처해 있다. 이 국가들 자체는 국토방어도 못할 정도로 약할지 모른다. 그러나 마약·범죄·테러 단체 등이 포스트모던 국가에 대한 공격의 기지로 활용함으로써 국제적으로 위협이 될 수 있다. 이들의 위협이 용인할 수 없을 정도로 위험해질 경우 방어적 제국주의를 생각할 수 있다.

이 같은 전근대적 국가들의 혼란에 개입할 경우 가장 논리적인 방법은 과거에 가장 많이 채택되었던 방안인 식민지배이다. 그렇지만 이는 포스트모던 국가에서는 용납되지 않으며 이에 대한 필요는 19세기만큼이나 강할지 모르나 기꺼이 이 일에 나설 강대국은 없다.

제국주의의 모든 조건은 존재하지만 제국주의의 수요와 공급은 말라버렸다. 즉 약소국들은 강대국들을 아직도 필요로 하고 강대국들은 질서 있는 세계를 아직도 필요로 한다는 것이다. 따라서 인권과 국제적 가치의 세계에 용납될 수 있는 새 종류의 제국주의가 필요하며 이는 자발적인 원칙에 따른 제국주의이다.

포스트모던 제국주의는 두 가지 형태를 띤다. 첫째는 세계경제의 자발적 제국주의로 국제통화기금(IMF)이나 세계은행과 같은 국제금융기구가 운용한다. 세계경제의 대열에 합류해 투자와 번영의 선순환에 진입하기를 원하는 국가들에 원조를 제공하고 그 대가로 원조를 필요로 하게 한 정치 경제적 실패를 수정하도록 요구하는 것이다. 도움을 받으려면 국제기구나 외국 간섭을 받아들여야 한다. 다른 형태는 근린제국주의이다. 이웃 나라의 국가 실패는 무시할 수 없는 위협이 된다. 발칸 반도의 불안은 유럽에 위협이 되며, 보스니아와 코소보에 자발적인 유엔 보호령 설치 등이 이뤄졌고, 이 과정에서 유럽이 대부분의 원조와 병력을 제공한 것이 그 예다.

과거 제국들은 자신들의 법과 통치체제를 시행했다. 하지만 포스트모던 제국주의의 경우 아무도 무엇을 강요하지 않고 대신 자발적인 움직임이 이뤄진다. 그러나 행동원칙은 이미 정해져있다. EU의 회원국이 되려면 그 모든 규정을 받아들여야 하고, 이를 통해 EU는 협력적 제국이 되는 것과 같다.

25

포스트모던 사회에서 미국 주도의 신제국주의의 역할을 긍정적으로 보는 학자도 있지만 비관적으로 보는 학자도 있다. 긍정적으로 보는 쪽은 앞으로 미국의 역할이 커질 것으로 본다. 이것은 포스트모던 제국주의가 세계화라는 날개를 달고 더 힘 있게 날아갈 것으로 본다. 그러나 비관적으로 보는 쪽은 미국은 결국 로마처럼 쇠할 것이라는 주장을 한다. 일방주의적 미국에 대한 지지가 오래갈 수 없기 때문이다. 그러나 미국은 국제적 지지를 유도하며 일관되게 자신의 정책을 주장할 것으로 보인다.

조지타운대학의 아이켄베리(J. Ikenberry) 교수에 따르면 미국은 국제사회의 위협을 자의적으로 규정하고 국제사회의 규칙을 무시한 채 일방적으로 무력을 사용할 수 있다는 신제국주의적 시각을 갖게 되었다. 시대적 재앙인 테러리즘과 유일 초강대국 미국의 존재라는 두 현실은 세계질서 구성 원칙을 재고해 보게 한다. 미국과 주요 국가들은 테러위협, 대량 살상무기(WMD), 무력사용, 세계의 게임 법칙 등에 대해 새로운 합의를 필요로 하고 있다. 과거 역사적 경험으로 미루어 미국의 일방적 행태는 미국을 더 적대적으로 여기는 저항에 직면하게 하고 세계를 분열시킨다(Foreign Affairs, 2002).

좌파의 비판은 이를 입증한다. 9·11테러 이후 애국주의가 휩쓰는 미국에서 부시 행정부의 무능력과 위선·부패를 꼬집고 미국의 반성을 촉구하는 좌파 진영의 공격이 강하게 일었다. 마이클 무어는『멍청한 백인』을 통해 부시 대통령이 백악관 무단 점거자이며 2000년 대선 승리는 쿠데타라고 비판했다(Moore, 2002). 미국의 대표적인 좌파 지식인 촘스키는 미국을 선두적인 테러리스트 국가로 표현하고 있다. 9·11테

러가 어떻게 미국의 군사대국화를 촉진했는가를 비판적으로 보고 있다
(Chomsky, 2001). 영국 가디언 기자 그레그 팔래스트가 쓴 『최상의 민
주주의』도 이 대열에 합류하고 있다(Palast, 2002). 그는 세계화, 기업
(corporate cons), 재무사기 등에 대해 기자의 탐색적 안목으로 평가하
였다.

9·11테러 1주년을 맞아 프랑스 지식인 사회에서는 반미논쟁이 벌어
졌다. 프랑스 한림원의 정치철학자 장-프랑수아 르벨(J. Revel)은 『반
미강박관념』을 펴내 이 논쟁의 물꼬를 텄다. 그는 이 책을 통해 9·11
테러 직후 미국이 화를 자초했다고 주장하는 반미주의의 심리와 그것
의 표출, 기능을 분석했다. 르벨은 반세계화운동부터 공격했다. 세계화
가 빈자를 더 가난하게 한다는 거짓말에는 반미주의와 좌파의 오랜 반
자유주의적 열정이 들어있다. 모든 사회주의와 혁명이 실패한 것을 목
도한 후 분노한 무혁명의 혁명가들은 세계화를 대체할 이성적 대책도
없이 그저 '행동한다'는 환상에 취해 있다는 것이다(Revel, 2002).

르벨의 주장에 대해 반세계화론의 경제학자 장 지글러(J. Zigler)는
국제무역의 81%를 장악하는 미국과 캐나다, 유럽연합, 일본에 의한 자
유무역 체제가 모든 인류의 새로운 행복을 보증한다고 하지만 그 새로
운 지배자들이 세계에 부여하는 부조리한 질서에 비하면 제3세계의 독
재자들은 피라미들이라고 공격했다. 이에 맞서 르벨은 기아를 해결하는
진정한 치료제는 민주주의지만 일부 빈국의 지도자들은 그 대가를 치
르지 않으려고 한다며 1990-2000년 사이에 수백만 명의 북한주민들이
굶어죽은 것이 자본주의 국가들의 잘못인가 반문했다.

르벨은 반미주의적 입장의 책 『제국 이후-미국 체제의 붕괴론』을
펴낸 정치경제학자 엠마뉘엘 토드(E. Todd)와도 대립했다. 토드는 1993
년-2000년 사이에 무역적자가 1000억 달러에서 4500억 달러로 늘어날
정도로 수입 의존도가 높아진 미국은 국민들에게 세계정치의 중심이라
는 인식을 줘야만 그 정책의 메커니즘을 유지할 수 있으며, 그렇기 때

문에 국제정치의 무대를 약소국들의 세계, 곧 이슬람 국가들, 국제 테러리즘 쪽으로 과도하게 몰고 가면서 구경거리가 되는 행동만 할 뿐이라고 최근 미국의 테러와의 전쟁 의지를 비판했다. 이에 대해 르벨은 미국이 전쟁을 도발하는 미친 강대국처럼 행동한다는 비난은 너무 진부한 것이라며 레이건이 소련을 '악의 제국'이라고 했을 때 모두들 조롱했지만, 그가 1980-1990년 사이에 추진한 정책이 없었더라면, 소련제국의 와해는 그렇게 빨리 이뤄지지 않았을 것이라고 지적했다. 그는 또 초강대국 미국은 20세기 유럽인들이 저지른 범죄와 실수로 인한 결과라며 원래 미국은 강대국이 되려고 하지 않았지만 유럽의 실패로 인해 강대국으로 이끌어진 것이라고 주장했다(Todd, 2002).

미국 주도의 상황에서 다른 나라들은 어떻게 될 것인가? 파리 8대학의 필립스 골럽 교수는 사학자 폴 케네디의 말을 빌려, 로마는 페르시아와 중국제국과 공존했으나, 지금의 미국제국은 그런 대상이 전혀 없다고 지적한다. 이것은 앞으로 미국이 세계문제에 대해 주도권을 행사할 수 있는 일방적 가능성이 크다는 것을 보여준다. 라모네는 아예 유럽연합을 제국(帝國) 미국의 후국(侯國)이라고 말한다. '제국은 연맹국을 갖지 않는다. 다만 후국만을 거느릴 따름이다.' 그는 이라크 침공에 대한 미국의 압력에 직면해서야 유럽 국가들이 그런 사실을 깨닫게 됐다고 주장한다. 연합국의 이라크 침공에 반대한 프랑스나 독일, 그리고 러시아가 전후 이라크에 대한 UN의 역할을 강조했지만 그 효과에 대해서는 의문이 컸다. 이라크 사태를 통해 이미 UN을 통한 외교적 해결이 어렵다는 것을 보여주었기 때문이다.

세계화 흐름 속에서 국가 이익을 둘러싼 국민국가 간의 대립은 여전히 지속되고 있다. 세계화는 국민국가의 위상에 어떤 변화를 가져올 것인가? 기든스는 세계화에 따라 국민국가가 없어질 것이라고 주장하는 사람들도 있지만 그것은 잘못된 것으로 본다. 국민국가가 없어지지는 않겠지만 그 형태는 많이 바뀔 것이다. 세계화의 영향에 따라 대부분의

27

나라에서 권력 분산과 탈중앙화 압력이 강해질 것이다. 세계화된 시장 앞에서는 케인스식 계획경제를 실천하기 어렵기 때문에 초국적 경제기구의 역할이 중요하게 될 것이다. 하지만 국민국가는 여전히 세계에서 가장 강력한 제도다. 초국적 기업이라 할지라도 국민국가의 법 규제에서 벗어날 수는 없다.

이런 상황에서 미국 문제는 미국에 맡기고, 우리만 잘 하면 되지 않느냐는 반문이 나올 수 있다. 하지만 20세기 초에 그러했던 것처럼 21세기에도 세계 중심부의 흐름에 무심하다면 그 대가는 말로 할 수 없을 정도로 클 것이다. 세계제국 미국을 생각하는 이유는 여기에 있다(김기철, 2002b). 세계가 어느 한 주력국가의 신하가 되지 않고 파트너가 되기 위해서 우리는 앞으로 어떤 세계화를 전개해 나가야 할 것인가를 꾸준히 모색하지 않으면 안 된다.

3. 자원 문제와 세계화

이라크 전쟁을 놓고 프랑스와 독일, 러시아 등은 미국을 강력히 비난하며 참여하지도 않았다. 그러나 전후 복구 참여에 대한 문제를 놓고 미국에 대해 우호적인 발언을 하는가 하면 그들도 참여하기를 원했다. 이 모두 자국의 이익에 관계되는 문제였기 때문이다. 프랑스, 독일, 러시아 등은 전쟁 이전 이미 이라크 유전개발에 따른 이익에 참여하고 있었다. 미국과 영국은 소외되어 있었다. 따라서 연합군의 이라크 침공은 석유자원을 안정적으로 확보하려는 의도로 해석되기도 했다. 심지어 이라크 전쟁 촉구 배경에는 석유산업에 깊숙이 개입된 부시 일가 및 체니 부통령의 정치적·경제적 이해관계가 있다고 공격했다. 이라크 침공을 명분 없는 전쟁으로 본 것도 이 때문이다. 그러나 전후 이라크에

대한 미국의 역할이 커질 것으로 보이자 자국의 이익을 위해 미국을
달리 보고 있는 것이다.

이라크는 그들이 가진 석유 때문에 여러 차례 어려움을 당했다. 이
슬람 근본주의자들은 이라크를 위시한 현재의 징조들이 예언자 무함마
드(Mohammed)의 언행을 기록한 경전인 하디스(hadith)에 이미 들어 있
다고 본다. 특히 최근 주목하는 구절은 '서로 차지하기 위해 다투는 황
금 산(山)을, 유프라테스가 내놓지 않는 한 세상의 종말은 오지 않는
다'는 부분이다. 황금산은 자원, 즉 석유에 대한 은유적 표현이며, 유프
라테스는 바로 이라크를 의미한다고 믿는다. 이 예언이 실현되고 있다
는 것이다.

지금은 정보통신이 부자를 만들어내고 있지만 20세기의 최고 갑부는
석유재벌 존 록펠러(J. D. Rockefeller)였다. 마이크로소프트 빌 게이츠
회장의 99년도 말 재산은 약 850억 달러이다. 현존 세계 최고 갑부이
다. 그러나 시대를 앞서 간 록펠러와 비교하면 어떻게 될까? 미국 석유
산업의 90%를 장악했던 스탠더드 오일이 정부에 의해 강제 분할되기
직전인 1913년 록펠러의 재산은 9억 달러이고, 소비자물가를 고려해
현재가치로 환산하면 150억 달러다. 그러나 마이클 클레퍼의 당시 국
민총생산을 개인재산으로 나누는 방식에 따르면 록펠러의 재산은 게이
츠의 2배를 넘는 2120억 달러이다. 이에 따라 20세기 최고 갑부 순위
에서 록펠러, 철강 왕 카네기가 빌 게이츠를 제치고 1, 2위에 올랐다.

석유를 가리켜 처음에는 검은 물이라 불렀다. 류머티스 환자에게나
발라주던 약용의 생명수였다. 그것이 20세기의 자동차 산업과 함께 황
금의 물로 변하고 미국에서는 록펠러 같은 석유 왕이 등장했다. 그러나
어느 날 갑자기 석유에너지로 움직여 오던 거대한 지구공장이 일제히
기우뚱했다. 석유를 전략무기로 삼은 아랍 산유국들이 감산과 금수조치
를 취한 것이다. 20세기 문명과 그 경제의 번영이 석유방울과 그 찌꺼
기 위에 세워진 것이라는 것을 깨닫게 되면서 충격의 물로 변한 것이

다. 이제 병을 고치는 생명수였던 검은 물이 환경오염의 죽음의 물로
전락하고 있다.

중동 석유의 발전

	1단계	2단계	3단계
수　단	지배 수단	무기 수단	시장 상품화
주도세력	영　국	중동 산유국	시　장

중동의 석유는 크게 지배 수단, 무기 수단, 그리고 시장상품화라는 3
가지 단계로 발전해왔다. 영국은 중동의 석유를 개발했다. 그 개발권을
가지고 영국은 중동은 물론 세계를 지배했다. 영국은 주인이 되고 중동
은 종에 불과했다. 석유가 지배 수단으로 활용된 것이다.

지배 수단인 석유가 오일쇼크 과정을 거치면서 무기 수단으로 변하
게 되었다. 중동권 산유국이 주도권을 잡았다. 이집트와 시리아가 이스
라엘을 강하게 대항할 수 있게 된 것도 석유가 무기화되었기 때문이다.
사우디아라비아를 주축으로 아랍 산유국을 회원으로 둔 석유수출국기
구(OPEC)가 1973년 유대교 명절인 욤 키푸르를 기해 이스라엘을 공격
하면서 10월 20일 석유금수 조치를 발표했다. OPEC는 회원국의 산유
량을 25% 줄이고 미국 등 이스라엘 지원 국가에는 원유를 대주지 않
기로 했다. 미국 행 석유선적이 완전히 금지되었고, 이스라엘이 1967년
전쟁으로 점령하고 있는 지역에서 철수할 때까지 원유생산을 줄이고
판매제한을 하겠다는 의지를 밝혔다. 원유도 배럴당 3달러로 올랐다.
단번에 두 배나 오른 것이다. 전쟁이 계속되면서 원유가는 70%가 올랐
고, 이듬해는 원유가가 배럴당 11.56달러로 뛰었다. 불과 석 달 사이에
8배나 오른 것이다.

오일쇼크는 신생 아랍 국가들의 이슬람 민족주의, 자원 민족주의가
세계사 전면에 강력한 힘으로 등장한 순간이기도 했다. 서구주도 산업

문명에 강력한 브레이크를 건 것이다. 사람들은 천연자원의 정치력을 다시 한 번 깊게 인식했고 탈석유사회를 심각하게 검토하는 계기가 되었다. 오일쇼크 기간 미국의 큰 자동차, 넓은 아파트, 제트비행기는 무력했다. 전국적으로 휘발유배급제가 실시되었고, 난방용 기름도 제한 공급되었다. 연료절약을 위해 자동차 제한 속도도 시속 80km 이하로 낮췄다. 영국은 전 산업부문에서 주 3일 근무제가 실시되었다. 원유 없이는 공장을 가동할 수 없었기 때문이다. 한국은 원유인상에 따라 전기료가 40%나 뛰었고, 유류나 나일론 값이 30% 이상 뛰는 가운데 추운 겨울을 지내야 했다.

이듬해 3월 OPEC는 석유금수 조치를 해제했지만 상처는 크게 남았다. 자원 민족주의와 자원 고갈에 대한 공포는 석유위기 이전과 이후를 전혀 다른 세계로 만들었다. 작은 것이 아름답다는 생각이 힘을 얻었고 사람들은 소비가 미덕이라는 자본주의 구호에 회의하기 시작했다. 일본의 소형차가 전 세계에서 주목받았다. 미국의 자동차산업은 쇠락의 길을 걷기 시작했다. 그런 가운데서 석유 에너지 쟁탈전은 더욱 강화되었다. 이 쟁탈전에는 영국, 이란, 이라크가 있었다. 걸프는 언제나 전쟁의 화약고로 인식되었다. 이란과 이라크의 오랜 전쟁, 이라크의 쿠웨이트 침공도 실상은 석유 에너지 쟁탈전에 해당한다.

1987년 유가가 폭락함으로써 석유는 무기 수단에서 시장상품으로 전락했다. 이라크는 이란과의 전쟁으로 쿠웨이트에 빚을 지자 탕감을 요청했으나 거절당했다. 그러자 사담 후세인이 직접 침공했다. 걸프전이 발생하게 된 것도 이 때문이다. 지금까지 석유로 인해 4번의 전쟁이 일어났고, 3번의 석유위기가 발생했다. OPEC는 자주 원유생산 감축전략으로 유가상승을 부추기고 세계경제를 혼란에 빠뜨렸다. 베네수엘라의 차베스 대통령은 "석유는 수혈과 같다. 그런데 수혈을 받은 사람은 잘 살고, 수혈로 살아남은 사람은 건강하다. 이런 잘못된 구조를 바꾸지 않으면 안 된다"며 OPEC를 선동했고, 이라크를 방문하여 사담 후

세인 대통령과 의견을 함께 했다. 이런 일련의 사태는 석유의 최대 소비국인 미국을 자극하기에 충분했고, 이번 이라크 침공도 이런 맥락과 연결되어 있다는 분석도 있다.

지구촌 인구가 60억을 돌파했다. 현대문명의 바탕인 석유도 2040년이면 바닥이 날 것으로 예측하고 있다(하트만, 1999). 점점 고갈되어 가는 석유 자원을 놓고 전쟁이 벌어졌지만 앞으로는 천연가스, 물 등 다른 자원을 대상으로 한 전쟁이 점쳐지고 있다. 한정된 자원을 놓고 자원 생산국과 소비국 사이의 갈등도 만만치 않다.

중요한 것은 어떤 자원이든 과도한 소비를 줄이는 일이다. 한정된 자원을 끊임없이 사용하고자 한다면 전쟁은 끊이지 않을 것이다. 어쩌면 미국과 이라크와의 전쟁은 소비를 생활화하는 우리들의 대리전이라 해도 과언이 아니다. 아울러 한정된 자원에만 의존하는 정책은 오래갈 수 없다는 사실을 인식하고, 특히 석유를 대체할 에너지를 개발하는 속도를 빠르게 필요가 있다. 태양열이나 물을 에너지로 바꾸는 것도 바람직하다. 환경을 오염시키는 주범이 바로 석유와 이것을 이용하는 산업이기 때문이다. 대체에너지가 충분히 개발되면 석유는 다시 더 이상 쇼크를 유발하지 못하게 될 것이다. 자원문제에 있어서 인류는 과도한 소비의 세계화보다 근검절약의 세계화를 이루어야 한다.

아울러 자원에 대한 공평한 분배가 이뤄져야 한다. 독일의 노벨상 수상 작가 권터 그라스는 9·11테러 참사를 비롯한 테러리즘의 발호는 부자 나라와 가난한 나라간의 충격적인 불평등과 제1세계의 제3세계에 대한 과도한 영향에서 비롯한 정당한 분노가 원인이라면서 새 세계질서 수립을 촉구했다. 그는 특히 테러리즘과 신자유주의간의 상호 연관성을 상정하였다. 9·11테러 직후 분노와 증오에 찬 끔찍한 공격은 제1세계의 제3세계에 대한 과도한 영향 때문이라고 밝혔다. 뿌리 깊은 이 정당한 분노를 근절하지 않는 한, 테러는 계속된다. 1970년대에 빌리 브란트 전 독일 총리는 부자 나라와 가난한 나라를 깊이 갈라놓으며 세계를 괴롭히는 불공평을 주목하고, 만약 우리가 공평하고 새로운 세계질서를 창출하지 못하면 '폭력의 폭발'이 있을 것이라고 예언했다. 따라서 그는 부유한 선진 공업국과 가난한 나라들이 마주 앉아 천연자원과 기술·재원을 가장 공평하게 나누는 새로운 세계질서를 꿈꾸며 이것이 꿈으로 머무는 한, 세계평화는 없을 것으로 보았다. 그에 따르면 현 상황에 대한 책임은 부유한 북반구의 서방국가들에게 있다. 과잉의 세계에 사는 국가들이 이기적인 이유로 타자 보호 비용 지출을 거부하고 밥그릇의 가장자리를 돌보기를 거부하는 신자유주의적 이기주의를 유지하는 한 문제해결의 길은 멀다.

4. 통합적 세계관 형성을 위한 제언

세계화와 반세계화, 신자유주의적 세계화와 반세계화, 그리고 자원의 획득과 분배에서 발생하는 국제간의 마찰 등은 세계를 통합보다는 분열로 이끌어 가고 있다. 그러나 이러한 상황에도 불구하고 세계는 분열보다 통합을 지향하는 세계관을 가지고 국가적 상처를 치유하며 서로가 하나 될 수 있는 길을 모색해야 한다. 통합적 세계관을 형성하기 위해 다음과 같은 주장에 주목할 필요가 있다.

첫째, 차별과 불평등의 적극적인 치유이다. 반세계화운동에서 볼 수 있는 바와 같이 현재 세계는 빈부격차와 불평등의 심화로 인해 반목과 질시라는 세계적인 문제를 안고 있다. 이 심각성은 각종 테러사건으로 나타나고 있다. 서방에 대한 아랍의 공격도 이러한 맥락에서 벗어나 있지 않다. 따라서 세계는 이에 대해 보다 깊은 이해와 성찰을 요구하고 있다.

이라크 사태에 대한 미국의 외교적 노력의 좌절은 이라크 침공사태를 불러옴으로써 유엔에서의 외교적 노력의 실패사례를 기록했고 아울러 앞으로 유엔의 역할에 의문이 제기될 정도에 이르렀다. 현재 아랍권의 상처를 치유하기 위해서는 종교계가 나서야 한다는 여론도 높아지고 있다. 특히 무슬림과 기독교 지역 간의 화해와 협력을 위해서는 종교 간의 대화가 무엇보다 중요해졌다. 이것은 각국 정부가 가지고 있는 첨예한 이해관계의 대립으로 외교 한계가 노출되고, 유엔에서의 외교도 한계가 있음을 보여주었기 때문이다. 종교적 해결을 바란다면 가난한 자에 대한 종교의 폭넓은 이해와 포용이 요구된다. 대천덕에 따르면 5세기 신학자 히포의 어거스틴(Augustine of Hippo)은 정의를 추구해야 할 책임의 토대를 허무는 교리를 내놓았다. 그것은 정의의 추구와 그에 따르는 모든 문제들을 모면할 수 있도록 해주었기 때문에 매우 매력적인 교리가 되었다. 그러나 불행하게도 이것은 성경적이지 못했다. 어거스틴과 그 당시 교회 지도자들의 태도 때문에 북 아프리카의 교회는 분열되었다. 토지가 없고 가난에 시달리던 토착민들이 도나투스파(Donatist) 교회를 만들었던 것이다. 무함마드가 등장했을 때 도나투스파는 그에 합류하면서 권력을 가진 지주들의 교회를 바다 속에 던져 버렸다. 그 이래 북 아프리카 전 지역은 이슬람으로 바뀌었다. 교회가 로마제국의 다른 지역에서 사회정의를 지지하는 데 실패함으로써 결국 이슬람은 중동 지방 전역에 걸쳐 파급되었다. 당시 교회는 회개하지 않았으며 이슬람의 등장이 자신의 잘못 때문임을 인식하지 못했다. 세계화의 흐름에서 정치든 종교든 그 역할을 제대로 하려면 가난한 이웃에 대한 배려를 아끼지 않아야 한다.

국제기구도 세계화 운영방식에 대해 획기적인 변환이 있어야 한다. 스티글리츠는 세계은행 부총재 시절 개발도상국 경제와 빈민층을 더욱 황폐화시켰던 현장을 생생하게 목격하고, 이 같은 황폐화는 세계화 자체의 잘못보다는 미국 재무부, IMF, 세계은행 등 국제기구 뒤에 숨어 있는 권력들에 의해 결정된 행동의 부작용이라고 지적했다. 그에 따르면 세계화는 세계를 풍요롭게 만드는 잠재력을 가졌지만 동시에 국제무역협정들과 세계화 진행 과정에서 개발도상국들에 가해졌던 정책 등 세계화가 운영되는 방식은 획기적으로 재고되어야 한다고 보았다. 그는 1997년 동아시아 금융위기 때 투명성이 강조되는 것을 보고 반가웠지만 동아시아에서 투명성을 강조했던 IMF나 미국 재무부 같은 기구들이 자신의 경험 중 투명성이 가장 낮은 축에 속한다는 위선을 느꼈다고 주장했다(Stiglitz, 2002). 이것은 앞으로 국제기구들이 개발도상국가에 대해 정도와 투명성을 가지고 세계경제에 기여해야 한다는 것을 보여준다.

둘째, 미국이 세계화에서 보다 건전한 역할을 하도록 지원하는 일이다. 미국은 자의든 타의든 지금 세계적으로 막강한 힘을 가지게 되었다. 그 막강함은 옛 로마제국의 위용을 연상시킬 정도이다. 미국은 현재 슈퍼파워(superpower)가 아니라 하이퍼 파워(hyperpower)로 인식될 정도이다. 이런 때 우리는 미국의 힘을 애써 부인하려 하기보다 미국의 실재를 인정하고 그 힘이 보다 건전하게 사용되도록 촉구할 필요가 있다. 존스 홉킨스 대학 만델바움(M. Mandelbaum) 교수는 미국의 새로운 역할을 강조한다. 오늘날 세계는 평화·민주주의·자유시장이라는 3대 사상 위에 존립하고 있는 만큼 그는 미국의 힘이 이 3가지 요소를 유지하고 확대하는 데 쓰여야 한다고 본다(Foreign Affairs, 2002). 아랍권이든 미국이든 계속 서로를 적대시하고, 테러와의 전쟁에 매달리게 하는 것은 양쪽 모두 힘을 낭비하고 세계를 크게 후퇴시키는 결과만 낳는다.

미국도 경제와 군사의 우위성만 강조할 것이 아니라 국제정치에 있어서 소프트파워를 확산시킬 필요가 있다. 1980년대 미국 쇠퇴론이 풍미하던 시절 미국의 힘이 더욱 커질 것으로 예견한 나이(J. S. Nye Jr.)가 있다. 그가 미국 헤게모니의 지속을 예견한 것은 바로 소프트 파워라는 개념에 바탕을 둔 것이다. 소프트 파워는 하드 파워와는 달리 다른 나라의 호감을 자아내며 정치적 아젠다를 설정하는 능력에 바탕을 둔다. 현명한 부모는 자녀를 키우면서 때리거나 용돈을 줄이는 방식의 제재 수단에 의존하기보다는 올바른 믿음과 가치관을 심어주는 것이 자신들의 권위를 세우고 또 오랫동안 지속하게 만든다는 점을 잘 알고 있다. 바티칸은 19세기에 이탈리아에 있던 교황청을 빼앗겼지만 소프트 파워까지 잃지는 않았다. 이와 반대로 소련은 경제력과 군사력이 계속 강화되고 있었음에도 헝가리와 체코를 침공한 이후 소프트 파워를 급속히 상실했다. 나이는 이러한 소프트 파워의 측면에서 미국의 힘이 계속될 것이라고 보았다. 그리고 1990년대의 10년 동안 미국이 누린 세계적 지위는 그의 주장이 옳았음을 보여주었다. 이처럼 미국의 힘에 대한 확신 속에서 미국의 세계적 리더십을 옹호했던 나이가 미국의 힘이 직면하고 있는 제국의 패러독스에 대해 말하기 시작했다. 오늘날 미국이 직면하고 있는 제국의 패러독스란 '세계에서 미국 없이 되는 것도 없지만 미국만으로 되는 것도 없다'는 프랑스 비평가의 함축적 표현이 잘 보여주고 있다. 나이는 9·11사태를 달콤한 잠에 빠진 미국이라는 거인을 깨우는 모닝콜로 비유한다. 그는 미국인들이 달콤한 잠에서 깨어나 미국의 힘이 어디로부터 나오는가를 되돌아보도록 한다. 그는 왜 오늘날의 미국이 있게 한 소프트 파워의 다층적 구조를 외면하고 하드 파워의 단층 구조에만 집착하는가를 준엄하게 비판한다. 세 개의 층으로 된 체스 판에서 왜 한 층의 체스 판만을 보고 있느냐는 것이다. 세계가 미국화 되고 있지만 정작 미국으로 들어가면 세계가 없어지는 현상, 이것은 오늘날의 제국이 직면하고 있는 또 하나의 패러독스이다. 많은 세계인들은 미국의 일거수일투족을 주시할 수밖에 없는 상황을 살게 만들면서 정작 많은 미국인들은 세계에 대해 너무나 무관심하다. 나이는 소파에 누워 단지 CNN을 통해 세계를 바라보는 제국의 무관심이 결국 어느 날 갑자기 제국을 안으로부터 함몰시킬 수 있다는 점을 경고하고 있다(Nye, 2002). 세계에 대한 미국의 무관심이 재앙을 부른다는 것이다. 따라서 세계화시대에 미국은 소프트파워로서의 역할을 인식하고 세계를 감싸 안을 수 있는 정치 및 외교력을 발휘할 필요가 있다.

셋째, 자원이나 국제정치 관계에서 문제가 심각할수록 서로 상대를 인정하는 국제적 노력이 있어야 한다. 맥길대 정치철학자 찰스 테일러는 9·11은 미국의 패권주의와 편견이 빚은 결과이며 이슬람과 기독교가 서로 인정하는 노력이 있어야 한다고 주장했다. 헤겔 연구로 출발한 테일러는 정체성을 찾기 위해서는 타자로부터의 인정이 필수적이며 이런 상호 간의 인정이야말로 인간의 정치적 실존을 규정한다는 인정의 정치학(the politics of recognition)을 발전시켰다. 그는 가족이나 교회에서 귀속감을 찾았던 개인들이 근대 이후에는 민족 국가에서 소속의식을 확인하는 경우가 많고, 서구에도 근대의 산물인 개인주의의 발전과 함께 집단주의가 공존하는 복잡한 현상이 벌어지고 있다고 주장했다. 9·11테러의 원인에 대해 그는 서구의 이슬람에 대한 편견과 미국 중심의 패권주의가 빚어낸 결과라고 지적하면서도 이슬람 근본주의의 문제점을 제기하는 것을 빠뜨리지 않았다. 세계화, 근대화 과정에서 개인은 존재의 의미를 찾기 위해 종교, 민족, 국가에서 정체성을 확인하려 한다. 아랍권도 예외가 아니다. 이슬람 근본주의는 이런 개인의 귀속의식을 정치적 목적을 위해 악용하고 있다. 하지만 그는 기독교와 이슬람 등 전투적 세계관을 내포한 종교들이 조화롭게 공존할 수 있다고 낙관한다. 터키와 이집트, 인도의 이슬람은 폭력을 반대하고 보편적인 인류 가치관을 지향한다. 서구도 이런 이슬람의 존재를 인정하고 이슬람에 대해 배우려는 자세를 가져야 한다(테일러, 2002). 이런 인정의 모습은 정치 및 종교뿐 아니라 날로 고갈되고 있는 자원의 형편을 인식하고 보다 절제의 길로 나아가는 것에도 적용되어야 한다.

끝으로 9·11테러 이후 미국이 강행하고 있는 일방주의적 외교는 바람직하지 않으며 대 테러 전쟁의 승리와 국익을 추구 한다면 국제사회와 호흡을 같이해야 할 것이다. 뉴스위크지 전 국제담당 편집인 허시(M. Hirsh)는 9·11테러 이후 나온 부시 대통령의 독트린은 '우리 편

37

38

아니면 테러리스트 편' 중 양자택일을 하라는 것이었고, 이는 미국과 세계 각국의 관계를 재정립하는 잣대가 되었다. 부시 독트린은 이라크· 이란·북한을 악의 축으로 규정했고, 어디든 선제공격을 할 수 있다는 선언으로 이어졌다. 그러나 지금 미국 외교정책이나 대 테러 전쟁의 방향은 분명하지 않다. '우리 편'이 이기고 있는지조차 분간할 수 없다. 미국 편에는 누가 있는지도 불명확하다. 미국은 UN, NATO, WTO 등 국제기구를 들러리로 만들고 국제조약의 구속력도 인정하지 않고 있다. 세계에 대한 메시지는 상대가 악하기 때문에 '무조건 받아들이라'는 것이다. 1차 세계대전 중 국제적 협조를 통해 위기를 극복했던 우드로 윌슨 대통령의 전례를 되돌아봐야 한다. 세계화시대에는 독단적 일방주의보다 국제적 설득과 타협을 통한 신윌슨주의가 요청된다.

월러스타인은 자본주의는 이미 쇠퇴의 길을 가고 있다고 말하지만 데사이는 오히려 자본주의가 놀랍게 팽창하고 있으며 세계화는 더욱 세차게 진행될 것으로 본다. 급진주의자들은 세계화의 종말을 바라고 또 예언하지만 자본주의의 역동성은 오히려 세계화를 지속시키면서 전 지구적으로 확장하고 있다(데사이, 2003). 세계화를 대변하는 국제기구의 회담이 열리는 곳이면 어디서든 벌어지는 대규모 시위들은 세계화의 앞날이 순조로울 것으로 보이지 않는다. 하지만 자본주의는 세계화라는 날개를 달고 더욱 확장될 것이다.

귄터 그라스는 자본주의의 현 본질을 악의 근원으로 규정한다. 사회주의의 붕괴 이후 자본주의는 경쟁자가 없는 상태에서 탐욕스러우며 특히 자기 파멸적인 힘을 행사하고 있기 때문이다. 시장에 눈먼 현 자본주의의 형태는 스스로 적(敵)과 프랑켄슈타인(괴물)을 만들어냈다. 테러가 난무하는 것도 이 때문이다.

세계화는 거스를 수 없는 대세이다. 그러나 반세계화 쪽에 선 사람들은 가난한 사람을 생각하지 않는 세계화, 불평등을 고착화시키는 세계화를 반대한다. 미국은 현재 신자유주의 선봉에서 세계화의 주도권을 행사하고 있다. 그 주도권을 행사하는 국가라면 그것이 미국이 아니라 할지라도 반대진영의 화살을 피할 수 없다. 지금 세계화는 과거와는 달리 포스트모더니즘 성격을 띠고 있으며, 카오스 과정을 거치면서 과거의 냉전시대와는 판이하게 다른 모습을 보이고 있다. 미국은 선악의 잣대를 들이밀지만 석유자원의 안정적 확보 때문이 아니냐며 명분이 없다고 본다.

문제는 지금과 같은 국가 간의 질시와 반목, 타협할 줄 모르는 종교적 근본주의의 난무, 그리고 테러와 전쟁으로는 세계가 안고 있는 문제를 근본적으로 풀 수 없고, 악순환만 계속된다는 것이다. 분열을 종식시키기 위해서는 차별과 불평등을 불러일으키는 요인을 축소시키고, 정치든 종교든 서로 상대를 인정할 필요가 있다. 하이퍼 파워가 빠질 수 있는 일방주의에로의 유혹도 경계하지 않으면 안 된다. 거대하고 우울한 진공상태에서 새로운 형태의 국제적 파시즘이 출현할 수 있기 때문이다. 가진 자, 가진 나라들이 보다 열린 생각을 가지고 유연하게 접근할 필요가 있다(소로스, 2002). 지금과 같은 현실에서 우리의 미래가 빛나는 유토피아로 나타나리라 생각하는 사람은 거의 없다. 그렇다고 우리는 만족할 만한 대안을 가지고 있는 것도 아니다. 그럼에도 불구하고 현재의 처지를 보다 개선하고자 한다면 우리는 시시포스의 돌을 언덕 위로 끊임없이 올려놓지 않으면 안 된다.

제2장

전환적 한민족 경영 마인드

한민족은 이제 한국뿐 아니라 전 세계 곳곳에 살고 있을 만큼 지구적 가족의 일원이 되어 있다. 이제 한민족은 과거의 지역적 사고를 탈피하여 더 너른 사고로 이 시대를 이끌어나갈 주역으로 그 역할을 다해야 할 위치에 있다. 이 글은 한민족이 이제는 폐쇄적이고 편협한 지역적 민족주의(regional nationalism)를 벗어나 개방적이고 이웃을 넓게 포용하는 지구적 민족주의(global nationalism)를 가지고 세계의 일원으로서 살아가야 하며, 한민족이 어디에 살든 그 주변인 의식을 벗어 버리고 중심으로 살아가야 한다는 것을 강조하고자 한다.

2002 전주국제영화제에서 우석상을 수상한 작품은 「형」이다. 이 영화는 중심인과 주변인이 살아가는 모습을 담고 있다.1) 사람들은 쉽게 중심(the centers)과 주변(the peripheries)을 나누어 생각한다. 민족도 마찬가지다. 어느 때나 중심 민족이 있고, 주변 민족이 있었다. 그러나 포

---

1) 홍콩의 한 젊은이에게 삼 년간 연락이 끊겼던 형의 소식을 담은 엽서가 날아든다. 발신지는 티베트 근처 고원 지대인 칭하이의 작은 마을이었다. 젊은이는 형을 찾아 티베트로 향하고 이곳에서 형의 행방을 찾을 만한 단서들을 발견한다. 영화는 시종 티베트의 황량한 사막을 배경으로 진행된다. 중심인 한족과 주변인 티베트 민족의 살아가는 모습을 가치 판단 없이 담담하게 보여준다. 인물 사이의 관계를 통해 사람에 대해 이야기하는 영화이다. 형은 홍콩인에겐 이국처럼 보이는 중국대륙을 따라가며 외로움이라는 감독의 시각을 수준 높게 형상화했다는 평가를 받았다.

스트모던시대에 들어서면서 중심과 주변의 경계가 모호해지고, 오히려 주변이 주목을 받기도 한다. 포스트모던시대에 한민족은 어떤 마인드를 가지고 살아야 하는가? 모던시대에는 중심과 주변이라는 이분법적 사고를 가지고, 한정된 공간에서 중심부를 차지하기 위해 치열한 주도권 싸움을 해왔다. 그러나 포스트모던시대에는 시간과 공간을 초월하면서 과거의 중심부가 더 이상 중심의 자리를 항구적으로 차지할 수 없게 되었다. 중심은 지정학적 위치가 아니라 창의와 도전하는 자에게, 경제나 부를 중심으로 한 소유가 아니라 정신과 콘텐츠를 통해 인류의 삶을 증진시키는 자에게 돌아가고 있다.

이러한 변화의 시대에서 한민족, 특히 다양하게 전 세계적으로 퍼져 있는 디아스포라들이 어떤 마인드를 가지고 살아야 하는가를 살펴보는 것은 매우 의미 있는 일이다. 새로운 시대에 발전적이고 창의적 민족으로 다른 민족에게 유익을 줄 수 있는 위치에 서려면 한민족의 마인드가 전환적으로 바뀌어야 한다. 이 전환이 바로 민족경영에서 요구된다.

한국 민족은 중심과 주변이라는 이분법에 매우 익숙해있다. 중심은 뿌듯함과 자랑스러움이 있지만 주변은 소외와 상대적 박탈감을 안겨준다. 남성 위주의 사회에서 남자는 우주의 중심으로, 여성은 주변에 머물게 된다. 도시중심의 사회에서 도시는 풍성함이 넘치고, 농촌은 가난한 주변으로 남는다. 그러나 그것은 왜곡된 시각일 뿐이다. 그것을 거꾸로 여성중심의 사회로 바꾸고, 농촌중심의 사회로 바꾸면 중심과 주변은 달라진다. 문제는 우리 각자가 어떤 시각을 가지고 있느냐 하는 것이다. 이 글의 목적은 중심과 주변을 나누고 분리시키는 것에 목적이 있지 않다. 오히려 모두가 중심이 되는 세상을 만들어보자는 것이 주된 목적이다. 이른바 통합적 사고를 가지고 인류 모두가 화합하면서 사는 지구를 모색하고자 하는 것이다. 더 이상 민족으로 나누어 분열하지 않고, 같은 민족이라 할지라도 어디에 살든 그 사회에서 통합을 이루어내며 그 사회에 기여하는 민족이 중심이 될 수 있다는 것을 강조하고자 한다. 한민족 차원에서 전환적 경영 마인드가 필요한 것은 이 때문이다.

1. 민족의식의 중요성과 그 한계

가치의 관점에서 민족을 보는 시각은 크게 두 가지가 있다. 하나는 민족을 넘어서는 보편적 가치관(universal value)이요, 다른 하나는 민족의 고유성을 강조하는 특수적 가치관(particular value)이다. 보편적 가치관을 가지게 되면 인류의 공생을 생각하고 다른 민족에 대해 관용하고 포용하는 자세를 갖게 된다. 이와는 달리 특수적 가치관을 갖게 되면 자기 민족을 우선하고 다른 민족과 이해관계에 맞설 경우 쉽게 갈등관계에 서게 된다. 민족주의가 특수주의에 선다면 인류애는 보편주의에 선다.

어느 민족이나 나름대로 '민족의식(national consciousness)'이라는 독특한 의식을 가지고 있다. 민족의식은 민족을 구성하는 개개인이 자기가 속한민족에 대해 공통으로 갖고 있는 관념이나 의식으로 일반적으로 집단의식 또는 사회의식의 한 유형에 속한다. 민족은 게마인샤프트(공동사회)적 성격이 매우 강하므로 다른 집단의식과는 다른, 한층 강한 동류의식과 타민족에 대한 차별의식을 주된 내용으로 갖고 있으며, 민족이라는 이름 아래 독자적인 통합력을 가진다. 이 민족의식은 과거한 나라를 통합시키는 데 매우 중요한 역할을 해왔고, 지금도 그 중요성이 사라진 것은 아니다. 하지만 세계가 하나의 지구적 가족으로 변화되는 과정에서 인류 공생이나 상생이라는 더 큰 차원에서 볼 때 그 역할은 점차 축소되고 있는 실정이다. 민족이 좋은 것이기는 하지만 자기 민족의 우월성과 단합만을 내세우면 오히려 폐쇄적 민족주의로 지탄을 받게 되고, 세계화의 걸림돌로 작용하기도 한다.

우리는 민족을 오래 전부터 가져온 관념이며, 우리의 정신세계에서 지울 수 없는 것이라 생각하지만 실상 근대에 이르러 성립된 개념이다. 민족은 고대부터 중세에 걸쳐 점차 집단으로서 확대되고 통일되었다. 하지만 개개인이 민족 구성원으로서 자기를 의식하고 명확한민족적 자각, 즉 우리 집단(we group)으로 인식하게 된 것은 근대의 일이다. 민족의식이 강화되게 된 것은 중세 말기 이후 상품생산과 교통이 발달하고, 절대군주제가 확립되었으며, 각 민족마다 국어를 갖게 되고, 민족 내부 사이에 전투행위가 금지되는 현상이 높아진 때문이었다. 민족구성원 사이에 접촉과 교섭이 늘어나고 집단적인 협동과 통일이 강화됨에 따라 자연히 능동적이고 자각적인 민족의식이 자라기에 이르렀다.

현재 각 민족 사이에는 민족의식이 확고하게 자리 잡고 있다. 민족의식은 각자 자기 민족이 갖는 독자성에 대한 명확한 의식, 또는 자기 민족에게 맡겨졌다고 믿는 역사적 사명을 완수하려는 주체적 의지의 결합체이다. 의지가 강할수록 수동보다 능동적으로 작용한다. 민족의 집단의지와 결부된 민족애의 감정은 자기 민족이 지닌 역사적 전통에 대한 진한 자부심을 불러일으키고, 다른 민족에 대해서는 앞으로 자기 민족이 완수해야 할 사명이 더 큰 것으로 확신하기에 이른다. 민족의지나 민족감정을 그대로 인정하면서 이에 대한 합리적이고 사상적인 기반 역할을 하는 것이 애국사상이다. 민족의식은 의지적이고, 감정적이며, 사고적인 측면을 가지고 있다. 민족구성원은 자연히 민족중심적인 이해와 감정, 이른바 자민족중심주의(ethnocentrism)에 사로잡히게 되고, 각 민족사상에는 그것을 옹호하고 정당화하려는 논리가 전개된다.

민족의식과 함께 빼놓을 수 없는 것이 민족주의이다. 봉건적 단계에서의 잠재적인 민족을 '폴크(Volk)'라 하고 근대적인 자각으로 민족적 목표를 추구하는 민족을 '나치온(Nation)'이라 하면, 민족주의(nationalism)는 근대 민족의 의지적 방향을 더욱 강화시키면서 탄생한 것이다. 근대 민족과 민족주의의 관계를 밝힌 미체를리히(W. Micherlich)는 "근대 민족 없이 민족주의는 없고, 민족주의 없이 근대 민족은 없다"고 했다. 이 말은 근대 민족이 일반적으로 민족주의 없이는 존립할 수 없음을 표현한 것이다. 시간이 가면서 민족의식은 민족주의에 생명력을 부여하기에 이르고, 민족을 더욱 폐쇄적으로 만든다. 민족주의는 민족의식이 단순한 문화적 단계로부터 정치적인 단계로 이행할 때, 즉 적을 예상하는 의식과 행동으로까지 고조된 때 처음 출현했다. 그것은 각 민족이 자기를 방어하고 자기를 주장하기 위해 어쩔 수 없이 나타나게 된 정치적 표현이었다. 민족의식은 민족적 문화공동체를 바탕으로 성립하기 때문에 아름답기도 하다. 하지만 그것이 어떤 기회에 다른 민족문화와 접촉하거나 다른 민족과의 대립투쟁, 즉 전쟁이라는 부정적 의미가 제기될 때 더욱 민족주의로 나가게 된다. 민족적 부정과 자각은, 자기 민족과는 다르지만 대등한 것으로 인정되는 다른 민족과의 대비·대립에서만 생길 수 있다.

45

한 나라와 민족의 존립이라는 측면에서 볼 때 민족의식은 매우 필요하고, 중요하다. 그러나 그것은 내부의 단결을 통해 다른 민족을 견제하고, 민족적 통합을 통해 다른 민족과의 차별성을 드러내고자 한다는 점에서 전투적 성격을 띤다. 한 나라 안에서도 같은 민족 안에 들어오면 중심에 들어서지만 같은 민족이 아니라면 주변에 머물 수밖에 없다. 민족의식이 강할수록 다른 민족에 대한 배타성은 더욱 강해진다. 이런 경우 인류공존은 어려워진다.

지금까지 형성된 민족의식을 한꺼번에 무너뜨릴 수는 없다. 또한민족의식이 언제나 부정적인 것은 아니기 때문에 민족에 대한 우리의 관념에 새로운 인식작업이 필요하다. 여기에서 우리는 민족의식을 더 높은 차원으로 승화시킬 필요가 있다고 생각한다. 지금까지 우리는 민족이나 민족의식을 매우 좁은 의미에 묶어두었다. 그러나 그 의미를 보다 넓은 차원으로 승화시켜 민족의식이 자타의 여러 민족을 포괄하는 보편자로서 인류사회를 위해 헌신할 수 있는 기반으로 다시 태어나도록 하는 것이다. 과거처럼 민족의식을 내세워 중심과 주변으로 나누는 것이 아니라 각 민족이 다른 민족뿐 아니라 인류 모두를 위한 공존인자로 존재할 수 있다면 모든 민족이 중심이 될 수 있다. 우리는 한민족만 잘사는 것이 아니라 모든 민족이 함께 잘살 수 있는 비전을 가지고 있어야 한다. 이 비전을 가지고 세상을 변화시키는 민족이 중심민족이다. 한민족은 이런 비전 있는 민족이 되어야 한다.

2. 중심의식과 주변의식

각 민족은 역사적 발전과정을 통해 때로는 중심인 의식을 가지기도 하고 주변인 의식을 가지기도 한다. 중심이냐 주변이냐 하는 것은 기본적으로 상징적 이원론(dual symbolic classification)에 속한다. 이 이론에 따르면 삼라만상은 하늘과 땅, 오른쪽과 왼쪽, 남자와 여자, 청정과 부정, 낮과 밤 등 이원적으로 구성되어 있다. 모든 사회가 이원적 상징체계로만 인식되는 것은 아니다. 3원적, 5원적, 또는 9원적 상징체계로도 인식될 수 있다.

사회가 대칭적인 2개의 집단으로 구분되어 있는 것을 이원 조직(dual organization)이라 하고, 구분된 각각을 반족(半族)이라 한다. 이런 조직은 남아메리카 저지대 원주민 사회와 동인도네시아, 오스트레일리아 등에서 볼 수 있다. 이 조직을 지탱하고 있는 것은 마을, 인간 집단사회, 우주 등을 둘로 나누어 생각하는 이원론(dualism)이다. 레비스토로스는 남북의 선이든 동서의 선이든 촌락이 이분되어 있는 직선적 구조와, 원형의 촌락이 중심부와 주변부로 이분되어 있는 동심원적 구조로 분류하였다. 중심인과 주변인은 상징적 이원론 가운데 동심원적 분할방법에 속한다.

크게 2개의 범주로 나뉘어 있는 형태의 관계명칭 체계도 있다. 그것

을 이분체계(two section system)라 한다. 이원조직과 반족이라는 개념
은 사회가 2개의 외혼집단으로 구분되어 있을 때에만 쓰이는 경우도
있으나 친족과 혼인 관계에 상관없이 구성원이 결정되는 의례적 집단
에 대해서도 쓰인다.

예르츠(R. Yertz)와 니덤(R. Needham)의 북아메리카 주니(Zuni) 족
연구에 따르면 씨족사회가 두 개로 나뉘어 한 반족 안에서는 결혼을
금하고 다른 반족과 결혼하도록 하고 있다. 이것을 쌍분조직(雙分組織)
이라 한다. 뒤르케임에 따르면 상징적 이원론은 사회의 양분제 또는 상
분조직에서 유래한다. 그러나 사회의 양분제가 없는 곳에서도 상징적
이원론이 뚜렷한 경우가 있으므로 사회가 세계관을 규제한다고 말할
수는 없다. 사회의 양분제도 넓은 분류 체계의 하나로 볼 수 있다.

인도 동부 몽골로이드에 속하는 푸룸 족 사회는 외사촌과의 혼인을
의무화하고 고종사촌과의 혼인을 금지함으로써 사회가 신부를 제공하
는 쪽과 신부를 맞는 쪽으로 나눈다. 여기서는 오른쪽과 왼쪽, 뛰어남
과 열등함, 전과 후, 남자와 여자, 길함과 흉함이라는 상징적 대비가
있다. 신에게 닭을 희생으로 바칠 때 죽은 닭의 오른쪽 다리가 왼쪽
다리 위에 겹쳐 있으면 길조이고, 그 반대는 흉조로 여긴다. 오른쪽은
길조이고, 왼쪽은 흉조로 여기기 때문이다. 아이 이름을 지어줄 때도
닭을 죽이는데 남자아이의 경우는 수탉을 죽여 오른쪽 다리가 왼쪽 다
리 위에 있으면 길하고 그 반대면 흉하다고 여긴다. 여자아이의 경우는
암탉을 죽여 왼쪽 다리가 오른 쪽 다리 위에 있을 때 길조로 본다. 이
의식에 따르면 남자는 오른쪽, 여자는 왼쪽과 연관되어 있음을 알 수
있다. 상징적 이원론이 지배적인 사회에서는 사람들 자신이 이것을 뚜
렷이 의식하는 경우도 있지만 항상 그 사회 구성원에게 의식되고 있다
고 단정 지을 수는 없다.

중심과 주변은 지리와도 연관이 있다. 한국에서는 중심인 서울과 주
변인 그 외의 공간을 이분화하는 일이 많다. 주변의 문화적 불균등을

해소하려는 뜻으로 이따금 지역문화 진흥이라는 개념을 사용한다(김승환, 2004). 이것은 중심부에 대한 과도한 집중을 막고 주변에서도 중심을 느낄 수 있도록 하는 전략이다.

중심부와 주변부 이론에서 빼놓을 수 없는 것으로 세계체제이론(world system theory)이 있다. 이 이론은 단위국가 대신 세계를 하나의 사회체제로 파악하여 중심부와 주변부의 비대칭적 관계구조로 설명한다. 월레스타인(I. Wallerstein)에 따르면 세계경제는 중심부, 반(半)주변부, 주변부 3가지 국가군으로 구성되어 있다. 중심부에는 대체로 강력한 국가들이 있고, 자본집약적 경제활동이 집중되어 있을 가능성이 높다. 주변부는 그 반대다. 자유임금 및 노동에 기초하여 제조품을 생산하여 농산물 경작에 주력하는 주변부에 대해 중심부는 자본의 잉여를 수탈한다. 반주변부는 그 자체로 독립적 의미를 지니며, 세계체제에서 중요한 역할을 한다. 반주변부는 주변부의 착취자이자 중심부의 대리자이면서 경제적 중개인 역할을 해낼뿐더러 정치적 완충지대이기도 하다. 반주변부는 세계체제의 구조적 필수요인이다. 하지만 반주변부도 결국 중심부에 의해 수탈당한다. 중심부와 주변부, 반주변부는 국제 관계 안에서 서로 위치가 뒤바뀔 수도 있다. 이처럼 세계자본주의 체제는 잉여가 주변부에서 중심부로 이전되는 상호 간의 제로섬 게임을 한다. 월러스타인의 이 이론은 세계자본주의 체제를 유통구조로 파악함으로써 생산관계 양식의 다중성을 무시하고, 국제적 역학관계를 포착하지 못하였다는 비판을 받고 있다. 하지만 개별국가의 발전보다 그 상위 단위인 세계체제라는 거시적 안목에서 여러 국가를 중심부, 주변부, 반주변부로 나누고 국가가 매우 복잡하고 유기적으로 엉켜 있음을 보여주었다는 점에서 그의 업적을 과소평가할 수 없다.

「저발전의 발전」을 쓴 프랑크(A. G. Frank)도 자본주의를 독점과 착취로 특징지어지는 하나의 교환 연계체계로 인식한다. 스페인이 라틴아메리카를 정복한 16세기 이후부터 라틴아메리카의 저발전이 계속 변화

없이 지속되어 왔기 때문이다. 세계자본주의 체제로 통합되면 일부에서는 발전하고 나머지는 저발전의 발전이 이루어진다. 그 원인은 세계자본주의의 체제의 특징이 중심부-주변부 구조이기 때문이다. 잉여가 중심부에 집중되고, 주변부가 종속상태로 되어 저발전이 영구화된다. 이른바 종속이론(dependence theory)이다.

49

월러스타인의 세계체계 이론이나 프랑크의 종속이론은 제국주의 이론과 괘를 같이 하고 있다. 역사적으로 볼 때 제국주의는 국민주의에 이어 국가주의가 대외팽창적인 제국주의로 이어졌다. 홉슨(J. A. Hobson)에 따르면 제국주의시대의 가장 큰 경제적 변화는 자본이 점점 더 세계주의적 성격을 띤다. 모든 선진산업국가는 자기자본의 보다 큰 몫을 이국이나 식민지에 두고 그 재원으로부터 점점 더 큰 소득을 끌어들이는 경향이 있다(Hobson, 1902). 고전적 제국주의는 산업혁명을 거친 구미 근대국가가 국내의 축적된 잉여자본의 투자를 위해 원료와 노동력이 저렴한 후진 지역을 분할하기 위해 경쟁적으로 제국주의를 추구하여 제1차 세계대전과 같은 전쟁도 불사했지만, 신제국주의는 비영토주의화하여 시장 확대만을 추구하고 있다. 제2차 세계대전 이후 제국주의 이론은 라틴아메리카를 중심으로 종속이론을 파생케 했다. 이 이론은 저개발 주변국가인 제3세력권이 선진자본주의에 의해 경제적 예속이 불가피함을 역설하고 있다. 즉 선진자본주의국가인 중심부의 경제가 재개발 국가들인 주변부 경제로부터 불평등교환에 의해 잉여가치를 수탈하는 상황을 만들게 된다는 것이다.

제국주의는 사실 국가주의나 민족주의의 외형적 팽창이다. 정치적으로나 경제적으로 한민족이 다른 민족을 지배함으로써 다른 민족이나 나라를 주변으로 만드는 것이다. 카우츠키(K. Kautsky)에 따르면 제국주의는 산업자본이 발달한 결과이며 금융 및 자본수출이 고도로 증대한 결과이다. 그는 자본주의가 오래 지속되면 영원한 위기상태로 미끄러져 들어갈 것이라 주장했다. 자본주의와 산업주의가 고도화되면 경제적 자유방임에 따라 국가가 자본을 통제하지 않는 한 자유경쟁이 심화되어 적자생존 자연도태 현상이 나타나 대자본이 중소자본을 흡수하게 된다. 독점자본에 의한 자본의 집중화가 절정에 달하면 독점 자본가들이 은행을 장악할 뿐 아니라 의회정치 속에 개입하면서 나라의 정치·군사·외교·경제 등 모든 정책을 좌우하게 된다. 라테나우(W. Rathenau)가 1909년 "서로 잘 알고 있는 300명의 인간이 전 유럽 대륙의 경제적 운명을 좌우하고 있다"고 말한 것은 이런 상황을 보여준다. 자본주의 경쟁체제에서 중심부와 주변부에 대한 의식은 더욱 심화된다.

한국은 한국전쟁이 끝난 후에도 세계체계이론으로 정의하기 어려운 조건을 가지고 있었다. 한국은 산업이나 경제가 선진국인 중심부 국가들처럼 발전하지도 않았고, 후진국의 주변부 국가들처럼 농산물이나 천연자원이 풍부한 것도 아니었다. 오히려 한반도가 이데올로기의 각축장이 되면서 중심부 국가들로부터 착취의 대상이 되었었다. 박정희 대통령이 추진한 경제개발 정책으로 한국의 경제는 급속도로 발전했다. 이때 한국이 취하던 무역방식은 자원을 해외로부터 사와 다시 해외로 파는 중계무역이었다. 문제는 산업이 발전하면서 산업자본으로부터 소외된 계층에 대한 사회적 지지가 파급되면서 종속이론이 소개되었다. 종교계에서는 해방신학 내지 민중 신학이 자리를 잡았다. 중심부와 주변부 의식이 한국에도 심각한 사회적 이슈로 등장하게 된 것이다.

3. 한민족 안에서의 중심의식과 주변의식

한 나라, 한민족에서도 중심부와 주변부로 나뉜다. 중심과 주변은 정치지리학에서도 중요한 개념에 속한다. 중심은 주요결정들이 이루어지고 지배층들이 서로 자주 접촉하는 집합지를 가리킨다. 일정한 영토 안에서 주요한 군사·행정·경제·문화의 거의 모든 자원을 점유한 집단들이 사실상 주요 의사결정 과정을 주도함으로써 주변부에 대한 정치적 통제, 경제적 지배, 그리고 문화적 표준화를 리드한다. 주변부는 국가행정의 하부단위이자 중심부와 지리적으로 거리가 멀고 경제적으로도 낙후되어 있다(Rokkan & Urwin, 1982; Goffman, 1980; Tarrow, 1977).

51

역사적으로 볼 때 영국의 경우 잉글랜드가 중심부였다면 스코틀랜드·웨일스·북아일랜드는 주변부에 속했다(박지향, 1997). 프랑스의 경우 파리 특별구역이나 우와즈가 중심부였다면 알사스 등 여러 지역은 주변부였다. 스페인의 경우 18세기에 스페인이라는 정체성이 형성하기 시작했으며 마드리드가 중심부 역할을 해왔고 갈리시아·바스크·카타로니아 등은 주변부에 속했다(Page, 1991). 독일은 지방분권화 된 연방제로서 중심부 대 주변부 개념으로 구분하기 어렵다. 1815년 나폴레옹에게 패배한 이후 민족주의를 이용해 주변을 통합했고, 강력한 관료적 절대주의 국가를 구축했으며, 제2차 세계대전 이후 연방제를 채택해 강력한 중앙집권국가의 출현을 헌법으로 방지했다.

중국이 북경을 중심으로 중심부를 이루고 있듯 한국에도 중심부와 주변부가 있다. 지리적으로 보면 서울은 중심부이며 그 외의 지역은 주변부이다. 한국에 사는 입장에서 보면 한국에 사는 사람이 중심부를 차지한다면 그 밖에 지역에 사는 사람은 주변부라는 의식이 강하다. 심리적 괴리도 그만큼 크다. 이러한 생각은 한국인이 자국을 중심으로 생각하기 때문이다.

중심부 중심의 사고는 모던사회의 생활양식이었다. 그러나 포스트모던 사회에서 생활과 인식은 다르다. 자기에 대한 확고한 의지에 따라 얼마든지 문제를 제기할 수 있다. 서울 시민이 자신을 중심부라 생각하듯 평양 시민 또한 결코 중심부를 다른 곳에 양보하지 않을 것이다. 과거 조선사회에서 평양은 서울과 떨어진 주변이었다. 하지만 지금은 다르다. 이 문제는 도시에만 적용되는 것이 아니다. 한동대학교는 포항에서도 30분이나 더 가야 하는 시골에 위치해 있다. 하버드대학도 아니고 서울대학교도 아니다. 그러나 이 학교는 "why not change the world"라는 비전을 가지고 있다. 세계를 변화시키고자 하는 정신에 있어서는 더 이상 주변부가 아니다. 중심부는 정치나 경제, 그리고 지리의 중심에만 있는 것이 아니다. 자기가 속해 있는 곳에서 변화의 출발점을 삼아야 주변부인식으로부터 벗어날 수 있다. 인식의 전환을 위해서는 중심이라고 착각하고 있는 공간성으로부터 해방되어야 한다.

한민족은 현재 한국에만 있지 않다. 세계 도처에 중국의 화교가 존재하듯이 조선인, 조선족, 고려인, 한인교포 등 다양하게 불리며 세계 각국에 분산되어 있다. 화상이 있듯 한상(韓商)도 있다. 세계 각국에 살아도 그들은 한민족(韓民族)이다.

한민족은 세계 여러 민족 가운데 하나이며 한족(韓族)이라 부른다. 한족은 한반도를 중심으로 만주동부 일대에 살면서 공동문화권을 형성하고 한국어를 사용하는 민족으로 인종상 황인종, 언어상 우랄알타이어계에 속한다. 한족의 기원에 대해서는 여러 설이 있으나, 대체로 신석기시대 이후 대륙지방에서 동쪽으로 진출한 예맥족(濊貊族)이 만주족인 숙신족(肅慎族)을 몰아내고 열하(熱河) 방면에서 한반도의 구릉지대와 흑룡강 유역을 생활무대로 하여 정착한 것으로 파악되고 있다. 고대 중국에서 동이(東夷)라고도 불렸던 예맥족은 중국의 한족(漢族)과는 별도로 독자적인 문화전통을 유지, 발전시켜 왔다.

일반적으로 예맥은 한족을 일컫는 총괄적인 명칭으로 쓰이지만 삼국지(三國志) 동이전(東夷傳) 등에서는 예와 맥을 분리시켜 단칭으로 파악하고 있다. 즉 고구려 족에 관한 거의 모든 자료들은 맥으로만 표시하고 있지만 고구려와 같은 종족이면서도 위치가 다른 부여에 대해서는 예로 표기하고 있다. 따라서 예맥이 문헌상으로는 한족을 지칭하는 것이지만 내용적으로는 맥이나 예는 지역적인 분포상에 거주하는 주민들을 개별적으로 가리켰다는 것을 알 수 있다. 예맥족은 고대아시아 민족인

퉁구스 족에 속하며, 곰을 수호신·조상신으로 숭배하던 토템 족으로 이러한 토템사상은 동북아시아의 여러 민족 사회에 공통적으로 나타나고 있다. 2005년 현재 한족은 남한에 4800만 명, 북한에 2200만 명, 그 밖에 해외 거주 약 650만 명으로 총 7650만의 큰 민족을 형성하고 있다.

53

한족과 함께 구별되는 중국의 한족(漢族)은 중국 본토 재래의 종족을 가리킨다. 한민족(漢民族)이라고도 한다. 그 발생 및 이동에 대해서는 알려져 있지 않으나, 중국 동부와 연안 여러 섬들 및 동북 지구에 이주하여 생활하고, 해외에서는 화교(華僑)로서 동남아시아를 중심으로 세계 각지에 거주한다. 세계에서 인구가 가장 많은 민족으로 약 13억을 넘고 중국 인구 가운데 94% 정도를 차지한다. 중국의 한민족이든 한국의 한민족이든 모두 몽골로이드에 속한다.

한민족의 거주 역사로 본다면 결코 한반도만이 중심부가 될 수 있는 것은 아니다. 포스트모던 관점에서 볼 때 자기가 거주하는 곳에서 주인의식을 가지고 살아갈 때 중심부가 될 수 있다. 과거에는 한반도를 중심으로 한 동북삼성이 중심거주지로 삼았다면 지금 세계 각 곳에 한족이 거주하고 있고, 그곳에서 한민족의 역량을 발휘하고 있다. 중요한 것은 자기가 사는 곳에서 얼마만큼 역량을 발휘하고 있느냐 하는 점이다. 역량을 발휘하지 못하고 있는 데다 부정적인 태도를 갖고 살아간다면 이미 스스로 자기를 주변인으로 만들고 있는 것이나 다름없다. 중심부나 주변부 인식은 언제나 유동적일 수밖에 없고, 주관성이 강하기 때문이다. 이런 면에서 한민족으로 어디에 살든 주변부 의식을 먼저 청산할 필요가 있다.

4. 조선족의 정체성 확립과 주변의식 탈피 문제

중국과 한국의 관계에서 가장 민감한 지역은 조선족이 많이 살고 있는 동북삼성이다. 중국의 조선족은 민족적으로는 한(韓)민족이지만 현재 지역적으로 중국에 속한 땅에 살고 있기 때문에 한(漢)민족과 정체성 문제를 겪고 있다. 중국은 조선족이 중국 56개 민족의 하나이며, 조선족의 조국은 남북한이 아니라 중국이라는 점을 분명히 하고 있다. 한국은 조선족을 같은 한족으로 인정하면서도 중국과의 외교적 문제를 의식해 과감한 정책을 펴지 못하고 있다. 역사적으로 예맥인들이 살았던 땅을 내 땅이라 주장할 수도 없다. 그것은 역사적인 과거요 중요한 것은 현재 중국에 살고 있는 조선족이 더 이상 주변부가 아니라 중심부라는 의식을 가지고 당당한 중국인으로, 또 조선인으로 살아가는 것이다. 그래야 조선족이 발전할 수 있다.

조선족 소설가 허련순은 "조선족은 한국의 역사 속에서 지켜지지 못했기 때문에 유실된 민족이다. 그러나 조선족 문제 해결은 조선족 자신의 손에 달려 있다."고 주장한다. 그는 「누가 나비의 집을 보았는가?」라는 소설을 통해 조선족의 모습을 그렸다. 소설에는 중국 영파에서 밀항선을 타고 한국을 향해 떠나는 조선족 8명이 등장한다. 눕지도 앉지도 못하는 배 밑바닥 창고에 갇혀 대소변까지 받아냈던 그들의 처절한 상황과 연변 자치주에서 겪는 지상의 삶을 연결시켰다. 소설 속 조선족들은 한국 해안선에 닿지도 못하고 돌아가게 된다(허련순, 2004).

허련순은 조선족들이 중국에 살면서도 국민으로 참여의식을 갖지 못하고 한국을 그리워했으나 막상 한국에 오면 한국이 낯설어 다시 떠나려 하고 있다고 말한다. 마치 한평생 자신을 낳아준 부모의 얼굴조차 모르던 입양아가 어머니를 찾아갔으나 이미 다른 사람들과 가족을 이루어 살고 있는 어머니에게서 느끼는 낯섦 같은 것을 갖고 있다는 것이다. 그래서 조선족들은 보따리를 싸서 떠났던 이민들이기 때문에 언젠가 보따리를 싸서 다시 올 수 있다는, 정신적 보따리 하나씩을 가슴에 품고 사는 사람이다(김광일, 2004).

조선족은 중국 55개 소수민족 중 13번째로 많다. 조선족 속에는 한민족이라는 민족적 정체성을 가지고 있다. 그러나 중국정부는 다르다. 현재 삼관(三觀)교육을 통해 역사관·민족관·조국관에 대한 새로운 각성을 요구하고 있다. 즉 조선족의 역사는 중국에 살고 있는 소수민족의 역사라는 역사관, 조선족은 중국의 56개 민족 중의 하나로 중국에 살고 있는 중국 민족이라는 민족관, 그리고 조선족의 조국은 남북한이 아니라 중국이라는 조국관이다. 중국은 통일 다민족 국가관 아래 고구려·발해·부여·고조선의 역사를 중국사에 포함시키고 있다. 중국의 역사는 한족과 주변 민족과의 투쟁사였다. 몽고족의 원, 만주족의 청이 중국을 다스리기도 했다. 조선족은 멀리는 고조선에서, 가깝게는 청조에 이르기까지 동북삼성에 터를 잡고 살아온 민족이다. 한민족 역사 속에서는 중심민족으로, 중국의 역사 속에서는 주변민족으로 살아왔다.

세계화 속에서 조선족은 앞으로 어떻게 인식되어야 하는가? 최원식에 따르면 조선족은 한국인인 동시에 중국인일 수 있다. 만일 조선족이 한민족, 한 핏줄임을 강조하며 남한이나 북한이 관리하려 할 경우 중국과 마찰을 피할 수 없다. 그렇다고 탈민족주의적 관점에서 방치하는 것도 바른 태도가 아니다. 따라서 조선족의 이중 정체성을 충분히 고려할 필요가 있다. 조선족의 이런 정체의식을 확고히 할 때 한민족으로서의 자부심과 중국인으로서 당당한 모습을 함께 갖춰 나갈 수 있다. 나아가 동아시아가 하나의 지역으로 엮어질 때 동아시아 평화공존과 한반도 평화체제 구축에 주도적으로 동참하게 되면 중심부 역할은 뚜렷하게 드러난다.

이 문제는 단지 조선족에 국한되지 않는다. 해외에 뿌리를 내리며 사는 수많은 한민족이 겪는 문제이다. 이들은 객관적으로 볼 때 두 문화 사이에 끼어 있어 어느 한쪽에도 깊숙이 통합되지 못해 주변인간 (marginal men)으로 남을 수 있는 여지가 많다. 두 문화의 변두리에 살 수밖에 없다는 인식이 강할수록, 변두리에서 소수집단으로 삶을 영위하는 것으로 자위할수록 주변성향은 높아진다.

허원무와 김광정에 따르면 두 문화 속에 있는 교민들은 크게 동화, 분리, 응착적(凝着的) 적응, 이상적 적응 가운데 하나를 택하거나 복합적으로 대처할 수밖에 없다. 동화는 한국문화와 한국사회 구조에 대해서는 부정적 입장을 취하고 현지문화와 사회구조에는 적극적으로 동화하는 것을 말한다. 동화에는 문화적 동화와 사회구조적 동화가 있다. 문화적 동화는 이주자들이 현지문화를 익혀 현지인들처럼 말하고 사는 것을 말한다. 현지인의 삶의 양식을 몸으로 터득하고, 멜팅 포트(melting pot)에서 주도문화를 벗어나지 않을 만큼 동화시켜 놓은 후 문화적 다양성을 주장한다. 사회구조적 동화는 사회 계층구조의 상부핵심으로 흡수되는 것을 말한다. 현지의 지배세력에로 편입되는 것인데 이 과정에서 상당한 제동이 있다.

한국화와 현지화

적응양식	한국화		현지화	
	문 화	사회구조	문 화	사회구조
동 화	-	-	+	+
분 리	+	+	-	-
응착적 적응	+	+	+ / -	+ / -
이상적 적응	+	+	+	+

응착적 적응(adhesive adaptation)은 현지문화를 경계하거나 일방적으로 배척하는 것이 아니라 오히려 한국문화 요소를 기초로 두고 그 위에 현지문화 요소를 더 보태는 것이다. 이것은 두 문화 간의 긴장이나 갈등에 주목하기보다 두 문화가 서로 안전하게 포개어지는 부가적 관계를 강조한다. 예를 들어 한국식으로 살면서 적당히 현지의 삶을 큰 마찰 없이 도입하는 것이다. 이것은 비영합적 적응모형(non-zero-sum model of adaptation)이다. 이것은 가능한 한 또는 상황에 따라 모(母)문화를 버리지 않으면서 오히려 그 위에 현지문화를 덧입힌다. 즉 새 문화를 한국적

인 것에 단순히 더 보탠다. 필요와 상황에 따라 현지에 대해 좋든 나쁘든 비판적으로 보면서 선택적으로 좋은 것을 수용한다. 따라서 중심부에 깊이 통합되지 못하는 단점이 있다. 이런 경우 현지문화와 한국문화가 영합관계(zero-sum relation)가 된다. 이 관계는 시간이 흐름에 따라 한국문화 요소가 줄어드는 만큼 현지 문화요소가 강화된다는 것이 아니다. 이상적 적응은 다원주의에 입각한 적응이다. 현지문화와 한국문화 모두를 수용하며 새 문화에 호의적으로 반응하는 적응적 다원주의(accommodative pluralism)이다. 이 다원주의는 차별받는 소수집단이 자기들의 차별받는 현실을 받아들이면서도 가능한 한 현지사회에 깊숙이 통합해 보려는 노력을 보인다는 점에서 적극적이다(Hurh & Kim, 1984).

57

분리가 한국의 것에만 집착하고 현지의 것을 거부한다면 동화는 한국의 것을 부정하고 현지의 것에 집착한다는 점에서 서로 다르다. 응착적 적응이 현지문화에 대해 비판적으로 적응하는 것이라면 이상적 다원주의는 두 문화 모두에 긍정적으로 반응한다는 특징이 있다. 한민족이 다른 민족 속에 살면서 어떻게 살아야 하는가는 매우 실제적인 문제이다. 다른 땅에 살면서 분리의 입장만 취하면 스스로를 격리시키는 일이며, 동화만을 내세우면 민족의식을 버리는 일이 될 것이다. 응착적 적응이나 이상적 다원주의 모두 민족의식을 가진다는 점에서 같다. 그러나 비판적으로 수용할 것인가 호의적으로 반응할 것인가 하는 것은 서로 정도가 다르다. 극단적 분리나 동화보다는 응착적 적응을 하든지 다원적 적응으로 나가는 것이 바람직하다.

5. 한민족을 넘어서

터키에는 투르크족만 사는 것이 아니라 아르메니아인, 쿠르드인, 그리스인 등 여러 민족이 살고 있다. 그리스인들이 쫓김을 당하기도 했고, 쿠르드인들에 대한 억압도 존재한다. 그러나 터키는 더 이상 투르크인만의 땅이 아니다. 마찬가지로 터키인은 여러 유럽지역에 산재해 살고 있다. 독일에만 3백만 명이 넘는다. 터키가 EU에 가입될 경우 터키는 더 이상 터키에 국한되지 않는다. 유럽의 일원이 되어 한 국가처럼 생활하게 된다. 21세기를 사는 우리는 한민족이 한 나라에만 살아야 한다는 좁은 경계의식으로부터 자유로울 필요가 있다.

민족이나 민족의식은 가족처럼 매우 친근한 감을 준다. 그러나 가족이 가족주의로 발전하면 문제가 발생하듯 민족이 민족주의로 발전하면 문제가 발생하게 된다. 지구에서 한민족으로서만 존재하기보다 지구가족으로 존재해야 하는 현실에서 우리는 한민족을 넘어설 필요가 있다. 이를 위해 한민족을 좁게 생각하기보다 넓게 생각할 필요가 있다.

한민족이라면 누구나 단일민족이라 생각한다. 민족이라는 이념에서는 그렇게 생각할 수 있지만 인류학적으로 볼 때 이런 생각은 맞지 않다. 문화인류학자들에 따르면 한민족의 원류는 크게 북방계와 남방계로 이뤄져 있다. 그 밖의 소수 민족으로서는 외부에서 침략해 들어온 내침족(來侵族)과 귀화인 등 네 종족으로 이뤄지고 있다. 한민족의 유전자를 따져 보면 적어도 25개 이상의 혈통이 발견된다고 한다. 유전자 분석을 통해 한민족은 중국 북부의 농경문화 민족이 주류를 형성하고 있고, 몽고·만주·일본은 물론 베트남 등 동남아인과도 유전적으로 가깝다.

한민족도 이처럼 다양함에도 불구하고 우리가 단일민족 논리를 내세우고 있는 것은 민족의 동질성과 민족적 역량을 결집시키기 위한 것이다. 이러한 현상은 한민족에 국한되지 않는다. 정주영(鄭周永)과 박태준(朴泰俊)은 각기 북방계와 남방계를 대표하는 모습을 가지고 있어 그들이 전혀 다른 혈통의 한국인이듯 일본의 총리를 지낸 나카소네 야스히로(中曾根康弘)와 다케시타 노보루(竹下登)가 동족이 아니다. 중국의 한족도 단일민족이 아니다. 세계 거의 모든 민족이 어떤 관계로든 이미 서로 결합되어 있다고 해도 과언이 아니다. 따라서 현대 민족주의에서 혈통주의는 대체로 부인되고 있으며, 역사적 운명의 공유(共有)와 일체감, 그리고 언어의 동질성을 민족의 본질로 삼는 것이 추세이다. 혈통이 같거나 다름은 민족의 정체성을 훼손하는 이유가 될 수 없다. '에고이스트'라는 필명을 가진 이는 "이제는 인순이도, 할리(河一)도, 주현미도, 윤수일도 모두 우리가 보듬고 사는 세계화의 시대인데 더 이상 내 핏줄만을 따져서 무슨 의미가 있겠는가?"(egoist852000, 2004) 묻는다. 그의 이러한 물음은 한민족도 세계화 속에서 거듭날 필요가 있음을 보여준다.

스타트랙에서 지구인과 외계인이 서로 어울리며 살고 있다. 이 영화 이전에 외계인은 모두 괴물이거나 악마로 묘사되었다. 조선 말기에 조선에 온 외국인을 가리켜 양귀자라 했다. 귀신으로 본 것이다. 그러나 스타트랙에서는 이러한 틀을 깨고 지구인과 함께 어울렸다. 이것은 진보된 신지식인의 관념이 담겨 있다. 세계 속의 한민족은 어울릴 수 없는 외계인으로 남아서는 안 된다. 서로 다르지만 함께 어울리며 살 줄 아는 우수한민족이 되어야 한다.

6. 주변의식을 넘어서 중심으로:
세계 속에서 한민족으로 살아가기

세계 속의 한민족이 주변의식을 넘어서고자 한다면 각자 자기가 살고 있는 곳에서 주인의식을 가지고 살아가야 한다. 주인의식을 가지고 산다는 것은 그렇게 쉬운 일이 아니다. 험난한 길을 통과해야 닿을 수 있다. 일본의 고이즈미 수상이 남미를 방문하고 그곳에서 온갖 난관을 무릅쓰고 삶을 개척해온 일본 이민자의 역사를 생각하며 울었다 하여

화제가 된 적이 있다. 한국의 노무현 대통령도 카자흐스탄을 방문하고 그동안 이주동포들이 겪었던 고초를 알고 가슴이 아팠다고 했다. 카자흐스탄에는 10만 명의 고려인이 살고 있다. 고려인은 카자흐스탄 경제 문화 등 여러 분야에 기여해왔다. 어느 민족이고 조국을 떠나 삶을 이룬다는 것은 쉽지 않다. 그들이 칭찬받을 수 있었던 것은 과거에는 비록 주변인으로서의 아픔을 겪었지만 지금은 더 이상 주변인으로 살지 않고 당당하게 중심인으로 살고 있다는 점이다.

한민족은 현재 세계 각지에 뿌리를 내리고 있다. 미국의 교포들은 집단주의의 동양권에서 개인주의의 서양권에 옮겨 살다 보니 갖가지 엄청난 문화적인 쇼크를 겪는다. 백인 중심의 사회 속에서 그들은 주변의식을 피부로 느낀다. 그러나 지금은 달라지고 있다. 교포들 개인뿐 아니라 한국의 대회사들도 곳곳에 지사를 차려놓고 미국인 직원들을 채용하고 있다. 아직도 과거와 같은 문화적인 충돌이 일어난다. 그럼에도 불구하고 그들은 과거와는 다른 의식을 가지고 일어선다. 이런 자각적 독립의식은 민족이라는 차원을 떠나 세계인으로서 중심에 서려는 강한 의지와 결부되어 있다.

과학과 연관된 인물에 한정한다면 세계 정보통신산업 중심지인 미국 실리콘밸리에서 신화를 창조한 주인으로 알려진 이종문 암벡스벤처그룹 회장도 있고, 재미 한국인 과학자로 차세대 반도체 메모리로 이용될 수 있는 신물질인 F램을 개발해낸 위스콘신대 엄창길 교수도 있다. 엄 교수 팀은 강유전체(強誘電體)를 F램으로 사용할 수 있도록 변형시켜 합성하는 데 성공했다.[2] 중국에서도 조선족의 활동이 두드러진다. 예를 들어 중국이 자랑하는 유인우주선 선저우(神舟) 5호 발사에 이상영, 강

---

2) F램은 압력이나 전기장을 가하면 분자내부의 원자배치가 변해 그 상태를 유지하는 강유전체라는 물질을 이용한 메모리 반도체이다. 대용량 저장이 가능한 D램과 고속 정보처리가 가능한 S램, 전원이 끊겨도 데이터가 소멸되지 않는 플래시메모리의 장점을 모두 갖춰 꿈의 기억소자로 불린다. 강유전체는 전기를 걸어주면 내부 원자 위치가 달라진 채로 고정되기 때문에 전원이 꺼져도 정보가 사라지지 않는다.

경산 등 여러 조선족 과학자들이 참여했다는 것은 조선족도 능력이 있으면 중국의 중심부에서 얼마든지 활동할 수 있다는 것을 보여준다. 중심인물은 과학자에만 한정되는 것이 아니다. 예술가, 정치가, 비즈니스맨 등 다양하다. 이름이 나지 않았다 해도 그곳에 뿌리 내리며 묵묵히 살아가는 보통 한민족도 중요한 중심세력이다.

61

디지털시대에 중심부는 더 이상 지역에 한정되어 있지 않다. 지역에 매여 있다면 그것은 아직도 우리의 의식이 아날로그시대에 살고 있음을 의미한다. 포스트모던시대에는 지역의 벽을 깬다. 새로움·용기·자유·도전의식·수용성이 강한 사람이 중심부 의식을 가진 사람이요 그렇지 못한 사람은 주변부 의식 속에 사는 사람이다. 이런 점에서 한민족은 하루빨리 주변부 의식을 넘어서 중심부로 이동해야 한다. 그래야 살아남을 수 있다.

사람만의 중심화가 이뤄지는 것이 아니라 한민족의 독창성이 아이디어, 제품에서도 중심화가 이뤄져야 한다. D램 메모리, 생명공학, 자동차 산업 등 각 분야에서 앞서가는 기술로 세계를 위해 헌신하는 것도 중심에 설 수 있는 길이다.

세계화되는 현 시대에 한민족은 중심인인가 주변인인가? 한민족이 중심인으로 살기 위해 어떤 인식과 태도가 필요한가? 니체는 인간을 가리켜 위험 상황 속에 있는 존재라 불렀다. 어디를 가도 위험이 도사린 환경 속에서 인간에게 필요한 것은 초인적 도전의식이다 (Nitzsche, 1966).[3]

한민족이 세계 속에서 진정한 한민족이 되려면 자기가 처한 상황과

---

3) 니체는 한때 나치즘의 화신으로, 전후에는 생철학과 실존철학의 원류로, 그리고 1980년대부터는 포스트모더니즘의 사상적 원조로 인정받아 왔다. 그는 비합리주의자이자 허무주의자이다. 이러한 사상은 기본적으로 서구근대주의에 대한 철저한 비판의식에서 나온 것이다.

지리적 조건이 어떠하든지 있는 그곳에서 주도적이고 창의적으로 살아
가는 것이 가장 바람직하다. 인류는 원래 하나이다. 민족은 좋은 것이
지만 민족주의는 세계를 갈라놓는다. 지역적 민족주의나 특수적 가치관
에 빠지면 민족 간에 갈등을 촉발할 수밖에 없다. 세계가 하나로 묶어
지는 상황에서 우리 민족이 취해야 할 태도는 한민족으로서의 정체성,
곧 한민족으로서의 고유하고 특수한 가치관을 버리지 않으면서 다른
민족을 인류애로서 포용하는 보편적 가치관 또는 지구적 민족주의를
함께, 그리고 균형 있게 유지하는 것이다. 어떤 민족이든 이 땅에서 사
람답게, 그리고 주체적으로 살 권리가 있다. 중심과 주변이라는 이분법
적 사고를 극복하고, 모두 함께 중심에 설 수 있는 삶의 양식이 추구
되어야 한다. 보편과 특수에 대한 균형 있는 감각을 가진 민족이 앞으
로 시대를 이끌어가는 민족이 될 것이다.

한민족이 거주지에 따라 한국인·조선인·조선족·고려인 등 다양한
명칭을 가지고 있지만 있는 그곳에서 최선의 삶을 살고, 그 사회에 기
여할 때 가장 바람직한민족이 될 수 있다. 이러한민족적 노력을 통해
인류공생에 이바지할 수 있어야 사회통합이 가능하고, 민족통합, 나아
가 인류통합이 가능하다. 개인이 사회와 결별하여 혼자 살아갈 수 없듯
한민족도 다른 민족과 결별하여 살아갈 수 없다. 민족의 정체성은 다른
민족과 배타적으로 사는 것이 아니라 서로 공존하며 상생하고자 할 때
민족으로서의 아름다움이 드러난다. 한민족 안에서도 이러한 아름다운
경쟁, 거룩한 경쟁이 일어나야 희망이 있다.

제 3 장

통합지향의
동아시아 경영의식

현재 세계의 흐름은 지구화와 지역화가 병행되고 있다. 과학기술 및 자본은 국경과 대륙의 경계를 넘어 지구적 차원에서 자유롭게 오간다. 그러나 경제·안보·환경·문화는 인접 국가들과의 관계가 점점 밀접해지고 있다. 유럽연합(EU), 북미자유무역지대(NAFTA), 동남아시아국가연합(ASEAN) 등은 인접국가 사이의 벽을 낮추는 대표적인 모습들이다. 남미국가도 남미연합에 합의했다. 동아시아는 경제나 외교문제에는 밀접히 교류하지만 지역화 측면에서 볼 때 후진성을 모면하지 못하고 있다. 역사에 대한 의식이 다르고 정치적 의도마저 다르기 때문이다. 동아시아 국가들은 공동체 지향의 통합노력이 필요한 실정에 있다. 이 글은 동아시아에서 분리보다 협력 및 통합의 가능성을 모색하고자 한다.

여러 나라로 분리 운영되던 유럽 25개국이 마침내 거대 EU로 통합되면서 세계 유일의 슈퍼 강국이었던 미국에 필적할 만한 경제권을 형성하게 되었다. 지금까지 미국의 뒤를 쫓았던 일본·독일·프랑스 등은 1인당 GDP는 비슷했지만 전체 규모로는 미국에 필적하지 못했고, 인구나 땅이 넓은 중국은 아직 개발도상국이기 때문에 미국 경제와는 비교되지 않았다. 그러나 절대규모와 부까지 갖춘 EU라는 단일 경제권이 출현함으로써 미국에 강한 도전장을 내게 된 것이다.[4) EU가 동아시아를 엮어 통합하는 모델이 될 수 있을지는 아직 확실하지 않다. 그러나 확대된 EU의 잠재와 성공가능성은 동아시아의 문제를 푸는 데 기여할 수도 있다.

2004년 5월 아시아개발은행 연차 총회에 참석한 한국의 경제부총리, 중국의 재정부장, 일본의 재무상은 한·중·일 재무 장관 회의를 열고 역내 단일통화 구축 등 동아시아 금융협력 방안을 논의하고, 서로 손을 맞잡았다. 김세원에 따르면 장기적으로 중국, 일본과 함께 통합시장을 결성하는 것만이 한국경제가 살 수 있는 길이다. 일부에서는 거대 중국의 예속 시장이 되는 것 아니냐는 우려도 있지만 이대로 가면 통합을 안 해도 중국경제에 흡수될 수밖에 없다. 중국과 한국, 일본이 하나의 경제권으로 통합되고자 하는 징후는 여러 곳에서 나타나고 있다.

시장의 이러한 흐름과는 달리 역사와 의식에서는 아직도 분열적 사고가 강하다. 지역공동체 결성을 위한 논의는커녕 역사분쟁과 영토분쟁이 끊이지 않고, 공동의 이익을 극대화하는 것보다 안보상의 긴장이 계속되고 있다. 고구려사를 자국사에 편입시키려는 중국의 동북공정(東北工程)이 국내에 알려지면서 고구려사 지키기 운동과 함께 고구려를 본격적으로 연구하려는 움직임이 높아지고 있다. 독도우표 발행을 둘러싸고 일본과의 독도 영유권 시비도 다시 전면에 부상했다. 세계화가 시대적 과제로 요청되고 한류(韓流) 열풍 등으로 한·중·일 3국 간 교류가 그 어느 때보다 활발하지만 또 한편으로는 국가주의나 민족주의적 사고가 맹위를 떨치는 것이 동아시아 3국의 현실이다.

이 글은 각 민족의 자존이나 국가이익을 지키면서 한·중·일 3국이 상호 번영하는 윈-윈-윈 관계를 만들고자 하는 통합적 관심에서 출

---

4) 이런 움직임에 대해 세계는 제국화의 길로 가고 있으며, 빈 라덴의 활동을 이슬람 제국화의 모색으로 보는 견해마저 있다.

발하였다. 동아시아가 가지고 있는 공동의 문제에 초점을 맞출 경우 적대적 분리를 넘어 협력적 통합을 추구할 수 있는 가능성도 열릴 것이다. 한국사회의 주요 담론으로 떠오른 동아시아론이 이러한 관점을 확대시키고, 보다 발전적인 대안을 제시해줄 것으로 기대한다.

65

1. 역사의 맥락에서 본 동아시아 경영의식

한·중·일을 하나로 묶는 동아시아 경영의식은 최근에만 있는 일이 아니다. 역사적으로 동아시아는 한울타리가 되어 경제적으로 교역하고 문화적 충격을 주면서 공존해왔다. 물론 나라의 이해관계에 따라 적대시하고 분리해온 역사도 함께 가지고 있다. 그러나 동아시아가 분리보다 통합을 지향하며 보다 원활한 교류와 소통을 바란다면 역사의 공통적 이해와 접근이 필요하다.

동아시아는 일반적으로 중국·한국·일본·베트남·싱가포르를 잇는 테두리 안의 지역을 지칭한다. 한자문화권이라 할 수 있다. 그러나 와다 하루키가 생각하는 동북아시아에는 남북한·일본·중국·몽골·러시아·미국(알래스카) 등은 물론 타이완·오키나와·하와이·사할린·쿠릴열도까지 포함되어 있다. 문화적으로 이질적인 러시아는 물론 지역적으로 떨어져 있는 미국까지 포함시킨 것은 동북아에 전략적 이해관계가 큰 나라들을 떼어놓고 지역공동체 논의가 진행될 수 없다는 현실을 인정한 것이다. 또 섬들을 포함시킨 것은 섬들의 연결 역할에 주목하고, 문화적 이질성과 영토분쟁을 완화하는 효과를 기대하고 있다(와다 하루키, 2004). 동아시아를 크게 볼 것인가 작게 볼 것인가는 시각에 따라 다를 수밖에 없다.

역사적으로 볼 때 동아시아의 중심에는 중국이 있었고, 앞으로도 중국의 영향을 무시할 수 없다. 김승일에 따르면 동아시아는 대략 기원

전후를 중심으로 하나의 소세계로 정립되었다. 그 후 당송교체기인 10세기를 전후해 한 번 해체된 후 새로운 국제교류 시스템을 가지는 세계로 재정립되었고, 명·청 교체기인 17세기 중엽 이 체제는 완전히 새로운 형태로 바뀐다. 역사에서는 이를 화이변태(華夷變態)라 한다. 이 변태에 의해 동아시아 각국의 협조체제도 변질되어, 결국 근대화와 더불어 구미 열강의 지배를 받으며 오늘에 이르렀다. 그 이전까지의 시기는 동아시아 세계가 여러 소세계 중에서도 가장 힘 있고 문화가 발달하여 세계의 흐름을 주도했다. 하지만 산업혁명에 기반을 둔 서구사회의 급성장에 동아시아 세계가 제대로 대처하지 못함으로써 오늘날까지 종속화나 다름없는 굴레를 벗어나지 못하고 있다. 동아시아가 갖고 있는 특성인 공동 협력적 성격은 미래의 안정과 평화를 위한 인류공동의 미래상을 제시할 수 있는 중요한 면모를 갖고 있다(김승일, 18-20).

이념적으로 볼 때 동아시아는 분리와 결합의 틀을 함께 가지고 있다. 분리의 틀로는 중화(中華)사상 또는 화이(華夷)사상이 있고, 결합의 틀로는 왕화(王化)사상이 있다. 중화사상은 중국이 천하의 중심이고, 유일하게 뛰어난 존재라고 하는 의식으로 중국인들이 자신들을 중심으로 그 주변 민족을 이적(夷狄)으로 생각하는 가운데 나타난 사상이다. 이들은 주변 사위(四圍)를 동이·서융·남만·북적으로 나누어 화(華)와 이(夷)를 구별하였다. 화이 구별 기준은 인종차별이나 국가구조의 내와 외의 차별이 아니라 예(禮)에 있었다. 즉 예의를 구비하고, 예로 행동하며, 예가 몸에 배어 있는지 등으로 차이를 두었다. 이적에게는 이런 예가 없다는 생각으로, 이것은 중국과 주변 민족을 예로 구분하려는 맹자의 사상에서 비롯되었다.

그러나 중국은 중화사상만으로 주변국가와 정치적 관계를 맺기에는 한계가 있음을 인식하고 그 결점을 보강하기 위해 왕화사상을 내세웠다. 왕화사상은 중국의 군주는 덕이 있는 성인이기 때문에 덕을 가진 군주의 덕이 주변에 미치게 한다는 것이다. 이것은 덕을 베풂으로 지배력을 넓히려는 아량의 논리이다. 그 결과 주변 국가들은 중국이 추구하는 예를 배우고, 그 가운데 상당수 이적민족이 중국에 귀화하였다. 그러나 이 이념은 하나의 질서를 형성할 때 사상적 기초는 되지만 실질적 형태를 구체화시켜 나가는 데는 한계가 있었다.

67

그 후 나타난 것이 봉건제였다. 이것은 황제가 주변 인물을 타 지역에 보내 그곳을 자주적으로 통치하게 하고 조공과 책봉의 형식을 빌려 간접적으로 통치하는 방식이었다. 그러나 모순이 심화되어 춘추전국시대 동안 동란이 계속되자 진시황이 등장하여 천하를 통일하면서 직접 통치제도인 군현제를 실시했다. 이것은 중앙에서 관리를 파견하여 지방을 직접 지배하는 형식이었다. 이 제도를 따랐던 진나라도 망하자 한 나라는 군국제로 수정하였다. 군국제는 군현제와 봉건제의 특성을 살린 것으로 주변국가 수장에게 작위를 주어 중국 황제와 군신 관계를 유지하게 한 것이다.

한·중·일은 화이질서의 이념과 현실을 공유하였다. 3개국은 유교적 세계관의 차이에 의해 크게 청국과 조선은 유교 세계상을 바탕으로 화이질서의 이념을 중시해왔고, 일본은 덕이나 인치보다 무사계급에 의한 무력적 지배를 강화하면서 화이질서의 현실적인 면을 중시하였다. 이 차이는 근대화의 차이를 가져오는 원인이 되었다. 이념적인 면에서 볼 때 동아시아 경영의식은 아시아주의, 동양평화론, 동아협동체, 대중화경제문화권 구상 등 다양하게 전개되어 왔다(최원식 외, 1997). 이처럼 다양하면서도 유기적 관계를 지켜온 동아시아는 때로 분리되어 있는 것처럼 보이지만 내면적으로 깊이 얽혀 있었다. 그러나 이런 유기적 관계도 근대 이후부터는 서구열강과 일본의 제국주의에 의해 깨어지면서 서로 적대적이 되었다. 냉전체제가 무너지고 중국의 개혁개방이 시작되면서 서로 국교를 열고 협력의 길을 모색하는 관계로 발전하였다. 이제 동아시아가 새롭게 협력하고 통합되려면 역사적 관점을 보다 통합지향적으로 구축할 필요가 있다.

2. 동북공정의 문제점과 민족사에서 동아시아사로의 발전 모색

　　동아시아론이 힘을 얻으려면 무엇보다 역사를 동아시아 전체의 관점에서 볼 필요가 있다. 우리 각자가 민족을 배경으로 있는 한민족주의는 버릴 수 없다. 그러나 세계화시대에는 민족적·국가적 역사인식에 한계가 드러나고 있다. 민족주의나 국가주의가 세계화나 지역공동체 형성에 장애가 될 수 있기 때문이다. 동아시아론에서도 같은 논리가 적용된다.

　　오랫동안 한국 민족주의의 보루 역할을 해온 국사학계가 한·중·일 간 역사의 공유와 동아시아로의 전환을 주장하면서 주목을 받았다. 이것은 한·중·일이 역사를 놓고 갈등 관계에 있었던 것에 비하면 대단한 전환이다. 국사학계에서 민족주의적 역사인식을 넘어서야 한다는 주장이 제기된 것은 한·중·일의 민족주의가 정면충돌할 때 동북아의 안정과 평화를 기대하기 어렵기 때문이다. 또한민족주의적 역사인식의 문제점을 계속해서 지적해온 학계 일각의 주장과 국가보다 지역 단위 역사인식이 확대되고 있는 세계적인 흐름의 영향도 있다(전국역사학대회, 2004).

　　중국과 남북한이 동아시아 협력체 구성에 있어서 걸림돌은 역사인식의 차이에 있다. 현재 동아시아의 통합적 사고를 막고 있는 것으로 중국이 1996년부터 전개해 온 동북공정(東北工程)이 있다.5) 중국은 이

---

5) 동북공정은 동부변경 역사여 현상계열 연구공정(東北邊疆歷史與現狀系列硏究工程)을 줄인 말로 '동북변강의 역사와 그에 따라 파생하는 현상에 대한 체계적인 연구 프로젝트'이다. 이 공정이 중국 국무원 산하 사회과학원 변강사지 연구중심(邊疆史地硏究中心)을 통해 추진되어 왔음에도 불구하고 중국정부는 외교적 분쟁을 피하기 위해 이 공정이 중앙정부가 아니라 지방정부가 관할하고 있어 관여할 수 없다고 주장했다. 중국은 현재 중국의 영토 내에서 일어난 역사는 모두 중국의 역사라는 관점에서 티베트(西南工程), 위구르(西北工程), 고구려 및 발해(동북공정) 등 변강의 역사를 중국의 소수민사로 편입시키는 여러 공정을 실시함은 물론 3황5제 등 전설까지 역사인물로 편입하는 중화문명 탐원공정(探源工程)까지 시도함으로써 중국역사

프로젝트를 통해 동북3성의 역사를 재정비해 고구려와 발해를 중국의 소수민족이 세운 지방정권으로 간주해 중국사에 편입시키며 심지어 고조선조차 한국사의 영역에서 제외하려 하고 있다.

동북공정에 대한 해석은 크게 방어적 견해와 공세적 견해로 나뉜다. 방어적 견해는 국사학계나 미국의 학자들에게서 찾아볼 수 있다. 국사학계는 이를 역사왜곡으로 단정하고, 그 궁극적 속셈은 한반도와 간도를 단절시켜 남북한 통일 후 예상되는 간도 영유권 주장을 미리 차단하려는 데 있는 것으로 보고 있다.[6] 바이잉턴도 중국이 고구려사를 왜곡하는 것은 남북 통일이후 조선족들의 분리운동을 우려하기 때문이라 주장하고 있다. 중국은 고구려 국경선이 중국 북부 지역까지 뻗었으며 중국 북부 지역에는 현재 200만여 명의 조선족들이 살고 있다. 통일 한반도는 고구려 영토의 일부를 주장할 가능성이 있어 중국은 이를 원천봉쇄하기 위한 분명한 목적을 갖고 의도적으로 고구려 역사를 왜곡하고 있다는 것이다(Byington, 2004). 브루크도 통일로 인해 '대한국(a greater Korea)'이 될 때 동북 조선족들이 갑자기 한국을 지지할 가능성에 대한 중국의 두려움 때문으로 해석했다(Brooke, 2004). 동북공정이 남북한 통일 후의 국경문제를 공고히 하기 위한 사전 포석이라든가, 고구려의 역사를 중국사로 간주함으로써 역사적 연고권, 곧 한반도 북부까지 중국의 고대영토임을 주장할 근거를 마련하고자 한다든가, 중국 중심의 동아시아 공동체를 노린 사전 포석이라는 이른바 사전 포석론도 방어적 견해에 속한다.

공세적 견해로는 인터넷에 자주 등장하는 일부 중국 정치학자들의 견해나 고건의 생각에서도 찾아볼 수 있다. 인터넷 정보에 따르면 북한

의 시간과 공간을 넓히는 대중화(大中華) 작업을 전개하고 있다.

6) 간도협약은 1909년 일본이 만주철도부설권과 광산개발권 등을 얻는 대가로 우리나라를 배제시킨 채 당시 우리 영토였던 간도를 청나라에 넘기는 것을 규정한 것이기 때문에 중국의 고구려사 왜곡에 맞대응하기 위해 간도영유권을 주장해야 한다는 주장이 나오고 있다.

의 불안정성에 대비해 중국이 자국의 영향력을 확대함으로써 결국 북한까지 중국의 지방정권으로 만들고자 하는 정치적 계산이 담겨 있다(www.dkbnews.com/bbs/zboard, 2004). 고건도 향후 북한정권이 붕괴되거나 통일되는 상황에서 중국이 북한에 친중 정권을 세워 북한 영토에 대해 종주권을 가지려는 의도로 해석할 수 있음을 분명히 했다(고건, 2004). 이 외에 다른 의견도 제시될 수 있다.

현 중국영토에서 과거 다양한 역사적 전개가 있었음을 인정하는 차원이라면 문제는 다르다. 그러나 동북공정의 출발은 고구려를 중국사의 일개 소수민족·지방정권으로 격하해 중국의 고구려로 정의하는 데 문제가 있다. 엄연한 역사왜곡이기 때문이다. 중국은 개혁개방 이전까지만 해도 고구려사를 한국사로 간주해왔다.[7] 개혁개방 이후 고구려사는 중국사이자 한국사라는 일사양용론(一史兩用論)이 나오더니[8], 급기야 고구려사를 중국의 지방정권사로 간주하고[9] 한국을 제외시키고 있다(윤휘탁, 2004). 중국학계에서는 고구려는 성립 때부터 중국 통치 아래 있었고 수·당의 고구려 정벌은 전쟁이 아니라 지방통치를 위한 내전이었다고 주장한다. 심지어 발해는 고구려를 계승한 국가가 아닐 뿐 아니라 고려도 고구려를 계승한 국가가 아니라고 함으로써 고구려와 고려의 연관성마저 부정하고 있다. 중국의 통일다민족국가론은 역사적 사실과 맞지 않을뿐더러 고려가 고구려의 계승국임은 중국 문헌도 인정했

---

7) 저우언라이도 평양 방문 시 고구려사가 한국사임을 밝혔다. 70년대까지 중국의 역사학자들은 고구려를 신라·백제와 함께 삼국시대로 파악해 한국사에 포함하는 시각을 유지했다.

8) 80년대 중반 이후 장명산(姜孟山), 류쯔민(劉子敏) 등이 고구려사는 중국사와 한국사 양쪽 모두에 속한다는 '일사양용(一史兩用)론'을 주장했다. 서기 427년 고구려의 평양 천도를 기준으로 그 이전은 중국사, 그 이후는 한국사에 속한다는 것이다.

9) 90년대부터는 고구려사는 중국사라는 견해가 중국 학계의 정설로 굳어진다. 리전푸(李殿福), 쑨위량(孫玉良), 쑨진지(孫進己) 등이 고구려는 평양 천도 이후에도 민족구성, 정치 성격에 변화가 없었으며 중국의 지방정권에 불과했다고 주장하며 동북공정을 이끌고 있다.

고, 수·당 전쟁은 동아시아 주도권 쟁탈을 위한 국제전이었다는 사실
이 사료로 제시되고 있다(신형식·최규성, 2004).

중국은 한국이 고구려를 지나치게 민족주의적 시각에서 보고 있다고
비판하고 있다. 그러나 중국이 수많은 사서의 기록을 무시하거나 자의
적으로 해석해 온 연장선상에서 밀어붙이고 있는 동북공정은 현재의
정치적 필요에 의해 과거의 역사 연구가 뒤틀리고 있는 대표적 사례이
다. 고구려 유적은 한·중 양국에 걸쳐있는 귀중한 인류 문화유산으로
봐야 한다. 이 유적을 올바로 이해하고 보존하기 위해 지금 필요한 것
은 현재의 정치적 이해관계보다 양국이 역사의 공유관계를 바르게 이
해하고 보다 열린 자세로 미래를 열어나가는 일이다.

물론 중국 나름대로 내부 통합이라는 과제를 안고 있다. 중국은 55
개 소수민족을 가지고 있다. 소련이 와해될 때 연방에 속해 있던 일부
민족국가가 독립되었다. 중국 또한 중국해체에 대한 두려움을 가지고
있다. 중국은 이 문제를 극복하기 위해 통일적 다민족 국가론을 내세우
고 있다. 이에 따르면 한족은 소수민족과 분리할 수 없고, 소수민족은
한족과 분리할 수 없다. 동북삼성의 역사가 조선역사가 아니라 중국역
사라고 주장하는 것도 미래의 분쟁 씨앗을 제거하려는 것이다. 중국은
동북공정에 앞서 티베트에 대한 서남공정, 신장위구르자치구에 대한 서
북공정을 마무리하였다. 이 공정들은 중국이 장기적으로 하나의 안정된
국가로 통합하는 것을 목표로 삼고 있다.[10) 중국이 처한 현실을 이해

___

10) 개방개혁 이후 중국에서는 동남 연해 지역과 소수민족이 거주하는 내륙지역 간의
    빈부격차가 심각한 사회문제로 떠오르면서 티베트, 위구르 등 일부 변강 지역 소수
    민족이 분리 독립을 추진하는 등 민족적 위화감이 커지고 있다. 중국은 이 문제를
    해결하기 위해 이 지역의 역사를 중국사에 편입시키는 공정을 했다. 장학연구중심
    (藏學研究中心)을 통해 티베트를 원나라 이후 중국의 영토였다는 서남공정을 끝냈
    으며, 이후 변강사지 연구중심을 통해 신장 위구르를 중국사로 편입시킨 서북공정을
    마쳤다. 동북공정은 그 다음의 수순이었다. 이런 면에서 볼 때 동북공정은 중국 내
    부의 다원적·분산적·원심적 사회변화와 맞물려 표출되는 민족적·지역적 모순을 해
    결하기 위한 중국의 정치적 해법임을 알 수 있다.

하지 못하는 것은 아니지만 그렇다고 주변국가의 이해를 무시한 채 역사까지 왜곡하는 것은 결코 바람직하지 않다. 앞으로 중국이 중국으로서만 존재하는 것이 아니라 동아시아 국가의 핵심멤버로 주변국가와 공존해야 하는 입장에서 이렇듯 역사속의 실체를 무시하는 프로젝트로는 주변국의 신뢰를 얻기 어렵다.

현재 중국이 내부의 정치적 안정과 다민족 통합을 위해 동북공정을 강화한다 하더라도 우리의 안목을 중국의 근시안적 안목에 한정시켜서는 안 된다. 역사인식의 차이를 충돌이 아니라 정확한 역사이해로 이어가기 위한 노력을 해야 하며, 분리와 단절의 역사가 아니라 공유와 동참의 역사의 감각을 가지고 동아시아사와 자국사를 교차하는 역사인식 태도가 바람직하다. 반목과 질시의 고리를 끊고 협력의 고리를 잇기 위해서는 감정적 대응대신 차분한 성찰과 대응논리 마련이 절실하다.

유네스코 28차 세계유산위원회는 북한과 중국의 고구려 유적을 세계문화유산으로 함께 인정했다. 중국과 북한의 고구려 유적이 동시에 등재됨으로써 한 고대국가의 역사가 양쪽 모두의 역사로 해석될 수 있는 일사양용론도 탄력을 받게 되었다. 일사양용론은 두 나라가 역사를 공유한다는 점에서 양국이 서로의 이해를 높이는 데 기여할 수 있다. 중국은 앞으로 고구려 문화유산을 전면개방하고 연구 자료로 활용할 수 있도록 배려하며, 고구려 역사와 문화에 대한 공동학술대회를 열어 일국의 역사관에서 벗어나 동아시아 및 세계 인류 모두의 자산이 되도록 할 필요가 있다.

중국은 배타적인 동북공정과는 달리 베이징 포럼 등을 통해 세계의 학자 및 정치인을 초청하여 화평굴기(和平崛起), 곧 '평화롭게 대국으로 발전함'을 강조함으로써 세계를 끌어안으려는 양면성을 보여주고 있다. 각종 포럼에서 중국은 문명의 화해와 번영이라는 주제 아래 조화와 화해의 논리를 주장하고 있다. 그러나 서방 참석자들은 중국의 굴기(우뚝 섬)에 대해 중국의 위협을 제기하며 견제의 입장을 늦추지 않고 있다. 중국은 그만큼 양면적이고 위협적 요소를 가지고 있다.

한국은 일본과도 문제를 가지고 있다. 독도영유권 문제뿐 아니라 한·일 양국 간의 역사인식에서도 차이가 있다. 1982년과 2001년 두 차례 일본 역사교과서를 두고 벌어졌던 한·일 역사분쟁은 대표적인 보기이다. 임진왜란 당시 일본의 조선 '침략'을 조선 '진출'로 표기함으로써 명백한 침략행위를 진출행위로 미화하여 일본 국민들에게 가르치고 있다. 심지어 대동아전쟁을 아시아 민족해방전쟁으로 미화했다. 남경대학살이나 위안부 강제연행에 대한 역사적 사실은 말할 것 없다. 일본이 이러한 역사교육을 통해 자신의 행위를 합리화하고 미화하는 것은 역사를 그르치는 것일 뿐 아니라 국가적 양심의 문제이다.

이렇듯 심각한 역사왜곡은 각국이 나름대로 이해를 가지고 있기 때문이다. 이 문제를 해결하기 위해서는 자국 중심의 역사관을 동아시아 중심의 역사관으로 바꾸어 공존의 새로운 역사를 만들 필요가 있다. 한·중·일 역사학자들이 동아시아 국민 모두가 역사인식을 공유할 수 있는 역사교과서를 함께 만들어 가르치고 보급하는 것이 바람직하다.

최원식은 중국의 고구려사 편입 시도나 일본의 역사교과서 왜곡 문제로 한·중·일이 갈등을 빚고 있는 것은 위기가 아니라 전화위복의 기회라고 주장한다. 갈등이 불거진 것을 계기로 동아시아의 역사를 공동 연구하고 공동으로 역사교과서를 편찬하는 방향으로 나갈 수 있고, 한·중·일이 3국 간 문제를 함께 논의할 수 있는 기회이기 때문이다. 한·중·일 갈등이 오히려 동아시아에 평화를 정착시키고 통합을 논의할 수 있는 기회가 된다는 것이다. 이런 때일수록 '나와 남'이라는 흑백의 분리 논리보다 다양한 칼라를 수용할 줄 아는 통합 논리를 발전시키는 것이 동아시아인으로서 바람직하다.

현재 동아시아에서는 중국의 중화주의적 세계질서[11] 추구와 일본의

---

11) 중국은 최근 배타적 '중화민족주의'를 당헌에 명시했다. 중국은 내부적으로 민족주의를 고취하면서 대외적으로는 다자 외교에 적극 나서고 있다. 다자 외교의 지향점

팽창주의적 속성이 출동하고 있다. 중국은 "중국이 패권주의로 나간다면 사회제국주의라는 모자를 씌워 비판해야 한다"고 한 덩샤오핑의 유엔연설에 스스로 귀를 기울여야 하며, 일본은 과거의 침략적 역사를 깨끗하게 회개하고 동아시아 평화에 기여해야 한다. 양쪽 모두로부터 피해의 기억을 가지고 있는 한국은 오히려 대승적 견지에서 적극적으로 동아시아를 구축할 필요가 있으며, 중국이나 일본도 동아시아와 세계 평화를 구축하기 위해서는 민족주의보다 동아시아 일원으로서의 바람직한 역할 모색이 중요하다.

3. 경제사회학적 맥락에서 본 동아시아 경영의식

우리가 동아시아를 생각하는 것은 경제사회학적인 측면을 간과할 수 없다. 동아시아 경제에서 중국의 역할을 무시할 수 없기 때문에 다시금 중국을 주목할 필요가 있다. 현재 중국의 경제 변화는 놀라울 정도이다. 중국의 경제는 중국 자체로서 끝나는 것이 아니라 동아시아 경제는 물론 세계경제에 깊은 영향을 주고 있다. 따라서 우리는 중국의 경제 발전을 보다 거시적으로 볼 필요가 있으며 동아시아 문화권이 궁극적으로 지향하는 대동사회 구축에 도움이 되도록 해야 할 것이다.

마오쩌둥은 "정권은 총구에서 나온다"(槍杆子裏面出政權)고 말할 만큼 권력창출에 집중했다. 그러나 "인민을 어떻게 먹여 살려야 할 것이냐?" 하는 문제에 있어서는 해결책을 제시하지 못했다. 덩샤오핑이 중국시장을 개방하면서 기존의 공산체제 아래서의 보수 세력들이 반발하자 흑묘백묘론을 내놓았다. "검은 고양이든 흰 고양이든 쥐만 잘 잡

은 세계질서의 다극화다. 미국의 단극주의 질서를 허물고 중국도 하나의 극으로서 기능하겠다는 것이다.

으면 될 것 아니냐"(不關黑猫白猫)는 이른바 실용주의 노선이다. 덩샤오핑은 중국의 3단계 발전전략(三步走)을 제시했다. 첫 단계가 '원바오(溫飽)', 두 번째가 '샤오캉(小康)', 세 번째가 태평성대인 '다퉁(大同)' 사회다. 이 온포사회에서 소강사회로, 그리고 종국적으로 대동사회에 이르는 3단계 사회관은 공자의 사상과 일치한다.

장쩌민은 제16차 공산당 전국대표대회에서 앞으로 중국이 추진해야 할 목표로 소강사회 건설을 제시했다. 후진타오(胡錦濤)도 소강사회 달성이 정치목표임을 표방했고 그에 준해 정책을 펴나가고 있다.[12] 공자에 따르면 소강은 정치가 고루 미쳐 교화가 이뤄지고 안정이 돼가는 상태, 조금씩 부역을 덜어 백성을 편하게 하는 일, 다소 자산이 생겨 생활에 쪼들리지 않는 상태를 일컫는다. 경제적으로 볼 때 소강사회란 경제가 어느 정도 발전해 먹는 문제가 해결되고 일상생활에 다소 여유가 있는 생활수준을 말한다. 소강지가(小康之家)라고 하면 중산층을 뜻하는 것으로 중국이 소강사회를 자임하고 나오는 것은 중산층에 일대 변혁을 예고하는 것이다. 그 두드러진 변혁 가운데 하나가 소강지국의 모럴을 정립한 공자 정신의 선양이다.

20년 동안 개혁 개방을 통해 중국은 이미 온포사회를 실현했다고 평가했다. 문자 그대로 '등 따뜻하고 배부른' 사회를 만들었다는 뜻이다. 1990년대까지만 해도 중국의 목표는 온포사회 건설이었다(여시동, 2002). 그 목표가 소강사회로 바뀐 것이다. 구체적으로 중국의 국내총생산(GDP) 규모를 2000년의 8조 9404위안(약 1조 900억 달러)에서 2020년까지 4배(약 4조 4000억 달러)로 늘리겠다는 목표다. 현재 중국의 GDP 규모는 세계 6위다. 2020년까지 세계 2위인 일본을 제치고 미

---

12) 후진타오는 마르크스주의의 착오적이고 교조적인 이해에서 벗어나고, 주관주의와 형이상학적인 질곡에서 벗어나야 한다며 사상해방과 실사구시를 강조했다. 그렇다고 마르크스주의를 버리는 것은 아니다. 그 기본원리는 계속 견지하되 시대 변화에 동참하는(興時俱進) 것이다.

국에 이어 두 번째 경제대국으로 발전하겠다는 구상이다. 중국이 지향하는 목표는 공산당 창당 100주년이 되는 2021년에 소강의 단계에 진입하고 집권 100주년이 되는 2049년에는 대동의 발전단계에 진입하는 것이다. 대동은 초강대국이 되겠다는 것이다. 이 약속이 지켜진다면 중국은 미국과 어깨를 겨루는 경제대국으로 부상하게 된다.

중국의 지도층은 10년을 주기로 바뀐다. 한 세대가 약 10년 동안 통치하다가 그 다음 세대에게 바통을 넘긴다. 후진타오의 4세대도 장쩌민의 3세대에게 권력을 물려받았다. 이미 5세대의 선두주자들이 성의 책임자로 진출하여 다음 10년에 대비하고 있다. 권력이양을 제도화함으로써 정치적 안정을 도모하겠다는 덩샤오핑의 구상에 따른 것이다. 그러나 6세대나 7세대가 집권할 때쯤 대동중국이 실현될지는 확실하지 않다. 국내적으로 풀어야 할 정치·경제 개혁의 과제가 산적해있기 때문이다. 경제적으로 우선 지역 및 계층 간 격차를 좁히는 문제가 있다. 매년 수백만 명이 훨씬 넘게 양산되고 있는 실업자 문제나 사회전반으로 확산되고 있는 부패문제도 해결해야 할 과제다(정종욱, 2002). 중국은 1978년 개혁·개방 선언 이래 10년마다 경제규모가 약 2배씩 늘어왔으나 최근 실업문제 등 갖가지 부작용이 발생하면서 과거의 쾌속 성장을 유지할 수 있을지 의문시되어 왔다. 그럼에도 불구하고 중국이 장밋빛 청사진을 제시한 것은 중국의 WTO가입과 2008년 올림픽 개최, 미국과의 관계 개선 등에 힘입은 바 크다.

중국이 온포사회에서 소강사회로 가고, 종국적으로 대동사회로 진입하는 것은 바람직한 일이다. 그러나 그 대동이 단지 중국만의 경제적 여유를 확보하고 경제적으로 대국이 되는 것에 한정되어서는 안 된다. 먹고 사는 문제 때문에 온포사회에서는 이룰 수 없었던 아시아적 가치를 소강이나 대동사회에서 구현할 수 있도록 해야 한다. 동아시아 의식은 대동사회로 가는 좋은 길목이 될 것이다. 만일 중국이 중국만을 고집한다면 아시아인들은 "중국에 아시아가 있었는가?"(백영서 외, 2000)

물을 것이다.

4. 문화적 맥락에서 본 동아시아 경영의식

동아시아를 논할 때 우리는 국제정치와 경제를 파악하는 것도 중요하지만 그 속의 역사와 사회 그리고 문화적 요소를 고려할 필요가 있다(Dent, 2002). 특히 문화적 요소에 대한 고려는 필수적이다. 김승일에 따르면 동아시아는 문화적으로 한자·율령제·유교사상·불교사상 등 4가지 공통요소를 가지고 있다. 한자는 한자문화권을 형성해 각국이 한자를 기초로 글자를 만들었다. 한글·가나·추놈·여진문자·몽고문자·거란문자 등이 그 보기이다. 율령제란 형벌규정과 국가기구, 조세와 토지제도 등 국가의 법체계이자 정치체계를 말하는 것으로 대부분 중국을 기원으로 하고 있다. 유교사상은 동아시아 세계의 이데올로기뿐 아니라 각국의 정치이념 및 가족도덕을 규제해 왔다. 그리고 불교는 중국을 거쳐 전파되는 과정에서 중국의 한어로 번역된 불전과 중국에서 수립된 대승불교가 그 축이 되었다. 이것은 동아시아가 정신적으로나 문화적으로 하나 될 수 있는 가능성을 보여준다.

중국은 공자격하에서 돌아서 공자격상운동을 벌리고 있다. 글로벌화하는 세상에서 중국을 주목시키는 인물은 뭐라 해도 공자요, 베이징 올림픽과 상하이 세계박람회에 중국을 선명하게 부각시킬 사상도 공자라는 인식이 확산되면서 대학교에 세계적인 학문연계를 전제한 공자연구소가 설립되는가 하면 이전에 부숴 버렸던 동상들도 다시 세우고 있다. 마오쩌둥은 혁명의 핵심과업인 인민공사가 지지부진하자 그 원인을 부자·형제·부부·붕우 같은 인륜적 유교덕목 때문으로 돌리고 유교의 대부인 공자의 비판, 곧 비공(批孔)운동을 벌렸었다. 공자를 옹호했던 학자 궈모뤄(郭沫若), 펑유란(馮友蘭)은 자가비판을 강요받고 자살을 기도했을 만큼 박해를 받았다. 공자가 태어나 자랐던 공부(孔府)에 가면 그 박해 흔적과 섬뜩한 박해 이야기들을 전설처럼 들을 수 있다. 중국의 역사·문화·사상·인간에 동화되어 어느 만큼이 공자고 아니고를 가려낼 수 없고 좁아지는 세상에서 중국이 공자를 상실하면 내세울 문명의 알맹이가 없어진다는 위기감에서 공자를 끌어내어 씻고 닦으며 재평가 운동을 벌인 것은 덩샤오핑이다. 나와 남을 구별하지 않고 서로 어울려 잘사는 공자의 대동사상은 공산주의 유토피아로 그 전 단계가 역시 공자가 주장한 소강사회임을 천명하고 당헌에 삽입하고 당의 노선으로 삼은 것이다. 시장경제 앞에 문호를 조심스레 열어온 장쩌민의 정략이 이 소강주의에 뿌리를 박았고 그 뿌리에 후진타오가 강력 비료를 주었다(이규태, 2003). 중국 지도자들이 공자사상을 채용한 것이 정치적 이념 확대와 경제적 풍요에 국한되어서는 안 된다. 공자에 대한 재평가를 무조건 과거 유교문화권으로의 회귀로 보아서도 안 된다. 그것은 보다 성숙된 문화의 유대를 통해 동아시아가 대동을 이룰 수 있어야 한다. 동아시아가 앞으로 어떤 문화를 만들어 가느냐에 미래가 달려있다 해도 과언이 아니다.

어느 문화권에서든지 종교의 역할은 매우 중요하다. 종교는 문화의 본질이기 때문이다. 전통적으로 종교는 인간 가치체계의 근원으로서 사회통합과 질서 유지를 위한 가장 강력한 기능을 행사하여 왔다. 사회가 통합을 이루지 못하거나 질서를 유지하지 못한 경우 그것의 근본원인은 그곳의 지배적 종교가 고유한 기능을 상실한 때문일 가능성이 높다. 아시아든 유럽이든 종교는 새로운 문명을 도출하기 위한 노력을 해야 한다. 동아시아가 서로 질시하는 문화를 만들어내고 있다면 신념의 위기(crisis of belief)라고 하는 전통 붕괴 상황을 심각하게 생각하고 종교의 역할을 재고할 필요가 있다.

동아시아의 종교는 아시아뿐 아니라 세계를 아우를 수 있는 문화를 창출해야 한다. 한자문화권의 종교로서만 만족해서는 안 된다. 특히 인간의 얼굴을 한 세계화를 달성하기 위해 지구촌시대의 종교전통은 그동안 잃어버렸던 자신의 역할을 다시 활성화해야 한다. 정재식에 따르면 동아시아는 서구나 이슬람과 비교해 종교 갈등이 적었고 유·불·선의 통합을 내세우는 등 종교 문명 간의 조화와 공존을 추구해 왔다. 서구 가치 중심으로 진행되는 세계화 속에서 인류가 공동으로 따라야 할 윤리적 규범을 찾는 데 동아시아 문화가 기여할 수 있는 여지는 많다. 세계화 추세로 나가고 있음에도 불구하고 세계 곳곳의 종교는 문명의 충돌 양상까지 보이고 있다. 이 긴급한 상황 속에서 종교와 전통은 본래의 정신을 되찾고 빈곤과 불평등, 인간 존엄성의 억압을 극복해야 한다는 지구촌의 보편적 요구를 받아들일 수 있는 대화의 장을 마련해야 한다(정재식, 2004).

이에 따라 한국의 종교전통도 보다 합리적이고 인간적인 방향으로 나아가야 한다. 우리의 종교전통은 농경사회에서 기껏 동리나 국가의 범위를 넘지 못했다. 이런 전통은 현대사회를 이끌어갈 방향을 상실하고 심각한 의미의 위기를 맞을 수밖에 없다. 따라서 우리는 인습적인 전통주의에 맞서 현대가 맞는 새로운 가치체계를 모색할 수 있어야 한다.

현대는 문화 간(inter-culture)의 다양성뿐 아니라 문화 내(intra-culture)의 다양성에 대한 인식도 높아지고 있다. 포스트모던 사회의 위기는 다양성에 대한 인식의 결여에 있는 것이 아니라 통일성의 부재에 있다. 복합적 현상의 문화는 언제나 복수적 실체로 인식된다. 그러나 문명은 중요한 의미에서 다수의 현상이다. 지금 혼란 중에 있는 것처럼 보이는 세계의 여러 문화들은 새로운 하나의 세계문명을 태동시키는 진통을 겪고 있다. 아직 새로운 세계문명의 실체는 드러나지 않고 있다. 그러나 인류를 위한 상생의 세계문명을 구성하는 작업이 세계 지성인들에게 사명으로 부여되고 있다. 인류공동체를 위해 민족과 국가, 종교와 교리를 넘어서는 포용과 화해의 문명을 창출할 필요가 있다. 문화 간의 갈등을 부추기는 대신

화이부동(和而不同)의 자세로 미래를 위한 공통분모를 도출하는 작업이 우선되어야 한다.

이러한 세계적 지평에서 한국의 종교와 전통이 당면한 문제와 과제는 과거와 사뭇 다르다. 한국도 서구 못지않게 가치관의 혼란을 겪고 있다. 현재 불교나 유교 등 전통 종교들의 영향력은 많이 약화된 상태이다. 그 주된 이유는 이들 종교가 새 시대에 맞춰 자체적으로 새로운 가치를 창출하는 데 실패했기 때문이다. 외형적으로 가장 활발해 보이는 기독교의 경우에도 내면적으로는 공동화(空洞化) 현상이 진행되고 있다. 개인의 구원 체험과 기복 신앙을 지나치게 강조하는 한국 기독교는 사회를 위한 공적 가치와 담론 형성을 등한시하고 있다는 비판을 받고 있다. 종교는 끊임없이 스스로를 갱신해 나가지 않으면 도태될 수밖에 없다. 불교·유교·기독교 등 한국의 여러 종교전통들이 전통주의라는 교리의 껍질 속에 안주할 경우 미래는 어둡다(배국원, 2004). 그러나 종교가 정치나 경제의 도구로 전락하지 않고 문화변혁의 위치에 서서 세계를 아우르는 통합적 문명창출에 이바지할 경우 미래는 밝게 조성될 것이다.

5. 한민족 맥락에서 본 동아시아 경영의식

한국이 동아시아의 일원으로 활동하기 위해서는 무엇보다 동아시아의 중요한 일원이라는 인식이 필요하다. 민족만을 강조할 때 어느 민족이고 자국 중심의 한정된 사고를 피할 수 없다. 그러나 동아시아로 지평을 넓히고자 할 때 우리 민족도 달라져야 한다. 세계 각 곳에 흩어져 살고 있는 한민족이 동아시아와 세계를 위해 중요한 역할을 할 수 있을 것인가는 우리의 생각과 태도에 달려 있다.

한민족이 동아시아의 성숙한 일원으로 활동하고자 한다면 먼저 남북문제부터 풀어야 한다. 남북문제는 동아시아 연합의 성공 여부를 가리는 알파와 오메가가 될 것이다. 이를 위해 보다 열린 자세가 필요하다. 한국 정부가 고구려사 귀속이나 독도 문제에 대해 중국·일본에 당당하게 제 목소리를 내지 못하는 것은 바로 분단체제 때문이다. 북한도 동북공정에 비판적이지만(Kim, 2003) 목소리는 크지 않다. 중국의 조선족도 정치적으로는 중국인이기 때문에 한계가 있다.[13] 최근의 북경 6자회담에서도 드러나지만 중국과 일본은 물론이고 미국, 러시아까지도 설득해야 평화체제를 구축할 수 있다. 한반도에서 분단체제를 극복하고 평화체제를 구축하지 못하면서 동아시아연합을 논할 수 없다.

최원식은 남북한이 적대적 체제로부터 탈피해 평화체제를 구축할 수 있다면 남북연합 단계가 최종적인 것이라도 좋을 만큼 평화체제를 이루는 것이 중요하다고 주장한다. 이제 우리가 해야 할 일은 한반도에 이해관계가 얽힌 각국의 입장을 수렴하며 동아시아 평화의 매개자가 되는 일이다. 아직도 소냉전 체제를 유지하고 있는 남북한 관계를 고려할 때 동아시아 협력 체제를 형성함에 있어서 우리의 역할이 그 어느 국가보다 중요하다. 이 과정에서 지금까지 남북 사이에 풀 수 없는 문제도 동아시아라는 넓은 차원에서 풀어갈 수 있다.

나아가 동아시아 통합시장에서 한국은 지속적으로 기술개발센터로서의 역할을 해야 한다. 이를 위해 먼저 게임 규칙과 규율을 바탕으로 시장경제체제를 확고하게 정착시키는 것이 필요하다. 정부는 일본과 자유무역협정(FTA)을 추진하고 있다. 이것은 잠정적 대안이지 궁극적 답이 될 수 없다. FTA는 갖가지 예외와 원산지 규정 등으로 인해 시장

---

13) 2002년부터 조선족들을 대상으로 역사관, 민족관, 조국관에 대한 이른바 삼관(三觀)교육이 시행되었다. 중국은 이 교육을 통해 조선족은 중국 56개 민족의 하나로 조선족의 조국은 남북한이 아니라 중국이라는 점을 분명히 하고 있다(양대언, 8). 삼관교육은 동북삼성의 역사가 한국사가 아니라 중국사라는 입장에서 조선족의 정체성을 확립해 한반도 관련성을 부정하고 있다.

통합의 대안이 될 수 없기 때문이다. 정치적으로 역내 평화와 안정 정착에 대한 합의가 이뤄지면 시장통합은 가능하다. 이런 작업이 지속적으로 이루어질 때 비로소 한국이 동아시아연합에 기여할 수 있는 길을 더욱 확보하게 된다.

82

6. 동아시아 발전 모형 찾기

현재 동아시아는 잠재적인 거대시장으로 이 지역의 시장을 선점하기 위한 주도권 경쟁이 치열하다. 이와 관련해 크게 3가지의 모델이 제시되고 있다(김영호, 113-14; 김창규, 75-77).

첫째, 동아시아 국가 간의 분열과 갈등 관계를 최대한 이용하는 미국의 동아시아 분할 지배 모델이다. 이것은 동아시아 국가들, 즉 남북한·일본·중국·러시아 상호 간의 전통적인 분열과 갈등 관계를 최대한 이용하여 미국이 종래에 향유하던 동북아 지역에 대한 주도권을 계속적으로 유지하고자 한다는 것이다. 미국은 정치적으로 쌍무적 방위협정을, 경제적으로 쌍무적 무역협정을 통해 동북아 지역의 분할 지배 구조를 확대하고 있다. 이러한 국제적 역학구조 때문에 미국을 제외한 채 동아시아를 논할 수 없다는 주장이 힘을 얻고 있다. 동아시아에 대한 관심은 미국뿐 아니라 EU도 마찬가지다. 따라서 구미와의 관계를 고려한 동아시아 모델이 설정될 수 있다.

둘째, 일본이 과거에 추진하였던 대동아공영권 구상의 현대적 재생 모델이다. 과거 일본은 자국의 대내외적인 갈등문제에 직면하여 전쟁이라는 무력행사를 통한 대동아공영권의 건설을 추진했지만 결국 전쟁의 패배와 함께 실패하였다. 그러나 오늘날의 일본은 그동안 눈부신 경제발전을 이루어 세계경제의 새로운 주도세력으로 성장하였고, 이를 바탕

으로 최근에는 대외적으로 엔 블록화를 통한 현대적 대동아공영권의
건설을 추구하고 있다. 이것은 미국의 동아시아 전략 변화에 대응하여,
일본이 종래의 대미 의존적인 대외관계를 다자 간 협력관계로 전환하
고자 하는 전략의 일환이라 할 수 있다.

한국과 중국, 그리고 일본은 동아시아의 평화와 번영이라는 비전을
공유하고 있다. 그러나 역사적으로 볼 때 과거 일본은 대동아공영권을
확립한다는 명목 아래 무력으로 대륙진출을 시도했었다. 현재의 일본이
자위대를 해외에 파병하는 것을 보면서 주변국들은 일본의 군사대국화
를 통한 신군국주의의 등장을 염려한다. 이것은 일본이 과거처럼 무력
을 행사할 수 있다는 우려를 불식하지 못했다는 증거이다. 이러한 근원
적 불안과 염려는 일본이 동아시아의 참다운 일원으로 활약할 수 있는
지 의문을 남긴다.

그러나 일본은 과거의 행적을 미화하면서까지 동아시아의 발전에 기
여할 수 있다는 자신감을 피력하고 있다. 일본은 과거 만철(滿鐵)의 행
적을 동아시아 발전의 모형으로 제시하기도 한다. 하지만 만철이 미래
동아시아 발전을 위한 모형이 될 만한 근거는 없다. 만철은 단순한 철
도회사가 아니었기 때문이다. 고토 신페이가 작성한 '만주경영책 경개'
에서 보여준 것처럼 겉으로는 철도 경영의 가면을 썼지만 속으로는 일
본의 각종 시책을 달성하는 기구였다. 상당수 일본 학자는 다국적 방식
으로 운영된 만철이 21세기 동아시아 공동체 형성에 참고가 될 수 있
다는 주장을 하기도 한다. 하지만 만철은 철저하게 일본인에 의한, 일
본인을 위한 조직이었다. 만철의 주요부서는 일본인이 대부분 차지했
고, 특히 핵심이라고 할 조사부는 100% 가까이 일본인으로 채워졌다
(고바야시 히데오, 2004). 만철은 철도를 지배하는 자가 대륙을 지배한
다는 생각 아래 40년 동안 만주를 운영했던 일제의 두뇌에 불과하다.
그러므로 이런 지배적 유형의 모형은 동아시아의 평화와 공존을 위해
부적절하다.

셋째, 중국의 중화주의적 지배모델이다. 이것은 중국이 최근의 경제 개방 및 개혁의 성공을 통하여 정치적 경제적 대국으로 부상하였고, 이와 더불어 화교자본을 중심으로 하는 대중화 경제권 구상에 입각한 과거의 중화주의적 지배를 추구하고 있다는 것이다. 이와 관련하여 중국은 다양한 외교 전략을 구상하고 있다. 예를 들어 미국에 대해서는 양국 관계의 강화에, 일본에 대해서는 견제와 협력관계의 유지에 외교역량을 집중하고 있다. 특히 중국은 일본의 군사대국화를 경계하여 미·일 간의 군사전략개념의 수정을 강력히 바라고 있다.

동북공정도 중화주의적 발상에서 비롯된 것이지만 중화주의는 문화에도 다양하게 나타난다. 중국은 축구를 중국이 고안했다고 말하는가 하면 서기 618년에서 907년까지 당나라시대에서 골프가 유행했다며 골프의 중국기원설을 내세운다. 파스타도 마르코 폴로가 중국을 방문했을 때 발견하고 그것을 이탈리아로 가져가 유명해졌다고 주장한다. 또한 아메리칸 인디언은 베링 해를 건너간 용맹스러운 중국의 후손이며 불교가 인도에서 수입된 것이 아니라 중국 여행자들에 의해 아시아 전역에 퍼졌다고 주장한다(Cody, 2004). 가히 문화적 패권주의라 할만하다. 어느 나라나 자국 중심의 사상을 갖고 있다. 하지만 지나치면 비난을 모면하기 어렵다.

이상의 3모델은 어느 한 나라 중심의 패권주의적 성향을 보이고 있다는 점에서 문제가 있다. 한 국가가 동아시아 지역의 주도적 세력을 형성하고, 다른 국가들은 여기에 흡수되는 동아시아 공영권의 건설을 목표로 하고 있다. 이 모델들은 동아시아 지역의 평화와 번영을 위한 새로운 협력체제의 형성에 저해된다. 동아시아 지역에 대한 종래의 주도권 경쟁의식에서 벗어나 새로운 통합이념을 창출할 필요가 있다. 이이념은 역사, 경제, 문화, 민족 모든 측면에서 윈-윈-윈-윈 방식이 되어야 한다. 동아시아의 관계가 미래지향적으로 정립되기 위해서는 정확한 통합인식의 바탕 위에 서로를 이해하는 형식을 취해야 한다. 동아시아가 고루 발전하기를 바란다면 각국은 각자의 이해관계를 고집하지 말고 넓은 마음으로 협력하고, 서로 도와야 할 필요가 있다. 이를 위해 동아시아 각국이 각계각층의 교류를 넓히면서 이해와 협력의 폭을 넓혀나가야 한다.

　동아시아가 보다 협력하고 나아가 동아시아연합으로 통합하기 위해서는 EU를 연구할 필요가 있다. 덴트에 따르면 EU의 등장은 동아시아 국가의 경제적 결속력을 촉진시키는 역할을 하고 있다(Dent, 1999). EU의 폭발력은 단지 크기에만 있지 않다. 강한 결속력으로 뭉쳐 있다. 나라끼리 자유무역협정(FTA)을 맺어 상품교역을 할 때 관세만 없애는 느슨한 경제결합이 아니다. 상품은 물론 서비스·인력·자본까지 자유롭게 이동한다. 예를 들어 이탈리아의 간호사가 같은 자격증으로 영국에서 간호사 생활을 할 수 있다. 더욱이 가맹국들이 유로를 공통으로 사용하고 있어 그 결속력은 더욱 강해진다. 유로는 달라와 맞서는 대안통화로서 국제적 위상도 높아졌다. EU의 확대는 경제적으로도 의미가 있지만 제2차 세계대전 종전과 함께 자본주의와 사회주의 진영으로 분리되었던 유럽이 이념 대결을 접고 하나로 합쳐짐으로써 진정한 의미의 유럽 통합이 이뤄진 것이다. "나는 공산주의 치하에서 잃었던 모든 것을 되찾기 위해 조국 폴란드를 위해 투쟁해왔다. 이제 나의 투쟁은 끝났고, 내 배는 항구에 도착했다"고 한 레흐 바웬사의 말은 이런 의미를 담고 있다. 앞으로 EU는 공통의 유럽헌법을 채택하고, 대통령을 뽑으며, 공동의 외교안보정책 등을 마련할 계획이다. 같은 헌법과 공동의 외교안보정책을 사용하는 하나의 국가를 향해 나아가고 있는 것이다.

　EU는 짧은 기간에 이뤄진 것이 아니다. 1958년에 출범해 2004년까지 5차례나 회원국을 확대해 나가는 과정을 거쳤다. 이것은 동아시아가 하나의 유니언으로 가기 위한 공감대 형성에 상당 기간이 필요하며 일단 공감대가 형성되면 빨리 진행될 수 있다는 것을 보여준다. 여러 나라가 하나로 통합되다 보니 문제점도 있다. 잘사는 나라와 못사는 나라가 섞여 하나의 목표를 향해 나아가다 보니 회원국 간의 이해를 조정하는 문제가 쉽지 않다. 나중에 가입한 동구권 국가의 1인당 GDP는 서유럽 국가 평균의 47%에 불과하다. 잘사는 국가들은 이른바 '지역결속기금'을 내서 새로 가입한 가난한 국가들을 도와야 한다. 반면 동구권 국가들은 부자 이웃들의 경제와 보조를 맞추기 위해 재정적자도 줄여야 하고 물가와 환율도 안정시켜야 하는 부담을 안고 있다(박종세, 2004). 이러한 문제는 동아시아 연합(EAU)에서도 나타날 수 있다. 시간은 걸리겠지만 동아시아 연합도 EU의 발전과 같은 과정을 밟게 될 것으로 보인다(Dent, 1999).

동아시아 연합을 촉진시키기 위해 전자정부를 구현하는 것도 하나의 방법이다. 국제환경의 변화를 촉진시키는 것은 글로벌화와 정보화이다. 전자정부는 클린턴 대통령이 정부정보와 서비스에 대한 원 스톱 접근과 연방정부의 모든 정보가 한 웹 사이트에서 제공하고 행정 처리까지 할 수 있게 하는 전자정부(e-Government)의 출현과 함께 관심을 끌었다. EU와 OECD 국가도 부처나 부서 간의 이해를 초월하고 정부·행정 부문의 존재 방법을 근본적으로 개선하는 새로운 개혁에 착수하면서 그 수단으로 인터넷을 비롯한 정보 기술을 이용하였다. EACOS(East Asia Common Space) 포럼은 IT발달로 정치가 민주화되고 경제는 효율화되어 국가마다 큰 변화를 겪고 있다고 진단했다. 특히 IT가 동아시아 공동체를 이루는 데 큰 도움이 될 것으로 보았다. 일본에서 온라인 교육프로그램을 만들어 태국의 학생들이 이용하게 하는 등 이미 사이버세상에서는 동아시아 공동체건설이 시작됐다. 이러한 시점에서 차세대 전자정부는 자국 내에 머무르지 않고 외국 정부와의 협력관계를 구축함으로써 상호 이해를 깊게 하고 지역의 평화와 안정에도 이바지할 수 있다. 한국은 물론 일본과 중국 모두 전자정부 구축에 적극적이며 서로 아시아 허브 역할을 하려고 경쟁하고 있다. 지역의 디지털 공동체 구상이라는 의미에서는 EU에서 추진하고 있는 e-Europe 프로젝트가 참고 될 수 있다. 하지만 우리나라 전자정부가 동아시아 지역에서 중심이 되기 위해서는 지금보다는 좀 더 혁신적으로 내실화할 필요가 있다.

7. 동아시아를 넘어서

지금까지 동아시아의 통합을 위해 역사, 경제, 문화, 민족 등 여러 차원에서 그 가능성을 짚어보았다. 경영의식은 단지 기업에 한정되어 있지 않다. 국가도 지역도 어떤 마인드에 따라 움직이느냐에 따라 성패가 달라질 수 있다. 19세기 이후 세계의 여러 문화권은 타 문화를 수용하는 개방과 융합의 시기를 거쳤다. 그러나 21세기에 들어와 세계는 거꾸로 문명의 충돌을 우려하는 역설적인 상황에 접어들고 있다. 하지만 같은 문화권 안에서의 연합과 협력은 강화되고 있다. 한국이 동아시아 문화 속에 있는 것은 확실하다. 그러나 한국은 동아시아 연합을 지향하면서도 환태평양 지역의 일원으로 나가야 하는지 기로에 서게 될 것이다. 동아시아를 지향할 경우 결국 대륙 형으로 나갈 것이고, 중국이 그 중심에 설 것이다. 그러나 환태평양을 지향할 경우 해양형으로 나갈 것이고, 미국이 그 중심에 설 것이다. 결국 한국은 그때마다 이해관계를 따질 수밖에 없다. 동아시아 연합도 중요하지만 아시아·태평양의 경제·안보협력의 중요성도 높아지고 있기 때문이다. 경제와 안보에 대한 쌍무계약주의(bilateralism)는 자연히 지역레벨의 협력·통합·거버넌스를 요구하게 된다(Dent, 2004).

동아시아 협력이 필요한 것은 사실이다. 하지만 그것을 이루는 데는 많은 시간 필요하고, 작업 또한 만만치 않다. 동아시아 국가는 무엇보다 북한을 설득해야 하고, 참여를 이끌어내야 가능하다. 중국과 일본도 달라져야 한다. 중국은 서북공정과 동북공정을 통해 주변국 관련 역사를 중국역사로 만들었다. 신화와 전설 속의 인물마저 역사적 인물로 편입함으로써 공간뿐 아니라 시간마저 중국의 것으로 삼았다. 중국 내 모든 민족을 중국이라는 거대한 용광로에 집어넣으려는 통일적 다민족 국가론은 대중화주의에 바탕을 두고 있다. 이러한 공정이 계속되는 한 주변국가와의 평화로운 공존은 어렵게 된다. 중국은 이러한 공정이 현재의 정치적 필요에 의해 역사를 재단하는 이고위금(以古爲今)의 전형적 사례이며 현대판 화이관(華夷觀)이 표출된 삐뚤어진 역사인식이라는 비판에 귀 기울일 필요가 있다. 아울러 일본도 교과서 왜곡, 총리의 신사참배, 독도 문제 등으로 한국과 중국으로부터 선린관계를 해친다는 지적을 받고 있다. 잠시의 역사왜곡으로 소수민족을 잠시 억압할 수 있을지 몰라도 국제적인 신뢰를 얻을 수는 없다. 중국은 소강사회를 전면적으로 건설한다는 목표와 함께 중국적 사회주의 경제를 표방하고 있다. 일본도 동아시아뿐 아니라 국제사회에서의 역할을 넓혀 나가고자 한다. 중국이나 일본의 경제는 이미 세계경제의 중요한 축이 되었으며, 동아시아에서 주도적 역할을 할 것으로 보인다. 그러나 주변국의 역사인식마저 도외시하는 패권주의적 태도는 협력에 저해요소로 작용하고 있다. 동아시아 국가의 진정한 협력은 서로가 타민족의 역사를 존중하면서 경제적으로나 문화적으로 함께 하는 공동체 인식을 넓혀 나갈 때 가능하다.

끝으로 우리의 동아시아론은 동아시아연합만으로 시야를 좁혀서는 안 된다. EU가 EU만 생각한다든지, 북미연합이 북미만 생각한다면 세계는 지역주의(regionalism)로 대립될 수밖에 없다. 우리는 세계계인이자 지역인이라는 이중적 구성체이다. 지역적으로 협력하되 인권이나 환경과 같은 문제까지 아우르며 세계 모두가 잘살 수 있는 길을 모색해야 한다. 이런 의미에서 동아시아적 사고도 지구적 세계로 승화될 필요가 있다.

제 4 장

마키아벨리의 통합지향
국가경영과 리더십

이 글은 이탈리아의 통일을 염원했던 마키아벨리의 사상을 통해 그가 국가통일을 이루기 위해 어떤 장애를 극복하고자 했고, 어떤 리더십을 제시했는지 살펴보고자 한다. 이러한 지적 추구과정에서 우리의 남북관계가 비록 분열된 이탈리아의 상황과 다르다 할지라도 통합을 향한 우리의 노력이 어떠해야 하는가를 배울 수 있을 것이다.

1842년 밀라노의 스칼라 극장에서 베르디의 오페라 '나부코(Nabucco)'가 초연되었을 때 공연 중 바빌론에 노예로 끌려간 히브리인들이 머나먼 고향을 그리워하며 부르는 합창이 흘러나왔다. 우리에게 '히브리 노예들의 합창'으로 잘 알려진 제3막의 이 노래는 당시 여러 나라로부터 지배를 받고 있던 이탈리아 사람들의 심금을 울리기에 충분했다. 이탈리아가 통일된 것은 나부코가 초연되고 거의 30년이 지난 1870년이었다.

로마제국 때문에 이탈리아는 우리에게 강한 국가라는 인상을 심어주기에 충분하다. 이탈리아가 다른 나라들의 지배를 받고 사분오열되었으리라 생각하기조차 어렵다. 그러나 역사는 그렇지 않았다. 로마제국이 동서로 나뉘자 로마는 이른바 바바리안의 침입에 시달렸다. 로마가 불타고, 사람들은 죽임을 당했다. 옛 로마의 지위는 급격하게 낮아졌다.

476년 서로마제국이 오도아케르에게 멸망한 이래 이탈리아는 줄곧 외세의 지배를 받아왔고 분열과 대립의 연속이었다. 이탈리아인들은 옛 로마제국의 융성을 꿈꾸며 통일을 갈망해 왔다.

이탈리아 통일은 이탈리아 국민의 소원이었을 뿐 아니라 마키아벨리의 주된 학문 주제였다. 그러나 마키아벨리에 대한 우리의 시각은 그리 곱지 않다. 그는 목적을 위해서는 수단과 방법을 가리지 않는 자로 인식되고, 그런 시각에서 그의 여러 주장마저 왜곡되었다. 그만큼 그에 대한 우리의 시각은 편협하다. 그럼에도 불구하고 통합지향의 국가경영과 이를 위한 리더십에 끼친 그의 영향은 결코 무시할 수 없다. 그의 주요 사상은 자신의 대표저작인 「군주론」과 「강론」(The Discourses on the First Ten Books of Titus Livius)에 잘 나타나 있다. 그는 이 책을 통해 현실의 문제를 감추기보다 오히려 과감히 드러냄으로써[14] 이를 바탕으로 국가 통합의 길을 모색하였다. 이 같은 마키아벨리의 지적 노력은 국가통합을 위해 어떤 국가경영관과 리더십 관을 가지고 있어야 하는가를 생각하게 만들었다. 이것은 분단의 한국, 그리고 아직도 이념으로 갈등하고 있는 한국사회에 어떤 의미를 가져다줄 수 있으리라 믿는다.

1. 세속권에 의한 국가통일

마키아벨리는 무엇보다 교권이 아닌 세속권에 의한 통일을 갈망했다

---

14) 「강론」은 중심 테마는 없으나 리비(Livy)의 「로마사」(History of Rome) 첫 10권에 관한 주해서이다. 「군주론」은 「강론」의 골자를 뽑아 젊은 메디치 군주들 가운데 하나인 로렌조(Lorenzo di Piero de Medici)에게 헌정한 종합적인 글이다. 「군주론」은 독창적인 것이 결코 아니나 각 주제에 관한 마키아벨리의 접근방법은 주목을 받았다. 그는 역사가로서 통치자들에 관해 신성함을 애써 나타내 보이려 하는 전통적인 글의 성격을 벗어버리고 도시국가 배후에 있는 권력의 내부적인 모략들을 과감히 들추어냈다(Machiavelli, 1950: xxvi).

는 점에서 특색이 있다. 이것은 르네상스의 물결이 얼마나 작용하고 있는가를 보게 한다. 당시는 세속권과 교권이 분리되는 과도기였다. 14세기 말에서 15세기 3, 4분기까지 유럽은 문명이 획기적으로 발전했다. 인쇄술의 발전으로 학문에 대한 관심이 높았고, 아메리카 대륙이 발견되고, 아시아 항로가 열렸다. 상업이 지중해에서 대서양으로 확장되었고, 이탈리아 자치상업도시가 융성해 문화의 선진 역할을 담당했다. 르네상스 문명이 이미 태동해 확장되고 있었지만, 아직도 교권은 살아있었기 때문에 세속권에 의한 통일은 획기적인 제시라 할 수 있다.

당시 이탈리아는 신흥 상공계급의 발전으로 구제도를 타파하는 과정에 있었다. 상인들은 정치에는 중립이었으나 정치와 경제 세력 틈새에서 자신들의 의견을 조직화하고 반영하지 못하는 갭이 존재했다. 북이탈리아에는 신성 로마제국의 호헨스타우펜(Hohenstaufen) 조가 쇠멸하고 있었으나 대신 정치적 분리 상태가 야기되었다. 마키아벨리시대에는 나폴리 왕국·밀라노 공국·베네치아 공국·피렌체 공국·교황국가(Papal State) 등 다섯으로 분리되어 있었다. 그중 피렌체 공국은 1512년에 일단 중단되었으나 금권정치로써 새로운 중앙집권 체제를 수립했다. 종교분쟁 후에도 교황은 중앙집권 정책을 사용해 이탈리아에서 강력한 국가로 나타났다. 교황은 외부세력을 이용한 중앙집권 체제로 이탈리아 지배에 유일한 최고 지배체로서 희망을 가지고 있었다. 그러나 교황에 의해 통일되지는 못했다. 통일세력이 없는 때에 당시의 강국인 프랑스·스페인·독일의 침략을 받았고, 이에 폭군들이 맞서 싸우다 희생을 당했다. 일반 사람들은 교황을 중심으로 통일을 주장했으나 마키아벨리는 교황에 의한 통일을 반대하고 세속권에 의한 통일을 구상했다.

세속권에 의한 통일은 그의 현실주의적 입장을 대변한다. 당시 마키아벨리와 토마스 모어는 동기는 서로 다르지만 매우 관심을 끄는 학자였다. 마키아벨리는 현실에서, 토마스 모어는 현실에 대한 폐해를 느끼고 공상적 유토피아를 그렸고 여기서 공산주의를 주장하는 철저한 이

상주의를 이룬다. 비록 토마스 모어가 추앙을 받기는 했지만 후세 사람들은 마키아벨리에게 경쟁적으로 더 큰 찬사를 보냈다. 이 두 르네상스 시대의 인물들은 서로 대조를 이룬다는 점에서 흥미 있는 연구대상이 되고 있다. 모어는 경건한 설교가로서 인도주의자들 사이에 지도적 인물이었다면 마키아벨리는 빈틈없는 철학가요 국가 문제에 대한 관찰자로서 세계를 현실주의에 입각해서 실질적으로 바라보았다. 정치가들과 세계지도자들은 수세기 동안 마키아벨리의 실질적이고 현명한 권고를 따랐으며, 덕을 내세우는 토마스 모어를 적지 아니 찬탄했다. 참다운 삶의 철학을 추구하는 사람이라면 이 두 르네상스 지식인들의 사상을 어떻게 잘 종합할 수 있을까 노력할 것이다.

마키아벨리는 공직에 임명되고 그의 지위가 보다 확고해지면서 현실주의적 입장을 드러냈다. 이로 인해 그는 정부 및 인간 문제에 대해 통찰력이 있는 학자로서 두각을 나타냈다는 평가를 받았다(Machiavelli, 1965: Ⅰ, 116). 정치사적으로 볼 때 그는 처음으로 자신의 이론을 시민계급의 입장에서 제시한 인물이라는 특색을 가지고 있다. 정치와 종교, 정치와 윤리를 구별하고 있으나 그의 이론은 기본적으로 근대시민의 소리로 인정을 받았다. 그에 대한 우리의 부정적 인식과는 달리 그는 충분한 교양과 비판정신을 가지고 있었다.

일찍이 로마교황청이 세속권력에까지 확대운동을 하다 교황이 교체되면서 그 활동범위가 교회로만 축소되었다. 이에 마키아벨리는 교황에 반대하는 보르기아(Cesare Borgia)의 굳은 의지와 수단을 가리지 않는 성격을 존경했다. 그는 시·서한문·연극·역사 등 여러 글을 썼고(Machiavelli, 1950: ⅩⅩⅥ). 여기에서 그는 모범적 군주로 보르기아를 상정했다. 보르기아는 금력과 지능과 기술을 통해 목적을 달성하려 했던 인물이었다. 마키아벨리는 보르기아가 비록 실패를 하기는 했지만 그것은 우연한 실패이며 이탈리아 통일 가능성이 있다고 보았다.

마키아벨리는 속권의 확립을 위해 리더십의 가치와 그 가능성에서 이론을 착안했으며, 성공에 필요한 기술을 강조했다. 즉 그는 리더십의 기술적 전략성에 주목했다. 당시 이탈리아는 통일을 위해 외국의 간섭을 배제하는 운동이 일었다. 대내적으로는 지배자끼리 싸우고 용병대끼리 대립했다. 따라서 마키아벨리는 이 무정부상태(anarchy)를 제거해야 한다고 생각했다. 국가권력의 대립은 국가를 부패시킨다. 이 부패를 제거하기 위해 그는 통일이라는 목적을 세웠다. 이 목적을 달성하기 위해서는 외국의 간섭을 배제하면서 상인·귀족·용병대장 등 집권자의 권력대립으로 인한 불안한 사태를 일소할 수 있는 리더십이 필요하다고 보았다. 그는 용병제도를 없애고 강력히 훈련된 충성스러운 군대조직을 갖춰야 한다고 주장했다. 그가 시민 병 제도를 건의한 것은 이 때문이다. 피렌체는 이 제도를 채택하기는 했지만 자금부족으로 힘을 갖지 못했다.

93

2. 군주론과 공화론

「군주론」을 쓴 마키아벨리는 이 책 덕분에 군주론자로 알려져 있지만 「강론」을 통해 공화론자로서의 면모를 선보였다. 마키아벨리 사후에 출간된 이 책의 핵심적인 질문은 "무엇이 로마 공화정으로 하여금 위대한 제국을 건설토록 하였는가?"다. 마키아벨리는 인민이 국가를 직접 통치했기 때문에 그 국가는 매우 짧은 시간에 거대하게 성장하고 위대함을 성취할 수 있었다고 설명한다(마키아벨리, 2003). 학자들은 「군주론」은 메디치 군주의 환심을 사기 위해 저술된 것으로 보고, 「강론」은 마키아벨리 본래의 사상(공화주의)을 대변하는 것으로 보고 있다. 마키아벨리의 두 얼굴을 이해하기 위해 두 책을 면밀하게 살펴볼 필요가 있다.

루소는 「군주론」과 「강론」, 이 두 저서가 그 내용과 이념이 상반되어 있음을 지적했으며 마키아벨리를 민주주의자로 해석했다. 그러나 이 두 책은 같은 문제를 취급하고 있다. 즉 국가의 흥망과 정치가가 국가를 영구히 보존하는 방법을 논했다. 이 점에서 두 저술은 통일된다. 하지만 그에 대한 우리의 생각은 군주정치와 공화정 사이에 그가 과연 어떤 위치에 섰는가 하는 점에서 혼돈을 갖게 된다. 그는 「군주론」에서 군주 절대정치를 변호했다. 이것은 피렌체에서 스페인으로 쫓겨나 다시 스페인 군을 이끌고 다시 정권을 장악한 메디치가의 환심을 사기 위한 것이었다. 그러나 「강론」에서는 공화정을 주장하였다. 그렇다면 그는 군주정치와 공화정 사이에 어느 편에 섰을까?

메디치 집권 후 마키아벨리는 정치범으로 몰려 투옥되지만 친구의 힘으로 나와 산 카시치아노(San Casiciano) 농장에 들어가 낮에는 일하고 밤에는 궁정 옷을 입고 집필에 몰두했다. 그는 여기서 자기가 입은 옛 궁정 옷에서 암시를 받으며 문예부흥시대에 옛 이념을 소생시키는 표현을 했다. 당시 옛 로마시대 소녀시체에서 옛날 옷에 관한 이야기가 있었다. 이것을 소설화하는 것은 문예부흥의 단적인 표현이다. 마키아벨리는 메디치가 자기를 비록 투옥하기는 했지만 이탈리아 통일을 위해서는 메디치도 좋다는 헌사를 붙였다.

마키아벨리는 「강론」에서 로마 공화국이 확대되는 역사를 서술하고, 로마교황 중심에서 확대하여 세계통일 문제를 취급했다. 그는 여기에서 로마공화국의 자유와 자치를 찬양했다. 그는 이 책에서 절대군주제를 언급하지는 않았다. 그러나 국가의 덕은 법의 우월성을 인정하는 것이며 법의 전제 아래 시민의 덕(civic virtue)을 세우는 것으로 보았다. 군주는 기본원칙 아래 법을 제정하며 군주도 입법자 모두 이 법에 규제되어야 한다. 법 아래 다수 인간이 참여하는 공화국 체제는 정치가 안정되어 있고, 선거로 지배자를 선출하며, 자유로운 동의와 지배자 선출로 공공복지의 달성이 가능해진다. 이것은 부패되지 않은 민족도덕과 군주도덕을 비교해 볼 때 부패하지 않은 민족도덕에 의한 공화체제가 군주체제보다 좋다고 주장했다. 「강론」에서 그는 자유와 법에 의한 정부이론을 주장했다. 민주성격을 군주론보다 높게 평가한 마키아벨리의 「강론」을 볼 때 그의 이론이 기회주의만이 그의 이론이 아니라고 루소나 해링턴(J. Harrington)은 절찬했다.

공화국 정부를 이처럼 찬양한 그가 「군주론」에서 군주 정부를 주장한 것은 그가 귀족주의와 귀족의 부패에 반발하여 귀족은 중산계급의 이익에 배치되며 군주정치 활동에 장애가 된다고 보았기 때문이다. 그는 귀족을 시민정부의 적으로 묘사했다. 그는 귀족에 대한 반감에서 군주정치를 강조했다. 그는 "보르기아는 도둑질하는 귀족보다는 낫다. 보르기아는 목적 달성을 위해 노력한다."며 보르기아에서 보통 군주가 갖지 않는 식견과 적극성을 찾았다.

그러나 그는 귀족에게 반감을 갖는 동시에 용병제를 배척했다. 고용된 귀족은 주인과도 싸운다고 하면서 시민병 제도를 구상했다. 프랑스에 충성하는 군대는 바로 시민병이라고 지적했다. 이 제안을 피렌체가 실시하고자 했으나 재정난으로 중단되었다. 그는 시민병 제도에 대해 보다 구체적인 안을 제시했다. 17-40세까지 군사로 동원하고 이를 핵심으로 국가권력을 확대한다. 그리고 공화주의, 민족주의로 이탈리아를 통일한다.

마키아벨리는 국가의 3가지 근본적 지주로서 종교·법률·병제를 들었다. 지배자는 종교를 좌우할 수 있으며, 법률은 만능의 권한이 부여되어야 하며, 이를 수행하기 위한 무기가 필요한데 이것은 시민병제로 이룰 수 있다는 것이다. 그의 이런 3지주의 상대적 정립은 이탈리아 통일 과정에 제시되었다. 그러나 이 모든 시도는 민족통일을 위한 모험적·능동적 세력을 이상화한 것으로 끝이 났다. 결국 그의 사상은 르네상스에서 출발된 개인을 자연주의에 부각시킨 감상으로 평가받고, 「군주론」 결론 부분에서 볼 수 있듯이 그는 이탈리아의 폭정 메디치 집안을 가상해 이탈리아 통일군주의 출현을 희망하는 선으로 자신의 생각을 제한시켰다는 아쉬움을 남긴다. 그의 민주·민족·군주주의는 그의 이론체계 중 정확한 계획이 아니라 당시 역사에 대한 자기의 감상을 표시한 것이다. 그

95

는 프랑스나 스페인 같은 민족 통일국가를 바라고 있었지만 이탈리아 통일에 구체적 방안을 제시하지는 않았고, 국가의 번영과 행복을 원했지만 민족국가의 전망에 구체안을 제시하지 않았다. 민족적 국가관에 따른 정책보다 국가행복과 국가번영을 위한 추상이 크다. 그의 민족주의는 다만 로마제국화되는(고대로의 발견) 장면을 회상한 것이다. 「군주론」에는 민족국가의 시민, 민족국가로의 방안에 대해서는 언급하지 않았으며, 메디치 군주에 대한 피상적인 권고를 담고 있다.

마키아벨리는 결국 군주론과 공화론이 존재하는 혼합정부 형태를 시인한 결과를 가져왔다. 그 이유에 대해 여러 해석이 가능하지만 무엇보다 정치적 균형을 모색한 것으로 판단된다. 인간은 언제나 그들 희망이 달성되지 못할 때는 무지에서 나오는 오류를 범할 수 있으며, 서로 상반된 이해가 균형을 가지면 사회가 안정을 유지할 수 있다. 마키아벨리에 따르면 로마가 강화된 것은 귀족과 평민의 대립이 불균형을 초래했고, 지배자는 강력한 권력을 가지고 이 난폭한 세력 대립을 외국정복으로 전환시켜 강대국이 되고자 하는 꿈을 낳는다. 이러한 현상은 마키아벨리 뿐 아니라 현대 정치에서도 볼 수 있다. 국가는 평민이나 귀족 어느 쪽에 치우치지 않고 이 대립을 이용해 균형시킴으로 권력을 강화한다. 이점은 마키아벨리가 투키디데스(Thucydides)의 혼합정부론, 혼합헌법이론을 그대로 답습한 것에서 나타난다. 그가 절대군주제(despotism)를 택한 이유도 있다. 낙후성 탈피를 위해 군주술책과 권모술수 이론이 필요하다. 그 과정에서 민주정치도 가능하다.

3. 정치와 도덕의 분리

마키아벨리는 최초로 정치와 도덕을 분리시켰다. 그는 「군주론」과 「강

론」을 통해 정치와 도덕(종교윤리)을 분리시켜 정치는 실력과 기술에 입
각해야 한다고 했다. 이 두 책에 차이점이 있다면 「강론」에서 공화국 정
치론은 부패한 이탈리아에는 불합리하다고 한 점이다. 마키아벨리는 공
화제와 군주론에는 다 장단점을 가지고 있으나 정치는 그 자체가 목적이
므로 이 목적을 위해 국가는 강력한 수단과 방법으로 세력을 확장하여
정치 행위를 해야 하며, 성공을 거두기 위해 도덕을 결부시켜서는 안 되
고, 실패하면 죄악이라 주장했다. 전략적 측면에서 정치의 수단과 방법,
그리고 권력을 강조한 것이다. 그의 정치와 도덕의 분리는 정치와 도덕을
연결시키려는 오늘날의 흐름과는 차이가 있다.

　마키아벨리가 도덕적으로 문제가 많은 이탈리아를 해결하기 위해 도덕
보다 정치를 택한 것은 그의 현실주의적 관점과도 연관된다. 당시 이탈리
아는 제도적으로 붕괴상태에 있었다. 이탈리아는 유럽 제일의 지식과 미
술품을 소유했고, 한편 폭군들의 분립으로부터 해방되고 있어서 권력과
관계없이 이지적이고 실제적인 삶을 누릴 수 있었다. 학문·미술·문화는
발달했지만 정치적으로나 도덕적으로 부패했다. 공공기관의 붕괴마저 염
려할 정도였다. 중세교회 이념과 제국이념은 사라지고 어떤 새로운 목적
없이 잔인과 살육이 자행되어 이런 사회에서 도덕실현 주장은 미친 사람
의 말에 불과했다. 오직 실력과 기술, 곧 통일된 리더십만 이를 규제할
수 있었다. 변칙과 기이한 일들이 성행했다. 아리스토텔레스가 일찍이
"인간이 법과 정의에서 떠나면 인간은 동물 가운데 가장 나쁜 동물이다"
라 한 말이 적용되는 사회가 바로 당시의 이탈리아였을 것이라는 지적도
있다. 마키아벨리는 이러한 현실과 불합리를 타개하기 위해 정치를 택했
다. 문제를 정치에 의존한 것은 인간의 힘에 의존했다는 것을 의미한다.
이 사실은 마키아벨리가 당시 르네상스 기류를 잘 파악하고 있었고, 또
시민의 소리를 처음으로 대변한 것으로 평가되고 있다.

　정치는 권력 확대와 유지를 궁극 목적으로 하며 그 성공 여하에 따
라 평가된다. 마키아벨리는 종교사상, 곧 기독교의 공적을 인정하면서

97

도 종교는 인간을 비남성적이고 유약하게 만들었다고 공박했다. 리더가 종교·법률·기타 정책에서 필요에 따라 취하는 덕을 개인과 비교해서는 안 된다고 보았다. 모든 인간, 여러 민족은 기독교이념을 중심으로 유대를 가져야 한다는 중세교회 사상에 칼을 찌른 것이 마키아벨리의 권력이념이었다. 이 점에 대해 트륄치는 당시 교회 윤리는 중세의 가톨릭적인 것이든, 근대의 프로테스탄트적인 것이든 모두 세속적 국가통치에 개입하겠다는 의지를 가지고 있었고, 또한 모든 정치는 최고의 종교목표에 봉사해야 한다고 생각했다. 그런데 이 봉사가 마키아벨리의 이론에 의해 완전히 위험상태에 빠진 것이다. 마키아벨리즘은 종교이념과 대립되고 일반 인간들의 본능적 반응에 의해 비난을 받게 되었다. 그럼에도 불구하고 마키아벨리의 자연주의·실리추구·권력 장악을 달성하기 위해 내용적으로 차용하는 단계를 이룬 것이 일반적이었다.

마키아벨리가 도덕을 배제한 정치이론을 주장했지만 결코 무도덕은 아니다. 정치의 목적을 지나치게 강조하다 보니 그렇게 보일 뿐이다. 이는 정치행위를 주장한 것에 불과하며 무도덕이론은 아니라는 말이다. 일반적으로 정치적 행위는 권력을 중심으로 전개된다. 그러나 정치 현실에서 권력의 획득과 유지를 위해 힘의 원리가 작용하고 있다고 해도 공자는 그것을 정치해석의 중심에 놓지 않았다. 공자는 정치와 윤리를 함께 보았는데 '정치는 바로잡는 것(政者正也)'이라고 규정한 것이 대표적인 예이다. 이 때문에 공자는 위정자는 도덕성과 문화적 소양, 지식을 크게 중시했다. 뒤집어 보면 공자 당시에 권력을 가진 자들의 부패상이 그만큼 심각했음을 알려주는 것이기도 하다. 이런 점에서 보면 예나 지금이나 크게 다를 것이 없다. 위정자의 도덕성은 아무리 강조해도 지나치지 않는다. 어떤 이는 이런 태도가 우리의 정치현실에 맞지 않는다고 한다. 어느 누가 그런 잣대에서 벗어날 수 있느냐는 것이다. 그러나 그런 말은 위정자의 비도덕성을 인정하라는 말이나 다름이 없다. 마키아벨리는 정치권력이 지향하고 바탕을 두어야 할 것을 강조한

것이지 도덕을 무시한 것은 결코 아니다. 그는 권력에 입각하여 기본
문제를 다뤘다. 홉스(T. Hobbes)는 "인간은 사회계약으로 지배권을 이
양해야 하며 국가권력의 정당성은 개인의 생명을 보장하는 데 있다"고
주장했다(Hobbes, 1982). 그러나 홉스 자신은 사회계약설을 믿지 않는
다. 이와 마찬가지로 마키아벨리도 힘으로 부패를 눌러야 한다는 권력
이론을 주장했다.

정치와 도덕의 분리는 과연 도덕에 대한 무관심(moral indifference)
인가? 결코 그렇지 않다. 홉스에 따르면 정치와 도덕 분리의 진정한 뜻
은 과학을 정치에서 분리시키는 것과 같다. 마키아벨리의 기회주의는
나쁘다는 평을 들었지만 르네상스 조류를 타온 그의 이론은 사실 희랍
이념에서 체계화된 것이다. 그는 아리스토텔레스에 조예가 깊었다. 아
리스토텔레스는 그의 「정치학」에서 "국가는 인간의 결사 중 최고의 형
태이다. 따라서 개인의 선악관에 좌우되어서는 안 된다. 그 이유는 국
가가 있어야 인간이 행복해지기 때문이다. 국가가 최고의 것이라면 도
덕을 중시해야 하며 국가 이성은 모든 개인의 의무와 도덕, 사회와 별
개로 구분하여 생각해야 한다."고 주장했다. 국가를 인간 전체 행복의
불가결한 형태로 간주한 것이다.

마키아벨리는 아리스토텔레스를 비롯해 희랍의 소피스트 이념에 영
향을 받았다. 소피스트 이념에 따르면 인간은 이기적(selfish) 동물이다.
그는 이 이념에 따라 자신의 생각을 새롭게 정립하면서 정치체제의 경
우 개인의 물질에 대한 욕망을 조절하는 방법을 연구했다. 국가는 이기
적 집결체인 인간을 통제하는 방법을 사용하되 이해관계에서 충돌이
있으면 인간지식을 최대로 이용해야 한다는 것이다.

마키아벨리에 따르면 지배자는 도덕을 떠나 목적수행이 가능하다. 그
러나 도덕적으로 부패하면 선한 정부는 불가능하다. 그는 이 점을 「강
론」에서 명확히 했다. 스위스 같이 도덕적으로 부패되지 않는 나라에서
는 공화국이 가능하나 이탈리아에서는 불가능하다고 본 것도 이 때문

이다. 이탈리아의 정치는 종교와 도덕을 실현치 못하고 있기 때문에 실력을 존중하는 기술적 정치를 우선 강조한 것이다. 병사가 사기와 총으로 전쟁을 하는 것 같이 지배자는 모든 역량을 발휘하여 목적을 달성한다. 힘을 다해 권력 활동을 하면 그것은 선한 활동이 된다. 개인은 공평성 여하에 따라 사회로부터 도덕성을 판단받지만 지배자는 개인과 달리 현실적 입장에서 목적달성을 위해 정치권력을 행사한다.

이런 마키아벨리 이론을 놓고 후세학자들은 최초의 과학적 방법의 정치이론이라고 주장하는 학자도 있고 마키아벨리는 단순히 목적에만 관심을 두고 있기 때문에 정확한 의미에서 과학적이 아니라는 주장도 있다. 과학적이 되려면 정치가의 조건과 행동에 대한 경험적 태도가 표시되어야 하는데 그것이 없다는 것이다. 그는 일반원칙에 의한 경험적 귀납이 아니라 인간은 이기적으로 목적을 위해 수단을 가릴 필요가 없다고 하는 상식에 입각했다. 자네(P. Janet)는 그의 이론이 경험이론이 아니며 비속적, 피상적(vernacular) 이론이라고 지적했다. 마키아벨리는 역사적 방법을 창조한 학자라고 하지만 그는 인성을 동일한 것으로 보았고, 시대나 지역의 특성을 고려하지 않은 채 인성의 다양성을 무시했다는 것이다. 이런 점에서 역사적 방법 창조에는 미치지 못한다는 평가를 받았다. 이런 관점에서 보면 그의 이론은 비체계적인 것처럼 보인다. 정치철학보다는 자기가 주장하는 원리를 상식론에서 규정함으로써 과학적 귀납법으로 체계화하지 못했다는 평가를 받은 것도 이 때문이다. 그의 이론은 토마스 홉스에 의해 보다 정교하게 체계화된다.

4. 보편적 이기주의의 극복

국가통치에 대한 마키아벨리의 사상 속에는 인간의 본성이 이기적이고 탐욕적이라는 전제가 깔려 있다(Sabine, 1959). 그는 인간을 '보편적 이기주의(universal egoism)'에 종속된 존재로 규정하고, 국가가 성공하려면 절대권을 통해서라도 이를 통제할 필요가 있다고 주장했다. 특히 부패된 사회의 이기적 인간을 격파하기 위해 1인 입법자에 의존해야 하며 그가 법률을 제정하여 백성을 규제해야 한다고 보았다. 그는 입법 이론에서 도덕, 사회, 기타 전체 포괄적 구조를 지배할 행위 담당자, 즉 지배자에게 무제한의 권력행위를 허용하도록 했다. 이 지배자는 구체적인 신체제 원리에 입각해야 한다. 즉 인성은 이기적이므로 법률만으로는 무슨 일을 할지 모르니 지배자에게 강력한 권력을 허용해야 한다는 것이다. 그에 따르면 개인은 약하고 이기적이어서 상호 간에 침범을 조절하지 못하므로 이를 보호하기 위해 국가가 성립되었다. 국가는 인성의 공격적이고 획득적인 약점을 막기 위해 강해야 한다. 인간은 대개 약해서 현명한 지배자의 정책과 기술이 강하면 복종으로 이끌어낼 수 있다. 이것은 르네상스에 의해 재발견된 인간을 심리적으로 고찰한 피상적 관찰이다. 성공적인 정부는 법을 통해 통치한다.

마키아벨리는 인간이 보편적 이기주의를 가졌음을 설명하기 위해 극단적인 예를 들었다. 즉 재산상속을 얻으려면 자기 아버지를 죽여야 한다. 이 일은 개인의 도덕으로는 상상할 수 없지만 정치가의 경우 이 일이 비도덕적이라 할지라도 목적이 달성되면 용인되는 것이라는 것이다. 당시 이탈리아에서는 강력한 절대군주가 있어야 보편적 이기주의를 극복할 수 있다고 믿었다. 여기서 마키아벨리는 로마공화국을 찬양하고 절대군주제를 찬성했다. 이탈리아는 부패하고 개인의 도덕이 상실되어 공화정은 불가능하다. 국민이 조잡하고 평화를 파괴하기 때문이다. 그가 독일 일부나 스위스에서나 공화정이 가능하다고 한 것은 나라 사이에 민도가 다름을 인정했기 때문이다.

마키아벨리는 보편적 이기주의를 극복하기 위해 덕(*virtu*), 운명(*fortuna*), 필요(*necessita*)라는 개념을 제시했다. 입법자는 새로운 덕을 제공한다. 이

101

것은 16세기 이탈리아의 폭군정치, 부패상을 반영하여 지배자에게 절대 권력이 필요함을 시사했다. 이기적 인간이 공공복지를 위한 노력이 있다 하더라도 언제 다시 악으로 바꾸어질지 모른다. 이것이 인간의 피치 못할 운명이다. 이를 덕화시키기 위해 르네상스의 항구적 인간, 곧 자연주의적 입장에서 운명적 인간을 분석했다. 필요는 위의 극단적인 예와 같은 정치수단에서 찾아볼 수 있다. 이는 당시 이탈리아 사정을 보여준 것이며 이때는 절대권력, 절대군주만이 통일의 첩경을 이룬다고 간주했다. 인간은 남의 이해관계를 용인할 때 덕을 시행한다. 군주론 과정에서 덕은 제2급 지위를 소유한다. 덕은 지배자의 통치로 그 항구성을 유지할 수 있다. 이것은 그의 이론이 보편적 이기주의에서 출발했음을 보여준다.

마키아벨리는 공적인 인간행동과 사적인 인간행동을 구별했다. 통치자는 법률권 밖에 산다. 따라서 법률에 도덕을 반영할 수도 있고 안할 수도 있다. 통치자는 법과 도덕의 권외에서 절대권위를 소유한다. 그러나 정치가의 공사 행동은 구별해야 한다. 군주는 국가안정 여부에 따라 정치적 성공 여부가 결정된다. 정치적 목적을 달성할 필요에 따라 그 수단으로서 살인·독살·음모 등 비도덕적 행위도 인정된다. 필요는 법을 무시한다는 이론에 도달하게 되는 것이다. 그는 이 이론을 다음과 같이 표현한다.

"군주는 어떻게 하면 악을 행할 수 있는가를 알아야 한다. 악을 이용하면서도 때에 따라 이것을 이용하지 않을 줄도 알아야 한다. 군주는 여론에 예민하고, 경제에 대해 인색하며 방편에 따라서는 잔인할 것을 권고 받는다. 이렇게 해서 좋은 결과가 나타날 때에 한하여 그는 옳은 것이다. 모든 방법을 다해 명예와 실리를 취해야 한다."

이것은 마키아벨리의 사상을 간단히 나타낸 것으로 힘은 정의이고, 목적을 위해 어떤 수단도 동원할 수 있으며, 필요에 따라서는 법도 무시될 수 있다는 것을 단적으로 표시한 것이다. 마키아벨리의 입법에 관한 정의는 홉스에 의해 보다 체계화되었다. 그러나 마키아벨리의 군주론에 있어서 군주의 성격을 나타내는 그의 주장에 다소 혼동이 있다. 그는 책략에 의해 모든 도덕사회가 안정되면 공화정부에서 필연적으로 자유가 달성되어야 한다는 주장이 그것이다. 그는 국가체제의 필요에 따른 기술을 언급하면서 군주가 국가를 창조하고 평화를 유지하기 위해서는 독살·살인·음모의 방법을 사용해야 한다는 것을 인정했다. 그는 이런 근거에 의해 군주에 의한 전제통치를 주장했다. 그러나 통치임무가 달성되면 그 체제는 의미를 상실한다. 하지만 그에 따르면 절대군주제는 인간이 보편적 이기주의를 가진 이상 항구적으로 필요한 정치 도구이다. 우리는 여기서 마키아벨리는 혁명론과 정부론에 혼동과 모순, 그리고 대립을 발견할 수 있다. 홉스는 사회계약에 의한 질서 확립의 근본목적이 정부 확립 후에도 통치자의 이성에 의해 질서 유지가 가능하다고 봄으로써 마키아벨리의 이론을 극복했다.

5. 국가경영과 리더십

현대 리더십 이론에서 볼 때 부정적 인간관은 바람직하지 못한 리더십을 낳게 된다. 그러나 마키아벨리가 실제 국가 리더십에서 주장하는 내용은 우리의 상상을 뛰어넘는다. 마키아벨리에 대한 비판은 여러 각도에서 가해지지만 리더십에 관한 몇몇 주장은 현대 국가경영에도 좋은 영향을 주고 있다. 「군주론」과 「강론」을 통해 나타난 대표적인 국가경영사상을 살펴보면 다음과 같다.

첫째, 집단승인에 대한 신뢰이다. 마키아벨리는 군주정치든, 귀족정치든, 민주정치든 간에 모든 정부가 지속적으로 유지되려면 대중의 지지가 필요하다는 논지를 전개했다. 군주들은 권력을 찬탈하거나 물려받을 수 있기는 하지만 국가를 견고하게 장악하기 위해서는 어떻게 하든지

103

백성들로부터 인정을 받아야 한다. 나아가 그는 만약 한 군주가 귀족적인 신분이라는 것을 내세워 권력을 얻을 것인가 아니면 백성들을 통해서 권력을 얻을 것인가 이 두 가지 중에서 어느 것을 택할 수 있다면 그는 단연코 후자를 택해야 한다고 주장했다(Jay, 1967: 36-37). 이 같은 주장은 권한은 '위에서 아래로'가 아니라 '아래에서 위로' 흐른다는 권한의 수용이론(the acceptance theory of authority)의 원천이 되고 있다. 이 이론을 20세기에 시작된 것으로 믿는 현대인들에게 있어서 마키아벨리의 주장은 놀라운 것이 아닐 수 없다.

둘째, 결속의 중요성이다. 마키아벨리가 주장하는 다른 여러 원칙들과 마찬가지로 조직에 있어서 결속의 원칙은 국가의 계속적인 생존능력을 확고하게 만들어 준다. 그는 결속의 원칙을 통해서 한 군주가 유기적인 집합체를 유지하는 데 있어서 가장 효과적인 방도는 동료들을 확고히 장악하는 데 있음을 강조했다. 이를 위해 군주는 동료들의 거동을 예의 주시하고 그들을 이용하기 위해 회유해야만 한다. 외국 영토를 통치하기 위해서 그는 군주가 강력한 통제권을 행사할 수 있는 점령 지역에 기거할 것을 권하고 있다. 조직의 결속 문제에 있어서 결정적인 요소는 백성들이 군주에 대해 기대할 수 있는 바와 군주가 백성에게 기대하는바, 곧 명확한 책임의 원리를 확실히 알도록 하는 것이다. 아무런 법도 없이 이 정책에서 저 정책으로 우유부단하게 조변석개하는 군주는 국가 전체의 사기를 떨어뜨린다(Jay, 225). 백성은 죄를 범했을 경우 어떤 처벌을 받게 되는가를 정확히 알아야 할 뿐 아니라 다른 갸륵한 행동을 했다고 해서 처벌을 피할 수 없다는 것도 알아야 한다. 죄를 범한 사람은 그가 이전에 세운 공적에 관계없이 응징되어야 한다(Jay, 181).

셋째, 리더의 역할이다. 마키아벨리는 두 가지 형태의 지도자에 대해서 언급하고 있다. 하나는 선천적으로 타고난 지도자이며, 다른 하나는 후천적으로 가꾸어진 지도자이다. 그가 「군주론」을 쓴 가장 큰 목적은 젊은 군주로 하여금 리더십 기술을 습득하는 데 도움을 주기 위한 것이다. 마키아벨리는 권력을 물려받은 형태의 왕이나 군주들이 통치자로서 실패를 하는 이유는 그들이 가지고 있는 기본적인 인성에 위대한 지도자로서의 카리스마적 영기가 부족하기 때문임을 자주 언급했다. 이것은 리더십 훈련에 관계없이 일부 사람들은 능력 있는 지도자가 되기 위해 필요한 개인적 속성이 결핍되어 있을 것으로 추정하고 있는 것이다. 이를 위해 후천적 노력이 중요함을 강조한다.

이를 위해 그가 강조하는 여러 사항은 현대에도 아주 유효하다. 그에 따르면 군주는 스스로 모범을 보임으로써 자기 사람들로 하여금 더 큰 성취를 향해 나아가도록 생기를 불어넣어 주는 데 최선의 노력을 해야 한다. 특히 자기 나라가 적군으로부터 침략을 받았을 경우 군주는 백성들의 힘을 북돋아 주어야 한다. 포위 공격을 당했을 때 백성들은 군주의 보이지 않는 지도력에 힘입어 싸우고 방어할 준비를 하게 된다(Jay, 41). 적의 어설픈 실수로 승리한 군은 다음 싸움에서 고배를 들 위험이 있으므로 평소 철저히 대비한다. 다소 인간관계에 관한 조언자처럼 말하는 마키아벨리는 군주로 하여금 모든 집단에게 관심을 갖도록 하며 그들과 종종 자리를 같이하여 그들에게 자기의 인간성과 도량을 보여주되 어느 경우에라도 실수를 해서는 안 될 것은 군주로서의 위엄과 품위를 지키는 것이다(Jay, 85). 좋은 지도자가 되기 위해서 군주는 유능한 인재를 등용해 그 공적을 충분히 포상할 줄 알아야 한다. 군주는 도시와 국가를 개선하는 데 공을 세운 사람들에게 보상과 인센티브 등을 제공해야 한다. 군주는 백성들에게 그들의 재산이 부당하게 착취당하지는 않을 것임을 보장해 줌으로써 백성들로 하여금 그들의 직업과 소명을 능력껏 최대한도로 발휘할 수 있도록 고무하여야 한다(Jay, 54).

좋은 군주는 사태와 사람들을 지혜롭게 돌아보아 이 두 가지가 자기 목적을 위해 유용하게 사용될 수 있도록 해야 한다. 기회가 생겼을 때 군주는 결코 비열한 방법이 아니라 대부분 성공한 지도자들이 취한 방법을 배워 기회를 선용할 줄 알아야 한다. 또한 그는 시기의 흐름을 잘 파악하여 이에 적응할 수 있어야 한다고 주장했다(Jay, 14). 그는 자기에게 충성하는 사람과 자기의 이익만을 추구하는 사람을 구별할 수 있을 만큼 총명해야 한다. 어떤 인물을 평가할 때 가장 간단하고 확실한 방법은 그가 어떤 사람과 사귀는지 보는 것이다. 군주는 이 두 부류의 사람을 파악하고 그들을 활용해 이익을 가져올 수 있게 해야 한다(Jay, 37).

넷째, 생존의지의 중요성이다. 어떤 조직이든 그 주요 목적의 하나는 조직 자체의 생존이라고 마키아벨리는 생각했다. 정부조직, 교회단체, 그리고 기업 모두는 자체 영속을 추구한다. 따라서 군주는 로마인들과 마찬가지로 아직 수습 가능성이 있을 때 소요를 진압하기 위해서 소요에 대해서 항상 경계를 늦추지 않아야 한다. 나라의 생존이 위태로워졌을 때 군주는 필요한 경우 가혹한 제재를 취해도 요구되는 덕행을 중지하는 일이, 그리고 그 자신을 속박했던 논거가 더 이상 존재하지 않아 그 약속을 깨뜨리는 일이 정당화된다(Jay, 64).

마키아벨리의 리더십은 기업들을 위해서라기보다 성공적인 국가경영을 위한 관리지침에 해당한다. 그러나 합의에 기반을 둔 원칙, 결속의 원칙, 리더십 원칙, 그리고 생존의지 원칙 등은 조직화하려는 모든 노력에 기본이 되는 근본적인 사항들이기 때문에 현대 기업에도 중요한 제안이 되기에 충분하다. 그는 군주들, 곧 당대의 국가경영자들이 살아남기 위해 효과적으로 적용해야 할 것은 바로 경영관리라는 개념을 심어주었다는 점에서 경영사 측면에서도 의미가 있다.

6. 마키아벨리즘의 확산과 국가이성의 확립

마키아벨리의 사상은 피렌체의 정치생활에서 비로소 근대적 정치의식이 성립했음을 알려주었다. 그리고 중산계급의 등장, 유럽사회의 모델을 제공했다는 점에서 시대적인 전환을 가져왔다. 피렌체에서 자본주의 초기적 경향이 뚜렷이 나타났다. 상인(mercantores)에 의해 경제적 실권이 장악되었다. 그들은 외국과 무역하여 부를 축적하고 이를 배경으로 하부의 길드를 압박했다. 대상인이 정치적 전권정치를 실현한 곳이 피렌체다. 그들은 국가 방비증력이 없고 정치적 권력의 배후 조정자로 이윤을 위한 개인적 자유를 추구했다. 국가에서의 자유를 추구했고, 국가의 정권 담당자로서 나타나지 않는 국가와 경제의 분리 상태에서 체제가 이루어졌다. 이 부유계급은 경제적으로 큰 상인을 등장시키고 정치적으로 절대주의 국가를 방치하는 상태를 초래했다. 로마교황청은 경제적 변천에 호응하여 복식부기를 채택했다. 상인들의 경제활동을 모방한다면 르네상스기의 이탈리아는 금전과 관련되었다. 교회는 축재(cumulare pecuias)를 승인했다.

107

중산계급의 새로운 문명은 이후 17세기 영국혁명·프랑스 대혁명·파시스트 사회주의에 이반하여 독재정권 수립·바이마르 헌법·히틀러의 반동 등 유럽의 역사변천에 기틀을 마련했다. 그들의 주심원은 경제적 계급을 중심으로 그리는 시대전환이다. 새로 발견된 개인이 새로운 자연을 이용하게 된 것이다. 인간은 자연현상을 합리적으로 알게 되고, 합리적으로 지배하게 되어 정치·경제면에 그대로 운용되었고, 현실적 입장에서 상인이 금권을 확립했다.

알프레드 마틴(A. Martin)에 따르면 모든 문명의 역사는 사회관계의 설명이다. 따라서 근대로의 이념, 역사, 사상도 사회적 맥락에서 이뤄졌다고 주장한다. 역사적 근대국가로의 전환에 있어서 영구히 계속되는 규범이 있다고 볼 수 있다. 고대 예술품, 인간의 이념은 사회적 관계와 관계없이 정당성을 갖는다. 헤겔은 절대정신이라는 표현으로 이를 극단으로 강조하며 사회적 조건과 영구존속의 이념 요소를 결부시켜 해석하였다. 민족국가의 등장을 설명할 때 고대의 이념에 의해 정당화할 수 있는 이론도 상상이 가능하다. 사회적 맥락으로 민족국가 형성, 장래를 위한 이론의 체계도 가능하다. 마키아벨리는 자연주의에 입각하여 정치와 기술을 배합하였다.

당시 과학자 레오나르도 다 빈치는 자연과 응용과학을 결부시킨 학자이다. 기계의 발명을 예로 보아 15세기에는 철제기술이 발달하여 무기제조에 응용되었다. 생산증가에도 적용되어 방적기가 만들어졌다. 시계·컴퍼스·해측기 등의 발명은 식민지 발견에 박차를 가했다. 유럽 전체적으로 상인시대를 출현시켰다. 상인은 중세 말엽에 13-14세기에서 16세기에 이르는 동안 외국과 무역을 하되 상인들의 사적 주도권을 가지고 상행위를 했다. 16세기 말에 상행위에 정부주도권으로 대치되었다. 국가가 상업 활동에 간섭하게 된 것이다. 그 극단이 17세기 프랑스 재상 콜베르(Colbert)의 중상정책(Colbertism)으로 나타났다. 그들의 경제활동과 기계발달은 점차 아메리카와 동양출로의 발견과 더불어 그 관심이 이탈리아와 남부 독일에서 대서양으로 옮겨갔다. 이것은 민족국가의 등장과 병행되었다.

자연법론에서 국가의 과업을 따로 설정하는 바와 같이 마키아벨리는 국가이성(raison d'Etat)의 이념 정립에 큰 공헌을 했다. 국가이성이란 국가를 보존하고 그 힘을 증대시키기 위해 정치가가 따라야 할 통치원리이며, 그 기준은 통치목적이 무엇인가에 따라 달라진다(곽차섭, 1994: 224). 그는 창조적 능력과 기동적 능력에 의해 국가를 이끌어간다는 점을 강조했다. 이 주장은 자연주의 사상을 계승하고 보편주의를 탈피한 것으로 평가를 받았다. 군주, 즉 국가의 도덕이 아닌 이기적 술책을 주장한 마키아벨리는 사실 도덕과 종교를 전혀 무시한 것은 아니다. 당시 사회의 부패상으로 인해 극단론을 주장했을 뿐이다. 그에 따르면 자연적 공격, 획득 본성으로 투쟁적인 사회가 출현했다. 군주의 권모술수로 덕을 항구적으로 유지한다.

마키아벨리는 국가이성에 대해서 처음으로 고찰했고, 정치현실을 경험적 현실적 의의에서 고찰했다는 점에서 높은 평가를 받는다. 특히 그는 군주론에서 '주권(sovereignty)'이라는 용어를 최초로 사용하였다. 후엔 셰익스피어가 이 단어를 작품에서 사용해 널리 보급되었다. 나아가 그는 주권적 정치제 개념을 규정했다. 국가는 유기적 세력(organic force)을 가지고 있고 그 영토에서 최고라는 주권개념을 명시해 국가권력을 확대했다. 그는 의식적으로 정치권력의 본질을 구별하여 근대사에 큰 영향을 주었다. 근대 정치제도에 있어서 개인 권리 의무는 국가이익에서 규정해야 하며 이 임무를 국가가 맡은 한 국가는 강력한 통일과 안정이 있어야 한다는 원리를 제공했다.

이를 위해 국가는 때로 권력을 행사한다. 개인이나 집단에 의한 폭력은 불법적이다. 하지만 국가가 공공의 목적을 위한 수단으로 폭력을 사용할 때는 공권력이란 이름으로 정당화된다. 이런 폭력적 기반이 없다면 국가질서는 존재할 수 없다. 이런 면에서 마키아벨리는 르네상스기 이탈리아의 인문주의 전통을 충실하게 계승하면서도, 권력 조직체로서의 국가조직에 대한 현실적 논의를 전개한 정치 사상가였다. 마키아벨리에게 국가란 윤리적으로 이상화된 공동체라기보다는 변혁을 효과적으로 추진할 수 있는 정치조직이었다. 마키아벨리가 더욱 중요한 것은 그의 정치사상이 당시 스페인과 프랑스에서 싹 트기 시작한 근대 국가의 출현과 맞물려 정치 현실에 영향을 미쳤다는 점이다(박상섭, 2003).

한 인간에 대한 몰이해, 내면과 사상을 무시한 편식된 이해는 "마키아벨리의 인생은 그의 사후(死後)에 새로 시작됐다"는 말로 함축된다. 마키아벨리즘은 그동안 정치목적을 위해 반도덕·반종교적 수단마저 가리지 않는 권모술수로 받아들여져 왔다. 나나미는 마키아벨리에 대한 비판과 옹호의 양극을 거부한다. 그에게 있어 마키아벨리 사상의 독창성은 정치와 윤리를 분리한 데 있고, 그것을 부정하는 것은 옳고 그름의 문제가 아닌 선택의 문제가 된다(나나미, 2003). 그 시대 상황에 대한 이해 없이 그를 단죄하는 것은 또 다른 우를 범할 수 있다.

　그럼에도 불구하고 마키아벨리의 사상은 근대사에서 하나의 불가해 (enigma)한 학설로 이해되고 있다. 그는 자신의 저작을 통해 때로는 체계가 없다 할 만큼 그의 욕망을 아낌없이 표현했다. 그는 냉정한 애국심, 열렬한민족주의, 민족적인 신념을 드러내기도 하고 심지어 전제정치를 수용하기도 했다. 그의 이론은 경험적인 관찰에서 나왔지만 일반화하거나 체계화시키지는 못했다. 그는 광범한 관찰 결과 정치·정치기술·저작 면을 너무 강조했고, 정치에서 경제·사회·종교 등 기초적인 문제와의 관련을 등한시했다는 평가를 받았다. 이것은 정치란 모름지기 이 기초적인 문제와 관련시켜야지 단순히 정치적 기술만으로는 안 된다는 것을 일깨워준다.

　그가 로마공화국을 찬양했음에도 불구하고 군주제를 중시한 점은 비판이 있을 수 있다. 인간이 가지고 있는 보편적 이기주의를 고려한다면 때에 따라서는 혼합형태의 다스림도 필요할 수 있다. 그러나 어떤 형태의 통치든 도덕과 이성이 무시되어서는 안 된다. 마키아벨리도 결코 도덕과 이성을 무시하지 않았다. 정치의 실현을 위해 그 위엄이 가려졌을 뿐이다. 도덕을 버리는 일은 국가가 지녀야 할 태도가 아니다. 어떤 면에서 도덕 수행이 국가의 기동력이 될 수 있고, 국가의 목적이 되기 때문이다.

　마키아벨리는 도덕·경제·종교 등 여러 요소도 정치가가 국가이익으로 전환시킬 수 있는 세력으로 보았다. 따라서 정치는 경제·사회·종교 등 제 조건을 기반으로 해서 국가의 여러 문제를 해결해야 한다. 이를 위해 그는 국가이성을 강조했다. 이것은 16세기 유럽 정치사에서 그가 국가의 본질적 속성 가운데 중요한 국가이성을 강조했다는 점에서 특이하다. 만일 그가 종교개혁 이후 군주론을 썼다면 자연히 국가권력과 종교개혁 문제가 복잡하게 되어 정치와 종교, 정치와 도덕을 분리시켰을지 그렇게 하지 않았을지 의문을 남기고 있다. 그러나 세월이 흘러가면서 마키아벨리가 도덕적으로 불미스러운 명성을 얻게 되었다는 것은 유감스러운 일이다. 셰익스피어와 여러 극작가들은 마키아벨리를 탐욕스럽고 흉계가 있으며 무도한 성격의 전형으로 묘사했다. 그래서 마키아벨리라는 그의 이름은 지금도 일반인들에게 악의에 찬 심술로 통하고 있다.

111

　마키아벨리는 분열된 조국에 대해 아픔을 가진 인물이었고, 통합을 이루기 위해 정치지도자가 지향해야 할 바를 실제적으로 적시했으며, 무엇보다 인간의 만연한 이기심과 부패 앞에서 국가와 지도자가 어떻게 해야 하는가를 가르쳐 주었다. 국가경영과 리더십 측면에서도 그가 새롭게 조명될 이유가 바로 여기에 있다. 그는 지금도 풀리지 않은 보편적 이기주의 문제에 대해 우리의 깊은 성찰이 필요함을 말하고 있다.

제 2 부

::

차별을 넘은 생명의식과
긍정적 사회실현

제 5 장

차별당하는 성과 통합의
사회경영

　우리 사회에는 인종차별, 성차별, 종교차별, 지역차별 등 다양한 형태의 차별(discrimination)이 존재한다. 차별이 다 나쁜 것은 아니다. 긍정적 차별도 있고, 부정적 차별도 있기 때문이다. 그러나 긍정적 차별보다 부정적 차별이 많고, 차별이 가져오는 긍정적 효과보다 부정적 효과가 너무 큰 것이 지금의 현실이다. 이 글은 여러 차별 가운데 성에 따른 차별문제를 다루고, 차별에 따른 사회적 부작용을 축소시키며, 궁극적으로 차별이 없는 통합적 사회경영의 가능성을 찾고자 한다.

　차별 가운데 성차별은 역사적으로 가장 대표적인 반사회적 행동(antisocial behavior)에 속한다. 이 차별의식이 점차 축소되고 있기는 하지만 21세기에 들어와서도 그 해결의 길은 험난하다. 월스트리트 저널과 NBC방송이 1999년 성인 2025명을 대상으로 한 공동 여론조사에 따르면 21세기에는 여자 대통령이 탄생하며(82%), 흑인 대통령(78%)도 등장한다고 보았다. 여자대통령에 대한 기대가 높아진 것은 여성에 대한 인식이 앞으로 크게 달라질 것을 보여준다. 그렇다고 지금 여성에 대한 차별적 인식이 크게 달라진 것은 아니다. 앞으로 넘어야 할 산이 많다고 해야 솔직한 표현이 될 것이다.

성차별에 관한 한 우리 사회에는 보이지 않는 '유리 천장(glass ceiling)'
이 존재한다. 그 천장은 조직과 사회에 만연되어 있다. 그것이 때로 사회
적 규범으로 작용하기도 하고, 심리적 벽으로 작용하기도 한다. 그 천장
에 걸리면 아무리 능력이 있는 성이라 할지라도 더 이상 올라가는 것이
허용되지 않는다. 이것은 보이지 않는 심리적 한계이자 보이지 않는 사회
의 제재라는 점에서 제거하기 쉽지 않다. 우리가 언제 그랬느냐고 주장하
면 증거 찾기도 어렵다.

사람이 사는 곳에 차별이 없을 수 없다. 하지만 차별은 그 자체만으
로도 총체적인 사회통합(social integration)을 가로막는다는 점에서 문제
가 된다. 따라서 이 문제에 대한 적극적인 극복 노력을 통해 차별에
관한 한 보다 바람직한 사회통합을 이뤄야 할 필요에 직면해 있다. 이
작업이 아무리 어렵고 긴 시간을 필요로 한다 해도 차별과 분열의 아
픔을 치료하려는 통합적 세계관을 저버리지 않는 한 우리의 노력은 결
코 헛되지 않을 것이다.

1. 차별적 성 인식과 사회문제

최근 여성에 대한 인식이 조금씩 달라지고 있지만 지난 세기만 해도
여성은 차별의 앞자리에 있었다. 성차별은 지금도 우리 사회문제로 등
장하고 있다. 최근 초등학교 교장이 자살하게 된 배후에는 여교사로 하
여금 차 시중을 들게 한 관행을 공박한 전국교원노조(전교조)와의 마찰
이 있었다. 전교조는 성토의 대상이 되었지만 차별 철폐에 대한 주장을
굽히지 않았다. 또한 의사가 간호사를 성희롱 했다는 이유로 수술을 받
을 수 없게 되자 환자들이 그를 복직시키라는 데모를 벌였다. 성희롱보

다 사람을 살리는 일이 급하다는 논리다. 이 사건은 성차별에 대한 우리 사회의 인식을 새롭게 하도록 만들었다.

여성부가 공공기관과 민간 기업으로 나눠 실태를 조사해본 결과, 여성종사자들은 남녀 차별 관행이 상당수 존재한다고 응답했다. 채용할 때부터 차별하거나 임신·출산 등을 이유로 보조업무에 배치시키거나 퇴직을 유도한다는 것 등이다. 여성공무원들도 성차별을 경험했으며 특히 인사에서 부당한 대우를 받고 있다고 생각하는 것으로 나타났다. 경기도 여성발전위원회에 따르면 여성공무원 직무환경 실태 파악을 위해 2002년도 내 여성공무원 3백 명을 대상으로 설문 조사한 결과 응답자의 67.3%가 여성이라는 이유로 부당한 대우를 받은 적이 있다고 대답했다. 부당한 대우의 유형으로는 승진 및 인사평정의 불공평, 업무 및 부서 배치의 차별, 문서복사·커피준비·청소 등과 같은 잔심부름, 무시하거나 비하하는 남자 직원의 언행 등을 꼽았다. 또 전체 응답자의 86.4%가 남성위주의 조직운영과 부서 상급자의 여성공무원 기피 때문에 보직배치에 불이익을 당하고 있다고 생각하는 반면 3%만이 업무수행 능력 부족과 보직순환 기피 등 스스로의 탓으로 돌렸다.

우리 사회의 성차별 행동은 성희롱(sexual harassment), 스토킹 등 낮은 단계에서부터 성폭력, 성매매 등 정도가 심한 단계에 이르기까지 각가지 사회문제로 번지고 있다.

미국 기업들 사이에 사내 성희롱에 대한 인식이 높아진 것은 1998년 6월 2건의 직장 내 성희롱 사건에 대한 미국 대법원의 판결 때문이다. 한 건은 92년 플로리다에서 남성 상급자들로부터 성적인 치근거림과 저질 발언에 시달렸던 여성 해안 구조대원이 시를 상대로 낸 성희롱 소송이고, 다른 한 건은 미국 내 3위의 섬유회사인 벌링턴사 여성사원이 "짧은 치마를 입느냐 마느냐에 따라 직장생활이 편할 수도, 힘들어질 수도 있다"는 상급자의 말에 끊임없이 괴로움을 당했다며 회사를 낸 소송이다. 두 여성 모두 유혹을 뿌리쳤지만 직장에서 보복조치를 받은 일은 전혀 없었다. 후자는 진급까지 했다. 그런데도 대법원이 7대 2로 성적 유혹을 거부한 데 따른 불이익이 없었더라도 성희롱 자체에 대해 소송을 제기할 수 있다고 판결하자 성희롱에 대한 업계의 태도가 달라진 걸린 것이다. 대법원은 전 직원을 대상으로 성희롱 근절 프로그램을 확고히 시행하거나 피해자가 불합리하게 사내절차를 밟지 않은 경우 사측 책임은 면제된다고 밝혔다. 이런 프로그램조차 없을 경우 상부에서 성희롱 사실을 몰랐어도 회사는 책임을 면할 수 없다. 고용주는 분명한 반성희롱 대책을 직원들에게 확고히 인식시켜야 한다. 이 판결로 식품업체인 나비스코에서 군수산업체인 록히드-마틴에 이르기까지 사내 성희롱 근절 정책을 재검토했다. 보복조치가 없었더라도 성희롱 자체는 성립될 수 있고 피해인원에 따라 수백만에서 수천만 달러를 물어야 하는 성희롱 소송이 마구 제기될 수 있기 때문이다. 스웨덴 제약회사 아스트라의 미국 자회사, 포드자동차, 미쓰비시 자동차 등은 성희롱 배상금으로 실제 수백만 달러를 지급해야 했다.

성희롱 등 인권침해 행위는 현재 법적 제재를 받고 있다. 고용평등법에 따르면 직장 내 성희롱을 사업주 상급자 또는 근로자가 직장 내의 지위를 이용하거나 업무와 관련하여 다른 근로자에게 성적인 언어나 행동 등으로 성적 굴욕감을 유발케 하여 고용환경을 악화시키는 행위로 규정했다(Petrocelli & Repa, 1998). 최근까지 우리나라에는 성폭력범죄 처벌에 관한 특별법에도 성희롱에 대한 정의나 형사처벌 규정이 없었다. 다만 성희롱은 인격적 침해로, 불법행위를 구성한다는 대법원 판례에 따라 성희롱 피해자는 법원에 손해배상 소송을 낼 수 있었다. 하지만 시간과 비용이 많이 들어 재판을 통해 성희롱 문제를 풀기가 쉽지 않았다. 이제 인권법을 통해 성희롱 개념을 구체적으로 규정하고 성희롱을 차별적 행위로 간주하여 제재하고 있어 이런 어려움은 제거되었다. 인권법은 성희롱을 업무 및 고용 기타 관계로 인해 자기의 보호나 감독을 받는 자에게 성과 관련된 언동을 해 성적 굴욕감이나 혐오감을 느끼게 하는 행위로 규정하고 있다. 우월한 지위를 가진 상사의 성희롱에 대해서만 진정 대상으로 삼은 것으로 여기에는 직장뿐 아니라 교사가 학생을 성희롱하는 것 등도 포함된다. 이것은 성희롱에 대한 명백한 정의를 내렸다는 점에서 의미가 있다(김정인, 2000).

119

남녀고용평등법에 따르면 5인 이상 사업장에서 직장 내 성희롱을 예방하기 위해 교육을 실시하지 않거나 성희롱 가해자에게 징계조치를 취하지 않는 사업주에게는 과태료가 부과된다. 이 법은 피해를 당하고 문제를 제기한 근로자에게 고용주가 불이익을 줄 경우 고용주에게 벌금을 부과하는 벌칙조항도 담고 있다. 이 법은 또 노동부장관이 기업체별로 성희롱 예방교육 등에 관한 실태조사를 벌이고 결과를 공개할 수 있도록 했다. 고용주가 예방교육을 하지 않을 경우 근로자가 노동부 지방사무소에 신고할 수 있고, 문제제기 근로자가 불이익을 당하면 노동부 지방사무소가 고용주를 검찰에 고발한다.

교육인적자원부는 남녀차별금지법이 국회에서 통과됨에 따라 남녀차별과 성희롱 금지에 관한 학교 내 사례 예시집을 작성하는 등 후속 조치를 취했다. 예시집에서 외모에 대한 성적인 비유나 평가 등 여학생이 성적 수치심을 느낄 수 있는 언행을 구체적으로 명시하여 일선 학교에서 교사와 학생들의 행동지침으로 삼도록 했다. 전국 시도 교육청을 통해 일반인들과 교사들의 여학생들에 대한 성희롱 사례 등을 조사한 결과 비록 사례는 많지 않지만 피해는 예상보다 심각한 것으로 드러났다. 노동부는 직장에서 금기해야 할 성희롱 행위 사례를 담은 예방지침을 발표했고, 「직장 내 성희롱 예방에서 대책까지」라는 책자를 발간하여 중소기업과 전국 직업훈련 기관에 배포했다. 다음은 직장 내 성희롱과 관련된 사례들이다.

- 정식으로 채용되기 전에 면접 때 치근거린 것도 문제가 된다. 채용을 위한 면접은 잠정적 피고용인의 지위를 가지는 것이므로 성희롱이 성립된다.

- 회식자리에서 술 취한 핑계 대고 여직원에게 춤추자고 강요하는 행위
- 음담패설
- 외모에 대한 성적인 비유나 평가
- 뒤에서 껴안기

120

- 특정 신체부위를 음란한 눈빛으로 반복해서 쳐다보는 행위
- 회식 때 무리하게 옆에 앉혀 술을 따르도록 하는 행위
- 특정 신체부위를 고의적으로 노출하거나 만지는 행위
- 피해자가 성희롱 행위자의 언동을 묵인했다 하더라도 나중에 성희롱이라고 주장하면 걸린다.
- 직장 상사가 자기 컴퓨터 화면에 여자의 나체사진을 실어놓고 혼자 즐긴다. 개인적 생활이 타인을 고려하지 않은 미숙한 것이더라도 타인에게 불쾌감을 초래하고 그런 일이 지속되면 성희롱이 된다.
- 퇴근시간 후에 고속도로에서 신체접촉을 시도하다 실패했다. 직장 내 성희롱은 반드시 업무시간 내 또는 근무 장소에서 이뤄져야 인정되는 것은 아니다. 상급자가 그 지위를 이용하거나 업무 관련성이 있으면 성희롱으로 인정된다.
- 여직원에게 '할머니' '아줌마' '야'라고 불렀다. 이렇듯 성 역할에 기반을 둔 성희롱은 우리나라 사회통념에 비춰 직장 내 성희롱으로 인정하기 어렵다.
- 집에 바래다주는 차안에서 여직원에게 '내게 재미있는 포르노테이프가 있다'고 말했다. 이것은 업무와 관련된 행위가 아니므로 직장 내 성희롱이 아니다.
- 건방진 여직원에게 엘리베이터 안에서 '김 주임 인사 좀 하지'라고 신문지로 엉덩이를 쳤는데 성희롱이라고 누명을 썼다. 이는 성적 굴욕감이라기보다 단순 수치심에 가깝다고 판단되므로 직장 내 성희롱이라 할 수 없다.

직장에서 성희롱 행위를 해서 직장 내 이성에게 성적 굴욕감을 느끼게 할 경우 경고·견책·전직·휴직·대기발령·해고 등 징계처분의 사유가 된다(O'Shea & Lalonde, 1998). 직장인들은 성희롱에 따른 불상사를 막기 위해 매년 두 차례 이상 성희롱 예방교육을 받아야 한다. 또 성희롱 사례를 수수방관하거나 오히려 피해자에게 불이익을 주는 사업주는 처벌을 받게 된다(한국여성민우회, 2000). 서울대는 교내 성폭력 문제를 해소하기 위해 신임 교수 채용 시 성희롱 예방교육을 실시하고 단과대마다 성 평등 자문 교수를 선임키로 하는 등 성희롱 성폭력 근절대책을 발표했다. 서울대는 이 대책에서 교수들이 무의식적으로 성희롱 발언을 하는 경우가 많다는 지적에 따라 신임 교수 워크숍에 성희롱 교육을 도입했고, 각 단과대학에는 학생부 학장 또는 성 평등에 관심이 있는 교수를 성 평등 자문 교수로 임명해 성차별 피해자에 대한 상담을 맡게 했다.

121

직장에서의 성희롱은 지위를 이용한 희롱이 대부분이어서 성희롱보다 권력희롱(power harassment)이 더 큰 문제라는 인식이 점점 높아지고 있다. 일본에서는 직장 내의 권력 관계를 이용해 부하직원을 괴롭히는 권력희롱이 문제되고 있고, 이런 사례를 상담해 주는 회사도 생겨났다. 불황에 따른 인원감소와 업무량 증가로 쌓인 신경질이 상대적으로 약한 입장의 부하들에게 흘러 내려간다는 것이다. 성희롱이 권력희롱으로 변질된 경우도 있다. 회사원들의 정신건강을 상담해 주는 도쿄의 클레오 시 큐브가 권력희롱에 대한 상담내용을 보면 그 정도가 얼마나 심한가를 알 수 있다.

- 상사가 일 내용을 설명할 때 끊임없이 '바보, 멍청이'라고 얘기한다. 모르는 것을 질문하면 책상을 두드리며 화를 낸다. 반년 만에 귀에서 소리가 나고 잠을 잘 수 없게 됐다.
- 휴가를 마치고 돌아와 보니 업무 파일이 상사에게 가 있었다. 이제 안 나올 거라 생각해서 다른 사람에게 주려고 했다는 것이다. 2년

이나 이런 대우를 받고 우울증으로 병원에 다니게 됐다.

- 상사에게 성희롱을 당하고 윗선에 보고했더니, 그 이후로는 아예 일을 시키지 않으면서 '일도 안 하면서……, 빨리 그만둬'라고 말한다. 성희롱이 권력희롱으로 바뀌었다.
- 눈앞에 앉아 있으면서도 (너하고는 말하지 않겠다는 듯) 지시를 모두 메일로 보낸다. 그래서 회사에 가는 것이 고통이다.

이 회사가 상담을 받기 시작한 것은 성희롱과 관련해 실시한 설문조사에서 성희롱이야 이미 사회적으로 문제가 제기돼 개선됐지만, 상사로부터 받는 무리한 괴롭힘은 하소연할 곳도 없다는 남성사원의 불만이 대거 접수됐기 때문이다. 이런 상황이 결과적으로 일의 효율을 떨어뜨리고 기업 이미지를 나쁘게 한다는 점은 틀림없다. 성희롱이든 권력희롱이든 인권법 실시로 직장 내 문화가 경직될 것이라는 우려도 있지만 이 법들은 기본적으로 성희롱 예방에 중점이 두어져 있기 때문에 오히려 이에 대한 경각심을 높일 필요가 있다. 앞으로 기업체뿐 아니라 관공서 등에서도 이에 준해 성희롱 예방 노력을 해야 할 것이다.

스토킹(stalking)은 성희롱과 함께 인권침해 행위로 간주되고 있다. 스토킹은 몰래 접근하거나 누구 뒤를 밟는다는 '스토크(stalk)'에서 나온 것으로 싫다는 사람을 지긋지긋하게 쫓아다니면서 괴롭히는 행위를 말한다. 여성들이 스토킹을 당하는 사례가 많았으나 지금은 인기연예인은 물론 일반 집단성원에서도 광범위하게 확산되고 있다. 스토커를 다룬 영화「어둠 속에 벨이 울릴 때」는 라디오 DJ를 쫓는 여자 팬을 다루고 있다. 그리고「더 팬」은 프로야구 스타를 괴롭히는 사이코 팬을 다뤘다. 영화 속의 이러한 끔찍한 괴롭힘을 연예인들이 실제 당하기도 한다. 스토킹 대상이나 유형도 사회전반으로 번지는 추세다. 특정신문에 글을 썼다고 동료집단에서 매도를 당하는 경우도 있고, PC통신을 통해 익명으로 특정인을 비방하고 모략하는 사례도 늘고 있다. 피해유형도 주변인 괴롭힘·출퇴근길 방해·소문내기 등 치사한 행동뿐 아니라 협박·감금·폭행 등 갈수록 난폭해지고 있다.

한국성폭력상담소에 접수된 스토킹 관련 상담에서 피해자의 대부분이 여성이었고 피해자 가운데 20대가 가장 많았다. 가해자는 전 애인·남편·동거남·데이트상대·동네사람·직장동료·고객·친구 등 아는 사람이 대부분이고 피해유형은 전화·편지·PC메시지공세·협박·집이나 직장방문·폭행·주변인 괴롭힘·가택침입·집이나 출근길 대기·치근거림·소문내기 등 다양했다. 피해후유증도 커 불안과 공포, 전화 및 외출 공포, 노이로제, 직장 및 학업중단, 불면증과 악몽, 가정 파탄 등 다양하게 나타났다. 한국정부는 스토킹 사례의 만연으로 스토킹 처벌법을 추진하고 있다. 징역과 벌금형으로 가해자를 처벌하고 재발의 우려가 있을 때는 100미터 접근금지나 통신제한 조치를 취하겠다는 것이다.

스토킹 예방 수칙 10가지

- 상대의 인격을 존중하기보다 소유, 정복하려는 사람, 자기중심적이고 집요한 성격의 사람을 조심한다.
- 상식을 벗어난 호의나 친절을 베풀거나 상대의 불쾌나 고통을 받아들이지 않는 일방적인 사람을 조심한다.
- 일단 스토킹이라는 의심이 들면 단호하고 분명한 거절의 태도를 보인다.
- 타이르거나 설득하지 말고 상대방에게 말려들지 않도록 대화는 간단히 끝낸다.
- 혼자서 해결하려 하지 말고 주변사람에게 도움을 청해 외출 시 동반하거나 보호를 요청한다.
- 피해증거를 계속 수집하고 사건경위를 육하원칙으로 자세히 기록해둔다.
- 상담소나 경찰에 도움을 청해 법적 보호를 받을 수 있는지 알아보고 단호한 입장을 보여주기 위해 미약한 처벌이 나오더라도 계속 신고, 고소를 한다.
- 전화번호 변경, 이사 등 적극적으로 피하는 것도 필요하다.
- 가해자의 가족에게 알려 교정, 치료를 받도록 유도한다.
- 피해를 드러내고 여론화하여 인권침해범죄라는 인식을 확산시켜 처벌 법안을 제정하는 데 참여한다.

유엔인권위원회 산하 세계고문방지기구(WOAT)가 240개 비정부단체를 통해 자료를 조사한 결과에 따르면 아프리카와 중동, 아시아 등의

78개국에서 전통이라는 구실 아래 다양하고 폭넓은 여성폭력이 자행되고 있는 것으로 나타났다. 나이지리아의 경우 남편의 아내 폭행은 범법행위에서 제외시켜 아무런 제재를 가하지 않고 있다. 순전히 남편 개인의 자의적 판단에 따라 아내가 잘못했다고 생각되는 경우 시간과 장소를 가리지 않고 큰 상처를 내지 않는 범위에서 폭력을 행사할 수 있다. 배우자의 잘못을 구분할 기준도 없는 데다 '아주 심각한 상처를 주지 않는 수준'이라는 전제만 달아 그야말로 죽지 않을 정도의 폭행은 아무도 개의치 않는 지경에 이르고 있다. 폭력이 난무한데도 부부의 문제라면 문제 삼지 않는 한국 그리고 '여자와 개는 사흘에 한 번씩 패야 한다.'는 우리의 습속도 나이지리아와 다를 것이 없다.

이집트 여성들 역시 끊임없는 가정폭력에 시달리고 있다. 카이로 인근에 거주하는 14-65세 여성 100명을 대상으로 조사한 결과 30%는 매일 폭행을 당하고 있는 것으로 드러났다. 또 34%는 최소한 일주일에 한 번 이상 맞으며 살고 있다. 아프리카 콩고의 경우는 더욱 심각하다. 마니에마라는 마을의 여성들은 80% 이상이 남편의 상습 폭력을 감수하고 있다. 더욱이 이 나라에서는 남편이 아내에게 매춘을 강요해도 사회관습으로 인정되고 있다. 타인에 의한 성폭행이나 매춘 강요조차 아무렇지 않게 자행된다. 다른 아프리카 국가 상당수가 같은 상황에 처해 있다.

일부 국가에서는 성폭행을 투옥, 구금 중 유용한 고문방법으로 이용하고 있다. 전쟁 중에는 여성 본인은 물론 그 여성이 속한 집단에 대한 억압의 수단으로 사용되기도 한다. 보스니아와 코소보, 동티모르 등의 경우 이 같은 범죄행위가 국가 차원에서 조직적으로 자행되었다. 유엔은 여성에 대한 차별금지를 협약으로 규정하고 있으나 전 세계 163개국 가운데 불과 45개국만이 승인한 상태이다. 정부 당국조차 여성폭력방지에 미온적 태도를 보이고 있다.

성매매는 남성 우월주의의 사회 표본이자 가장 교활한 인권침해다.

우리나라의 경우 성매매로 오가는 돈이 연간 24조원에 이르고, 매춘을 직업으로 하는 여성만 최소 33만 명에 이른다는 조사결과가 나왔다. 이것을 경제규모로 따지면 국내총생산의 4.1% 규모이며 우리나라의 농림과 어업을 합한 규모와 맞먹는다. 그러나 여성계의 주장에 의하면 15-39세 가임 여성의 10%가 실제로 매춘에 종사하고 있다. 성매매는 세계적인 현상이기 때문에 그 경제규모도 천문학적 숫자가 될 것이다. 우리 사회부터라도 성매매 근절과 올바른 성문화 정착을 위한 운동을 전개해야 할 필요가 있다.

125

2. 차별적 성 인식을 초래한 근거들

성차별에 대한 인식을 가져오게 된 것은 크게 농경사회 이래 남성중심의 사회적 특성, 곧 우리 사회에 만연한 남자선호 사상과 남성의 편견, 그리고 종교규범에 바탕을 둔 각종 문화적 전통이 작용한 것으로 볼 수 있다.

남성 중심의 사회적 특성은 남성의 노동력에 크게 의존해 온 농경사회를 비롯해서 남성의 역할을 점차 부각시켜온 산업 및 자본주의사회를 거치면서 더욱 강화되었다. 여성의 역할은 상대적으로 축소되거나 무시되었다. 이런 현상은 동서양을 막론하고 나타난다.

동양의 경우 남성은 밭에서 힘을 쓸 수 있는 존재(男)라는 것 이외에도 제사를 이을 수 있는 존재로서 그 가치를 인정받았다. 그러나 여성은 글자 자체로부터도 굴종을 강요받아왔다. 여성을 나타내는 가장 대표적인 한자 '계집 여(女)' 자는 다리를 모으고 꿇어앉아 있는 모습을 표현하고 있다. 母나 女의 가로 획은 한 일(一)자가 아니라 육체의 선 가운데, 머리에서 발끝까지의 선, 곧 복종의 선을 나타낸다. 원래 여자가 다리를 모으고 꿇어앉은 모습을 세로 곡선으로 나타냈는데 진한 이후로는 쓰기 편리함을 위하여 가로의 직선으로 변화되어 원형과 크게 달라졌다. 손을 맞잡고 무릎을 구부린 모습 속에서 복종적인 삶을 강요당한 동양여성의 굴종적 역사를 한 눈으로 읽을 수 있다.

동양에서 여성의 역사는 수난사이다. 조선 초 명나라에서는 여성을 조공목록에 넣을 정도로 여성은 수난을 당했다. 물건 취급을 받은 것이다. 경복궁에 수백 명을 도열시킨 후 명나라 사신이 직접 심사를 했다. 원나라 침입 때의 공녀와 병자호란 때의 환향녀 등은 나라가 패망한 때문에 여성이 당한 수난을 입증하고 있다. 용어는 다르지만 일제의 종군위안부나 한국전쟁 후의 양공주 등도 남성중심 사회에서 여성이 수난을 당한 사례들이다.

서양이라고 예외는 아니다. 경영학의 퍼스트레이디로 손꼽히는 릴리안 길브레드(Lillian M. Gilbreth)는 자신이 책을 썼어도 여성임을 언급하지 않는다는 조건으로 출간될 수 있었다(렌, 192). 역사상 가장 뛰어난 여성 성악가이자 '검은 비너스'로 불리는 마리안 앤더슨은 미국 내 차별을 피하기 위해 유럽에 건너가서야 명성을 얻었다. 1939년 미국 공연이 일부 보수 단체의 반대시위로 좌절되기도 했다. 그러나 이로 인해 그의 명성은 높아만 갔다. 영국인 애멀린 팽크허스트가 1903년에 조직한 '여성사회정치연맹'은 과학적 발달에 못지않게 20세기에 큰 영향을 미친 사건 가운데 하나이다. 그녀는 과격한 여권운동으로 숱하게 교도소 신세를 졌으나 마침내 1917년 여성참정권을 얻어냈다. 그녀가 세상을 뜬 지 불과 한 달 뒤의 일이었다. 이것은 여성에 대한 차별이 동양사회에 국한되지 않았음을 입증한다.

한국인은 여성의 역할을 집안으로 한정시키고자 할 만큼 제한적이다. 한국인의 속담에 "여자는 제 고장 장날을 몰라야 팔자가 좋다"는 말이 있다. "여자는 바깥 세상일은 알 것 없이 집안에서 살림이나 알뜰히 하는 것이 행복하고, 여자가 집안에 있어야 평안하다"는 말이다. 편안할

안(安) 자가 이 뜻을 정확하게 담고 있다. 지금도 우리는 아내를 소개할 때 '집사람'이라고 말한다. 북한에서도 "녀자가 셋이면 나무접시가 드논다, 녀자하고 도리깨는 자꾸 내돌릴수록 탈이 난다"고 한다. 이것은 우리 사회가 예로부터 얼마나 여성에 대해 차별을 해왔는가를 보여준다.

127

우리는 흔히 여자는 여자다워야 하고 남자는 남자다워야 한다고 말한다. 아버지는 아버지다워야 한다는 '다움'의 공자의 생각은 자격과 자질을 논했다는 점에서 크게 지적할 것이 못 된다. 그러나 우리가 여자는 여자다워야 한다고 할 때 그 여성다움에는 순종이 강조되어 있고, 남성다움에는 사나이다운 성질이 강조된다. 성 역할(sex role)의 고착인 것이다. 성 역할이 고착화된 사회에서 여성은 여자다워야 사랑을 받고, 남자는 남자다워야 인정을 받는다. 성에 대한 고착된 인식과 태도가 확산될수록 우리 사회에는 성에 대한 편견이 강하게 작용하게 된다. 한국인에게 있어서 여성관이 매우 편파적이고 차별적인 이유가 바로 여기에 있다. 다음은 그 보기이다.

- 남자는 대범한데 여자는 소견이 좁다.
- 남자는 모든 상황의 머리에 있어야 하고 여자는 보좌하는 자리에 있어야 한다.
- 남자가 직업을 바꾸면 용감한 결단이라 하고 여자가 직장을 바꾸면 무슨 일을 저지른 것으로 생각한다.
- 여자의 월급이 남자의 월급을 웃돌면 남자가 체통 깎인다고 생각한다.
- 남자는 입을 크게 벌리고 웃어야 남자답고 여자는 손으로 입을 가려야 아름답다.
- 독신남자는 매력 있고 독신여자는 신경질적이다.
- 남자가 달변이면 시원시원하다고 말하고 여자가 달변이면 말이 많다고 한다.

어떤 집을 방문했을 때 부모가 아이들을 소개했다. 남자아이를 얻기 위해 여러 딸을 둔 집이라 그런지 딸이 많았다. 그런데 막내딸을 소개할 때 이렇게 말하는 것이었다. "실수로 낳은 딸년이에요." 또 다른 집의 딸은 자신을 가리켜 이렇게 말한다. "서럽게 태어난 아이랍니다." 여성의 이름을 '말순'이나 '말자'라고 붙인 것도 남자선호사상에서 빚어진 것이다. 탄생된 귀한 생명을 놓고 쉽게 실수라는 말을 붙일 수 있을까.

역사를 지배하는 것은 남자지만 그 남자를 지배하는 것은 여자라는 말이 있다. 얼른 보면 여성우월론 같지만 사실 여성이 역사무대에 출연할 기회가 없었다는 말이다. 여성은 역사적으로 이처럼 무시되어 왔다.

프랑스 혁명 이후 여성의 지위가 상승했다. 당시 이상적 여성상은 공화국의 어머니였다. 즉 여성의 임무는 아이들에게 자유와 평등에 대한 사랑을 심어줌으로써 아이들을 훌륭한 공화국 시민으로 키우는 일이었다. 그래서 모성을 상징하는 성모 마리아 그림들이 대중화했다. 그러나 모성강조는 여성의 정치참여와 공적 활동을 제한하는 이데올로기가 되었다. 프랑스 여성들은 1881년 4월 9일 은행에 예금할 수 있는 권리를 얻었다. 하지만 돈을 인출할 수 있는 권리는 없었다. 당시 남성 예술가들은 여성에 대한 환상을 경쟁적으로 만들어냈다. 매춘부 혹은 순결을 잃은 여성이 인생유전을 거쳐 성녀가 되는 식의 소설이 유행했다. 시각 예술에서 여성이미지는 성모 마리아, 요부, 뮤즈 세 가지 유형이었다. 이 유형은 오늘날 광고의 여성상에 그대로 계승된 상태다. 여성이 바느질하는 회화들도 이때 유행했다. 프랑스가 고급패션 본거지가 된 것은 바느질 솜씨가 뛰어난 여성들을 예술가로 인정하면서부터다(뒤비-페로, 1998).

여성학은 무엇보다 여성들에 대한 남성들의 우월적인 편견을 꼬집고 있다. 역사적으로 보면 상당수 남성들은 '여자도 사람인가'라는 질문을 했을 정도로 여성들을 얕잡아 보았다는 것이다. 그들은 여성의 뇌가 남성보다 120그램 정도 적다고 말하고 여성은 아마 유인원과 사람의 중간일지 모른다는 견해까지 나타냈다. 뇌의 크기로 남성을 여성보다 우월한 것으로 친다면 뇌가 가장 큰 사람이 가장 우월해야 할 것이다. 그런데 불행하게도 이 세상에서 지금까지 가장 큰 뇌를 가진 사람의 뇌의 무게가 2,850그램이었는데 그는 백치였다. 뇌의 크기로 우열을 가린다는 것은 문제가 아닐 수 없다. 아리스토텔레스는 여자는 남자보다 이(teeth)의 수가 적다는 것을 들어 여성을 비하시켰다. 프로이트는 여성은 남근을 가지고 있지 않기 때문에 에고 상태에 머물 뿐 슈퍼에고로 갈 수 없다고 평하였다. 남자가 가진 어떤 신체적 특성 때문에 이렇듯 차별을 받아야 한다면 남성 또한 여성만이 가지고 있는 신체적 조건을 들어 차별을 할 경우 할 말이 없을 것이다. 서양의 많은 사람들은 이렇듯 여성의 신체적 조건을 들어 서슴없이 여성을 비하시켰다.

동양이라고 예외일 수 없다. 공자는 여자를 사람이 아니라 색(色)으로 간주했다. 어머니의 죽음을 슬퍼하는 아들을 향해 눈물을 보이지 않도록 명령하는 공자의 의도 속에는 여성에 대한 차별의식이 자리 잡고 있었다. 따라서 유교는 여성을 존엄한 인격체로 인정하기를 주저했다. 그 유교적 전통을 따른 조선왕조가 여성은 정절을 생명처럼 지켜야 할 존재로밖에 인정하지 않았던 것도 이와 결코 무관하지 않다. 조선왕조는 정절을 지켜야 한다는 이유로 조선여성의 개가를 금지시켰다. 이것은 기본적으로 여성의 기본권을 박탈하는 행위였다. 특히 양반계층의 여성이 개가하는 것을 엄금했는데 이것은 양반의 수를 줄이려는 의도도 담겨있다. 조선은 개가하지 않은 여성, 남편이 죽으면 아무 것도 먹지 않아 죽는 여성, 함께 생매장하기를 바라는 여성을 열녀로 봄으로써 여성의 인권을 조금도 고려하지 않았다. 개가를 한다면 그 순간부터 집과는 인연을 끊어야 했다. 인도 힌두교도 남편이 죽었을 때 부인을 생매장하는 것을 당연시하고 이를 관습화해 왔으나 현재 이러한 관습은 자취를 감추고 있다.

129

예나 지금이나 한국 역사의 주체가 되는 인간의 절반은 여성이다. 그럼에도 불구하고 옛 선비들은 계집 녀자를 잘 쓰는 것을 창피한 것으로 여겨 글을 쓰다가도 그 자만 나오면 조그맣게 아니면 비뚤어지게 쓰곤 했다. 이러한 의식구조는 일제 식민지 아래서도 마찬가지였다. 이태준의 단편소설인 「손거부」에서 아내의 문패에 대해 다음과 같은 글이 보인다(이태준, 1935). 큰아들 이름을 쓰기 전에 부인의 이름을 써야 하지 않겠느냐는 말에 '쓰실 것 없죠, 그까짓 여편네가 사람값에 갑니까, 어디.' '그래두 부인이 있길래 저렇게 아들을 낳지 않았소? 부인 성씨가 뭐요, 이름서껀?' '거 뭐 쓰실 것 없대두요. 이름이 뭔지도 여태껏 이십 년을 살아야 모릅죠.'

이러한 모든 점들은 역사적으로 여성들이 얼마나 차별을 받아왔는가를 입증하고 있다. 남성들은 여성에 대해 매우 남성 우월주의를 표방해옴으로써 그 편견을 드러내었다. 이제 이 문제가 근본적으로 해결되지 않으면 안 된다.

성차별의 기본바탕에는 무엇보다 각종 종교적 규범이 무섭게 자리하고 있다. 종교는 문화의 가장 중심에 자리 잡고 있으며 각 종교의 규범은 사회행동의 상당 부분을 통제하고 있다. 그러므로 앞서 언급한 성차별의 사회적 특성 가운데 상당 부분은 종교와 연관을 가지고 있다 해도 과언이 아니다. 종교, 문화, 사회가 서로 분리되어 작용하고 있는 것이 아니라 연결되어 있는 것이다.

종교는 각 문화의 근간을 이루고 있기 때문에 종교가 성에 대해 어떤 문화규범을 가지고 있느냐에 따라 차별도 지역마다 다르게 나타나고 있다. 현재 종교에 근거한 성차별로 가장 고통 받고 있는 곳에 아랍권 여성으로 꼽히고 있다. 탈레반 정권 아래서의 아프가니스탄 여성에 대한 탄압은 혹독한 것이었던 것으로 알려져 있다. 물론 이러한 상황이 이슬람권 전역에서 벌어지는 것은 아니다. 여성의 인권이나 처우는 이슬람 국가라도 나라마다 다르고, 믿는 사람마다 차이가 있다. 사

130

우디아라비아에서는 여성의 운전과 법률, 공학 분야 취업이 금지되어 있고, 예멘과 파키스탄의 보수적인 지역에서는 여성을 집에만 있도록 한다.

탈레반은 여성의 활동을 극도로 제한했을 뿐 아니라 무자비하게 여권을 억압했다. 탈레반 정권은 8세 이상 여아에 대한 교육을 금지시켰으며, 여자대학을 폐쇄하고, 직장에서 여성을 추방하는 등 사회 전 분야에서 여성의 권리를 박탈하는 조직적 탄압을 했다. 그 결과 77년 의회의 15%를 차지하던 여성의원들, 99년대 초까지만 해도 카불 내 교사의 70%, 공무원의 50%, 의사의 40% 이상의 비율을 차지하던 여성들이 거의 다 사려졌다. 특히 여성들에 대한 취업금지는 장기적인 내전으로 남편을 잃은 5만여 전쟁과부들이 생계유지를 위해 구걸에 나서게 만드는 비극으로 이어졌다. 여성 환자는 완전히 옷을 입은 상태에서만 남자의사의 진료를 받을 수 있어 사실상 제대로 된 진료를 받을 수 없었다. 많은 여성들이 질병으로 고통을 받은 것은 물론 출산 중 사망하는 여성의 비율도 세계에서 두 번째로 높았다. 여성들이 사는 집의 창문을 가리게 하는 것은 물론 도시 지역에서는 남자 친척과 동반하지 않은 여성들의 외출을 금지시켜 여성들은 사실상 집안에 감금되었다. 여성들은 외출 시 머리부터 발끝까지 전신을 가리는 부르카(burka)를 입도록 강요당하고, 부르카를 입지 않거나 얼굴을 제대로 가리지 않은 경우 경찰에게 맞는 사례도 발생했다. 흰 양말, 걸을 때 소리가 나는 신발도 금지되었다. 여성들의 운전은 금지되었고, 남성이 있는 버스를 타서도 안 되므로 대중교통 수단 이용도 어렵다. 택시 운전사들이 남성을 동반하지 않은 여성을 태울 경우 면허 취소 등의 처벌을 받았다. 여성 전용 버스는 창문을 가리고 운전사와 승객 칸을 분리시킨 채 운행되었다.

아프간 여성혁명회(RAWA)는 카불의 한 경기장에서 간통 혐의로 붙잡힌 여성이 머리에 총탄을 맞고 처형되는 장면을 비디오로 녹화 공개해 전 세계에 충격을 주었다. 탈레반 치하에서는 강간당한 여성이 당국에 신고할 경우 오히려 간통죄로 처형되기 때문에 많은 여성들은 탈레반 및 아랍 병사들에게 강간을 당해도 신고하지 못하는 상황이었다. 친척이 아닌 남성과 함께 있다가 발각된 미혼여성은 돌에 맞아 죽는 공개처형을 당했다. 여성들은 밖에서 소리 내어 웃다가는 돌에 맞게 되며, 매니큐어를 칠하면 손톱이 뽑힌다는 위협을 받는 등 억압사례는 부지기수다. 탈레반 정권이 아프가니스탄에서 퇴각하자 아프가니스탄 여성들은 환호했다. 그동안 말할 수 없는 고통을 감내해 왔기 때문이다.

탈레반 정권의 이 같은 여성탄압을 놓고 이슬람권에서도 비판이 강하다. 선지자 무함마드는 모든 것에서 중도를 지키라고 가르쳤기 때문에 탈레반의 통치는 올바른 이슬람의 가르침을 따른 것이 아니라고 말한다. 그러면 여성에 대한 코란의 가르침은 무엇일까? 이슬람 경전인 쿠란은 남성과 여성이 권리와 의무에 있어서 알라 앞에서 평등하다고 말하고, 남녀평등과 상부상조를 강조한다. 남녀는 공동으로 사회와 가정을 지켜나갈 의무를 가진다. 이슬람 여성은 하루 5번의 예배, 금식, 가난한 자에 대한 구호, 순례 등 남성과 동등한 종교적 의무를 지닌다. 여성은 그러나 생리 기간 및 산후 40일 동안 예배와 금식의 의무를 이해하지 않아도 되는 등 이슬람은 현실적이고 합리적인 면을 보이고 있다(Wadud & Wadud-Muhsin, 1999). 이슬람 여성은 경제적 측면에서도 자신의 주권과 독립권을 행사할 수 있다. 여성은 남성의 청혼을 거부할 수 있으며, 남성이 지급하는 마흐르(지참금)도 신부의 소유이다. 마흐르는 신부 이외에 어느 누구도 관여할 수 없어 여성을 보호하는 제도로 정착되어 있다. 또 남편은 지참금과 함께 부양생계비를 아내에게 제공해야 하며 이는 혼인계약 시 명문화된다. 이슬람 여성들은 정치적으로도 활발한 활동을 벌인다. 최대 이슬람국인 인도네시아의 대통령은 수카르노 초대 대통령의 딸 메가와티 수카르노푸트리이며, 파키스탄에서는 베나지르 부토 전 총리가 이슬람권 최초의 국가지도자를 맡기도 했다.

이슬람은 남성과 여성을 동등한 성적 존재로 인정해 왔지만 시간이 흐르면서 본래의 해석이 곡해되어왔다. 여성은 성욕이 강하고 조절능력이 떨어진 것으로 인식되었고, 여성이 자신을 드러내는 것은 남성을 성적으로 탈선하도록 유혹하는 것으로 간주되었다. 탈레반 정권은 이러한 보수적 시각을 극단으로 밀고 나갔으며 이로 인해 여성은 외부로 스스로를 드러내지 않도록 했다. 하지만 이슬람 국가에서 여성들의 베일은 나라나 종교적 상황, 계층, 연령, 취향에 따라 다르다. 튀니지 등 상대적으로 개방된 북아프리카와 일부 페르시아 만 지역 이슬람 여성들은 흰색이나 다양한 색의 두건 모양 '히잡(hijab)'을 선호하거나 아예 쓰지 않기도 한다. 보수적인 사우디아라비아와 탈레반 정권 아래서의 아프가니스탄 여성들은 온 몸을 뒤덮는 부르카를 입는다(김성윤, 2001).

이슬람 여성에 대한 관점은 이중적이다. 텔레반이 지배하고 있는 아프가니스탄을 방문한 독일 자이퉁지 기자는 그곳의 여성들은 목욕탕에도 가지 못하고, 교육도 받지 못하며, 사진도 찍을 수 없다고 전했다. 탈레반 정권 아래서 여성들은 그저 숨쉬는 자유밖에 없다. 이에 대해 뉴욕 테러사건 이후 오프라는 자신의 토크쇼에서 아랍여성에 대한 편견을 버리도록 했다. 이 프로그램에 참여한 아랍 여성들은 이슬람이 여성을 차별한다는 것은 잘못된 것이라며 일부 지방에서 관습적으로 행해지는 것을 아랍 전체 여성에게 적용해서는 안 된다고 주장했다. 아랍여성은 존중받고 있다는 것이다.

이슬람 여성의 인권이 법으로 보장되어 있다고 하지만 실제적으로는 그렇지 못하다는 인식이 강하다. 이슬람법에 따르면 법원에서 남성 증인 한 사람은 여성 증인 두 사람과 동일시된다. 상속도 여성은 남성의 절반이고 자매는 형제의 절반이다. 또 교통사고 보상금도 여성은 남성의 절반이다. 이에 대해 여성들이 이의를 제기하지 않는 것은 어렸을 때부터 이슬람법에 반대하면 이슬람법에 대한 혁명이자 도전이라는 엄한 가르침을 받았기 때문이다. 무슬림의 수나(관행)에 따르면 자식을 낳으면 양을 잡아 알라에게 제사를 드린다. 아들을 낳으면 두 마리의 양을, 딸을 낳으면 한 마리의 양을 바친다. 무슬림에게서 아들은 딸 둘과 맞먹는다는 것이다. 이것은 법 이전에 관행부터 얼마나 철저한가를 보여준다. 이슬람 여성들은 흔히 3중고를 겪고 있다고 말한다. 조혼에서 오는 육체적 고통, 일부다처주의에서 오는 질투심 무지 열등감 등 정신적 고통, 알라만 생각하느라 남편으로부터 하등 위로를 받지 못하는 영적인 고통이다.

이슬람은 일부다처제로 알려져 있지만 사실 대부분의 이슬람 국가에서 일부다처제는 법적으로 금지되면서 점차 사라지는 추세이다. 원래 이슬람에서는 전쟁과 가족공동체 유지와 같은 특수한 상황에서 여성보호를 위한 제도적 장치로 최대한 네 사람의 아내를 둘 수 있는 일부다처를 제한적으로 허용해왔다. 일반적으로는 일부일처가 이슬람의 기본 원칙이다. 오직 모하메드만이 4명 이상의 아내를 가질 권리를 인정받았다. 율법에서는 일부4처제를 허용하는 조건을 부인이 불임증인 경우, 성생활이 불가능한 경우, 전쟁이나 사고로 여성의 숫자가 남자보다 절대적으로 많은 경우 등으로 제한하고 있다. 아무나 여러 명의 아내를 둘 수 없다는 뜻이다. 일부4처제에는 전쟁으로 인한 가장의 사망이나 이혼을 당해 생계유지가 곤란해지는 여인과 아이들이 생기는 것을 막기 위한 목적도 있다. 이슬람교도가 4명의 아내를 가질 수 있다고는 하지만 4명 모두에게 금전의 배분을 포함해서 공평하게 대하도록 되어 있다. 오직 모하메드만 예외이다(Ahmed, 1993).

그런데 말레이시아의 경우 아직도 일부다처가 허용되고 최근 들어 그 추세가 늘어나고 있어 주목을 받고 있다. 그 원인을 보면 다분히 이슬람 외적인 요소가 작용하고 있다. 첫째는 심각한 남녀성비의 문제이고, 둘째는 전체 국민의 30%에 달하는 중국인들이 국가경제를 장악하고 있는 상황에서 과반수 정도에 머물고 있는 말레이시아 인구를 획기적으로 늘리기 위한 정치적 전략도 숨어 있다. 그러나 일부다처의 법적 적용은 엄격하다. 첫 번째 부인의 동의를 얻어야 하고, 모든 부인들의 법적 사회적 보장은 물론 상속이나 자시들의 사회적 진출에서도 완전한 동등권이 보장되어야 한다.

이슬람의 여성은 여성이든 남성이든 똑같이 하나님의 형상으로 지음받은 존재로 간주되고, 남자가 그 부모를 떠나 여자와 연합하여 한 몸을 이루는 일부일처의 전통을 유지하고 있는 기독교 문화권과는 크게 차이가 있다. 그러나 기독교에서도 성차별이 없는 것은 아니다. 상당수의 남성들은 원죄의 근원을 여성에게 돌린다. 그래서 여성이 남성으로부터 당하는 고통을 자연스러운 것으로 간주하려 든다. 그러나 여성에 대한 남성의 문제는 여기에서도 잘못되었음을 보여주고 있다.

많은 사람들, 특히 남성들은 이브의 잘못을 들어 이브 때문에 문제가 생겼다고 말하고 그러므로 이브는 차별을 받아 마땅하다고 질타하듯 말한다. 그러나 그것이 이브만의 잘못이라고 판단하면 편협한 생각이다. 아담은 그 현장에 있었고 공범자였다. 아담은 오히려 공범행위를 부인하고 이브에게 모든 것을 뒤집어씌운 파렴치한 행동을 보였다. 이 파렴치한 행위가 지금까지도 계속되고 있는 것이다. 이브가 그 잘못을 다 뒤집어썼지만 하나님은 그를 당장 죽이지 아니했다. 공평하신 하나님은 이브만 에덴에서 추방하지 않고 아담의 죄도 함께 물어 추방하였다. 그러므로 이브에게만 죄를 물으려 하는 남성들의 태도는 결코 바르지 못하다는 것을 인식해야 한다.

에덴으로부터의 추방은 인간 스스로 삶을 영위하고 그 문명을 확립해 나가야 하는 문화명령을 받은 것으로 신학자들은 재해석하고 있다. 추방은 죽을 수밖에 없었던 그들이 계속해서 살아 문화를 이루어 갈 수 있도록 허락되었기 때문에 어떤 의미로 보아 하나님이 내리신 은혜라는 것이다. 신학적으로 볼 때 하나님을 떠난 삶은 축복이 될 수 없다. 그럼에도 불구하고 그들이 문화를 이루며 살 수 있었다는 것은 그들이 하나님으로부터 은혜를 입었음을 입증하는 것이다.

135

이브는 사실상 모든 생명체의 어머니가 되었다. 그를 통해서 인류가 번성할 수 있었기 때문이다. 판도라는 호기심을 못 이겨 상자를 열게 된다. 상자는 판도라의 호기심을 자극하기에 충분한 것이었기 때문이다. 그 상자는 인간의 근원이 무엇인가를 인식하게 만들었다. 일부 여성학자들은 인간의 타락사건, 곧 뱀의 유혹에 접근한 사건을 가리켜 이브가 판도라의 상자를 연 것으로 간주한다(Plaskow, 1989). 지금까지 하나님 중심의 삶으로부터 인간중심으로 바꾸는 사건이라는 것이다. 그러나 우리는 무엇보다 인간의 이러한 죄에도 불구하고 문화를 이룩하도록 허락하신 하나님의 자비를 깊게 인식하지 않으면 안 된다.

그러나 여성은 귀중한 존재로 존중받지 못했다. 12세기에서 16세기에 걸쳐 무려 100만 명이나 되는 여성들이 마귀사냥이라는 이름 아래 처형되었다. 대부분은 인간관계의 억울한 희생자들이었다. 19세기 미국 여성들이 참정권을 얻기 위해 운동을 벌였을 때 성직자들은 그들을 마귀의 집단으로 불렀다. 성직자들이 여성참정권을 앞서 방해한 것이다. 여성신학자들은 이런저런 사건을 들추어내며 지금까지 남성중심의 신학이 얼마나 잘못되었는가를 고발하고 있다. 스탠튼(Elizabeth Stanton)은 남성중심의 문화를 제거하기 위해 19명의 여성들로 성경개정위원회를 조직하였고 그 결과 1895년과 1898년에 「여성을 위한 성경(The Woman's Bible)」이 출판되었다. 1950년대에 해방신학, 흑인신학 등 눌린 자들의 신학이 나오면서 1960년대에 여성신학이 대두되었고 그 후 그 기운은 전 세계로 확산되었다.

여성신학은 지금까지의 신학이 남성 편향적이어서 여성들의 구체적 삶의 현실과 유리되었다고 보고 여성의 경험을 중심으로 성경을 재해석하고자 한다(Daly, 1985). 한국에 있어서 여성신학은 한국 교회제도의 여성 차별적 구조, 여전도사에 대한 비인간적 대우, 신학대학의 남성위주의 교과과정 등 억압과 차별 그리고 소외의 경험이라는 내적인 요인이 소개된 서구 여성신학과 맞물리면서 형성, 발전되었다.

여성신학의 이러한 흐름에 대해서 보수 성향을 지닌 기독교인들은 다소 문제가 있는 것으로 간주한다. 하나님은 남성인 아버지이지 여성신학자들이 주장하는 바와 같이 하나님 어머니일 수 없으며 교회에서 남녀평등이란 있을 수 없다고 말한다(미켈센 외, 2001). 그들은 여자의 머리에 쓰는 것과 관련해서 남자는 여자의 머리이므로 여자는 남자에게 복종해야 한다(고전 11 : 2-16), 여자들은 교회 내에서 잠잠해야 한다(고전 14 : 34,35), 남편은 아내의 머리이므로 아내들은 남편에게 복종해야 한다(엡 5 : 21,22), 교회의 직분에 있어서 여자의 가르치는 것과 남자를 주관하는 것을 금지하는(딤전 2 : 8-15) 성경의 구절을 들어 여성들의 입을 막으려 한다. 심지어 아담이 이브보다 먼저 창조되었고 죄는 이브로부터 시작되었다고 말한다. 이러한 성경 말씀을 고민하지 않고 재해석조차 없이 받아들인다면 성경은 불평등을 가르치는 것으로 오해하기 쉽다. 그러나 우리가 흔히 성경의 가르침이라고 생각하지만 실제로는 성경의 원리에 어긋나는 경우도 많음을 인식하지 않으면 안 된다. 성경이 특정 상황에 대해 언급한 것을 보편적 교회조직 원리로 받아들일 때 말씀을 잘못 적용하도록 만든다. 그리고 단순한 논의로 논리적 결론에 도달하는 것도 문제이다. 보기를 들어 남자에게서 여자가 나왔으므로 여자가 남자보다 열등하며 아울러 부차적 역할을 수행해야 한다는 생각이 그것이다.

성경을 문화적 배경에서 이해하고 그 정신을 재해석하는 것은 중요하다. 문화적 배경을 고려하지 않으면 예수님은 열두 제자 모두를 남자만으로 두었기 때문에 여성차별주의자라고 말할 것이다. 그러나 이 때문에 예수님을 여성차별주의자라고 말하는 것은 너무나 잘못된 것이다. 그분과 함께 여행한 무리 가운데 많은 여성들이 있었고(눅 8 : 1-3), 여성들이 큰 무리로나 개인적으로 가르침을 받았다(마 15 : 38, 눅 10 : 39, 요 4 : 7-30). 마르다와 마리아는 여러 차례 대화의 상대자로 등장한다. 당시 영적 가르침의 대상으로 여성이 허용되지 않았던 당시 상황에서 예수님의 이 같은 행위는 실로 혁명적인 것이었다. 앞에서 인용한, 그리고 남성들이 즐겨 사용하는 여러 성경 말씀은 바울 서신 가운데 등장한다. 그래서 우리는 바울이 여성 차별자가 아닌가 생각하게 된다. 그러나 이러한 생각도 잘못된 것이다. 그는 '유대인이나 헬라인이나 종이나 자주자나 남자나 여자나 다 그리스도 예수 안에서 하나'임을(갈 3:28) 분명히 하고 있다. 칼빈도 이 구절을 하나님의 형상으로서 남녀의 동등함을 강조한 것으로 해석하였다.

3. 성의 통합적 사회경영을 위한 제안

성의 통합적 사회경영을 위해 우리가 해야 할 일은 무엇보다 성에 대한 이분법적 사고를 버리고, 남녀 모두 생생(生生)의 원리를 추구해 나가는 것이다. 이를 위해 여성인식에 대한 지평을 확대할 필요가 있다. 특히 여성은 열등하다는 인식을 획기적으로 바꿀 필요가 있다. 세계 역사를 바꾼 위대한 여성들이 많다는 것을 아는 것도 여성에 대한 우리의 인식을 전환하는 데 도움이 될 것이다. 세계사를 보면 훌륭한 자취를 남긴 여성들이 많다. 인권운동가, 사상가, 과학자, 교육자, 예술가, 체육인 등 다양한 분야에서 여성들이 활약했다. 그리스 여성 시인 사포, 현대의 성녀 마더 테레사, 인류학자 마가렛 미드, 컴퓨터 언어개척자 그레이스 호퍼, 저널리즘의 퍼스트레이디 도로시 톰슨 모두 여성들이다(Felder, 1998; Rolka, 1994).

마가렛 생어는 1910년대 미국에서 금기 시 되던 산아제한과 피임합법화 투쟁을 벌여 여성의 신체해방을 쟁취했다. 금세기의 가장 자유로운 미국여성으로 불리는 엘리너 루스벨트는 평생토록 여성노동자, 흑인, 극빈자를 위해 헌신했다. 제인 아담스는 미국 사회개혁운동의 대모이다. 그녀가 만든 사회복지 기관 헐 하우스(Hull House)는 복지 사회 업가 훈련장으로도 활용되었다. 1차 대전 참상을 비판했고, 17년 노벨 평화상을 수상했다. 레이첼 카슨은 1962년 DDT가 환경에 미치는 영향을 다룬 '침묵의 봄'을 세상에 내놓았다. 환경운동의 시작을 알리는 명저였다. 정신발작이라고 비난하던 화학업계는 이내 침묵을 지키지 않을 수 없었다. 작지만 의미 있는 행동으로 역사의 물줄기를 바꾼 여성도 있다. 버스좌석에 흑백인 석을 따로 두었던 1955년 미국에서 흑인재봉사 로자 파크스는 좌석을 비워달라는 백인의 요구를 조용히 싫다고 거부했다. 파크스 사건은 결국 흑인인권 운동에 불을 붙이는 단초가 되었고, 마틴 루터 킹 목사 신화를 탄생시켰다.

우리는 현대인으로서 여성에 대해 일방적으로 복종만을 강요하는 비인간적인 행동을 이제 종식해야 한다. 이를 위해서는 여성에 대한 남성의 편견을 무엇보다 제거해야 한다. 남녀 모두 동역자라는 인식을 확산시키는 것도 방법이다. 정절과 부덕을 전형으로 하는 여성상은 조선시대 사대부 집안 여성상일 뿐이다. 선사 고대의 한국 여성은 결혼이나 경제활동 면에서 남성과 동등한 역할을 수행했고 국왕으로 군림하기까지 했다. 고려시대까지도 재산 상속권과 가계, 제사 상속권을 받았다(이용배 외, 1999). 이제 성에 대한 고착된 인식을 풀고 여성을 사회의 당당한 일원, 남성의 주요한 파트너로 받아들일 필요가 있다.

기독교에 따르면 남녀 모두는 하나님의 형상이자 주안에서 동역자이다. 19세기 프랑스 여류화가 로자 보네르는 남장을 즐겨 했는데 그녀는 바지를 입을 수 있는 허가서를 받기 위해 6개월에 한 번씩 경찰서에 가야 했었다. 그에 대한 이야기는 지금 지나간 옛 이야기일 뿐이다. 그런데 교회 안에서는 옛 이야기들이 현실의 문제로 작용하고 있다. 아직도 남성들은 여성을 이해하려 하지 않는다. 여성은 아직도 남성의 그늘에 가리는 것을 문제시하지 않는다. 그리스도인은 무엇보다 남성과 여성은 모두 하나님의 형상으로 창조되었음을 깊게 인식하지 않으면 안 된다. 하나님의 형상은 남자만 가진 것이 결코 아니다. 여성도 함께 가졌으며 함께 에덴의 관리자로 임명되었다. 하나님은 남성과 여성을 동역자로 삼아 하나님의 명령을 지키도록 하셨다. 우리는 하나님께서 이브에게만 책임을 묻지 않으시고 아담에게도 물으셨다는 것을 인정해야 한다. 아담도 죄가 있었기 때문이다. 그런데도 남성들은 이브 때문에 고생한다고 계속 여성만 탓하며 살아왔다. 남성은 이제 솔직해질 때가 왔다. 더 이상 여성을 차별하거나 괴롭혀서는 안 된다. 우리는 교회와 사회 속에서 남성과 여성의 평등하고 자유로운 모습을 회복시키기 원하는 성경의 정신을 회복해야 한다. 예수님은 '새 계명을 너희에게 주노니 서로 사랑하라 내가 너희를 사랑한 것 같이 너희도 서로 사랑하라'(요 13 : 34) 하였고, 바울도 '그리스도를 경외함으로 피차 복종하라'(엡 5 : 21) 하였다. 이 말씀은 유독 남녀문제에서만 권위적 관계와 역할을 고수하려는 남성들에게 양성 모두가 서로 사랑하고 피차 복종하는 것임을 가르쳐주고 있다. 양성은 서로 차별하고 미워해야 할 대상이 아니라 모두 하나님의 형상으로서 서로 도와 하나님 나라를 이룩해야 할 그리스도의 동역자들이다. 다른 동물들도 하지 않는 남녀차별을 인간이 한다는 것은 피조물 가운데 가장 못된 짓을 한다는 것을 우리 스스로 드러내는 수치스러운 행위가 아닐 수 없다.

"여성은 태어나는 것이 아니라 만들어지고 있다." 시몬 드 보봐르는「제2의 성」에서 이렇게 외쳤다. 여성의 평등한 권리가 법적으로 인정되지 않던 때 그는 '여성을 성에 감금하지 말라'고 주장했다(De Beauvoir, 1989). 보봐르의 이 선언은 전후 페미니즘 운동의 새 출발로 기록되었다. 페미니스트 이론가 로지 브라이도티 교수는 남성 대 여성이라는 이분법적 사고에서 벗어나 다양성과 복합성을 고려하는 접근법을 제시했다. 그는 가부장적 사회의 제도와 관념은 해체되어야 하지만 그와 동시에 남성과 여성의 생물학적인 차이에 대한 신중한 고려가 있어야 한다고 주장했다. 여성이 얼마만큼의 자리를 차지하느냐보다 남성중심으로 구성된 사회에 얼마나 여성적인 요소를 포함시키느냐가 더 중요하다는 것이다.

여성부가 신설된 후 남녀차별 개선과 성희롱 방지에 대한 관심이 높아지고 있다. 남녀차별 금지 및 구제에 관한 법률이 시행된 후 사회 전반에 여성들의 진출도 활발해지고 있다. 여성장군이 탄생하고, 사관학교에도 여성이 수석을 차지한다. 대학교의 여 교수 채용확대, 여성 관리직 공무원 임용목표제도 추진하고 있다. 여성부는 모집과 채용과정에서 남녀차별의 기준을 대폭 강화하는 정책을 발표했다. 직원을 채용할 때 여 비서, 남 기사 등 특정성을 지칭해서는 안 된다는 내용이다. 미혼일 것을 조건으로 하는 경우 남성 또는 여성을 특별 우대해도 남녀차별 금지법에 위배된다는 것이다. 채용시험을 별도로 실시하거나 합격기준을 달리해서는 안 되고, 키 170㎝ 이상인 자 등 특정 조건을 제시해도 안 된다. 이처럼 규정을 강화하는 이유는 고용에서의 남녀차별이 해소되지 않고 있기 때문이다.

여성들 자신의 힘을 기르는 것도 중요하다. 여성 직원들의 승진장애는 차별적 조직관행과 가부장적 사회문화 등이 작용하기도 하지만 업무능력 부족과 리더십 부족 등의 이유도 있을 수 있기 때문이다. 따라서 조직관계자는 여성들이 자신의 능력을 발전시키거나 경험을 쌓을 기회를 충분히 제공해주어야 하며, 여성 스스로도 자신의 역할을 단순 보조에 국한시키지 않고 전문 인력으로서 활동할 수 있도록 꾸준히 연구하는 자세가 필요하다(Bernbach, 1998).

남녀 관계에 있어서 생생원리는 통합적 사회관 형성에 있어서 매우 중요하다. 퇴계는 일찍이 생생지리(生生之理)의 철학을 가지고 있었다. 이 철학은 물과 나무, 자연과 인간, 남자와 여자 모두가 살 수 있는 길은 서로 존중하고 배려하는 데 있다는 것이다. 서로 배려하면 재해를 막아줄 수 있지만 어느 한쪽의 욕망이 지나쳐 다른 한쪽을 지배하면 파괴를 가져온다. 인간이 자연에 대해 자신의 욕망을 가하면 환경은 파괴되고 인간과 자연의 공존이 어려워지게 된다. 성차별도 생생 관계가 깨어진 데서 온다.

　퇴계는 생생지리를 사단칠정(四端七情)으로 설명하고 있다. 사단은 참된 인간으로 만들어주는 4가지 감정을 말한다. 착함의 본성이라 할 수 있는 이것은 인의예지(仁義禮智)로 표현된다. 인은 다른 사람을 사랑하는 것이고, 의는 바름을 지향하는 것이며, 예는 양보, 그리고 지는 옳고 그름을 가리는 것을 말한다. 사단을 갖추어야 인간이라 할 수 있다. 사단과 반대되는 것으로 칠정이 있다. 칠정은 자신만을 생각하는 인간의 욕망이 자리 잡아 생기는 것으로 희노애구애오욕(喜怒哀懼愛惡慾)이 있다. 칠정은 인간의 이기심에 의해 나타나는 것으로 결국 인간을 두려움과 위험에 빠뜨린다. 인간이 사단에 의해 통제되지 않으면 이기심, 욕망을 부추겨 이런 감정들이 발생한다. 퇴계는 사단을 실현하는 방법으로 경(敬)의 실천을 강조했다. 경은 유혹을 뿌리치고, 자신을 수양하게 만든다. 자신의 내면을 어떻게 다스릴 것인가 생각하게 함으로써 선한 마음을 회복한다. 그러므로 경은 사단을 이루기 위한 실천적 대안인 셈이다(금장태, 1998; 유명종, 1987).

　퇴계는 사단과 칠정을 대립관계에 놓듯 성(性)과 정(情), 이(理)와 기(氣)를 대립시켰다. 대립이라기보다 인간은 왜 수양을 쌓고 보완되어야 하는가를 가르쳐 준다. 그에 따르면 우리가 도덕적 존재가 되는 데는 긴 고통이 필요하다. 긴 고통은 목표를 향해 스스로를 완성시키는 노력을 말한다. 이 고통의 과정을 통해 우리 사회는 생생의 통합을 이룰 수 있다. 퇴계는 이를 위해 스스로 모범을 보였다. 그는 무엇보다 권위주의적 태도를 버렸다. 도를 실현시키고자 하는 그의 생각과 태도는 일본뿐 아니라 중국에서도 인정을 받았다. 손문, 양계초 등은 퇴계의 성학십도를 만들어 배포하면서 성학십도가 인간과 인간 사이의 도덕관계가 어떠해야 하는가를 잘 보여주는 것으로 설명하였다. 성차별 문제에 있어서도 생생의 통합원리가 적용되어야 함은 물론이다.

　생생의 원리를 실천하기 위해서는 일터에서부터 여성을 중시하고 남녀의 바람직한 관계가 조성되도록 하는 지속적인 노력이 요청된다. 일본의 굿 뱅커는 근로자를 중시하고 여성과 소수집단을 차별하지 않는 기업에 투자할 계획을 세우고 있다. 매년 노동성이 선정하는 '가정을 소중히 여기는 30대 기업'을 참고하고, 노동조합과 협력해 펀드를 만들 생각이다. 기업이 성차별을 극복하기 위해 노력하는 것이 무엇보다 중요하다. 사내 성희롱 방지를 위한 정책을 세우고 이를 감시하고 교육함으로써 사내에서부터 통합이 이뤄질 질 필요가 있다. 포드사는 '성희롱 참기 0(제로)'정책을 추진하고 있다. 우리나라의 경우 여러 기업에서 계열사와 사업장별로 성차별·성희롱 예방교육을 실시하고 있다. 삼성그룹은 자신의 행동이 성희롱에 해당되는지 모르는 경우도 있기 때문에, 실제 사례를 비디오나 사례집으로 보여주면서 교육을 하고 있다. 삼성전자는 여성상담소 기능을 강화하고 있다. 상담은 성희롱·성차별 문제뿐 아니라 여성의 자기 계발을 위한 상담과 사업을 병행하고 있다. SK텔레콤은 바람직한 남녀 간의 직장 예절이라는 교육을 인터넷을 통해 실시중이다. SK텔레콤은 모든 임직원들이 빠짐없이 교육에 참여하도록 의무화하고 있으며, 참여 독려 메일도 지속적으로 보내고 있다. 백화점이나 호텔 등 여성 근무자가 많은 사업장에서는 여성 직원들을 대상으로 정기적으로 성희롱 실태 조사를 실시하거나 성희롱 고충처리위원회를 발족하는 등 전사적으로 성희롱 방지대책 마련에 나서고 있다. 현대백화점은 전국 백화점 영업장별로 인사·노무 담당자와 노조 간부가 참여하는 성희롱 고충처리위원회를 신설하여 활동하고 있다. 대한항공은 성희롱 상담·신고 전담창구를 운영하고 있으며, 신라호텔은 각 사업부별로 여직원을 책임자로 하는 상담창구를 운영하는 동시에 임직원 승진 때 반드시 성희롱 예방교육을 받도록 의무화하고 있다. 신라호텔은 여직원들을 대상으로 연 2~3회 설문조사를 실시, 발생 가능한 성희롱 문제를 조기에 차단하는 성희롱 조기경보 시스템도 운영하고 있다(조형래, 2002). 기업 자체의 이러한 노력은 물론 시민단체의 협력도 매우 중요하다. 한국여성민우회는 성희롱 예방교육 담당자를 위한 특강을 마련하고 기업체의 인사담당자들을 초청했다. 이 단체는 성희롱 예방교육의 활성화는 물론 사회에서의 여성회복을 위해 지속적인 활동을 펴나가고 있다.

144

4. 총체적 노력을 기대하며

성차별은 친사회적 행동(prosocial behavior)이 아니라 반사회적 행동이다. 성차별은 성희롱에서 성폭력, 성매매에 이르기까지 다양한 형태로 발전하고 있으며, 그 정도도 날로 심각해지고 있다. 역사적으로 볼 때 사회를 주도해온 남성은 여성에 대해 차별적 행동을 고착시켜 왔고, 종교는 차별적 이데올로기를 구축하는 문화적 도구로 사용되기도 했다.

이제 인류는 반사회적 행동을 중단시키고 양성이 존중받는 사회를 만들 사회적 책임을 가지고 있다. 이를 위해 우리는 성에 대한 이분법적 사고를 넘어서 남녀 모두 생생의 원리를 실현시킬 필요가 있다.

여성에 대한 차별이 보다 축소되기 위해서는 여성의 사회진출을 막기보다 오히려 적극적으로 장려하여 여성이 사회에서 각자의 전문성을 가지고 비중 있게 활동할 필요가 있다. 여성의 사회활동을 제한했던 조선시대에도 전문직 진출의 문이 닫혀 있지는 않았다. 조선시대 여성의 대표적 전문직으로 궁녀와 기녀, 그리고 의녀(醫女)가 있다. 이들은 대부분 천민이나 생계가 어려운 양인출신이다. 특히 의녀의 경우 관청에 소속된 10-15살 나이 어린 여자 노비 중에서 수십 명을 선발하여 맥짚는 법과 침놓는 법을 가르쳐 충원했다. 의녀제도는 남녀접촉을 피하려는 유교윤리의 결과이기는 했지만 전문화를 통한 여성의 사회화를 훌륭하게 수행했다는 점에서 높이 평가된다. 성의 사회 통합 노력은 남자가 여성을 배려해 주어야 할 부분도 있지만 여성 스스로 힘을 키워 자신을 지켜야 할 부분도 있다.

우리 사회에 뿌리 깊은 남녀차별은 성의 평등화(gender equality) 차원에서 시정되어야 할 과제이다. 그러나 남녀의 이유 있는 특성에 대한 신중한 고려 없이 기준만 강화하다 보면 여기저기서 부작용이 생길 수 있다. 브라이도티의 말대로 생물학적 결정론까지 부정해서는 안 될 것이다. 동양에는 음과 양, 정과 동의 사상이 있다. 이것은 이분법적 사고를 낳기도 하지만 음과 양, 정과 동, 모두의 차이를 인정하면서 서로 조화를 이루는 삶의 아름다움을 포함하기도 한다. 남녀의 관계도 이런 조화 속에서 생생의 원리를 구현시킬 필요가 있다. 생생의 원리는 남녀 양성 모두 사회관계에서의 인간성을 구현시키는 데 초점을 맞춰야 한다. 이를 위해 자기 성에 대한 이기적 주장보다 수양과 겸손을 바탕으로 인간에 주목할 필요가 있다. 일본의 한 화장실 입구에 남자용에 '선남', 여자용에 '선여'라고 표시했다. 미국의 한 화장실에는 남자용에 '왕', 여자용에 '여왕'이라고 표시했다. 남녀가 사회의 파트너가 되기 위해서는 서로를 위하는 마음가짐이 필요하다.

사회기강의 확립은 통합적 사회를 이루는 데 매우 중요하다. 조선 전기에는 여성이 동의하지 않는 대부분의 성행위를 강간으로 간주하여 최소 교수형에 처하기까지 했을 만큼 우리 사회의 기강이 엄했었다(장병인, 1997). 그러나 지금 우리 사회에서는 강간범죄의 구성요건을 까다롭게 설정하여 범죄 입증 책임을 거의 피해자에게 돌림으로써 피해자의 인권이 침해되고 강간범마저 처벌하지 못하는 일이 벌어지고 있다. 국가는 사회기강을 확립함에 있어서 법이 남성편향이기보다 합리적이어야 하며, 피해자의 인권을 존중하도록 집행되어야 한다.

사회통합은 단시간에 이뤄지는 작업이 아니다. 긴 시간과 여러 노력이 필요하다. 우리가 사회에 대한 희망을 저버리지 않고 조그마한 일이라도 중단 없이 지속하고, 총체적인 노력을 아끼지 않을 때 우리 사회

145

는 결국 반사회적 행동이 난무하는 차별적인 사회에서 친사회적 행동이 선호되는, 보다 통합적인 사회로 나가게 될 것이다.

제 6 장

인간의 자유와 과학,
그리고 생명의 윤리 경영

 인간은 역사적으로 자유와 민주주의를 추구해 왔고, 그것을 바탕으로 과학을 키워왔다. 과학이 인간의 창의성을 발휘하게 하고 인간에게 많은 유익을 가져다주었다. 그러나 과학과 산업의 발전은 환경문제뿐 아니라 생명에 대한 위협요소를 안고 있어 오히려 인간의 존엄성마저 훼손시키는 역효과를 낳고 있다. 이 글은 이러한 차원에서 인간의 자유와 과학의 관계를 살펴보고, 유전자 연구 및 복제인간 등 생명공학 기술이 인간의 자아 정체성 유지에 얼마나 문제가 되는가를 살펴보고자 한다.

 복제인간의 탄생 여부는 아직까지 확인되지 않고 있다. 하지만 복제인간의 탄생 기사에 참여연대는 돌이킬 수 없는 인류사회의 도덕적 상처라는 논평을 내고, 윤리적 금기의 벽이 무너졌으며 인류사회의 도덕적 상처가 돌이킬 수 없는 수준이 된 것이라며 가능한 것이면 뭐든지 해 본다는 맹신적인 과학기술의 오만 앞에 인간 존엄성은 한낱 휴지조각이 됐다고 밝혔다. 참여연대는 정부가 인간복제 금지를 위한 생명윤리 법안의 제정을 서둘러야 한다고 주장했다. 환경운동연합은 아직까지 국내에는 배아복제 연구를 어디까지 허용할지에 대한 사회적 합의가 이루어지지 않은 것이 현실이라며 정부에서 종교·과학계 등의 의견을 듣고 생명과학 연구에 대한 엄격한 기준을 마련할 것을 제안했다. 일부 시민들은 복제인간이 폭탄테러범 등 인간 병기로 악용될 가능성을 제기하고, 돈 많은 사람들이 복제기술을 이용해 생명을 연장하려 할 경우 인간 수명에 나타날 부익부 빈익빈 현상을 염려하며, 유전적으로 동일한 또 다른 나가 생길 경우 나라는 존재는 어떻게 정의될 수 있는가 하는 정체성 혼란 문제도 제기한다(안석배와 윤슬기, 2002). 시민단체의 성명과 시민들의 발언은 과학기술과 인간의 존엄성의 관계가 심각한 단계에 와있음을 단적으로 보여준다.

프랜시스 후쿠야마는 무엇보다 생명공학이 상업적으로 악용되면 인간의 본성을 파괴하고, 그에 기초한 인간사회를 무너뜨릴 것이라 예견함으로써 문제의 심각성을 드러냈다. 이것은 자아에 대한 깊은 성찰과 함께 앞으로 경영자가 인간의 본성을 파괴할지 모르는 생명공학과 그 산물에 대해 어떤 자세를 가져야 하는가를 보여준다. 유전자공학기술은 이제 시작일 뿐이다. 앞으로 최첨단 생명과학기술이 발전하면서 인간은 자신의 존재 문제를 더욱 심각하게 물어야 할 것이다. 인간은 그만큼 과학기술의 도전에 직면해 있다.

1. 이성의 자유와 구속당하는 인간 이성

그동안 인간은 과학을 통해 창의의 자유를 무한히 구가해 왔다. 하지만 그 자유는 인간을 스스로 구속하고 있다는 점에서 역설이다. 이성의 자유가 인간을 스스로 구속하는 우를 범하고 있는 것이다. 자유와 구속은 엄연히 대립되고, 인간은 구속에 끊임없이 저항한다. 그럼에도 불구하고 인간이 추구하는 그 자유, 그 자유의 결과가 인간을 억압하고

구속한다면 다시 생각해 봐야 할 것이다. 과학을 통해 자유를 추구하는 인간의 모습과 자유를 통해 구속을 창조하는 우리의 모순 된 삶을 통해 우리가 회복해야 할 자아의 자리는 어디인지 묻지 않을 수 없다.

필립 맥그로는 "스스로 원하는 삶을 살아라. 그러나 지금의 모습을 있게 한 삶을 돌아보는 시간을 가지라. 그 과정에서 잘못된 것을 바로 잡거나 새로운 목표를 세움으로써 진정 자신이 원하는 삶 쪽으로 기수를 돌리라. 그러려면 먼저 자아가 던지는 목소리에 귀를 기울여야 한다."고 말한다(맥그로, 2002). 인간은 지금까지 과학을 발전시켜 스스로 원하는 삶을 추구하고자 했다. 과학은 우리에게 인간의 무한한 가능성을 보여주고 삶에 편리함을 가져다주었다. 그러나 지금 우리가 과학으로부터 얻고 있는 유익에만 흡족해 있을 상태가 아니라는 것이 문제다. 이제 맥그로의 권고처럼 우리가 처한 상황과 인간의 모습에 대해 심각하게 질문을 던질 필요가 있다. 그의 말이 아니더라도 우리는 이미 잃어버린 자아를 찾아야 하고, 그 자아 찾기를 통해 우리가 추구해야 할 변화에로의 길을 새롭게 발견해 나갈 필요가 있다.

2. 위험상황의 인간과 변화를 거부하는 문제의 인간

나다니엘 호손이 쓴 짧은 소설 「데이비드 스완」에서 주인공은 길을 걷다 지쳐 나무 그늘에서 낮잠을 잔다. 그 사이 잠든 그를 보고 아들이 없던 노부부가 양자를 삼으려다 그냥 사라진다. 이어 미녀가 그와 사랑에 빠질 뻔하기도 하고, 강도가 죽이려다 포기하기도 한다. 그가 그동안 한 번이라도 눈을 떴다면 모든 것이 달라졌을는지 모른다. 하지만 그는 아무것도 모른 채 잠에서 깨어나 그저 떠나갈 뿐이었다. 우리가 눈을 감고 있는 사이에 많은 것이 변하고 있다. 그럼에도 불구하고 우리는 그것을 인식하지 못하고 있다. 그것이 바로 호손이 본 인간이다. 그는 주인공이 "한번이라도 눈을 떴다면 모든 것이 달라졌을 것이다"라는 말을 통해 아직도 우리의 현실인식이 잠자고 있는 상태임을 말해주고 있다. 과학과 인간의 관계를 생각해볼 때 우리는 지금 과학의 편리함에 취해 깊은 잠을 자고 있다. 그 위험을 간과하고 있다. 문제는 우리가 모른 체한다고 해서 그 위험이 사라지지 않는다는 것이다.

니체가 본 인간도 위험환경 속의 밧줄 같은 인생이다. 니체는 한때 나치즘의 화신으로, 전후에는 생철학과 실존철학의 원류로, 그리고 1980년대부터는 포스트모더니즘의 사상적 원조로 인정받아 왔다. 그는 비합리주의자이자 허무주의자이다. 그의 이러한 사상은 기본적으로 서구근대주의에 대한 철저한 비판의식에서 나온 것이다. 니체는 짜라투스트라의 입을 통해 인간을 다음과 같이 정의한다. "인간은 짐승과 초인 사이에 놓인 밧줄이다. 심연 위에 놓인 밧줄이다. 저쪽으로 건너가는 것도 위험하고, 건너가는 과정도 위험하고, 뒤를 돌아보는 것도 위험하고, 무서워서 멈춰서는 것도 위험하다"(Nietzsche, 1966). 짐승과 초인 사이에 놓인 이 밧줄과 같은 존재, 전후좌우를 살펴도 위험만이 도사린 환경 속에 처해 있는 인간, 그것이 바로 그가 본 인간이다. 위험 환경 속에서 벗어나기 위해서 우리에 필요한 것은 초인과 같은 도전이다.

문제는 이런 위험 상황에 있음에도 불구하고 상황을 인식하지 못하고 변화와 도전을 거부한다는 점이다. 샐린저가 쓴 소설에 「호밀밭의 파수꾼」이라는 문제작이 있다. 17세의 주인공 홀덴은 어른이 되는 것을 완강하게 거부한다. 아무도 나를 모르고 나도 아무도 모르는 그런 머나먼 곳에 가서 보지도 듣지도 말하지도 말며 키가 크지도 철이 들지도 않는 '정지인간'을 지향한다. 이처럼 성인이 되기를 거부하고 유예하는 사람을 가리켜 '모라토리움 인간(homo moratorium)'이라 한다. 매사에 당사자이길 피하고 가상적인 존재로 살아간다. 사건은 남의 일이고, 진짜 자신은 선반 위에 올려 져 있다. 과학의 메스에 생명이 찔리는 데도 그것은 나의 일이 아니다. 그것은 병원에서 일어나는 일이다. 나는 집에 살고 있지 병원에 살고 있지 않다. 나는 일관된 주의 주장도 없고 국가 사회에의 귀속의식도 없다. 나는 도덕적 테두리 밖의 온실에서 양육된 존재일 뿐이다. 이것이 바로 모라토리움 인간으로 살아가는 현대인들에게 공통된 심리적 병폐인 것이다. 우리가 직면한 상황은 더 이상 이 같은 정지를 허락하지 않는다. 처한 상황을 바르게 이해하고 고쳐나갈 필요가 있다.

3. 자유와 진화

데카르트를 비롯한 계몽주의 철학자들은 수학과 기하학에 근거한 과학적 방법론만이 유일하게 확실한 지식을 보장해준다고 주장하면서 역사는 학문의 진지한 대상이 될 수 없다고 주장했다. 인간 이성과 과학에 대한 깊은 신뢰를 보여준다. 하지만 비코(G. Vico)는 역사의 중요성을 강조하면서 새로운 과학과 함께 등장하는 모던사회를 비판적으로 보았다. 비코에 따르면 과학은 신이 만든 자연을 완전하게 이해할 수 없지만 역사는 인간들에 의해서 직접 만들어진 것이므로 더 완전하게 파악할 수 있다. 자연과 같은 외부의 사물들을 관찰해서 얻는 과학적 지식보다 인간이 참여해서 만든 역사에 대한 지식이 우리가 이해하기에 보다 완전하다는 것이다.

비코에 따르면 자연 그 자체에 대한 궁극적인 진리는 오직 하나님만이 소유할 수 있으며 자연과학은 진리의 한 부분을 엿볼 따름이다. 그래서 수학과 기하학과는 차원이 다른 시와 상징의 세계가 흥미로워지며, 신화와 역사의 지평이 우리를 유혹한다. 인간의 정신에 대한 이해는 오직 인류의 역사를 통해서만 가능할 뿐 아니라 인류의 역사적 발달과 인간정신의 형성과정은 서로 유사하다. 그는 인류의 역사를 신들의 시대, 영웅적 시대, 인간들의 시대로 구분했다. 그는 이 세 단계를 제각기 상형문자, 시와 은유, 산문 등의 세 가지 언어유형과 대응시켰다. 그리고 자신의 순환적 역사관을 개별민족의 법이나 언어에서 나타나는 원형적 역사유형론과 결합하였다(Lilla, 1994). 이 속에는 오늘날 우리가 애써 강조하는 과학과 기술이 돋보이지 않는다. 그것만이 모두가 아니기 때문이다.

그렇다면 인간의 역사는 어떤 방향으로 나가고 있는가? 역사철학은 이 질문에 대해 상당한 관심을 가지고 있다. 이 부분에 있어서 포퍼(K. Popper)와 카(E. Carr)는 상반된 견해를 제시하였다. 그럼에도 불구하고 두 사람 모두 현재의 억압적 구조에 대한 일정한 저항적 시각을 갖게 해주었다.

카는 「역사란 무엇인가?」에서 역사는 진보하고 있다고 주장했다. 그에게 있어서 진보를 믿는다는 것은 결코 어떤 자동적이고 필연적인 과정을 믿는 것이 아니라 인간 잠재력의 계속적인 발전을 믿는다는 것을 뜻한다. 과거 역사에 대한 믿음은 우리들이 맞게 될 미래에 대한 낙관적 전망과 연관되어 있다(카, 1997). 1960년 영국 BBC에서 행한 강연을 엮은 이 책은 전체주의적 억압 아래 있는 많은 지식인들의 언덕이 되었다. 그는 1982년 타계하기 전 새 판을 위해 서문을 써놓았다. 그는 첫판 출간 이후 20여 년 동안 냉전의 심화와 경제위기의 확산, 폭력과 테러리즘의 대두, 제3세계의 불안정 등 인류의 미래를 위협하는 요인들이 증가했지만 인류역사의 진보에 대한 그의 신념과 낙관을 결코 포기하지 않았다. 그의 이러한 낙관은 인간이 기댈 수 있는 언덕이 바로 역사적인 진보, 특히 인간의 희망과 잠재능력에 바탕을 두고 있다. 인간에 대한 긍정적 기대가 담겨 있는 이러한 역사관 때문에 그의 주장은 많은 지식인들로부터 공감을 얻었다.

4. 자유의 문제와 인간의 자아실현

서구 계몽 사상가들은 근세 이래 세계사가 인간의 자기해방을 향해 전진하는 것이라고 생각했다. 그러나 20세기에 들어와 이 기대가 빗나 갔다. 자유가 개인의 독립을 갖다 준다고 하지만 그것은 동시에 불안감 과 무력감을 수반하기 때문에 사람들은 마음의 안정을 위해서 차라리 강력한 지배자로의 굴복을 선택하는 일이 일어났다. 1920-30년대 중부 와 남부유럽을 휩쓴 나치즘과 파시즘이라는 전체주의 통치의 등장이 바로 그것이었다.

제1차 세계대전 후 수립된 바이마르 공화국은 다원주의적 정치과정 을 도입함으로써 좌우 정당 간 치열한 경쟁과 격렬한 대립으로 소요가 끊이지 않았다. 당시 국민들은 그들이 새롭게 얻은 시민적 권리와 자유 를 향유하기보다는 안정을 약속하는 카리스마적 지도자에 대한 귀의를 택했으며 그 결과 그들의 독립과 자결권을 포기했다. 이 현상을 본 프 롬은「자유로부터의 도피」에서 자유와 함께 살 수 없는 자는 전체주의 로 도피한다고 주장했다. 현대문명을 사회경제적 그리고 심리학적 관점 에서 총체적으로 통찰하고 분석한 그는 사회과정에서 심리적 요소가 적극적으로 작용한다고 보았다. 그는 사적 유물론의 경제결정주의의 한 계를 지적하였다. 그는 마르크스의 영향을 받았으며 자본주의의 물신숭 배주의의 모순을 깊이 깨닫고 있었다. 그러나 그는 일부 마르크스주의 자들이 예측했던 것처럼 자본주의에서 사회주의로의 이행이 기계적으 로 일어날 것으로 보지 않았다. 프롬은 경제라는 토대가 아니라 의식이 라는 상부구조에 역사를 움직이는 본질적인 힘이 있다고 보았다.

독일에서는 권위주의적 사회성격이 민주주의의 발달을 저지한 결정 적 요인이 되었다. 바이마르 공화국의 민주정치에서 독일의 노동자계급 은 사회주의의 실현에 큰 희망을 걸었다. 하지만 그들의 혁명지도자들

153

이 거듭 암살되는 등 일련의 패배를 맛보았다. 그들의 세 확장을 두려워한 다수의 국민들은 혼란만 조장하는 다원주의적 정치과정을 버리고 일당독재의 출현을 갈구했다. 결국 바이마르의 자유주의는 사회주의로가 아니라 전체주의로 이행하게 되었다. 사회적 불안에서 오는 고립감과 무력감이 강력한 정권으로 하여금 다수 국민의 충성심을 사로잡게 한 것이다.

독일보다 산업화에서 훨씬 앞서 있는 자본주의 사회의 경우 개인은 중세와는 달리 고정된 사회적 위치에 머물러 있지 않고 독립적이고 자기 의존적이며 비판적이어야 했다. 그럼에도 불구하고 사람들은 거대한 경제적 기계장치의 한낱 톱니바퀴의 기계가 되어버렸다. 자본주의라는 상품사회에서 사람들의 삶은 이윤추구라는 목적에 예속되어버린 것이다. 이 사회에서 개인들은 자유로부터의 도피현상이 편만해 있었다.

이러한 현상을 주시한 프롬은 인간의 자아를 재발견하라고 말한다. 상품을 판다는 추상적 목적에서 우리가 생산하는 것이 아니라 우리의 일상적 활동이 자본축적과 이윤추구에 얽매이지 않는 창조적 활동이 되어야 한다. 우리의 노동이 자연을 변형하고 관리하여 부를 쌓아 올리는 것보다는 자연을 통한 자아실현이 되어야 한다는 것이다. 나아가 그는 우리의 일상적 활동이 자발적이어야 한다고 말한다. 고독감과 무력감에 빠진 채 독립과 자유를 포기하는 것이 아니라 개인이 스스로 무엇을 해내는 활동을 해야 한다. 프롬은 여기서 자아실현으로서의 적극적 자유의 의미를 밝힌다. 모든 자발적 행동에서 개인은 세계를 자신 안으로 포용하게 되고, 그의 자아는 보존되고 더욱 확고해지며, 개인은 더 이상 고립된 원자가 아니라 그와 세계는 하나의 전체를 이룬다.

그는 물질적 풍요가 인간을 자유하게 한다는 계몽사상을 단적으로 거부했다. 좌절된 인간해방의 역사가 다시 앞으로 나아가야 한다. 프롬은 그 추진력을 개인의 마음가짐에서 찾았다. 인간이은 비록 환경의 영향을 받는다고 하더라도 뜻만 가지면 이것을 마음대로 바꿔놓을 수 있다고 믿었다.

1984년 사망한 프랑스 철학자 푸코(M. Faucult)가 죽기 직전까지 탐구했던 연구주제는 주체의 회복이었다. 그는 거대이론의 해체, 주체의 죽음 등으로 특징지어지는 포스트모더니즘의 핵심이론가였기 때문에 이 주제는 많은 사람들에게 의외로 인식되었다. 그는 「자기의 테크놀로지」를 통해 자기 자신, 나아가 인간을 어떻게 주체로서 정립할 수 있는가를 탐구했다. 푸코 사후 출간된 이 책은 그의 후기이론이 자아의 해체를 강조한 전기이론과는 달리 주체의 회복임을 입증하고 있다.

그의 전기이론에 따르면 일상 곳곳에 무의식적으로 스며든 권력과 지배로 인해 개인의 주체성은 무시되며 인간은 철저히 수동적이고 무기력한 존재로 전락한다. 사회제도와 그 작용에 아무런 영향을 행사하지 못하는 개인은 결과적으로 진보적인 사회발전 능력을 박탈당하고 만다. 그러나 그는 1980년대에 들어 이러한 초기사상을 보완하는 작업에 들어갔다. 그는 적극적으로 사회에 대처하는 개인, 자유의 실천자로서 개인의 윤리학 정립을 통해 개인이 일상생활에서 자립과 독립을 발휘할 수 있는 공간을 탐색했다. 그렇다고 푸코의 자아개념이 개인의 자유가 극대화된 18세기 계몽주의 시대의 주체개념으로 돌아간 것은 아니다. 권력과 지배에 관한 초기 연구를 부분적으로 변형 또는 보완했다고 말할 수 있다.

학자들이 인간의 주체성 회복을 소원하지만 실제로는 그것은 희망사항으로 그치기 쉽다. 알렉산드로 솔제니친이 러시아 시사주간지 아르구멘티 이팍티에 '20세기 말 위선'이라는 글을 발표했다. 그는 이 글에서 현대사회가 강자의 논리에 의해 지배되고 있다는 이론을 펴면서 독자적인 문명론을 제시하였다. 그는 유고슬라비아의 내전에 언급하면서 이에 대한 근본적인 책임은 민족적 의사를 무시한 채 국토를 분할하여 민족을 이주시킨 티토 전 대통령에 있지만 터무니없는 경계선을 인정하고 각국의 독립을 인정한 서방 지도자들에게도 책임이 있다고 보았다. 그는 현재 추진되고 있는 세계의 안전보장은 허상일 뿐이라며 이렇게 말한다. "인간성의 본질상 절대적인 세계의 안전보장이란 성립될 수 없다. 단지 인간의 악의 측면을 효과적으로 억제하고, 도덕적인 자각을 위해 노력한다면 실낱같은 희망이 있을 뿐이다. 차라리 세계 안전보장은 외치지 않는 편이 낫다." 솔제니친은 강자의 구호 속에 담겨 있는 그들의 위선을 들여다본 것이다. 지금 이 시대에 과학은 인간에게 안전을 보장하겠다고 말한다. 그러나 그 보장선언이 절대적인 보장이 되지 않는다는 것을 우리는 안다. 솔제니친의 말처럼 차라리 그런 구호를 외치지 않는 편이 나을지 모른다.

지금 우리는 21세기에 들어섰다. 21세기는 세 번째 맞는 밀레니엄이라는 점에서 의미가 깊다. 그러나 지금 우리가 보고 있는 미래는 희망과 절망이 교차하고 있다. 신자유주의는 자본주의의 승리를 외치며 사람들을 무한경쟁의 마당으로 끌고 들어가고 있다. 과학과 기술은 그 견인차가 되고 있다. 그러나 우리가 승리에 도취하기도 전에 인간성을 잃어버릴지 모르는 두려움을 안겨 준다. 21세기에도 인류가 진보와 희망을 말하고자 한다면 역사로 돌아가 겸허하게 자기발견을 하고 인간으로서의 주체를 회복할 필요가 있다.

5. 유전자에 대한 인간의 관심 증가

과거 나치는 전제적 통치와 과학기술의 우세 속에서 전쟁을 무기 삼아 인간의 자아를 여지없이 파괴시켜 나갔다. 지금은 과거와 같은 전쟁 형태는 아니지만 과학기술의 선진 경쟁을 통해 인간의 자아가 소리 없이 무너져 내리고 있다. 과거는 그 처참함이 보이지만 현재는 아무도 그 처참함을 의식하지 못하고 있다. 오히려 과학이 인간을 보호해 줄 것이라는 막연한 기대마저 갖고 있다.

　현대과학은 유전자(DNA) 연구를 활발히 진행함으로써 인간의 자아에 대해 깊이 생각하도록 만들고 있다. 유전자는 생명과학의 뿌리라 할 수 있고, 그것이 인간의 생명을 건 문제이자 인간의 존재성 물음에 어떤 가치를 부여할 수 있다는 점에서 중요한 문제가 아닐 수 없다. 특히 유전자에 대한 상업적 활용가치가 높아지면서 이에 대한 연구에 더욱 박차를 가하고 있다는 점이 우리의 논쟁을 더욱 뜨겁게 달굴 수 있다.

　유전자에 대한 학문적 관심이 높아진 것은 1975년 하버드대학 에드워드 윌슨이 쓴 「사회생물학」의 출간이었다. 이 책은 출간과 동시에 반향과 비난을 불러일으켰다. 인간과 동물을 나란히 놓고 생물학 및 진화적 관점으로 해석해 낸 독창적 시각에 놀라워하면서도 만물의 영장인 인간을 어떻게 감히 동물과 같이 취급하느냐는 지적이 제기되었기 때문이다. 그러나 윌슨은 새로운 세계의 개척자로 평가받게 되었고, 사회생물학은 하나의 새로운 학문분야로 독립되었다.

　「사회생물학」이 출간되기 4년 전인 71년 그는 「곤충의 사회들」을 펴내 인간행동을 살피기에 앞서 동물의 사회성과 행동을 고찰했으며 3년 후인 78년 3부작 중 마지막인 「인간 본성에 대하여」를 출간하여 학문적 성과를 완결 지었다. 「인간 본성에 대하여」는 사랑·증오·기쁨·분노·희망·절망과 좌절 등 인간의 온갖 감정, 도덕과 이성, 법체계에 따른 사회적 행동, 성적 특성의 바탕에는 인간의 유전자가 자리 잡고 있으며 유전자가 인간의 본성과 행동을 결정짓는 데 얼마나 관여하는지를 고찰하고 있다. 영국의 소설가 버틀러가 '닭은 달걀이 더 많은 달걀을 생산하기 위해 잠시 만들어낸 매개체에 불과하다'고 말한 것처럼 그는 인간 역시 유전자를 담고 있는 그릇에 지나지 않는다고 주장한다. 사랑·윤리·자기희생·종교 등 인간만이 갖고 있을 법한 특성들조차 번식을 돕는 성향을 조절하는 유전자처럼 번식을 도와 복제된 유전자와 마찬가지로 후세에 남겨져 세대를 거듭할수록 더 많이 발현된다고 지적한다.

그는 생물학적 존재인 인간이 자손을 잇는 생물학적 본성을 목표로 하고 사는 동안 윤리적 문제에 대해 끊임없는 선택을 함으로써 본성과 갈등하는 측면이 있음을 살피며 얼마나 많은 인간의 사회적 행동이 유전적으로 얼마나 결정되는가에 대해 논의한다. 또 인간행동을 규정하는 유전자의 형질을 검토하고 유전자가 문화적 진화에 끼치는 영향, 남성과 여성의 성적 차이와 역할이 생물학적 문화적으로 어떠한 특성과 연관성을 가지고 진화해 왔는지 분석한다. 예를 들어 왼손잡이는 유전자의 형질에 따라 원래 결정된 것이나 문화적 요인에 의해 고쳐질 수 있으며 좋은 배우자를 만나고 출세하기 위한 노력 등이 모두 더 나은 유전자를 만들기 위한 몸짓이라는 것이다. 인간을 유전자라는 새로운 시각으로 다루면서 그는 결국 인간과 호랑이는 이름도 가죽도 아닌 유전자를 남길 뿐이라는 허망한 결론에 도달하게 된다.

유전자에 대한 관심은 더 깊어져, 현재 21세기에 가장 유망한 업종으로 생명공학 분야가 꼽히고 있다. 21세기는 지노믹스(genomics)와 바이오텍(BT)의 시대가 될 것으로 예측되고 있다. 정보산업도 중요하지만 21세기 중반부터는 생명공학의 독주가 예상될 정도이다.

유전자란 무엇인가? 모든 사람은 유전자에서 거의 동일하다. 그러나 유전체는 30억 개의 염기로 구성되어 있기 때문에 99.0이 같다고 해도 0.1의 차이가 바로 300만 개의 차이를 만든다. 그중에서 0.0005에서 0.10에 해당하는 10만 개의 염기 차이가 나와 남과의 차이를 만들어낸다. 혈압을 조절하는 데도 300개 이상의 유전자가 필요하다. 세포는 사회와 같다. 유전자들의 복잡한 상호 작용으로 생명이 유지되며 어떤 유전자든지 독립적으로 작용할 수 없다. 1980년대 유전공학기술은 1% 미만의 인간유전자를 규명하면서 암젠 등의 회사를 수십억달러대의 회사로 만들었다. 그러나 만일 유전자를 100% 다 알고 나면 신약개발에 어떤 일이 벌어질지는 쉽게 예측할 수 없다.

문제는 유전자 조작의 가능성이 더욱 높아졌다는 사실이다. 스티븐

호킹은 유전적으로 변형된 진보된 새 인간들이 다음 세기에 탄생할 것이라고 예언했다. 유전자 조작을 통한 새로운 인간이 나타나게 될 것이라는 것이다. 그는 조심스럽게 유전공학을 인체에 응용하는 것을 옹호하려는 뜻이 아니라는 단서를 달았다. 유전자 조작을 법적으로 금지한다 해도 규제할 방법은 마땅치 않을 것이며 따라서 새로운 유형의 인간 군 도래는 피할 수 없다는 것이 그의 주장이다. 경제적 이유로 허용된 동식물에 대한 유전자 조작이 인간에게도 확대될 것이며 전체주의 사회가 아니라면 몇몇 과학자들에 의해 인간을 개조-개선하는 연구가 진행될 것이며 유전자 조작으로 몇 세기 뒤의 인간은 지금과 다른 외모를 갖게 될 것으로 보았다. 이것은 인간의 존재 형성에 상당한 변화를 가져다줄 것으로 보인다.

159

6. 게놈 프로젝트 바로 보기

인간생명의 신비가 담긴 방대한 유전정보를 파헤치는 인간게놈프로젝트(HGP: Human Genome Project)가 주목을 받았다. HGP는 미국 등 6개국이 합동한 연구팀이다. 게놈(genome)은 생물의 모든 유전형질정보가 담겨있는 생체물질을 말하며, 유전자(gene)와 염색체(chromosome)를 합성한 말이다. 게놈 프로젝트는 생물의 모든 유전자 정보를 밝히는 야심 찬 계획이다. 미국, 일본, 프랑스 등 생물 관련 연구기관들은 인간게놈을 비롯해 생물의 유전정보를 해독하기 위한 연구 프로젝트를 수행하고 있다.

인간의 세포핵 속에는 1쌍의 성염색체(여성은 XX, 남성은 XY)를 포함한 23쌍의 염색체가 있다. 염색체는 유전정보의 저장고로 기다란 DNA분자가 이중 나선을 이루고 있다. 인간게놈프로젝트는 바로 이

DNA의 염기서열을 밝히는 것으로 이미 97% 이상을 알게 되었다. 그러나 이 중 유전자의 역할을 하는 것은 10% 미만이며 염색체 상에서 유전자들을 밝히는 것은 아직 많은 시간이 요구된다.

160

인간게놈프로젝트의 창시자 찰스 캔터(C. Kanter)는 컬럼비아대학과 버클리대학에서 활약해 온 분자생물학자이다. 1980년대 초반 전자파를 이용해 세포에 들어있는 유전자 정보를 분리해내는 방법을 개발하여 미국 정부가 야심적인 HGP에 착수하는 계기를 마련했다. 비영리기관인 게놈 연구소(TIGR)를 설립하고 그 소장을 맡고 있는 크레이그 벤터(Craig Ventor)에 따르면 인간의 유전자 정보는 거의 밝혀져 데이터베이스화 되어있다. 벤터는 1991년에 유전자 정보를 푸는 새로운 기법, '발현된 서열 단편(EST: Expressed Sequence Tags)'을 발견해냈다. 이 것은 단시간 내에 수백 개의 유전자를 발견해 낼 수 있는 획기적인 것이었다. 게놈 배열 연구가 1단계라면 게놈 기능에 관한 연구는 2단계에 해당된다. 2단계 연구가 마무리 되면 인간의 생명에 관한 베일은 모두 벗겨지게 된다. 따라서 앞으로 수년간이 과학에서는 매우 흥미 있는 시기가 될 것으로 예상된다. 이것은 게놈에 대한 과학자들의 관심이 얼마나 큰가를 보여준다.

인간의 유전자에는 인체에 관한 모든 역사가 축적되어 있다. 유전자 검사를 해보면 유전자에 어떤 변이가 생겼는지 예측이 가능하다. 이 때문에 유전자 정보를 남용해서는 안 된다는 신중론도 제기되고 있다. 특히 유전자를 가지고 얻은 인간의 약점을 이용해서는 안 된다는 것이다.

인간의 유전자 정보는 컴퓨터와 비슷한 계산구조를 가지고 있다. 아데닌(A), 구아닌(G), 시토신(C), 티민(T)이라는 4개의 염기로 이뤄진 수천 쌍의 염기서열(유전자)을 분석하면 생로병사의 비밀을 알아낼 수 있다. 인간게놈은 10만 개 정도의 유전자를 포함하고 있다. 게놈이 두 개 결합된 DNA는 A, G, C, T의 네 가지 염기가 무려 30억 쌍, 곧 60억 개씩 배열된 상태로 저장되어 있다. 이 중 두 사람끼리 염기서열이 다른 숫자는 불과 5백만 개로 전체의 0.08%밖에 안 된다.

게놈 지도가 완성됨으로써 앞으로 의학역사도 바뀔 것으로 보인다. 지금까지는 수백만 명에 똑같은 약을 처방했지만 앞으로는 개개인 고유한 유전정보에 따라 자기 몸에 꼭 들어맞는 약을 처방해주는 맞춤의학시대가 열린다. 캔터가 현재 몰두하고 있는 작업은 혈액검사 등 간단한 방법으로 단시간에 유전정보를 파노라마처럼 죽 펼쳐 검색할 수 있는 시스템을 개발하는 일이다. 맞춤의학의 기본발판인 셈이다. 지금까지의 성과는 아침에 혈액 샘플을 채취하여 분석기에 입력하면 저녁때 4만여 개 유전자에 들어 있는 100만여 개 염기쌍을 풀어낼 수 있는 수준이다.

2000년 6월 26일 HGP와 셀레라 제노믹스사는 백악관에서 클린턴 대통령과 함께 인간유전자의 염기배열 지도를 공동 발표했다. 1953년 DNA가 생명의 암호임이 처음 밝혀진 이후 과학자들이 그토록 열망했던 인간게놈 지도가 밝혀진 것이다. 인간유전자를 구성하는 30억 쌍에 달하는 염기의 배열이 밝혀짐에 따라 환자 개개인의 유전적 특성에 따른 맞춤형 치료가 가능해지는 등 각종 난치병을 치료할 수 있는 길이 열렸다. HGP와 셀레라 제노믹스는 2001년 1월 보다 완성된 인간게놈 지도를 공개했다. 이번에 발표한 것은 과거의 게놈 지도 초안 위에 생물학적 표지를 심어 특정 유전자의 특정 목적 활용이 가능하도록 한 상세지도이다. 등산로의 이정표와 같은 이 표지를 통해 결함 유전자 부위에 정상유전자를 주입하는 치료법 등 본격적인 게놈 지도 응용의 길이 열렸다.

연구팀은 인간유전자 수가 초파리의 2배에 불과한 2만 6천−4만 개일 것으로 예상되어 고등동물일수록 유전자수가 많을 것이라는 통설도 무너졌다. 연구팀은 또 남성의 유전성 돌연변이 확률이 여성보다 두 배 높다는 것도 밝혀냈다. 이는 남성이 진화를 이끌어낼 힘이 두 배 강하다는 뜻인 동시에 유전질병의 원인을 제공할 가능성도 두 배 크다는 의미이

161

다. 하지만 생명의 암호를 푼 대가로 인간은 윤리적인 짐을 떠안게 되었
다. 게놈의 쓰임새를 어떻게 통제하며, 개인 유전정보의 무분별한 누출
을 과연 막을 수 있는가에 관한 근심이 쏟아져 나오고 있다. 게놈 프로
젝트가 끝난 이후의 연구방향은 크게 유전자 기능을 밝히는 기능유전체
연구(functional genomics)와 개별 염기서별 차이를 밝히는 비교유전체
연구(comparative genomics)가 중심이 될 전망이다. 이에 따라 네 가지
염기를 적절하게 배열한 컴퓨터 모의실험으로 유전자의 역할과 유형을
분석하는 생물정보학(bioinformatics)이 각광을 받고 있다.

7. 유전체 연구와 상용화 문제

인간게놈프로젝트가 끝나면 인간을 물질적인 원자의 차원에서 분석
하는 것이 가능해진다. 인간의 모든 질병과 사회적 행동에 대한 정보
가 다양해지며 그 해결방법이 명확해진다. 이런 상황이 되면 생명공학
은 우리가 상상할 수 없는 다양한 약품과 인간행동의 해결방법을 상품
으로 판매하기 시작할 것이다. 상업화의 진행이 빨라지는 것이다.

의학의 상업화는 무엇보다 맞춤의학으로 꽃을 피우게 된다. 유전체
분석이 완료되면 개개인의 유전자 특성에 따라 진료하는 맞춤의학이
가중해진다. 맞춤의학은 21세기 사회에 가장 큰 충격을 주게 된다. 가
장 이상적인 것은 환자의 체질에 맞는 개인별 치료약이 나와 다른 사
람에게는 부작용이 있어도 나에게는 전혀 부작용이 없는 치료를 받을
수 있게 되는 것이다. 유전자의 개인별 차이가 밝혀지면서 질병예방을
가능하게 할 수 있다. 하지만 보통 사람들에게까지 영향을 미치게 되려
면 시간이 걸린다. 개개인의 유전자 차이가 밝혀지는 날 맞춤의학이 가
능해질 뿐 아니라 인간과 관련된 유전적 근거를 이해하게 된다. 이 연

구결과를 응용, 인체면역 기능의 핵심역할을 하는 백혈구를 조작해 유해가스, 독극물 등을 감지했을 때 인체에 신호를 보내도록 유도하는 방법을 연구하고 있다. 예를 들어 맛도 냄새도 없는 독가스를 인체가 느꼈을 때 입안에 칠리소스 맛이 돌도록 조작해 놓는다. 언제 어디서고 입에서 이유 없이 칠리 가스 맛이 느껴지면 당장 병원으로 달려가면 된다.

163

게놈 프로젝트가 완성되면 암과 같은 난치병을 치료하는 데 획기적인 전기가 마련될 것으로 보고 있다. 하지만 게놈 프로젝트가 완성되더라도 그것은 암 정복을 위한 시작에 불과하다. 이 프로젝트로부터 얻어진 결과는 얼마나 많은 유전자가 있는지, 우리 게놈의 구조가 어떤지를 말해줄 뿐 어떠한 기능을 수행하는지는 알 수 없기 때문이다. 게놈 프로젝트의 결과를 이용해 정상 세포와 질병을 일으킨 세포의 차이점을 이해하고, 질병에 관계되는 유전자의 기능이 어떤 것인지를 파악해야 한다. 이러한 것들을 알아내는 것은 매우 어려운 문제이며 게놈 프로젝트가 끝난 다음 반드시 수행되어야 할 일들이다. 캔터에 따르면 단 1개의 암 유발 유전자에도 6만여 개 이상의 변종이 있다. 인간은 마치 수백만 개 다른 판본이 있는 책처럼 다양한 존재라고 밝혔다. HGP는 그 수백만 개 판본의 비밀을 푸는 열쇠를 찾아내는 것이다.

크레이그 벤터는 유전자왕(Gene King)으로 통한다. 셀레라라는 유전체 회사의 사장이자 최고과학 담당임원인 그는 유전체 연구를 뒤흔든 새로운 개념의 유전자 발굴전략인 EST를 개발했다. 30억 개의 인간 유전체를 물리적 지도로부터 처음부터 조금씩 서열을 알아나가는 전략 대신 중요한 부분부터, 즉 발현되는 서열을 먼저 분석해야 한다는 전략을 세운 것이다. 또한 전 유전체 무작위 분쇄법을 개발하여 이 분야에 혁명을 일으켰다. 이 두 가지 기술혁신으로 전 세계와 미국의 수많은 국공립연구소, 대학 등에서 10년 이상 수행하던 일을 불과 1년 정도의 시간에 셀레라(Celera)라는 개인회사 단독으로 인간유전체 분석을 성공적으로 완성시키고 있다. 셀레라는 '신속'이라는 뜻을 가지고 있다.

셀레라는 유전정보 자체를 상품화하는 회사이다. 셀레라는 유전자 특허를 통해 질병유전자 정보를 제약회사들에게 제공하면서 신약개발에 참여하고 있다. 셀레라의 목표는 생명의 궁극적인 컨텐츠이고 미래의학 혁명의 실제 내용이 될 유전정보를 의사나 개인에게 직접 팔겠다는 것이다. 유전체 정보로부터 새로운 의약품이나 새로운 가치를 얻기 위한 것이다. 그러나 개인의 유전정보가 일반에 제공되기 시작하면 결혼이나 취직 때 유전자 정보를 요구하거나 우수한 맞춤아기를 만들려고 시도하는 등 유전자 프라이버시와 인간차별 문제가 대두될 수 있다. 사이버 속의 정보가 개인에 대한 감시와 악용으로 사생활의 죽음을 가져오듯 (Whitaker & Whitaker, 1999) 유전자 정보 또한 개인에 대한 감시는 물론 악용의 굴레를 벗어날 수 없다. 물론 그런 단계까지 가기에는 많은 시간이 걸리겠지만 개인 유전정보 공개로 인해 발생할 수 있는 윤리적인 문제를 해결하기 위해 지혜를 모을 필요가 있다. 과학기술 발전에 따른 부작용을 해소하는 것이 인간의 의무이기 때문이다. 유전체 연구와 상용화를 무조건 비판하는 것은 아니다. 연구는 계속되어야겠지만 그것이 상용화 과정을 통해 악용될 가능성이 높다는 데 문제가 있다.

8. 게놈의 문제와 리들리의 인간의 본성 연구

현재 게놈은 신체적 질병치료를 위한 유전자 개선을 목적으로 진행되고 있지만 신체, 인식능력, 예술 영역에서 재능을 얻기 위한 유전자 조작까지 미치리라 보고 있다. 이로 인해 바이덴 펠트와 니콜슨은 「에덴의 재건설」이라는 저서를 통해 미래세계는 자연인과 유전자인간(genrich)으로 사회계급이 나뉠 것이라고 주장한다. Genrich는 유전자(gene)와 인종

(race)을 합한 단어이다. 그들은 2000년 초반에 유전자인간이 출현할 뿐 아니라 3000년대에는 인간과 침팬지의 관계처럼 완전히 다른 종이 될 것으로 예언한다. 이처럼 전혀 다른 종이 진정 인간의 본성일 수 있을지 묻지 않을 수 없다.

165

리들리(M. Ridley)는 인간의 23쌍의 염색체를 크기 순서로 나열한 뒤 밝혀진 유전자로부터 염색체들의 이야기를 인간의 본성과 연관 지어 설명하였다(리들리, 2000). 그는 유전자들 중 흥미 있는 것을 택해서 이들이 우리에게 주는 의미를 살펴봄은 물론 인간이 무엇인가에 대한 전체적인 윤곽을 보여주려 했다. 그는 인간게놈 프로젝트에서 발견한 내용을 가지고 인간의 본성을 찾아보려 한 것이다.

그는 유전학의 발달사를 통해 과학이 어떻게 무지에서부터 사실을 찾아낼 수 있었는지 설명하였다. 생명체를 공통된 하나의 시조 생명체로부터 실타래처럼 이어온 장본인은 유전자이다. 유전자는 생물체의 형태뿐 아니라 행동을 지시할 수 있다. 단순한 입자의 유전자들이 쌓여 생명현상의 복잡성을 만들어 낸다. 우리에게 게놈은 끊임없이 변화하는 문서의 하나의 스냅사진으로 보이지만 사람의 공통적 특성과 사람마다 다른 고유한 특성을 모두 결정할 수 있다. 인간의 본능이 무엇인지, 다른 동물보다 높은 지능이 유전자에 의해 결정되는지, 아니면 문화에 의해 결정되는지에 대한 문제는 궁금증을 더 하지만 그는 그것에 대한 명확한 답을 주기보다 선택을 독자에 맡겼다. 그러나 그는 문화적 변화가 진화와 생물학적 변화를 가져온다고 보았다. 의식적이고 의지에 찬 인간행동이 인간의 진화적 변화를 가져올 수 있다는 것이다.

리들리는 과학자들이 놓치기 쉬운 사회적·도덕적 문제를 객관적으로 설명함으로써 우리가 선택할 숙제를 남겨두었다. 유전공학을 통한 유전자 치료가 게놈이 내린 가장 큰 혜택일 수 있지만 생명 경시를 가져올 수 있음을 경고하였다. 또한 인간복제의 가능성과 이에 따른 심각한 윤리문제도 있다. 많은 유전적 질병, 광우병, 그리고 암에 대한 내용이 자세히 밝혀짐에 따른 이들 유전정보의 이용은 철저히 통제되어야 하며 반드시 개인 스스로가 결정해야 함을 제시하였다. 인간게놈 연구는 이제 생물학적인 문제를 뛰어넘어 인류학, 심리학, 사회학, 고고학 등 거의 모든 분야에 놀라운 변화를 가져올 것이다. 그는 유전학의 어두운 과거, 즉 유전학 분야의 탕아라 할 수 있는 유전적 순수성이라는 이름으로 자행된 살인, 불임시술 그리고 유산 등의 문제를 다루면서 우생학의 망령이 어떤 형태로든지 우리 사회에 존재함을 밝히고 있다.

생물체는 자신의 유전자들이 모여 만든 생물학적 존재로, 유전자에 의한 결정을 무시할 수는 없으나 이를 숙명론으로 받아들이는 오류도 문제이다. 우리는 유전적 결정론을 극복할 수 있는 생물종임을 인식해야 한다. 게놈 연구가 진척되면 될수록 '나는 누구인가'에 대한 질문은 깊어질 것이다. 인간의 생물학적 기능이 진화과정에서 자연선택 되었지만 다양한 지적 활동과 자유의지는 유전자 결정론만으로는 풀 수 없는 부분이 너무 많다. 인간은 문화생활을 통해 생물 진화보다 훨씬 빠른 속도로 고도의 사회생활을 하기 때문이다.

9. 생명복제의 문제

유전자 문제는 자연 생명복제의 문제로까지 가지 않을 수 없다. 올더스 헉슬리의 과학소설 「신나는 세상」에서는 수정란을 보카노프스키법으로 처리하면 96개의 싹이 돋아나고 싹 하나가 하나의 성인이 되어 96명의 복제인간이 양산된다. 섹스는 완전 오락이요, 부모형제를 둔 의무도 사라지고, 연인이나 아내나 남편 자녀 때문에 속 썩일 일도 없다. 화학반응 일으키듯 시험관 속에서 그 사회가 필요로 하는 인재와 자질을 배양하여 수요에 충당하는, 그야말로 신나는 세상이지만 너무 무료해 야기될 발광과 자살의 숙제는 풀지 못했다.

이 소설 속의 복제인간 탄생은 시간문제라 하여 세상이 들뜨고 있다.
종교단체 라엘리안 무브먼트는 체세포를 이용한 복제인간 탄생을 선언
해 논란이 되기도 했다. 이 단체는 다른 행성에서 건너온 과학자가 유
전자조작을 통해 인간을 탄생시켰다고 믿을 만큼 복제인간에 대해서는
입장이 확고하다. 타임지는 이미 복제인간 출현을 예언, 지상에서 사라
지고 없는 공룡 복제도 서두르고 있는 판이라 2044년의 미국 대통령
선거에는 공화·민주 양당에서 과거의 위대했던 자당 지도자의 복제인
간을 만들어 링컨과 루스벨트가 텔레비전 토론을 하고 제퍼슨에 케네
디가 도전하게 될 것이라 했다. 복제인간을 둔 옹고집전처럼 세상은 코
미디 판이 될 것이다(이규태, 2002).

생명공학자 크레이그 벤터는 복제문제에 대해 매우 공상과학소설을
쓰고 있다고 비판한다. 현재라도 일란성 쌍생아인 사람은 복제인간을
갖고 있는 셈이지만 유전자가 동일하다고 하더라도 그들은 매우 다른
성격과 특성을 갖고 살아가고 있다. 사람의 행동, 특성, 성격 등에는
유전적인 근거가 있는 부분이 있으나 유전자가 모든 것을 결정하는 것
은 아니다. 환경과의 상호 작용으로 개체는 각기 다른 결과를 갖게 된
다. 따라서 유전적 결정론을 믿는 사람은 실망하게 될 것이라고 주장한
다. 하지만 이제 우리는 유전공학 문제를 빼놓고는 살 수 없는 문화
속에 있으며 게놈 프로젝트의 완성은 사회를 변화시키는 엄청난 힘을
보유하고 있다. 그 영향은 식탁에서 뿐 아니라 질병치료, 생명연장, 신
인류탄생에까지 미치고, 좀 더 발전하면 영화 '쥬라기 공원'처럼 멸종
된 생명체의 복제도 쉽게 이뤄질 전망이다.

1989년 프랜시스 후쿠야마는 '역사의 종언'이라는 논문을 통해 '역사
는 끝났다'고 선언했다. 공산주의의 붕괴로 이제 더 이상 자유민주주의
에 맞설 대안이 없어졌다는 것이다. 그는 자유민주주의와 자본주의의
최종 승리를 선언하고 이것으로 역사의 종언을 주장했다. 그런 그가 10

년이 지난 뒤 「포스트휴먼 퓨처」를 통해 "역사는 아직 끝나지 않았다. 과학의 종말이 없으면, 역사의 종말도 없다"며 자신의 말을 뒤집었다. 인류역사의 진보를 추동해 온 주요 동력 중 하나인 과학기술의 힘을 간과했음을 자인한 것이다.

후쿠야마에 따르면 인간사회의 안정성을 위협하는 최대 요인은 의도하든 우연이든 인간 본성이 지닌 불일치와 모순의 오묘한 균형을 바꿀 수 있는 유전자공학이다. 인간 본성은 정의, 도덕, 좋은 삶에 대한 우리의 갖는 생각의 기초가 된다. 지능과 육체적 능력 등을 끌어올리기 위해 염색체를 조작하는 생명공학은 인간의 정체성과 방향성을 제시하는 기본적인 인간 본성을 잃게 할 수 있다.

후쿠야마가 새삼 과학의 힘에 주목한 이유는 인간게놈프로젝트와 인간복제로 대표되는 생명공학 혁명이 인간의 역사를 전혀 새로운 단계로 진입시킬 것으로 전망했기 때문이다. 그가 말하는 역사는 더 이상 인간의 역사가 아니다. '인간 이후(posthuman)'의 역사다. 그가 말하는 인간 이후란 생명공학이 상업적으로 악용되어 인간의 본성을 파괴하고 그에 기초한 인간사회마저 무너뜨린 상태의 탈 인간, 몰 인간을 말한다. 고삐 풀린 생명공학 기술은 부잣집 아이들의 지식과 권력 독점을 반 영구화하고, 부자의 유전자와 가난한 자의 유전자 질서를 고착화할 것이다. 나치의 공포를 연상시키는 우생학의 망령이 재등장할지도 모른다. 그 결과 사회는 반자유주의로 전락할 것이다. 그는 악몽 같은 포스트 휴먼의 도래가 임박했다는 생각 아래 이 같은 상황을 반전시키기 위해 스스로 무모한 광기라 부를 만큼 필사적으로 매달리고 있다. 후쿠야마의 생각에 동의하든 동의하지 않던 간에 우리는 지금 또 다른 역사의 장으로 넘어가고 있는 것만은 확실하다.

후쿠야마가 우려하는 것은 생명공학의 발전이 초래할 인간 본성의 파괴다. 아리스토텔레스에 따르면 인간 본성은 모든 가치의 준거다. 인간의 존엄성과 정치적 평등의 개념은 바로 인간 본성에 기초하고 있으며, 이는 자유민주주의의 본질을 이룬다. 그러나 일부 혁명가들은 '역사상 불변의 인간 본성이란 없다. 인간은 환경을 통해 개조될 수 있다'며 가족과 사유재산, 국가를 포함한 사회구조 변혁을 통해 지상천국 건설을 꿈꿨다. 이런 유토피아 실험들은 20세기 말, 모두 실패로 돌아갔다. 그런데 이제 그 실험을 생명공학 혁명이 다시 시도하고 있으며, 그 위협은 어느 때보다도 심각하다는 것이 그의 생각이다.

후쿠야마는 특히 출생 시 결점을 사전에 발견하기 위해 수정란을 선별적으로 골라내는 기술, 유전자를 옳게 고쳐 다음 세대로 옮기는 유전공학, 동물과 인간 교배에 의한 괴물의 출현 등 이미 현존하거나 곧 가능한 3가지 종류의 위협적인 기술에 주목했다. 그는 이런 유전자공학은 자연에서 받은 우리 자신과 후손을 교육과 노동으로 개선하기보다 인위적인 지름길로 개선하도록 유혹한다며 우리는 어쩌면 우리의 선악 분별능력을 고갈시키는 과학을 배출하는지도 모른다고 우려했다.

후쿠야마는 또 이보다는 낮은 단계의 위협요소로서 프로작(Prozac)과 같은 우울증 치료제의 광범위한 이용과 인간 수명의 지나친 연장 등을 지적했다. 신경약리학의 발전으로 프로작과 리탈린 같은 약물은 이미 인간을 조작하고 통제하기 시작했다. 세포를 만들어 내는 배아 줄기세포(stem cell)를 이용해 과학자들은 인체의 모든 조직을 재생할 수 있게 된다. 이에 따른 수명 연장은 엄청난 사회혼란을 예고한다. 그는 시저나 나폴레옹 시절에 프로작 같은 치료제가 있었다면 이들이 유럽을 정복할 기분이 들었겠느냐고 의문을 표하고, 수명 연장으로 늙은 독재자들이 지배하는 국가에서는 사회 변화가 늦춰지고 혁신이 좌절될 수 있다고 주장했다. 또한 인간의 유전자를 너무나 많은 다른 종의 유전자와 섞어 인간이란 무엇인가에 대한 개념도 사라질지 모른다. 신의 영역은 침범당하고, 인간의 존엄성은 설 땅을 잃는다.

후쿠야마는 단순한 치료목적을 벗어난 생명공학의 유전자 조작 기술 발달은 결국 인간 본성의 근본적인 변경을 초래해 재앙을 낳을 수 있다며 생명공학, 유전자공학에 대한 강력한 규제를 주장하였다. 지금과 같이 통제되지 않는 유전자 조작은 결국 도덕과 정의를 판단하는 인간 본성(human nature)을 바꿔 인간의 본질(essence)의 변화를 초래할 수 있다. 그는 그 대책으로 우선 국가권력이 나서야 하고, 그래도 안 되면 국제기구를 통해 규제 장치를 마련해야 한다고 강조한다. 그가 생명공학이 인간에게 가져다줄 엄청난 혜택을 부인하는 것은 아니다. 생명공학의 치료목적과 형질향상을 구분해야 한다는 합리적 입장을 견지한다. 인간복제는 즉시 금지해야 하며, 착상 전 유전자 진단과 검사는 법적으로 규제하되, 유전자 치료에 한해 허용해야 한다고 제안한다. 그는 개선책으로 강력한 법 집행을 통한 생명공학 통제를 제시했다. 과학자들은 자연을 정복하는 데 관심이 있고 생명공학 회사들과 지나치게 상업적인 유대를 맺고 있다는 것이다(Fukuyama, 2002).

그러나 영국의 이코노미스트지는 인간 본성은 정의하기 힘들며, 나쁜 행동을 결정하는 인간 본성의 유전자를 바꾸는 것이 무엇이 나쁘냐고 반문하고 강력한 법 제정과 규제 필요성에 대해서도 1970년대 세포 연구과학자들이 보였던 자율규제를 고려할 때 지금 인류가 무모한 괴물을 만들 위기에 처했다는 암시는 없다고 반박했다. 그럼에도 불구하고 카스(L. Kass), 캐플란(A. Caplan), 메일랜더(G. Meilaender) 등은 생명복제에 따른 위험성과 윤리적 문제를 강하게 지적하고 있고, 일부는 생명복제가 의료발전과 인간에 유익한 점도 간과해서는 안 된다고 주장한다(Pence, 1998). 이것은 앞으로 생명복제에 대한 논쟁이 험난할 것을 예고한다. 우리는 유전자 연구나 생명복제의 과학기술을 무조건 거부하는 것이 아니다. 인간이 복제인간존재(cloning human beings)로 전락해서는 안 된다는 것이다.

10. 생명의 윤리경영을 향하여

로빈 쿡은 의학소설 「복제인간」을 썼다. 소설은 하버드 대학원생인 두 처녀가 난자를 기증하면 4만 5천 달러를 준다는 클리닉에서 난자 기증 수술을 받는 것으로 시작한다. 덕분에 1년 반 동안 해외에서 여유 있는 삶을 즐긴 두 사람은 기증된 두 난자가 어떻게 되었을까 하는 궁금증에 사로잡혀 그 불임클리닉에 가짜신분으로 취업한다. 두 사람이 기증한 난자가 거대한 인간복제 프로젝트에 이용되고 있다는 사실을 알게 되면서 소설은 점차 파국을 향해 달린다. 그들은 자신의 장기 일부가 떼어져 나갔다는 엄청난 사실을 발견하게 된다.

공포영화를 연상시키는 낡은 수술실, 수술 잔해물을 태우는 커다란 굴뚝, 돼지 난세포에 자신의 세포를 복제해 그것을 돼지한테 낳게 한 의사. 두 여성이 불임클리닉의 비밀 인간복제 프로그램의 비리를 밝히게 될지 마음 졸이며 따라간 독자는, 인간에 대한 최소한의 존엄성마저 상실한 채 자행되는 끔찍한 일들을 통해 신의 영역을 건드리고 마는 윤리적 고민을 떠안게 된다(쿡, 2003).

이 소설은 인간이 신의 영역을 넘보려는 기획 중 가장 은밀하고 치명적인 시도인 인간복제의 문제를 드러냈다. 쿡은 의사로서, 또 작가로서 장기매매, 인간복제 등 현대의학 윤리를 미스터리 방법으로 파헤치는 작품을 연이어 내놓고 있다.

인간의 자유와 과학의 발전은 유전자산업의 활성화로 이어지고 있다. 유전자나 생명복제는 이제 산업의 이슈로 부각되고 상업화를 눈앞에 두고 있다. 과학자들은 유전자가 발생하는 엄청난 부가가치에 눈떴고, 이것을 상업화하려는 노력도 배가되고 있다. 이 산업은 앞으로 지식의 융합작업과 함께 그 규모가 상상을 초월할 정도로 커질 것으로 예측하고 있다. 이러한 상황에서 경영자가 생명의 존엄함과 중요성을 인식하지 않고 생명공학 기술을 통해 기업의 이익을 높이려는 생각만 하고 있다면 그것은 인간의 존엄성을 상실시킨다는 점에서 문제가 있다(Kass, 2002). 과학이든 경영이든 인간의 존엄성을 확장시키기 위한 도구가 되어야 한다. 경영자는 생명윤리에 관심을 가지고, 이 윤리를 보다 드높이는 차원에서 경영을 모색할 필요가 있다. 왜냐하면 앞으로 목전의 이윤 앞에 윤리를 생각하는 목소리는 더욱 작아질 것이고, 목소리가 작아질수록 우리 사회는 그만큼 생명력을 잃어가기 때문이다.

현재 자연과학 논의에서 가장 많이 다루어지는 주제는 생명윤리다. 과거 자연과학에서 생명은 단순히 과학적 논의 대상이었다. 하지만 현재 진행되고 있는 논의는 과거와 다르다. 생명에 대한 다양한 방식의 검토를 요구하고 있다. 생명공학이 적용되는 현장에서 벌어지는 과학적 논의는 생명에 대한 전통적 견해와 마찰을 빚고 있기 때문이다. 생명윤리는 생명에 대한 전통적 견해와 새롭게 부각된 과학적 논의 사이에서 벌어지는 윤리적이고 도덕적인 문제를 다룬다. 자연과학에서 생명의 윤리가 다루어질진대 경영이 이 문제를 외면해서는 안 될 것이다.

생명윤리에 관한 한 종교적 견해를 배제할 수 없다. 대한예수교 장로회 총회(합동)는 인간복제 및 유전자 연구에 대해 공식적인 입장을 밝혔다. 총회는 유전공학기술은 인간의 질병의 진단과 치료에 기여할 수 있는 가능성도 보여주고 있으나 인간의 생명의 출생과정을 인위적으로 조작함으로써 하나님의 창조질서를 근간으로부터 교란시키며, 조작과정에서 인간의 생명을 살해하는 심각한 종교적이고 윤리적인 죄악을 범하고 있다고 지적했다. 인간복제 기술은 하나님의 고유한 창조질서를 인간이 파괴하는 행위로 인간이 하나님의 창조 주권을 침범하면 하나님의 심판이 임한다고 주장했다. 그 심판이 어떤 형태로 오는지는 밝히지 않았지만 그것은 인간존재의 존엄성을 크게 훼손할 것임은 말할 필요도 없다. 총회는 특히 인간을 상품화하고 있는 유전공학 연구와 관련 산업의 시도는 하나님의 형상과 하나님의 주권을 모독하는 범죄

행위로 지목하였다. 인간의 생과 사의 문제는 전적으로 하나님의 주권에 속하는 문제임으로 인간이 자의적으로 생명을 조작해서는 안 되며 유전공학 연구는 신학적이고 윤리적인 감독과 통제 안에서 이루어져야 한다. 배아복제는 치료목적이라 할지라도 전면적으로 금지되어야 한다. 수정이 이루어지는 순간부터 배아는 독립된 인격적 주체성을 가진 인간이므로 배아를 분할하거나 실험용으로 이용하는 것은 '살인하지 말라'는 제6계명을 범하는 행위다. 총회는 이와 같은 죄악을 법적으로 규제해야 할 국가가 부처 간의 주도권 다툼과 국가경쟁력의 제고라는 명분 아래 아무런 법적 조치도 취하지 않고 있는 실정에 대해서도 비판했다. 총회의 이러한 주장은 보수적 견해에 속하지만 경영자가 경청해야 할 중요한 부분이다.

173

하버마스는 생명공학을 받아들이는 전제 아래 먼저 새로운 인간윤리를 수립해야 한다고 주장한다. 그는 먼저 자유주의적 우생학 비판을 통해 문제에 접근한다. 우생학이라 할 때 우리는 생물학적으로 우성인 종족의 보존과 확산을 위해 유전적으로 열성인 열등 종족의 말살을 주장했던 광신적 종족주의를 떠올린다. 그러나 그가 말하는 우생학은 인간 개개인의 차원에서 인위적 조작을 통해 유전적인 결함에 따른 제약을 벗어나려는 공학적 논의이다. 그리고 민주사회가 자신의 더 나은 삶을 추구할 수 있는 평등한 권리와 자유를 보장한다는 의미에서, 현대의 우생학은 자유주의적이기를 바란다. 그는 과거의 집단적이고 전체주의적이고 권위주의적 우생학이 아니라, 국가와는 무관하게 이루어지는 최근의 자유주의적 우생학을 비판한다. 그리고 그 뒤에 놓인 사회 철학적 의미를 읽어내고자 한다.

하버마스에 따르면 인간은 생명을 가진 유기체적 존재이며, 키르케고르의 주장처럼 미래의 삶을 스스로 책임질 수 있어야 한다. 그러나 최근의 생명공학에서 보았듯이, 인간 생명을 형성하는 세포는 제3의 인간에 의해 생명공학의 기술을 통해 쉽게 조작된다. 여태껏 인간이 외부

세계인 자연을 조작해 왔듯이, 인간 자신을 스스로 조작할 수 있게끔 된 것이다. 이처럼 인간생명 형성과정에서 인간 자신에 의해 이루어지는 유전적 개입의 수준은 단순히 질병 치료와 같은 소극적 우생학 수준이 아니라, 그 대상을 단순히 그리고 철저히 사물로 파악하며 인간을 철저히 도구화할 여지를 갖는 적극적 우생학의 수준이다. 그렇다면 이 공학적 조작에 따라 나타난 인간의 본질은 이전과 다르게 규정될 것이다. 생명공학이 도덕의 자연적 전제를 허물고 있기 때문이다.

이제 인간은 유전적 개입의 주체이자 동시에 대상이기도 하다. 여기서 하버마스는 인간의 미래가 아니라, 미래의 인간이 가져야 할 도덕을 말하고자 한다. 유전적 개입에 따른 생명과 그 생명체가 겪을 윤리적 삶의 연관 관계를 따지고 들어가는 것이다. 현재 생명공학은 거스를 수 없는 상황으로 이끌어가고 있다. 그러나 인간은 어떤 상황에서라도 자신으로 있을 수 있어야 한다. 그래야 인간은 자신의 고유성을 확립할 수 있다(하버마스, 2002). 인간의 자아는 테크놀로지를 넘어설 수 있어야 한다.

나아가 자아는 한 개인의 자아로 끝나는 것이 아니라 타자와의 의미 있는 관계로 나가야 한다. 이를 위해서는 타자에 대한 올바른 관계설정이 필요하다. 우리 속에 바른 관계를 설정하고자 하는 열망이 강할수록 기술발전에 따른 인위적 자아 만들기는 검토대상이 될 것이다. 자아나 이성의 개념이 근대철학자들의 주목을 받게 된 것은 세계에 대한 앎의 토대가 나의 투명한 이성에 의해 정당화될 수 있다는 신념 때문이었다. 그래서 데카르트에서 후설에 이르는 서양철학의 역사는 지식의 확실성을 자아의 투명한 사유에 근거해 밝히려는 편집증적 시도들의 연속이었다. 그러나 이 같은 근대철학의 기획은 자아철학이 인간 중심주의나 이성 중심주의라는 이데올로기적 형태로 변형되면서 좌초 위기에 봉착했다. 심지어 인간은 더 이상 자기의 주인이 될 수 없다는 급진적 견해마저 등장했다. 나의 행위나 생각이 내가 의식하지 못하는 어두운 충동과 욕망에 의해 좌우된다는 프로이트의 주장이 그 보기에 속한다. 현대사회에서 우상은 객관주의의 틀 속에 안주하고 있는 과학이나 기술이다. 객관주의나 과학주의의 이념이 지배하는 시대는 사실상 허무의 시대이며 이는 주체의 광적인 자기 확신과 타자에 대한 지배 욕구에서 비롯한다. 이제 현대인에게 필요한 것은 자연과 타인들 그리고 자신과 올바른 관계를 맺을 수 있는 새로운 자아개념을 모색하는 일이다. 유태계 프랑스 철학자 레비나스에 따르면 새로운 자아의 윤리성은 다른 존재들을 그 자체로서의 독립성을 지닌 타자로 인정할 때 드러나며, 타자를 타자로서 받아들이는 순간 절대적이며 무한한 존재인 신과의 만남도 이루어진다. 타자에 대한 윤리적 태도를 통해서만 신이 드러난다는 것이다. 여기에서 우리가 가져야 할 태도는 무엇보다 타자에 대한 바른 관계의 확립이다. 자아가 참자아가 되기 위해서는 자기를 초월하여 이웃으로 나아가는 역사가 일어나야 한다(강영안, 1997).

175

채플은 자아를 창조적 자아, 야망적 자아, 협력적 자아, 합리적 자아, 그리고 이타적 자아 등 다섯 가지 유형으로 구분하였다. 그는 이 유형을 창조적 경영자가 가져야 할 자아관 형성의 틀로 제시하였다. 창조적 자아의 경우 우리들 누구에게나 내재되어 있는 창조력은 자유로운 정신, 그리고 다른 사람과 관계를 맺거나 다른 사람에게 자신을 표현하고자 하는 욕구로부터 표출된다. 야망적 자아는 경쟁심을 가지고 업무에 임한다. 제품이나 회사에 대한 열정과 독특한 방법을 통해 자신을 다른 사람과 차별화하려는 노력을 자랑스럽게 생각한다. 협력적 자아는 상관과 부하가 존재하는 계급사다리와 회사의 에너지와 전략이 한데 어울려 흘러가는 원형조직, 이 두 가지 시스템에서 어떤 모습으로든 관련을 맺는다. 어떻게 하면 계급 사다리와 원형조직 속에서 나름대로 기여할 수 있는가를 생각한다. 팀 동료와 합심해서 일을 처리하고 다른 부서와도 협조적이다. 경우에 따라서는 회사 밖의 일과도 연관을 맺는다. 합리적 자아는 사람, 재원, 시간을 잘 짜 맞추어 목표달성에 활용한다.

이미 경험한 자료들을 해석한다. 그리고 이타적 자아는 이기심을 버린다. 다른 사람들이 나름대로 가치를 추구하는 더 큰 활동 영역에서 자신이 어떻게 적응할 수 있는지 그 방법을 터득한다(Chappell, 1993). 생명윤리를 실현하고자 하는 경영자라면 자기중심의 이기적 자아 관을 벗어나 장애를 가진 인간이라 할지라도 우리 속에서 함께 그리고 보다 인간답게 살아갈 수 있는 장을 만드는 데 힘을 보태야 할 것이다. 생명을 경외하면서 우리의 자아가 참 자아 되게 하는 것처럼 귀한 경영은 없다.

현대는 지금 인간의 자유로 얻어진 과학의 엄청난 진보로 인해 생명윤리가 흔들리는 상황에 직면해 있다. 우리는 지금 과학의 역할에 대해 냉정한 평가를 내려야 하고, 나아가 인간의 자아가 더 이상 짓밟히지 않는 상황을 만들어야 하는 이중적인 위치에 놓여있다. 이런 때 우리는 "하나님, 내가 변화시킬 수 없는 것들을 받아들일 수 있는 냉정함을 주십시오. 내가 변화시킬 수 있는 것들을 변화시킬 수 있는 용기를 주십시오. 그리고 이 두 가지를 구분할 수 있는 지혜를 주십시오."라고 말하는 라인홀드 니버의 기도를 생각하게 된다. 호스피스의 어머니 큐블로 로스는 죽음을 앞둔 말기 환자들의 아픈 고백을 들으며 이 기도문을 외웠다(Kubler-Ross et al., 1998). 지금 우리는 점차 상실되어가는 자아를 안고 이 기도를 드리지 않을 수 없다.

과학의 발전, 특히 생명공학의 발전은 내가 변화시킬 수 없는 것들에 속한다. 과학은 유전자조작이나 생명복제 현상을 꺾을 수 없는 흐름으로 말하고 있고, 일부 과학자들과 경영자들은 거대한 이익을 거머쥘 수 있는 기회로 인식하고 있다. 인간의 자아가 크게 훼손될 수 있는 상황에서 과학자들의 주장을 액면 그대로 받아들일 수 있는 여유나 냉정함이 우리에게는 없다. 오히려 변화시킬 수 있는 것들을 변화시키고자 하는 용기가 필요한 때가 되었다는 생각이 더 앞선다. 인간은 생명과학으로 인해 파편화된 존재(fragmented being)로 이해되는 것이 아니라 총체적인 존재(holistic being)로 이해될 필요가 있기 때문이다(Kass, 2003).

그러나 자아만을 앞세워 과학의 발전을 방해해서는 안 된다. 인간 스스로 자아편견에 빠져 과학을 통한 인간의 발전을 막을 수 있기 때문이다. 그래서 우리에게 절실히 필요한 것은 우리가 변화시킬 수 없는 것들을 받아들이는 냉정함, 그리고 우리가 변화시킬 수 있는 것에 대해서 변화시킬 수 있는 용기, 나아가 이 둘을 구분할 수 있는 지혜를 갖는 일이 중요하다.

인간은 생명을 건강하게 경영해야 하는 책임 있는 존재이다. 그 생명을 지키기 위해 과학을 발전시켜야 하지만 과학의 무절제나 상업적 욕심으로 인해 인간의 인격과 참자아가 침해되는 사태도 막아야 하는 이중적 지위를 가지고 있다. 인간 존엄을 유지하기 위해서는 과학자든 경영자든 이 지위와 책임에서 자유로울 수 없다.

유전자조작이 일상화되고 복제인간이 수없이 태어나 그것만으로도 더 이상 우리가 감당할 수 없는 큰 짐이 되고, 우리의 자아가 치유하기 어려울 정도로 심각하게 훼손되었을 때 비로소 그 심각성을 깨닫게 된다면 치유하기엔 이미 늦다. 통합적 사회건설도 어렵다. 나치 치하의 유대인들은 자신들이 변화시킬 수 없는 상황에서 벽에 나비를 그림으로써 희망을 표시했다.15) 나비와 같은 희망의 상징을 잃기 전에, 희망

---

15) 큐블러 로스는 나치 치하의 유대인 수용소 마자넥을 방문했다. 그는 그곳에서 벌어졌을 참담하고 처절했던 살육의 광기를 보았다. 그것은 현대의 우리에게 있어서 자아 죽이기의 광기와 같다. 그녀에게 깊은 인상을 준 것은 수용소 벽에 그려진, 유난히 많은 나비 그림이었다. 수용소 유태인들에게 변화시킬 수 없었던 것은 다가올 죽음이라는 현실이었고, 그들은 그 현실을 냉정하게 받아들였다. 그리고 벽 위에 나비를 그리기 시작했다. 그들에게 있어서 나비는 부활의 상징이다. 죽음 후에 더 이상 고문도 죽음도 가족이별의 아픔도 없을 하늘나라를 향해 고치를 벗듯 육체를 떠나는 것이다. 변화시킬 수 없는 상황을 그대로 받아들인 유대인들의 냉정함 그리고 수용소에 그려진 그 수많은 나비의 정체를 그녀가 알게 된 것은 인생의 황혼기에 들어서였다.

을 그릴 수 있는 벽이 사라지기 전에 인간의 자아를 지킬 수 있는 용기를 발휘하는 것이 우리가 할 일이다. 그 일은 의식이 있는 과학자, 경영자, 철학자는 물론 우리 인간 모두가 해야 할 몫이다. 인간과 사회는 언제나 바르게 세워져야 하고 바르게 경영되어야 하기 때문이다.

제7장

인간의 자유정신과
긍정적 사회 선택

　인간과 조직을 이해하기 위해서는 다양한 접근이 있다. 심리학적 접근, 사회학적 접근, 문화인류학적 접근이 그것이다. 심리학이라 할지라도 학파에 따라 또 갈라진다. 이 글은 심리학 가운데서 정신분석을 통해 인간과 조직을 보다 깊이 있게 이해하고, 이를 통해 우리가 어떤 사회선택을 해야 하는가를 알고자 한다.

　우리는 흔히 정신분석을 정상보다 비정상, 합리보다 비합리에 관심을 가진 학문 영역으로 생각한다. 이런 생각은 우리의 편견일 수 있다. 정신분석은 인간의 내면구조를 체계 있게 그리고 합리적으로 보려는 학문적 접근방법이며 이 방법을 통해 좀처럼 이해하기 어려운 인간 내면의 여러 심리상태와 그 과정을 심층적으로 이해하는 데 도움을 주고 있다.

　이 글은 대립·보완·선택의 논리를 통해 개인과 조직이 어떤 삶의 모습으로 나타나며 조직은 앞으로 어떤 논리를 지향해야 하는가를 밝히게 될 것이다. 특히 정신분석에 나타난 여러 주요 개념들 가운데 에로스와 타나토스, 결정론과 비결정론, 합리성과 비합리성, 새디즘과 마조히즘, 엑스비션이즘과 보이어리즘을 통해 이 문제에 접근하고자 한다. 이 개념들은 서로 대립하는 속성을 가지고 있으며 어느 것들은 서로 보완되기도 하고 어떤 것들은 선택해야 하는 논리를 가지고 있다. 이 개념들은 성질상 대립을 보이고 있어 정신분석이 이분법적 사고방식을 택하고 있는 것이 아닌가 하는 생각을 갖게 해주지만 이것은 사실 인간 내면의 대립성과 양면성을 드러내는 것이다. 또한 어느 한쪽이 강하게 작용할 때 개인은 그러한 쪽의 심리적 성격을 나타내게 된다. 따라서 우리는 좋은 쪽의 심리가 발현될 수 있도록 우리의 심성을 개발할 필요가 있다. 이것은 조직경영자의 중요한 선택이 된다.

이 글은 단순히 개념적 설명을 하는 것에 그치지 않고 그러한 심리들이 조직에서 어떻게 나타나며 어떤 변화가능성을 보일 수 있는가를 살펴봄으로써 개인뿐 아니라 조직이 보다 나은 삶의 모습을 이룩하는 데 도움을 받고자 한다. 이러한 가능성은 정신분석이 지나간 학문이 아니라 인간 및 사회를 보다 깊이 있게 이해하고 더 나은 삶을 선택하도록 하는 중요한 삶의 도구일 수 있음을 일깨워준다.

1. 에로스와 타나토스

에로스(Eros)와 타나토스(Thanatos)는 본능의 양대 기축인 동시에 삶의 역설이기도 하다. 이것은 자아와 리비도의 충동을 서로 대립시키는 것만큼 중요한 개념 설정이며 본능 속에 에로스와 타나토스의 갈등이 있음을 전제한다. 이 갈등의 존재는 프로이트의 무의식 세계가 갈등의 마당임을 보여준다. 프로이트는 1, 2차 세계대전을 거치면서 인간의 삶에는 이 두 본능이 갈등하며 존재한다는 것을 확신하게 되었다. 이것은 조직을 갈등의 장으로 이해하려는 것과 맥을 같이하고 있다. 왜냐하면 조직은 기본적으로 이 양대 세력의 각축장이기 때문이다.

에로스는 그리스 신화에 나오는 아프로디테(Aphrodite)의 아들로 사랑의 신이다. 프로이트는 이 에로스를 일단의 무의식군을 이루고 있는 삶의 본능(life instincts)으로 보았다. 에로스는 창조·통일·합성·사랑·건설 등 매우 긍정적인 성격을 대변한다. 에로스는 창조에 대한 활동과 배려를 촉진시키며 창조한 것에 대한 사랑을 나타낸다. 인간이 사랑과 이성을 지향하는 것은 우리 안에 에로스적인 본능이 있기 때문이다. 조직에서 강조하는 창의성도 에로스가 없으면 불가능하다. 정신분석가들은 이것을 가리켜 일차적 잠재력이라 부른다. 인간은 생명창조의 성장 잠재력을 가지고 있다는 것이다.

타나토스는 그리스신화에 나오는 죽음의 신이다. 이 신은 망령세계의 왕 하데스(Hades) 신의 신하로 망령들을 모집해 준다. 그리스의 비극시인 에우리피데스(Eurypides)의 작품에 따르면 사신 타나토스는 검은 옷을 입고 칼을 들고 인간들 사이에 돌아다닌다. 그는 밤이 사는 캄캄한 타르타로스(Tartaros) 한 구석에서 살고 있으며 검은 날개를 저어 인간을 잠들게 하는 히프노스(Hypnos)를 데리고 나와 지상을 떠돈다(강봉식, 190쪽). 프로이트는 타나토스를 에로스와 아주 반대되는 속성, 곧 파괴·미움·전쟁 등의 성격을 가진 죽음의 본능(death instincts)으로 보았다. 파괴성에 대한 프로이트의 이해는 제1차 세계대전에 대한 그의 체험에 근거하고 있다. 전쟁은 프로이트 생애의 초기 단계를 충만케 했던 자유주의적 낙관(에로스)의 토대를 흔들어놓았다. 전쟁이 있기 전만 해도 중세의 암흑은 차차 소멸되고 보다 안전하고 조화롭고 평화스러운 세계가 도달하리라는 기대를 가졌다. 이른바 좋은 시대(belle époche)에 도취해 있을 때 전쟁이 참혹한 파괴와 죽음을 몰고 옴으로써 인간의 본성 속에 들어있는 보이지 않는 또 하나의 비극의 원인을 발견하게 된 것이다(Freud, 1935). 타나토스는 열매를 맺게 하는 결합·생성의 힘을 가진 에로스와는 달리 분리·파괴·죽음을 가져오게 한다. 인간의 파괴성도 바로 인간의 존재에 뿌리를 두고 있는 제2의 잠재력이며, 이것은 어떠한 열정에도 뒤지지 않는 강도와 힘을 가지고 있다.

에로스와 타나토스는 인간뿐 아니라 조직 사회 속에 동시에 존재하고 있는 상반된 본능이다. 프롬에 따르면 창조성과 파괴성은 양자택일의 관계를 가지고 있다. 창조와 파괴, 사랑과 미움은 독자적으로 존재하는 두 개의 본능이 아니다. 창조성과 파괴성은 모두 현재를 뛰어넘고자 초월 추구 욕구를 충족시켜 준다. 창조의지가 충족될 수 없을 때 파괴의 의지가 고개를 들게 된다. 창조의 욕구를 충족시키는 것은 행복으로 나가는 길이며, 파괴성은 고난을 동반한다. 무엇보다 파괴자 자신에게 고난을 안겨준다(Fromm, 1955). 프롬은 인간이 가진 이 같은 양성적 성격을 삶에 대한 사랑(biophilia)과 죽음에 대한 사랑(necrophilia)으로 표현하고 있다(Fromm, 1964). 죽음을 사랑하는 사람은 히틀러나 아이히만처럼 그 힘을 가지고 사람을 시체로 바꾸어 놓지만 삶을 사랑하는 사람은 월트 휘트먼(W. Whitman)의 시 「브르클린 나루터를 건너면서」나 「행길의 노래」에서처럼 뻗어남과 앞으로 나감을 통하여 삶 그 자체를 살아있도록 만든다. 그러므로 양성을 가진 인간이 어떠한 삶의 방식을 택하느냐 하는 것은 매우 중요한 일이다. 프로이트가 에로스를 택했을 때 낙관적인 계몽주의 사상가가 될 수 있었지만 타나토스를 택했을 때 비관적이며 거의 절망적인 대변자가 될 수밖에 없었다(Fromm, 1971).

조직에 있어서도 양성 중 어느 것에 기우느냐에 따라 조직의 성격과 문화가 달라진다. 프롬에 따르면 산업사회에 있어서 타나토스는 관료적 산업주의로 나타난다. 이것은 오늘날 우리들의 삶을 지배하고 있는 기계적인 삶의 양식에 해당할 뿐 아니라 인간성을 질식시키는 효과를 낳고 있다. 에로스는 이것과 전혀 반대되는 속성, 곧 휴머니즘적 산업주의를 가져온다. 현대의 과제는 관료적 산업주의를 탈피하여 휴머니즘적 산업주의를 얼마나 창조할 수 있는가에 초점을 맞추고 있다. 프롬은 이를 위해서 삶을 사랑하는 윤리를 가져야 한다고 주장한다. 삶을 사랑하는 윤리는 삶을 질식시키고 삶을 옹색하게 만들고 삶을 조각나게 하는 악의 요소들을 제거하고 삶을 존중하고 삶을 드높이는 선을 확장하는 윤리이다. "기쁨과 즐거움으로 네 하나님 여호와를" 섬기도록 한 신명기 28장 47절의 말씀이나 "자유로운 사람은 무엇보다 죽음을 가장 생각하지 않으며 그의 지혜는 죽음이 아니라 삶을 명상하는 것"이라고 말하는 스피노자의 철학이(Spinoza, 1938: IV-68) 그 보기에 속한다. 삶에 대한 사랑은 여러 모로 휴머니즘 철학의 기초가 된다. 이 철학들은 그 개념적 형태는 다양하지만 스피노자의 철학처럼 삶을 사랑한다는 점에서 공통된다. 이러한 철학을 소유하게 되면 삶을 사랑하는 건전한 인물이 되고, 그이 생애의 목표는 살아있는 모든 것에 이끌리며, 죽어 있고 기계적인 모든 것을 멀리하는 속성을 갖게 된다. 이러한 인물이 조직을 이끌거나, 조직에 이런 인물들이 많다면 조직의 속성도 달라진다.

183

2. 자유의지와 결정론

의지에 있어서 결정론(determinism)과 비결정론(indeterminism)은 프로이트의 여러 대립 개념 가운데 하나이다. 프로이트는 결정론자이다. 그는 인간이 무의식, 특히 이드와 슈퍼에고에 의해 결정되므로 인간은 자유롭지 못하다고 믿었다. 그러나 인간은 전적으로 결정되어진 것은 아니라는 점에서 프로이트의 또 다른 특색이 있다. 인간은 정신분석 방법의 도움을 얻어 무의식을 조정하는 방법을 획득할 수 있기 때문이다. 이런 의미에서 그는 상반되는 양극단에 대해 효과적인 종합을 이룩했다. 프롬은 「인간의 마음」에서 프로이트의 이 같은 점을 잘 설명해 주고 있다.

역사적으로 보면 인간은 양자택일 속에서 살아왔다. 사람은 두 가능성, 곧 퇴행의 가능성과 전진의 가능성을 선택하며 살아왔다. 원초적이고 병리적인 것으로 되돌아가거나 아니면 밝은 인간성을 향해 전진하고 인간성을 발달시키는 쪽으로 나아간다. 이러한 양자택일은 페르시아의 경우 빛과 어두움의 양자택일로, 구약의 경우 축복과 저주, 삶과 죽음의 양자택일로, 사회주의의 경우 사회주의와 야만상태의 양자택일로 나타난다.

결정론이나 비결정론이냐 하는 것도 양자택일의 한 유형이다. 결정론자들은 인간의 자유의지에 제동을 걸고, 비결정론자들은 선택의 자유를 주장한다. 즉 결정론자들은 사람은 자연의 다른 모든 것과 마찬가지로 원인에 의해 결정되므로 자유롭지 않다고 주장하는 반면 비결정론자들은 하나님이 인간에게 선과 악을 선택할 자유를 주었고, 사람이 자유롭지 않다면 자신의 행동에 책임을 질 수 없으므로 자유로운 것으로 볼 수밖에 없으며, 사람은 실제 자유롭다는 것을 주관적으로 경험하며 이러한 자유의 의식은 자유가 존재한다는 증거라고 주장한다.

우리는 흔히 결정론자들로서 스피노자, 마르크스, 프로이트 등을 꼽는다. 그들은 스스로 결정론자로 구분 짓게 하는 주장을 했을 뿐 아니라 그의 제자들마저 그들을 결정론자로 이해했다. 스피노자는 "마음속에는 절대적 의지 또는 자유의지는 없다. 오히려 마음은 이것 또는 저것을 바라도록 원인에 의해 결정되어 있고 이 원인은 또한 다른 원인에 의해 결정되었고 이 원인도 또 다른 원인에 의해 결정되었으며 이러한 일은 무한히 계속된다."고 주장했다(Spinoza, 1968: II-68). 많은 마르크스주의자들은 역사에는 불변의 진리가 있으며 미래는 과거에 의해 결정되고 어떤 사건이든 일어나야 할 필연성을 가지고 있는 것으로 말해왔다. 프로이트의 제자들도 프로이트에 대해 이 같은 주장을 한다. 그들의 주장에 따르면 프로이트 심리학은 선행한 원인으로부터 결과를 예언할 수 있기 때문에 과학적인 심리학이다. 그러나 스피노자, 마르크스, 프로이트를 결정론자로 해석하는 것은 이들의 철학적인 다른 측면을 완전히 무시하는 것이다. 결정론자 스피노자가 왜 윤리학을 썼고, 마르크스가 왜 사회주의 혁명을 의도했으며, 프로이트가 왜 신경증 때문에 정신적으로 고통당하고 있는 사람을 치료하는 방법에 주요 목표를 두었는지 주목하지 않으면 안 된다. 그들은 인간의 사회행동이 비록 어느 정도 어떤 방식으로 기울어지고 때로는 그것이 결정적일 정도로 기울어진다는 것을 알고 있음에도 그러한 현상을 단순히 설명하고 해석하는 차원에 그치지 않고 그러한 상태에 변혁을 촉구하고 실제 그 상태로부터 벗어나도록 변화의 의지를 보였기 때문이다.

세 사상가가 어떻게 변혁을 시도하고 있는가를 살펴보자. 스피노자는 자신의 「윤리학」을 통해 사람이 어떻게 하면 속박으로부터 풀려나 자유로워질 수 있는가를 밝히고자 했다. 그의 윤리 개념은 자유의 쟁취에 초점이 맞추어져 있다. 이 자유는 이성, 적절한 관념, 자각 등에 의해 가능하지만 많은 노력을 기울일 때만 비로소 가능하다.

마르크스도 스피노자와 마찬가지로 인간을 속박으로부터 풀어내는 데 관심을 두었다. 마르크스는 개인의 합리성은 그가 살고 있는 사회의 비합리성 때문에 생기는데 특히 경제적 및 사회적 현실에 내재하는 무계획과 모순의 결과라고 생각했다. 마르크스의 목적도 자유롭고 독립된 인간에 있지만 이러한 자유를 얻기 위해서는 그 배후에서 작용하고 결정하는 힘들을 알지 않으면 안 된다. 해방은 자유를 얻기 위한 수단이다. 해방을 위해서는 계급의식과 계급투쟁이 필요하고 노동계급은 전 인류의 해방을 위한 역사의 대행자로 간주된다. 마르크스도 눈먼 상태에 남아 있으면서 최대의 노력을 기울이지 않는다면 자유는 상실된다고 말했다는 점에서 결정론자이다. 그러나 그는 단지 현상을 해석하려고만 하지 않았고 변혁을 추구했다는 점에서 결정론자와 다르다. 그는 어떻게 하면 각성과 노력에 의해 자유로워질 수 있는가를 사람들에게

185

가르치고자 했다. 그는 우리가 흔히 생각하는 것처럼 반드시 일어날 역사적 사건을 예언한 것이 아니라 언제나 양자택일의 입장에 서서 사람이 매일 배후에서 작용하는 힘을 알고 자유를 얻기 위해 노력을 경주한다면 필연의 쇠사슬을 부숴버릴 수 있음을 가르쳐 준 것이다. 마르크스 이론에 정통한 로자 룩셈부르크(R. Luxemburg)가 마르크스의 이론이 20세기에 있어서 사회주의와 야만주의 가운데 무엇을 선택할 것인가를 가르쳐주었다고 보는 것은 이것과 맥락을 같이한다.

결정론자인 프로이트도 변혁을 추구한 인물이었다. 그는 신경증을 건강으로 바꾸고 이드의 지배를 자아의 지배로 바꾸어 놓고자 했다. 프로이트도 스피노자나 마르크스와 마찬가지로 사람은 어느 정도는 결정되어 있다고 생각했다. 그러나 그도 비합리적이고 따라서 파괴적인 방식으로 행동하도록 강요하는 것은 자각과 노력에 의해 바꾸어질 수 있음을 인정했다. 자연 그의 노력은 자각에 의해 신경증을 고치는 방법을 만들어 내는 일에 집중되었다. '진리가 당신을 자유롭게 할 것이다'는 말을 치료법의 모토로 삼은 것은 이 때문이다.

우리는 스피노자, 마르크스, 프로이트 모두에게 공통되는 점을 발견할 수 있다. 첫째, 사람의 행동은 선행된 원인에 의해 결정되지만 각성과 노력에 의해 이러한 원인의 힘으로부터 해방될 수 있다. 둘째, 이론과 실천은 분리될 수 없다는 점이다. 자유에 도달하기 위해 알아야 하고 올바른 이론을 가지고 있어야 한다. 그러나 우리가 행동하고 투쟁하지 않는 한 알 수 없다. 이론과 실천, 해석과 변혁은 분리될 수 없다. 셋째, 인간은 독립과 자유를 위한 투쟁에서 패배할 수도 있다고 말한 점에서 결정론자이지만 본질적으로는 양자택일이라는 점에서 공통된다. 확인할 수 있는 가능성 가운데 어느 것을 택하느냐 하는 것은 사람에게 달려있다. 따라서 스피노자는 모든 사람이 구원 받을 것으로 믿지 않았고, 마르크스는 사회주의가 반드시 이긴다고 믿지 않았으며, 프로이트는 모든 신경증이 그의 방법에 의해 고쳐질 수 있다고 믿지 않았다. 이런 점에서 세 사상가 모두 깊은 신념을 가지고 있었지만 회의주의적이었음을 알 수 있다. 그것은 인간의 자유 때문이다. 자유는 인간이 악을 버리고 선을 택하는 위대한 기회이다. 인간이 자유를 잃지 않는 한 그 선택은 인간에게 달려있다. 자유는 각성과 노력을 바탕으로 현실적으로 가능한 것을 선택하는 기회이다. 따라서 그들의 입장은 결정론이나 비결정론이 아니라 현실주의적이고 비판적인 휴머니즘에 서 있음을 알 수 있다.

187

자유의지나 결정론은 서로 상반되는 개념이다. 프로이트나 프롬은 상반 논리 속에서 인간이 추구해야 할 선택의 논리를 양자택일 속에서 찾고 있다. 프롬에 따르면 양자택일은 기본적으로 성경에 기초한 것이다. 하나님은 인간에게 선택권을 부여한다. 즉, "나는 너희 앞에 축복과 저주, 삶과 죽음을 놓아두었다. 너희를 위해 하나를 선택하라"는 명령에 따라 인간은 선택할 수 있는 자유가 부여된 것이다. 하나님은 인간에게 삶을 선택하도록 격려한다. 어떤 목표를 보여주고, 선택의 결과를 보여주며, 잘못 선택한 경우 그의 사자인 선지자를 보낸다. 선택을 하는 것은 어디까지나 인간이다. 선택에 따라 그 결과가 달라질 뿐이다. 정신분석의 택일논리도 이러한 입장에 서 있다.

3. 합리성과 비합리성

프로이트는 인간을 모형적으로 설명함에 있어서 인간이 가진 합리성과 비합리성이 이루는 변증법을 강조한다. 그의 사상적 독창성이나 위대성은 변증적 논리에서 뚜렷하게 나타난다.

프로이트는 원래 계몽사상의 영향을 받아 이성의 힘과 인간의지의 힘을 믿은 합리주의자였다. 그러나 그는 점차 초기에 가졌던 합리적 순수성에 대한 의지를 잃어가면서 인간이 가진 비합리적인 힘을 인정하였다. 그는 결국 인간의 이성과 의지의 연약함을 아울러 인정하지 않을 수 없었다. 그는 인간 속에서 대립하고 있는 두 개의 원리를 간파하고 이것을 종합할 수 있는 변증법적 논리를 구상하였다.

그는 무엇보다 인간의 무의식에 합리성과 비합리성 모두를 종합하고자 했다는 점에 특색이 있다. 정신분석이론에서 정신종합이 발견된다는 것은 놀라운 일이다. 그러나 그는 합리성과 비합리성 모두를 종합함으로써 사실상 변증법적 논리를 구축하는 데 크게 도움을 주었다. 그의 변증법적 논리는 합리주의적 계몽사상과 20세기 회의주의 사상이 무의식 속에 통합되고 있는 모습을 취하고 있다. 실재하는 모든 것이 의식적이라면 인간은 합리적인 존재로서 합리적으로 사고하고 논리적인 법칙을 따를 것이다. 그러나 인간의 내적 경험 중 상당 부분이 무의식적인 것이며 이것은 논리나 이성 그리고 의지에 순응하지 않는다. 무의식은 인간의 비합리성을 지배하고, 의식은 논리적 합리성을 지배한다.

프로이트는 무의식이 의식을 조정한다는 신념 아래 무의식이 인간의 행동을 좌우한다고 주장했다. 무의식에 관한 논제는 이미 스피노자에 의해 조금 비춰졌지만 프로이트는 이것을 자신의 중심주제로 삼고 무의식이 인간의 행동을 결정한다는 견해를 강하게 내 비췄다(Fromm, 1971).

그렇다고 프로이트가 무의식의 비합리성만을 강조한 것은 아니다. 그는 합리성과 비합리성, 다른 말로 의식과 무의식 양면 가운데 비합리성에 우세성을 부여했을 뿐 이 대립적 갈등을 어느 한쪽의 방법으로 해결해야 한다는 주장은 하지 않았다. 만일 그가 이성의 승리를 선언했다면 그는 계몽철학자로 머물렀을 것이고, 비합리성에 결정적 역할을 부여했다면 보수적 낭만주의자에 그쳤을 것이다. 그는 비록 인간의 비합리적 힘의 우세를 강조했지만 인간의 이성과 의지를 무력한 것으로 보지는 않았다. 비정상적인 인간이라면 몰라도 정상적인 인간이라면 이성을 사용함으로써 비합리성을 어느 정도 억제할 수 있기 때문이다.

그는 인간의 비합리성에 대한 정신분석을 통해 인간은 무의식적인 것을 의식적인 것으로 만들 수 있기 때문에 무의식적인 충동의 지배로부터 스스로를 해방할 수 있는 것으로 보았다. 자신의 의지로 무의식적인 충동의 힘을 거부하고 경감시킬 수 있다는 것은 인간은 자신의 세계에서 어떤 조정이 가능하다는 것을 의미한다. 그러나 무의식의 충동을 제지할 수도 있고, 제지할 수도 없는 상황이 있음을 시인하지 않으면 안 된다는 것이 프로이트의 생각이다. 이런 의미에서 프로이트는 합리주의와 낭만주의를 종합하고 있다. 강력한 자아의 활동을 강조하고 신경증에 대한 새로운 치료법을 제시하고자 하는 것은 합리성세계의 표출이지만 강한 욕망의 발산과 분출은 비합리성 세계의 표출이다. 인간에게는 이 두 가지가 종합되어있다. 그래서 자아는 얼마든지 다변적이고 복합적일 수 있다.

189

아들러(A. Adler)와 융(C. Jung)은 프로이트의 변증적 종합보다 어느 한쪽의 우세를 택하였다. 즉, 아들러는 합리주의적 낙관론에 입각하여 상황에 대한 지적 이해를 통해 인간은 스스로를 해방시킬 수 있을 뿐 아니라 삶의 비극을 일소할 수 있다고 보았다. 반면에 융은 인간의 모든 힘의 원천을 무의식 속에서 파악한 낭만주의자였다. 그는 상징과 신화의 풍부한 양과 깊이를 통해 무의식을 폭넓게 이해하였다. 프로이트는 무의식을 조정하고 약화시키기 위한 쪽으로 이해한 반면 융은 무의식에서 어떤 활력을 얻고자 함으로써 무의식에 대한 방향을 달리하였다.

프로이트의 합리성과 비합리성의 문제는 앞서 논의한 자유의지와 결정론과 부분적으로 밀접하게 연관되어있다. 상반되는 양극은 조종 또는 택일을 통해 종합된다. 조직사회에서도 합리성과 비합리성은 존재한다. 조직은 기본적으로 합리적 의사결정을 존중한다. 그러나 표면적으로는 합리적이지만 비합리적인 결정도 허다하다. 비합리를 가장한 합리도 있다. 그래서 조직의 결정은 항상 논쟁의 대상일 수 있다. 중요한 것은 합리든 비합리든 그것이 조직의 궁극적 목적, 그리고 조직이 추구하는 이

상과 활성화에 얼마나 부합된 결과를 가져왔는가 하는 것이다. 이것이
종합적으로 실리를 가져왔다면 논쟁의 폭은 줄어들 것이고, 손실을 가져
왔다면 논쟁은 확대될 수밖에 없다. 그 역학관계에서 조직 관리자는 합
리적 낙관론의 자세를 견지하되 무의식적 비합리에 숨은 힘을 간과해서
는 결코 안 된다. 그런 의미에서 조직 관리자는 변증적 종합을 할 수 있
어야 하고, 분석과 함께 종합의 능력을 함께 갖출 필요가 있다.

190

4. 사디즘과 마조히즘

심리적으로 볼 때 사디즘(sadism)과 마조히즘(masochism)은 개인과
조직에서 흔히 나타나는 현상들이다. 복종을 강요하는 쪽은 사디스트에
속하고, 복종을 기꺼이 당하는 쪽은 마조히스트에 속한다. 조직을 지배
와 복종의 관계로 볼 때 사디즘과 마조히즘은 불가분의 관계에 있다.
이 관계를 보다 심층적으로 살펴보기 위해서는 사디즘과 마조히즘의
속성을 파악할 필요가 있다. 사디즘은 정도를 벗어난 여러 가학적 성적
묘사(sexual aberrations)를 작품 가운데 자유롭게 표현한 프랑스 작가
드 사아드(Count Donatien de Sade, 1740-1814)의 이름에서 따온 말로
자신의 파트너를 육체적으로나 다른 방법으로 지배(dominating), 학대
(mistreating), 고통(hurting)을 가함으로써 쾌감, 특히 성적인 쾌감을 느
끼는 것을 말한다. 드 사아드의 사디즘적 작품 「인간의 자유」를 나타내
는 표현으로 간주되어 프랑스 혁명기에 급진세력들로부터 사랑을 받기
도 했다. 그러나 사디즘은 차츰 병적인 잔혹성 또는 가학성 변태성욕으
로 인식되어 이에 대한 인식이 나빠지기 시작했다. 하지만 이렇듯 변형
된 인식은 매우 극단적인 경우에 해당한다. 가학적으로 누구를 죽인다
거나 하는 것은 변태이지만 인간의 자유, 성취욕구, 진취적 기상 등 매

우 정상적인 것도 넓게 보면 사디즘에 속한다. 그래서 돌진하는 것, 움직이는 것, 삶에의 욕구 등을 상징하는 양(陽)의 성질을 가리켜 사디즘에 가깝다고 말하고, 이러한 적극성 내지 공격성을 남성이 여성보다 많이 가졌다 하여 남성을 사디스트로 부각시키기도 한다. 그러나 남성 모두를 사디스트라 할 수는 없다. 왜냐하면 남녀관계에서 여성 쪽이 보다 공격적인 경우가 있기 때문이다. 사디즘은 결국 행위의 잔인함(cruelty) 정도에 있어 공격적 행위를 통해 기쁨을 얻는 쪽을 말한다(Healy et al., 90). 지배-복종의 관계에서 지배자가 갖는 지배적 쾌감이 이에 해당한다. 하지만 사디즘은 상대방에세 고통을 가하고(tormenting) 품위를 떨어뜨린다(degrading)는 점에서 문제가 발생한다(Horney, 301). 사디즘이 긍정적 평가를 받는 것은 능동적이라는 데 있다.

마조히즘은 오스트리아 소설가 자케르 마조크(Leopold von Sacher-Masoch, 1835-1895)의 작품 「모피를 입은 비너스」에서 비롯된 것이며 이 명칭은 그의 이름에서 따온 것이다. 소설의 주인공은 이성으로부터 신체적·정신적 학대와 고통을 받음으로써 성적 만족을 얻는다. 마조히즘은 바로 이성으로부터 육체적으로나 정신적으로 지배·학대·고통을 당함으로써 성적인 쾌감을 얻는 심리상태 또는 어떤 방식으로든 지배·학대·고통을 당함으로써 쾌감을 얻는 것을 가리킨다. 폭행·매질·짓밟기·바늘로 찌르기·밧줄로 옭아매기·언어적 모욕 등 각종 학대 및 고통행위를 당하면서도 오히려 쾌감을 느끼는 피학대적 쾌락, 피학대 음란증, 또는 자기학대증을 말한다. 정신분석적으로는 파괴적인 본능, 곧 죽음의 본능과 에로틱하게 연결되는 심리상태를 가리킨다(Drever, 164). 이를 통해 무나 영원한 과거로 돌아가고자 하는 무의식적 충동이 이 속에 내재해 있어 학대와 고통을 받는 것이 오히려 편안하게 느껴진다. 인간이 자궁회귀본능을 갖게 되는 것이 왜 마조히즘과 연관되는가를 이러한 심리상태가 잘 설명해 준다.

마조히즘은 동양적 의미관찰에서 볼 때 음(陰)의 성질을 반영한다.

음은 받아들이는 것, 고요한 것, 죽음에 가까운 것의 상징이기 때문이다. 여성의 성격을 가리켜 매저키스틱하다고 말하는 것은 여성이 남성보다 수동적 성격이 강하기 때문이다. 그러나 모든 여성을 매저키스틱하다고 말하는 것은 잘못이다. 왜냐하면 여성 가운데도 사디스틱한 면이 강한 사람이 있기 때문이고, 남성 가운데서도 매저키스틱한 사람이 있기 때문이다.

192

매저키스틱한 사람은 항상 받아들이는 입장에서 매저키스틱한 쾌감을 즐긴다. 이러한 사람은 일체의 자기주장이나 능동적인 결정권을 포기하고 타자에게 완전히 자기 몸을 맡겨 그에게 철저하게 복종함으로써 쾌감을 느낀다. 인간은 누구나 무엇인가에 소속되어야 안심하는 성향을 가지고 있으며 거친 세상을 스스로 헤쳐 나가기보다 누군가가 자기를 이끌어주기를 바라는 심리를 가지고 암암리에 가지고 있다. 일반적으로 권위적인 카리스마를 가진 사람에게 복종하고 싶어 하거나, 강력한 힘을 가진 사람에게 소속될 때 행복감을 느끼거나, 노예처럼 학대를 받더라도 자기의지에 의해서 이 세상을 살아가야 한다는 부담감으로부터 해방되는 기쁨을 누린다. 그 사람이 어떠한 행동을 요구하더라도 자기는 기꺼이 그 말에 복종하겠고 그것이 오히려 기쁘다고 생각하는 것이 바로 마조히즘이다.

마조크가 인간의 성 심리를 해부하여 심리주의 문학의 길을 열어놓은 이래 심리학자 에빙(K. Ebing)은 이러한 이상적인 성도착증을 마조히즘이라 불러 성적 마조히즘의 특성을 부각시켜 주었다. 그러나 마조히즘은 성적 마조히즘에 한정되어 있는 것이 아니다. 넓은 의미에서 볼 때 마조히즘은 피학적 성 쾌락의 범주를 벗어나 자신의 극기 수련이나 금욕적 생활을 통하여 최고의 기쁨을 누리는 종교적 고행까지 포함한다. 자기를 포기하고 신에 대한 철저한 복종과 그 복종을 통하여 최고의 행복감을 느끼는 것도 마조히즘에 속한다. 모든 종교적 신앙들이 복종의 쾌감에 기초한다고 볼 때 마조히즘을 비정상 심리만으로 볼 수 없다.

조직의 측면에서 볼 때 사디즘과 마조히즘은 불가분의 관계를 가지고 있다. 사디즘이 성립하려면 그 반대의 입장, 곧 정신적으로나 육체적으로 기꺼이 학대를 받는 사람이 있어야 하고, 마조히즘이 성립하려면 역시 그 반대의 입장, 곧 학대를 가하는 사람이 있어야 하기 때문이다. 사디스트는 마조히스트와의 관계를 통해서 만족을 얻을 수 있고, 마조히스트는 사디스트에 의해 만족을 얻을 수 있다. 조직에서 지배와 복종의 관계는 바로 이것을 나타낸다. 조직에서 모두가 사디스트가 되고자 하거나 또는 모두 마조히스트가 되고자 한다면 그 조화는 깨어진다. 조직구조상 지배와 복종관계가 조화를 이룰 때 보다 바람직한 형태를 유지할 수 있다. 조직에서 사디스트는 보다 공격적 목표를 세워 리드하고자 할 것이고, 마조히스트는 지시에 따라 목표수행에 매진하게 된다. 조직에서 사디스트는 리더로서 부담감과 책임감을 가지고 능동적으로 조직을 이끌 필요가 있다. 매저키스는 언제나 따라가기만 하면 되므로 책임과 의무면에서 그 비중이 매우 낮지만 의식이 없는 기계적 복종은 조직의 질을 떨어뜨리기 때문에 보다 비판적 복종자가 될 필요가 있다.

5. 엑시비셔니즘과 보이어리즘

개인과 조직에서 자주 나타나는 행위로 엑시비셔니즘(exhibitionism)과 보이어리즘(voyeurism)이 있다. 이 두 행위는 정신분석의 경우 어린 시절의 성기에 대한 관심 및 성충동 행위에서 출발하여 어른이 되어서는 성기보다 몸의 형태로 승화되는 양상을 보인다. 이것이 조직에서 나타난다는 것은 일반적으로 승화된 모습에 속한다. 이 두 행위는 앞의 경우와 마찬가지로 서로 맞서는 개념이지만 서로 연관되어 있다. 먼저 이 두 개념을 설명하고 그것을 조직의 행위와 연결시키고자 한다.

194

엑시비셔니즘은 우리말로 노출증 또는 자기과시 및 자기 선전벽이라 한다. 이것은 원래 '엑시베레(exhibere)'라는 라틴어에서 파생된 것으로 일반에게 보여주는 행위 또는 사실을 말한다. 정신분석에 따르면 어린이는 다른 사람의 성기를 보기(보이어리즘)도 원하지만 자신의 것을 보여주기(엑시비셔니즘)도 원한다(Brenner, 26). 심리학에서는 이와 같이 관습적으로 감추어져 있는 신체의 일부를 노출시키는 경향을 가리켜 이 단어를 사용한다. 인간의 본능 속에는 이처럼 자신을 노출시킴으로써 쾌감을 느끼는 엑시비셔니즘이 살아 움직이고 있다. 여성의 대담한 화장, 현란한 색채의 의상, 무대 예술가들의 예술적 성취감 내지 노출증 등은 남의 눈에 뜨이고 보자라든가 자기의 것을 선전하여 인기를 얻어 보자는 노출증 심리가 작용하고 있다. 그러므로 복식이나 치장심리 등은 엿보이는 쾌감과 연관되어 있다. 이것은 단순히 성기의 자기노출에 국한되는 것이 아니라 신체의 일부로 승화되고, 나아가서는 자기의 재능이나 기술 등을 과시함으로써 주의를 끌고자 하는 것 모두에까지 확대되는 개념이다. 마광수는 이를 '야함'으로 표현하고 있다(마광수 1989). 이것은 자기의 소유물, 재산, 명예 등을 남에게 과시함으로써 쾌감을 얻으려는 것과도 연관된다.

보이어리즘은 프랑스어의 '브아(voir)'라는 단어에서 나온 것으로 '보다(see)'는 뜻을 가지고 있다. 우리말로는 관음증, 도시증, 엿보기, 응시하기 등 다양한 명칭을 가지고 있다. 정신분석에서는 성적으로 다른 사람의 성기, 성행위, 옷 벗는 행동, 나체 등을 훔쳐(엿)봄으로써 성적 쾌감을 얻는 것을 말한다. 훔쳐(들여다) 보는 취미를 가지거나 그것으로 성적 만족을 얻을 때 이 같은 명칭이 부쳐진다. 정신분석에서는 어린이가 남의 성기를 보고자 하는 행위에서 보이어리즘이 시작되며, 커서는 신체의 일부를 보고자 하는 행위로 승화된다. 이 승화는 단계적으로 더 발전하여 무대에서 행해지는 연극·영화·TV·사진예술·미술·패션 등을 통해 보이어리즘을 체험한다. 선정적인 영화나 연극을 통해 엿보는 쾌감을 느끼므로 관극의 심리는 실제로 보이어리즘에 바탕을 두고 있다. 우리가 여러 기사를 통해 사생활이 추적되는 기사를 읽고 쾌감을 느끼는 것도 이것에 해당한다. 사람들의 일상적인 대화 속에 이런 부류의 대화가 상당수를 차지하고 있음을 볼 때 보이어리즘을 성도착의 일종으로만 볼 수는 없다. 나의 전체를 감추고 남을 엿볼 수 있다는 쾌감은 낯선 곳을 여행하면서 창밖으로 내다보는 즐거움과도 그 맥을 같이 한다. 따라서 여행도 보이어리즘에 해당한다.

정신분석적으로 볼 때 엑시비셔니즘과 보이어리즘은 유아기의 빨기·깨물기·만지기·분뇨·보기·보이기 행위 가운데 보이기와 보기, 또는 엿보이는 쾌감과 엿보는 쾌감에 속한 부분이다(Healy, 90). 이 두 행위는 보는 자와 보이는 자가 서로 있어야 한다는 점에서 사디즘과 마조히즘처럼 서로 관계를 맺고 있다. 엑시비셔니즘은 자신이나 자신의 일부를 직접 노출해 만족을 얻으며 보이어리즘은 직접적인 행위(엿보기)로도 만족을 얻는다는 점에서 능동적 성향을 띠고 있다. 자연스럽게 보여지는 비의도적인 행위라 할지라도 그 보임을 통해서 만족을 얻었다면 그것도 보이어리즘에 해당한다.

엑시비셔니즘과 보이어리즘을 조직행위적인 관점에서 볼 때 여러 가지로 의미가 있다. 엑시비셔니즘은 조직이나 조직의 성원들이 왜 자기 조직의 능력과 성과를 과시하고자 하며, 조직의 이미지 형성 및 창조에 관심을 가지며, 고객이나 일반 대중들의 시선이나 관심을 끌고자 하고, 보다 외형적으로 크고자 하며, 조직의 치장에 관심을 두는가 하는 것에 대한 심리학적인 설명을 가능하게 한다. 또한 보이어리즘은 조직이나 조직의 성원들이 왜 다른 조직 및 그 성원들의 치부나 비밀을 알고자 하는가, 제품 선전물들이 선정적인 문구나 그림을 투입함으로써 관음증적 만족을 겨냥하고 만들어지는가에 대한 설명을 가능하게 한다.

6. 정신분석의 논리세계와 우리의 선택

지금까지 정신분석의 여러 분석틀 속에서 중요하게 취급되는 개념들을 살펴보았다. 이 개념들은 모두 서로 상반되는 성격을 가지고 있다. 이 대립논리는 인간이 왜 갈등을 할 수밖에 없는가를 보여준다. 에로스는 타나토스와 대립되고, 합리는 비합리와, 엑시비셔니즘은 보이어리즘과 대립된다. 우리는 이 대립논리 속에서 상존하고 있는 보완성을 발견할 수 있다. 사디스트가 있기 때문 마조히스트가 존재하고, 보이는 자와 보는 자가 서로 있어야 한다는 점에서 보완적이다. 대립 속에서 상보의 논리가 존재한다는 것은 매우 역설적이다. 그리고 대립논리는 어떤 것의 선택을 요구하고 있다는 점에서 정신분석은 선택의 논리를 포괄하고 있다. 이처럼 정신분석은 대립·보완·선택의 논리세계를 가지고 있다.

조직행동은 정신분석의 이 같은 논리세계를 확인하고, 그 선택에 있어서 인간의 삶을 보다 긍정적으로 구조할 수 있는 심리 쪽을 보다 강하게 구현시키는 일에 관심을 둘 필요가 있다. 이러한 관심은 프롬과 같은 신프로이트학파의 관심과도 합치된다. 예를 들어 타나토스보다 에로스 쪽을 택하거나, 결정론적 고착보다 자유를 택할 때 우리의 발전가능성은 높아지게 된다. 개인과 조직은 매 순간 성장과 쇠퇴 가운데 어느 한쪽을 택하며 살고 있다. 이러한 선택이 인간에게 주어진 필연의 세계라면 우리가 선택해야 할 세계는 자명하다. 그것은 바로 성장의 세계이다. 정신분석은 바로 우리가 무엇을 선택해야 하는가를 보여준다.

제 8 장

자아실현과 사회실현의 세계

바람직한 사회는 어떤 사회일까? 개인이든 사회든 높은 이상을 가지고, 그 이상을 실현하는 사회일 것이다. 개인이 자신을 위해 살아서는 안 될 것이며, 사회도 폐쇄적이어서도 안 된다. 모두에게 열려 자아실현(self-actualization)과 사회실현(realization of society)이 균형을 이루는 세계를 만들어가야 한다.

우리 사회가 얼마나 자아실현과 사회실현에 관심을 가지고 그 실현을 위해 노력하고 있는가 하는 것을 알기는 쉽지 않다. 그 정도를 파악하기 위해 학술지 「현상과 인식」을 살펴보기로 한다. 이 학술지는 최근 지령 100호에, 창간 30주년을 맞았다. 실현의 정도를 알기 위해서는 30년 이상의 역사를 필요로 할 수 있다. 그러나 이만큼의 역사를 가지고 있는 학술지도 많지 않고, 그동안 여러 인문사회과학자들이 이 학술지를 통해 자신의 생각을 펴왔으며, 여러 학자들 사이에 넓은 공감대를 형성하고 있다는 점에서 선정에 문제가 없다고 생각한다.

지금까지 「현상과 인식」에 실린 글은 다양하여 어느 한 주제로 묶기 어렵다. 하지만 그 모든 주제가 '인간과 사회'의 문제로 집약된다는 점에서 이론이 없을 것이다. 그렇다면 자아실현과 사회실현은 그 가운데 매우 적절한 논제가 될 수 있다 생각된다. 자아실현은 오랫동안 나의 학문적 주제였다. 이 주제를 가지고 학위논문을 썼고, 교수가 되어 한 동안 이 주제에 집요하리만큼 매달렸다. 어느 순간 자아실현은 이름이 바뀌기도 하고, 다른 주제와 접속되기도 했다. 여러 논문을 쓰면서 사회적인 문제에도 관심을 갖게 되었다. 자아실현도 중요하지만 사회실현도 못지않게 중요하다는 것을 깨닫게 되었다. 이 주제는 나의 학문적 관심에 속하기도 하지만 「현상과 인식」이 그동안 살펴왔던 중심주제이기도 하다. 그것이 개인의 문제이든 사회의 문제이든 간에 더 나은 개인, 더 나은 사회를 위한 바람이 담겨 있기 때문이다. 따라서 이 기회에 「현상과 인식」에 담긴 여러 생각을 짚어보고 앞으로 우리의 미래를 어떻게 만들어가야 할지 함께 생각해 보는 것도 의미가 있을 것이다.

1. 접근방법론의 문제

인간과 사회의 문제에 대해 학문적으로 접근할 때 언제나 문제되는 것은 접근방법론에 대한 것이다. 자아실현과 사회실현에 대한 주제도 예외가 아니다. 「현상과 인식」은 여러 방면에서 방법론에 관심을 표명하였다. 「현상과 인식」은 창간호에서 현대사회과학의 구조적 반성을 특집으로 삼았다. 여기서 박동환은 비환원적 사회이론을 위한 기초 작업을 논했고, 오세철은 사회과학의 이론과 방법의 통합 논의를 했다(오세철, 1977). 차인석은 사회과학에 있어서 가치문제를, 그리고 황성모와 임희섭은 사회과학 이론 및 방법을 한국의 입장에서 어떻게 수용할 것인가를 논의했다. 사회과학 이론 및 그 방법에 대한 논의는 여기서 끝나지 않는다. 6호에서는 사회과학의 인간주의적 접근을, 7호는 후기 산업사회에서의 인간의 문제를, 83호는 대안의 삶을 모색하는 등 방법론과 대안의 추구를 지속해 왔다.

「현상과 인식」에 기고한 대부분의 학자들은 합리적 어프로치를 택하였다. 감정보다 비판적 입장을 취했기 때문이다. 물론 모두가 다 그런 것은 아니었지만 이런 점들은 후반기로 갈수록 더욱 뚜렷해진다. 학회로 발돋움하면서 논문의 평가자들이 감정적 표현에 대해 합리적 근거를 요구했기 때문이다.

199

합리적 접근방법에서 있어서 실증주의(positivism)는 「현상과 인식」에서도 큰 주류를 형성하고 있다. 개인이든 사회든 사회과학이 실증적 입장을 견지한 것은 합리적 어프로치를 위해서도 중요하다. 그러나 실증주의는 과학에 의해 모든 문제의 해결이 가능하다고 보려 한다는 점에서 문제가 있다. 과학이 중요한 방법이기는 하지만 그것만이 유일한 문제해결의 방법이라고 확신할 만큼 과학기술 만능주의(technological fix)로 빠져서는 안 되기 때문이다. 「현상과 인식」은 여러 논문을 통해 이 점을 잘 지적해 주었다.

개인과 사회에 대한 접근은 다양하지만 그것이 환원주의(reductionism)로 갈 수 있는 여지는 높다. 환원주의는 보다 보편적인 개념이나 명제로 덜 보편적인 것을 설명하려 하는 특성을 지니고 있다. 합리성을 높이기 위해 방대한 정보의 축적, 분석, 문제의 세분화의 방식을 택한다. 세분화된 문제를 차례로 해결해 나감으로써 커다란 문제가 해명된다고 본다. 여기서 수량화된 객관적 데이터, 애매함이 없는 사실이 강력하게 추구된다. 수량화할 수 없는 주관적 정보, 보기를 들어 누가 그 해결책을 실시하는가, 구체적으로 어떻게 행하는가 하는 것과 같은 인간이 관여하는 요소는 중요하지 않은 외적 요소의 범주로 간주된다. 외적이고 관찰 가능한 것이 그렇지 않은 것보다 더 중요하다고 생각하기 때문이다. 「현상과 인식」이 환원주의를 무시한 것은 아니지만 여러 글에서 환원주의의 폐해를 지적하고, 그것을 뛰어넘으려는 지적 노력을 해왔다. 심리학적 환원론, 생물학적 환원론, 물리학적 환원론, 심지어 방법론적 환원론 등 여러 환원론이 존재한다. 그러나 과도한 환원주의는 언제나 문제를 일으킨다. 사회행위를 사회학적 명제로 할 수 있는데도 쓸데없이 심리학적 명제로 설명하려 든다면 부작용이 있을 것이 확실하기 때문이다. 물론 그 자체 수준 안에서 설명이 되지 않는데도 이것을 환원하지 않으려는 비환원주의도 문제가 있다. 「현상과 인식」은 이것의 문제점을 잘 인식하고, 보다 균형 있는 태도를 유지해왔다.

합리적 어프로치는 전문성과 전문가주의를 중시한다. 전문가는 거의 모든 분야에 존재한다. 필요한 정보를 소유하고 있는 전문가만이 좋은 해결책을 찾아낼 수 있다고 믿는다. 또한 전문가이기 때문에 그들은 겸손하고 편견도 없다고 간주되기 쉽다. 자료의 수집은 측정하려고 하는 현상에 아무런 영향을 미치는 일이 없다고 생각한다. 전문가는 종종 자기들만이 무엇이 옳은지 또는 다양한 선택방법에 수반하는 효과나 위험성을 알고 있다고 믿는다. 그들은 보통사람들은 그와 같은 중대한 사항을 어떻게 평가하면 좋은지 알 수 없다고 생각한다. 전문가는 전문성 편중주의에서 태어났다. 전문가 숭배는 다양한 문제에 대해 한정된 관점을 조장하고 고정관념을 가져다줄 뿐 아니라 전문가가 처방하는 해결책의 예봉이 돌려진 사람들 사이에 방어적 태도를 갖게 하고 그밖에도 여러 가지 문제를 야기한다(Nadler & Hibino, 1990). 「현상과 인식」은 이 점에 주목할 필요가 있다. 논문을 쓸 때 쉽게 전문가적인 예단을 하고, 그 분야의 전문가로서 평가받고 싶어 하기 때문이다.

나아가 합리적 어프로치는 사실을 수집하여 데이터가 분석되면 자연히 하나의 해결책이 나타나고 이성을 지닌 사람이라면 누구나 그것에 동의할 것이라고 생각한다. 이 해결책이 일단 발견되면 본래의 문제는 소실되고 해결책은 항상 계속 적절할 것이라는 것이다. 그러나 그것만으로 사회의 모든 현상을 포괄할 수 있는 답이 되는 것은 아니다. 이런 차원에서 현상학적 접근이 하나의 대안이 될 수 있다. 현상학은 지금까지 「현상과 인식」의 여러 논자들이 선호해온 학문적인 접근방법 가운데 하나이다. 「현상과 인식」은 이 땅에 현상학적 접근의 필요성을 제시해주었다 해도 과언이 아니다. 현상학은 20세기 현대철학의 가장 중요한 사조 가운데 하나로, 어떤 현상을 올바로 연구하기 위해서 우리는 모든 선입견의 구속에서 벗어나 현상 자체로 육박하여 현상 내재적인 분석을 수행해야 한다는 생각을 가지고 있다. 우리는 현상학의 이념에 따라 철학과 사회과학 사이의 대화를 모색하고 그를 통해 구체적인 사회현상에 충실한 사회과학, 사태 자체에 대한 민감성을 잃지 않는 사회과학, 곧 현상학적 사회과학을 수립할 필요가 있다. 이것은 객관적 관찰, 실험, 수량화 등 자연과학적 방법을 동원하여 사회현상을 탐구하는 행태주의적 사회과학에 대해 비판을 가할 필요가 있음을 의미한다(김홍우, 1999).

행태주의적 사회과학은 사회현상을 분석하기 위해 충분히 검토하지 않은 채 자연과학적 방법을 무차별적으로 사용하기 때문에 선입견의 구속으로부터 자유롭지 못하다. 자연과학적 방법을 사용하는 행태주의 사회과학은 사회현상의 계량 가능한 외적 측면만을 파악할 수 있을 뿐 계량 불가능한 사회역사적 의미, 문화적 의미, 생활세계의 의미, 실존적 의미 등 사회현상의 내적이며 본질적인 측면들을 간과하고 따라서 그것은 마침내 사회과학의 생명이라 할 수 있는 삶의 문제에 대한 민감성과 책임성을 결여하면서 일종의 사회공학으로 탈바꿈한다. 「현상과 인식」은 후설, 메를로 퐁티, 슈츠 등의 현상학을 중심으로 그 속에 들어있는 사회철학의 의미를 탐색하고, 철학과 사회과학 사이에 생산적인 대화가능성을 진지하게 모색해 왔다. 철학과 사회과학은 부단한 상호대화를 통해서만 발전할 수 있으며 이러한 대화의 부재는 철학의 위기뿐 아니라 다른 학문의 위기로 직결될 수 있다. 다른 학문과의 소통이 결여된 철학은 공허와 자폐의 위험에 빠질 수 있으며 철학과의 소통이 결여된 다른 학문은 맹목과 독단의 위험에 빠질 수 있기 때문이다. 「현상과 인식」은 이러한 점을 깊이 인식하고 있으며, 앞으로도 현상학뿐 아니라 복합학문의 길잡이로서 개인과 사회를 보다 바른 길로 인도할 수 있는 역할을 수행하리라 생각한다.

201

2. 자아실현의 세계 인식

「현상과 인식」은 인간이 인간답게 사는 사회를 꿈꾸고, 그 안에서 각 개인은 그 어느 것에도 구속당하지 않고 자유롭게 존재를 실현하는 것을 목표로 삼아왔다. 이런 의미에서 6호가 사회과학의 인간주의적 접근에 관심을 가진 것에 주목할 필요가 있다. 여기서 논자들은 소박한 인간관으로서의 인간주의 심리학과 인간주의 사회학을 소개했다(조명한, 1978). 그러나 인간주의에 대한 비판이 없었던 것은 아니다. 특히 이 문웅은 이 문제에 관한 한 비판을 받는 문화결정론에 대해 올바른 이해가 필요하다는 점을 부각시키기도 했다(이문웅, 1978). 그러나 논자들은 인간의 인간다운 삶의 추구라는 점에서는 모두 동의했다. 오세철은 후기산업사회의 인간상, 실존적 휴머니즘으로 로날드 디 랭의 실존적 휴머니즘 등 여러 차원에서 인간다운 삶을 추구했다(오세철, 1978 / 1979).

사회가 자아보다 큰 우주라면 자아는 소우주다. 소우주의 주인인 개인은 사회 속에서 자아를 실현하기 위한 존재로 성숙한다. 학문세계에서는 그동안 자아실현을 놓고 열띤 논쟁을 벌여 왔다. 다음은 그 보기들이다.

자아실현을 강조하는 이론가들과 그들이 사용하는 용어

이론가	연 대	용 어
Kurt Goldstein	1939	자아실현(self-actualization)
Erich Fromm	1941	생산지향(productive orientation)
Prescott Lecky	1945	통일된 개성(unified personality) 자기일치(self-consistency)
Donald Snygg / Arthur Combs	1949	현상적 자아(phenomenal self)의 보전 및 향상

이론가	연 대	용 어
Karen Horney	1950	진아(real self)의 실현
David Riesman	1950	자율인(autonomous person)
Carl Rogers	1951	경험적 유기체(experiencing organism)
	1961	충분히 기능을 발휘하는 인간
Rollo May	1953	실존적 존재(existential being)
Abraham Maslow	1954	자아실현
Gordon W. Allport	1955	창조적 됨의 존재(creative becoming)

출처: Cofer / Appley(1964).

특히 로저스(C. Rogers)는 충분히 기능을 발휘하는 인간(fully functioning person)을 자아실현 인간으로 간주했다. 그에 따르면 이 인간은 경험에 대한 개방성, 실존적 삶, 조직적 삶, 경험적 자유, 그리고 창의성과 같은 특성을 가지고 있다. 경험에 대한 개방성(openness to experience)은 유기체 또는 외적 환경으로부터의 모든 자극이 방어에 의한 왜곡 없이 개인을 통해 자연스럽게 연결되는 것을 말한다. 실존적 삶(existential living)은 순간마다 그 순간을 최후로 간주하고 충분히 그리고 활력 있게 생활하는 능력을 가지고 있다. 조직적 삶(organismic living)은 행동을 취하기 전에 그 일에 대해 충분히 그리고 합리적으로 이해하고 나서야 자발적으로 그 일을 수행하려는 의지를 가지고 있다. 경험적 자유(experiential freedom)는 자기 삶의 의미를 규정함에 있어서 여러 대안 가운데서 한 가지를 자유롭게 선택하는 주관적 감각을 가지고 있다. 그리고 창의성(creativity)은 새롭고 효율적인 생각, 행위, 사물을 만들어내는 능력을 가지고 있다. 이러한 인간상이 자유롭게 발휘되는 사회는 그만큼 개인과 사회가 유기적으로 연결된다 하겠다.

우리의 관심은 자연 우리가 살고 있는 포스트모던시대에서 인간은 어떻게 자아실현을 해야 하는가 하는 것으로 옮겨진다. 라캉(J. Lacan)은 언어적인 측면에서 이 주제에 접근한다. 그는 인간을 가리켜 언어

속에서 태어나고 언어의 측면에서 주체를 형성한다고 보았다. 그리고 인간은 거울단계(mirror stage)에서 상징계(symbolic stage)로 성장 발전한다고 주장한다.

먼저 거울단계에 관해 말해보자. 생후 6개월에서 18개월 사이의 아이는 거울에 비친 자기의 모습을 보면서 '나'의 이미지를 알게 된다. 인간은 거울 속에 비친 자신의 이미지에 매혹되면서 그 이미지에 자신을 맞추려고 한다. 그에 따르면 침팬지는 거울 속의 자기 얼굴에 익숙해지면 그 거울 속의 자신이 허상임을 알게 되고 더 이상 거울에 비친 자기의 이미지에 관심을 갖지 않게 됨에 반해 아이는 거울에 비친 자신의 이미지를 총체적이고도 완전한 것으로 가정하고 뛸 듯 기뻐한다. 라캉을 연구한 마단 사럽은 자기의 정체성을 획득하는 데 있어서 아이는 사실상 자기 확인을 겨우 성취할 뿐이며 주체는 절대로 진정한 자기 자신이 될 수 없다고 말한다. 사럽에 따르면 우리가 우리 스스로를 처음으로 인식하는 이미지는 허상이다.

라캉이 보기에 편집증이나 신경증환자는 이러한 거울단계를 벗어나지 못한 상태에 있다. 그 환자들은 거울 속의 '나'의 이미지에만 집착함으로써 주위의 현실과 타인들로부터 스스로 소외되거나 자신이 상상하는 '나'와 현재의 '나' 사이의 괴리를 신경질적으로 자각할수록 정신질환을 앓게 된다. 그러나 대부분의 인간은 거울단계를 지나 언어의 세계이자 사회적 질서의 세계인 상징계로 진입하여 타자와 관계를 맺으며 살아간다. 이로 인해 그는 '인간 주체는 언어를 통해 구성된다.'는 특유의 명제를 제시한다. 그는 인간의 무의식도 언어처럼 구조되어 있다고 본다. 즉, 인간이 언어를 통해 존재하는 한 인간의 무의식은 은유와 환유로 구조되어 있다.

라캉은 정신병 치료학을 전공하고 편집증과 인성구조의 관계를 다룬 논문으로 학위를 받았고, 거울단계 이론을 담은 논문을 발표하면서 유명해졌다. 그의 이론은 프로이트의 정신분석학은 물론 헤겔의 철학, 소쉬르의 기호학, 야콥슨의 언어학, 레비스트로스의 인류학에 이르기까지 근대 이후 서양의 지적 전통이 낳은 업적들을 골고루 수용해서 새로운 정신분석학 체계를 만들어냈다.

라캉은 근대 이후 서구의 이성 중심주의를 대표하는 데카르트의 "나는 생각한다. 고로 나는 존재한다."는 말을 뒤집어 "나는 존재하지 않는 곳에서 생각한다. 그러므로 나는 내가 생각하지 않는 곳에서 존재한다."고 말한다. 라캉이 보기에 '나는 생각한다.'는 것은 착각이다. 인간은 타인의 눈에 비쳐지고 관계를 맺는 가운데 언어를 익히고 자기 자신을 생각할 수 있다. 그에 따르면 인간이라는 동물은 언어 속에서 태어나며, 바로 이런 언어의 측면 속에서 인간 주체가 구성되는 것이다. 그러므로 인간의 주체성이란 근거가 없다. 그의 이론은 주체의 자율성에 의문을 표시하여 포스트모던시대의 다양한 이론으로 확산된다.

자아실현은 인간의 주체성을 바탕으로 한다. 그러나 포스트모던시대에 들어서면서 인간의 주체성은 때로 의문시 된다. 앞으로 「현상과 인식」이 보다 추구해야 할 과제는 인간의 주체성에 대한 의식문제를 학문적으로 접근하는 일이다. 이 과제는 「현상과 인식」에만 주어지는 것이 아니다. 이것을 우리가 어떻게 풀어내느냐에 따라 우리가 인간으로서 어떤 대우를 받게 될 것인가, 그리고 우리 사회가 어떤 사회가 될 것인가와 직결된다.

3. 사회실현의 세계 인식

사회실현에 대한 「현상과 인식」의 관심은 매우 높았다. 1978년 봄호 특집 '한국사회의 근대적 변동'에서부터 2002년 봄 / 여름호 특집 '한국인의 삶의 유형과 사회변동'을 거쳐 '사회통합과 효율성'에 관한 최근

205

학술대회에 이르기까지 우리 사회뿐 아니라 세계 각국의 사회현상에 관심을 표명하고, 어떻게 하면 바른 사회를 세워나갈 수 있을 것인가에 초점을 맞췄다. 인간 폭력의 문제점을 들춰내고, 선한 사회를 향한 이정표를 세우는 일에도 관심을 가졌다.

사회실현에 대한 「현상과 인식」의 주제도 다양하다. 정직한 사회실현을 위해 자본주의 문화과정을 분석하기도 하고, 여러 차원에서 한국사회의 저항운동을 살펴보기도 했다. 사회학은 물론 비판조직이론, 정치경제학 등 다양한 학문 영역에서 우리 사회가 추구해야 할 것이 무엇인가에 대해 학문적으로 논의했다. 이러한 비판 논의는 군사정부 시절 절정에 달했다. 학교 밖의 환경은 너무 거친데 상아탑에만 안주할 수 없는 지식인들의 고뇌가 「현상과 인식」에 짙게 묻어있다. 이 부분에서 오세철의 주도적인 전개가 있었다. 특히 그의 경영학과 제자 이한열의 죽음은 그로 하여금 행동하는 지식인으로 만든 계기가 되었다.

민간정부가 들어서면서 「현상과 인식」의 방향은 점차 저항보다 대안을 찾는 데 초점이 모아졌다. 21세기를 앞두고 새로운 시대에는 실천하는 지성인의 모습으로 그 면모를 새롭게 하자는 의미에서 1999년 특집을 마련했고, 2001년 봄에는 대안의 삶을 찾고자 했다. 한국의 민주화, 생태환경, 통일 담론 등을 통해 우리 시대의 정신사를 다시 쓰고자 하는 노력을 했다. 이러한 노력은 가정문제, 교육문제, 시민 사회문제 등 우리 사회가 당면한 과제로 이어졌다. 이런 과정에서 「현상과 인식」은 우리 사회가 그동안 굳게 닫힌 빗장사회에서 그 빗장을 풀고 열린 사회로 나가고 있음을 보았다.

열린사회 하면 포퍼(K. Popper)를 빼놓을 수 없다. 사회실현의 관점에서 볼 때 「현상과 인식」이 그간 해온 학문적 노력과 포퍼의 학문적 여정을 비교해 보면 더 의미 있는 결론을 얻을 수 있을 것으로 생각된다. 그는 우리에게 널리 알려진 「열린사회와 그 적들」을 쓴 인물이다. 열린사회는 원래 파시즘과 나치즘, 그리고 마르크스주의라는 전체주의의 닫힌 사회에 대항하여 자유사회를 옹호하기 위해 제창된 사회이념이다. 20세기의 위대한 사회사상가요 과학사상가로 손꼽히는 그는 전향한 지식인이다. 오스트리아 빈 유태인 가정에서 태어난 그는 어렸을 때 사회주의 경향의 책을 읽으며 좌경화되었다. 그러나 훗날 '젊어서 마르크스에 빠지지 않으면 바보이고 그 후에도 마르크스주의자로 남아 있는 것은 더 바보'라 할 만큼 달라졌다. 1938년 나치 유태인박해를 피해 뉴질랜드로 이주한 그는 1945년 영국으로 이주해 귀화했다. 「열린사회와 그 적들」은 뉴질랜드 피난 때 쓴 것이다. 이 책은 그 적들에 대해 상당히 격정적인 표현을 하고 있는데 그가 이렇게 한 데는 다 그만한 이유가 있다. 포퍼는 평생 전체주의와 끈질긴 싸움을 했다. 1957년에는 「역사주의의 빈곤」을 써 20세기 전체주의의 위험성을 알렸다.

207

포퍼는 심지어 과학사를 통해서도 열린사회의 중요성을 강조했다. 그는 열린사회를 주장한 사회철학자이다. 하지만 그가 가장 관심을 갖고 학문적으로 에너지를 쏟은 분야는 과학철학이라는 것을 아는 사람은 그리 많지 않다. 그는 쿤과 더불어 현대 과학철학을 주도했던 인물이다. 아인슈타인의 상대성이론이 반증가능성에도 불구하고 인정을 받게 되는 사건을 주시하면서 그는 과학방법론에 매료되었다. 그는 런던경제대학에서 과학방법론을 강의했고, 그의 과학사상을 담은 책 「탐구의 논리」가 출간되었다. 그의 사회철학은 자신의 과학철학을 사회에 적용한 것이다.

포퍼는 '내가 잘못이고 네가 옳을 수 있다. 그러나 함께 노력함으로써 우리는 진리에 가까이 갈 수 있다'는 비판적 합리주의 관점에서 인간과 관련된 모든 문제를 철학의 대상으로 삼았다. 과학적 지식이 경험을 통해 오류를 제거해 성장하듯이 사회도 시민과 언론이 정부의 정책을 비판적으로 평가하고 수용함으로써 발전한다. 그는 아인슈타인 사건을 통해 과학과 과학 아닌 것을 나눌 수 있는 구획의 문제를 집중적으로 탐구했다. 그는 한 이론이 거짓으로 밝혀질 수 있는 가능성, 곧 반증가능성을 이 문제에 대한 해답으로 제시했다. 이 기준에 따르면 마르크스와 프로이트 이론은 아인슈타인의 이론과는 달리 비과학적인 이론이다. 반증을 거부하기 때문이다. 포퍼는 반증가능성이라는 개념을 제시함으로써 반증주의라는 과학철학의 새로운 장을 열었다. 나아가 인식론과 과학철학의 중요한 문제 가운데 하나인 귀납의 문제를 해소하면서 반귀납주의 과학관을 발전시켰다. 포퍼는 귀납주의를 내세우는 논리실증주의 철학자 카르납에 맞서 반증가능성이라는 의미의 새로운 척도를 제시했다(포퍼, 2000).

반증주의 과학관에 따르면 과학자들은 자유롭고 창조적인 상상력에 의해 과학이론을 생산하며 일단 과학이론이 생산되면 그 이론은 세계의 존재방식에 의해 엄격한 테스트를 받는다. 테스트 결과 결함이 발견되면 그 이론은 폐기되고 결함이 발견되지 않은 이론은 살아남는다. 이러한 과정을 통해 과학은 끊임없이 성장한다. 따라서 어느 누구도 절대적 진리에 도달할 수 없으며 다만 비판적인 논의를 통해 점점 더 진리에 접근할 수 있을 뿐이다. 과학자 사회는 비판을 통해 진리에 접근하려고 노력하는 사람들의 집단이다. 과학자 사회를 사회철학적으로 해석하면 열린사회가 된다.

열린사회란 국가가 제공하는 상호보호의 틀 안에서 타인의 권리를 존중하는 자유로운 개인들의 결사체이다. 이 사회에서 개인은 스스로 결정하고 책임을 진다. 국가가 개인의 생활을 완전히 규제하는 집단주의적인 사회가 닫힌 사회이다. 열린사회에서는 비판과 토론이 보장되고 정부의 정책은 그것을 통해 수정된다. 그에 따르면 완전한 사회는 존재할 수 없다. 완전한 사회에 대한 꿈을 버리고 이 세상을 좀 더 좋은 사회로 만들고자 노력해야 한다. 자신의 이론을 점진적 사회공학(piecemeal social engineering)이라 부르는 이유도 여기에 있다. 「현상과 인식」의 여러 논자들도 이러한 점진적 사회개선 노력에 대부분 수긍하고 있다.

포퍼는 20세기를 살면서 여러 큼직한 참상과 비인간적인 현실을 보았다. 「현상과 인식」의 논자들도 우리 사회의 격동기를 지나면서 우리 사회가 가지고 있는 비인간적인 모습을 보았다. 그러나 지식인들은 포퍼가 그랬던 것처럼 비판적 이성의 힘을 믿는다. 비록 당면한 사회현실이 비관적이다 할지라도 지식인들은 이 땅에서 비참함과 폭력을 줄이고 자유를 신장할 수 있다는 희망을 버리지 않았고, 앞으로도 버리지 않을 것이다.

209

4. 자아현실과 사회실현 연구에 대한 제언

지금까지 우리는 「현상과 인식」에 나타난 여러 논자들의 자아실현과 사회실현에 대한 다양한 접근, 그리고 이 주제에 관련된 필자 나름의 생각을 곁들여 살펴보았다. 문제는 과거와 현재가 그렇다 할지라도 개인이든 사회든 변화가 심하고 혼돈스런 21세기에서 어떻게 자아의 이상과 사회의 이상을 실현해 나갈 것인가 하는 점이다. 앞으로 이 문제에 대해 관심을 가지고 더욱 학문적으로 성찰하고 담론의 주제로 삼아야 할 책임이 지식인들에게 주어져 있다.

앞으로 자아실현과 사회실현에 관한 연구가 더욱 활발하게 개진되기 위해서는 먼저 개인의 자아실현과 사회실현이 서로 동떨어진 것이 아니라 하나의 고리로 연결되어 있다는 점에 주목해야 한다. 어떤 경우에는 이 두 가지가 분리되어 작용하는 예외적인 경우도 있을 수 있겠지만 대부분의 경우 개인은 사회상황과 직결되어 있어 사회 및 주변 환경이 허락하지 않으면 개인의 자아실현조차 어려운 현실을 직시할 필요가 있다.

각 사회는 사회실현을 해나가면서 개인의 자아실현을 적극적으로 허용하는 사회 시스템을 구축할 필요가 있다. 이러한 긍정적 메커니즘을 만들어내지 못한다면 우리 사회는 다시 어두운 폐쇄공간으로 들어갈 수밖에 없다. 이를 위해 무엇보다 시민의 의식수준이 높아야 하고, 그 수준에 맞는 지도자가 세워져야 한다. 포퍼는 우리 문명이 살아남으려면 먼저 위대한 인물에 맹종하는 습관부터 타파해야 한다고 주장한다. 역사상 도덕적으로나 지적으로 평균 이상인 통치자는 거의 없었고, 더러는 평균 이하였다고 말한다. 최선의 통치자를 얻기 위해 노력해야 하겠지만 최악의 통치자에 대비한 원칙을 세우는 것이 더 합리적이다. 잘못된 지도자를 만나면 자아실현은커녕 사회 구성원 모두가 바라지 않는 삶을 살 수 있다.

바람직한 사회실현을 위해서는 폭력이 배제되어야 한다. 마르크스주의자들은 한때 혁명을 이루기 위해 폭력의 방법을 사용했다. 그러나 급진적이고 혁명적인 방법은 상황을 더욱 더 악화시켰다. 폭력은 더 많은 폭력을 불러왔으며, 그로 인해 개인의 자유는 파괴되고 불필요한 고통이 가중되었다. 폭력으로 잠시 목적한 바를 달성할 수 있을지 몰라도 희망의 사회는 열 수 없다. 문제는 현대에 와서 폭력도 다양해지고 그 성격도 달라지고 있다는 점이다. 폭력 형태의 다양화는 폭력을 획일화할 수 없음을 보여준다. 또한 그 폭력이 합리화 내지 합법화라는 탈을 쓰고 있을 경우 어찌할 수 없다. 때로는 폭력이 민주화라는 겉옷을 입고 나타나기도 한다. 절대 권력으로 지위가 바뀐 매스미디어도 문제다. 텔레비전을 비롯하여 다양한 매스미디어가 통제 받지 않는 권력으로 종종 평가되는 것은 매스를 위한 미디어가 아니라 몇몇 소유주의 미디어로 전락하기 때문이다. 이러한 상황은 '민주 사회에서는 모든 권력이 통제되어야 한다.'는 원칙에 위배된다.

집단적 이기주의도 아주 위험한 폭력이다. 세계적으로 확대되는 테러는 집단주의에서 발생하는 것으로 우리 시대가 우려해야 할 위험한 폭력이다. 현재 세계는 테러 등으로 우리의 미래를 매우 어둡게 만들고 있다. 지구가 한 가족으로 살아가야 할 현실에서 테러는 열린사회의 적이 아닐 수 없다. 그 첫 번째 적은 종교나 문화를 정치적으로 악용하는 이기적 세력이다. 특히 급진주의자들은 종교나 문화를 등에 업고 자신의 것만 선이고 다른 것을 악으로 규정할 뿐 아니라 세계를 아군과 적으로 분리시키고 있다. 두 번째 적은 배타적 민족주의와 인종주의이다. 이들은 자신이 속한민족이나 인종만으로 하나의 닫힌 사회를 구축하고자 하며 타민족이나 인종과의 더불어 사는 삶을 거부하고 있다.

211

보다 합리적인 사회를 만들기 위해서는 인간의 이성이 회복될 필요가 있다. 이성은 원래 18세기 계몽주의자들의 상징이었다. 그들은 '근대의 기획'이라는 방법을 사용했다. 근대의 기획은 객관화하는 과학, 도덕과 법의 보편주의 토대, 자율적 예술을 각각 고유한 의미에 따라 발전시키고, 동시에 그렇게 축적된 인식적 잠재력을 생활상태의 이성적 형성을 위해 활용하는 것이었다. 20세기에 들어와 마르크스와 니체의 영향을 받은 베버는 과학, 도덕, 예술 영역의 분화가 문화적 발전을 의미하지만 동시에 전문화를 통해 일상적 생활실천으로부터 분리됨으로써 의미상실 및 자유와 결핍을 가져온다고 보았다. 여기서 계몽주의의 근대의 기획을 고수할 것인지 아니면 버려야 할 것인가 하는 문제가 발생한다. 바타이유, 데리다, 푸코는 니체의 영향을 받아 근대의 기획으로부터 벗어나려 했다. 그러나 하버마스는 그들을 비판하면서 근대의 기획 속에 있던 계몽주의의 오류들과 근대를 지양하려 했던 극단적인 비판을 통해 배워야 한다고 주장했다.

하버마스의 관심은 근대적 이성이 지닌 능력, 곧 잠재력을 거부하지 않고 어떻게 사회적인 해방이 가능한가 하는 것이었다. 그가 의사소통 행위이론을 통해 이성의 회복을 강조하는 것은 이 때문이다. 하버마스는 베버의 재해석을 통해 사회적 합리화의 부정적 측면과 함께 과학과 도덕, 예술이라는 가치 영역들의 분화인 문화적 분화가 자유와 자율성 그리고 의사소통적 합리성의 진보를 가져왔다고 본다. 또한 미드에서 사회적 행위이론을 의사소통적 행위이론으로 재구성할 수 있는 요소를 발견하고,

뒤르케임과 파슨스를 통해 사회통합과 체제통합을 결합시키는 이론의 특징을 발견한다. 근대의 기획은 사회적 합리성, 정의, 그리고 도덕성을 증대시킬 가능성을 갖고 있다. 그는 근대의 미완의 기획이 보다 합리적인 사회를 가능하게 할 해방적 학습과정의 제도화를 통해 실현될 수 있는 방안을 의사소통적 합리성, 포괄적 이성 등의 개념으로 설명한다. 포괄적 합리성 개념은 인식적-도구적 합리성 측면과 도덕적-실천적 합리성 측면, 미학적-표현적 합리성 측면을 모두 포괄한다. 하버마스는 자본주의적 근대화 과정에서 의사소통적 이성의 가능성이 동시적으로 발전되고 왜곡되어 왔으므로 해방과 지배의 양면성을 자체 내에 갖는 법과 도덕의 내적 발전을 동시적으로 파악해야 한다는 입장을 바탕으로 현대에 대한 철학적 논리를 전개했다. 「현상과 인식」의 여러 논자들이 하버마스에 대해 관심을 가지고 여러 차원에서 논의를 전개한 것은 바로 잃어버린 이성을 회복하기 위한 것이었다(박영신, 1987;최종욱, 1987;이기상, 1987).

「현상과 인식」은 앞으로 자아실현은 물론 사회실현을 막는 여러 현상들에 주목하고, 이 문제를 적극적으로 해결해나갈 수 있는 대안을 제시할 필요가 있다. 기든스는 성찰적 근대화론(reflexive modernization)을 통해 이 문제에 접근하였다. 성찰적 근대화론이 중시하는 가치는 개인의 창의성 존중, 개인과 사회의 신뢰회복을 바탕으로 한 조화, 사회세력 간 합의를 바탕으로 한 발전 등이다(기든스, 1998). 어떤 대안이든 그것은 평화적인 방법이어야 하고, 사회를 조화롭게 통합할 수 있어야 한다.

지금까지 사람에게는 호모 사피엔스(생각하는 인간), 호모 파베르(만드는 인간), 호모 에스페란스(희망을 말하는 인간) 등 여러 단어가 붙여졌다. 이 말은 인간이 다른 동물과 그만큼 다르다는 것을 보여준다. 우리가 자아실현과 사회실현을 말하는 것은 본능적으로만 행동하는 동물과는 차원이 다른 세상을 만들어야 한다는 의지가 담겨있다. 우리 사회도 그런 희망을 버리지 않고 있고 「현상과 인식」도 이러한 사회를 만드는 데 기꺼이 동참하고 있다.

　자아실현이나 사회실현을 말하면 그것은 혹시 이기주의와 가까운 것이 아닌가 생각하는 사람도 있다. 그러나 이기주의와는 거리가 있다. 자아실현이든 사회실현이든 그 실현을 통해 사회에 기여하는 이타적 실현이기 때문이다. 우리가 원하는 사회는 개인의 자유와 권리가 존중되고 후세들의 인간다운 삶의 미래가 보장되며 인간과 자연이 조화를 이뤄가는 세상이다. 이러한 사회를 만들기 위해서는 포스트모던 사회를 살아가는 지식인들이 정치·사회·문화 현상에 대해 문제의식을 갖고 역사에 대해 책무를 다하는 자세를 견지하는 것이다.

　자아실현과 사회실현이 완전히 이뤄지기를 바라는 것은 우리의 이상일 수 있다. 그 사회를 가치 있다고 보는 데는 하등 이견이 없다. 그러나 그것을 어떻게 이루는가에 대해서는 견해가 다를 수 있다. 포퍼는 오류를 범할 수밖에 없는 우리의 이성으로서는 완벽한 청사진의 설계가 불가능하며 이 불완전한 청사진을 실현시키기 위해 유토피아주의는 불가피하게 폭력을 동원할 수밖에 없다고 말한다. 이 때문에 알버트는 일체의 유토피아주의도 열린사회의 적이 될 수 있다고 주장했다(알버트, 2002). 하지만 이상이 갖는 기능을 완전히 무시하는 것은 바람직하지 못하다. 우리는 유토피아주의도 닫힌 유토피아주의와 열린 유토피아주의로 구분할 필요가 있다. 비판과 수정이 가능한 청사진을 주장하는 한 그 유토피아주의는 열린 유토피아주의가 될 수 있고, 열린사회의 원군으로 부활할 가능성도 없지 않다(이한구, 2002). 그러나 목적을 이루기 위해 대화의 통로를 막고 폭력을 마다하지 않는 닫힌 유토피아주의라면 그것은 스스로 닫힌 세계를 만들어가는 것과 다를 바 없다. 우리는 적어도 어떤 이상을 따라야 하는지 잘 알고 있다. 우리는 자아와 사회에 대한 비전을 버리지 않아야 하며, 「현상과 인식」도 이 일에 적극적으로 동참해야 한다.

213

제 3 부

나눔의 경영과
열린 사회디자인

제 9 장

포스트모던시대의
자본주의 위상 재검토

현재 미국은 내적으로는 재정적자와 인플레이션의 위험이라는 큰 문제를 안고 있으며 외적으로는 일방주의(unilateralism)와 신자유주의적 세계화를 밀어붙이고 있다는 비판을 받고 있다. 남미에서 새롭게 구축되는 반미사상도 무시할 수 없는 흐름이다. 소련과 동구의 붕괴로 마르크스는 잊혔다고 생각했는데 미국의 자본주의가 비판을 받으면서 세계는 다시금 극과 극으로 치닫고 있다. 한국사회도 진보와 보수의 대결이라는 홍역을 앓고 있다. 포스트모던시대의 자본주의는 더 이상 과거의 단정적인 자본주의가 아니라 매우 다양하고 복합적인 형태를 띠고 있다.

포스트모던시대의 자본주의는 모던시대의 자본주의와 어떻게 다른가? 아직 그 성격이 두드러진 것은 아니라 할지라도 과거의 그것과는 다른 면모를 보이고 있다. 빌 에모트에 따르면 인류 앞에는 지금 도전받는 평화와 의심받는 자본주의라는 두 개의 커다란 과제가 놓여 있다. 이 논문은 이러한 인식을 받아들이면서 포스트모던시대의 자본주의가 처한 위상을 여러 차원에서 진단하고 앞으로의 방향을 모색하는 데 뜻을 두고 있다. 위상 진단에서 '평화는 없다', '자본주의는 없다', '자본은 없다', '평등은 없다', '세계화는 없다'는 전제를 달았다. 이것은 이러한 현상의 완전부재를 뜻하기보다 문제가 있음을 보여주기 위한 것이다. 그만큼 자본주의는 의심을 받고 있고 세계화는 불안전하다는 뜻이다. 이것은 포스트모던시대의 자본주의가 보여주는 다양한 얼굴 가운데 극히 일부분일 수 있다. 그러나 그 다름을 이해하고 서로 포용해 나갈 때 오늘날 우리가 겪고 있는 불균형(disequilibrium) 현상을 해결해 나갈 수 있다. 자본주의에 거칠게 반응하는 사회현상과 불안전한 세계화 속에서도 우리 기업은 항해를 계속해야 하기 때문이다.

마르크스는 「자본론」을 통해 자본주의 사회의 최대 모순인 계급 갈등과 물신성을 분석하는 이론 틀을 제공했다. 부의 양극화 현상에 대한 사회적 비판이 높아지면서 사회정의와 불의의 기원을 파악하고 인간화를 지향해야 한다는 마르크스 사상은 앞으로도 가치가 소멸될 것으로 보이지 않는다. 이런 때 포스트모던시대의 자본주의는 그 다양성과 복잡성의 틀 속에서 시대정신이 요구하는 대안을 찾아 나설 필요가 있다.

1. 포스트모던시대의 자본주의, 지금 어디에 와있는가?

1) 평화는 없다

자본주의는 평화를 바탕으로 발전한다. 평화가 깨질 경우 시장의 질서는 교란상태에 빠지기 때문이다. '평화가 없다'는 말은 평화의 존재를 부인하는 것이 아니라 현재 심각하게 도전을 받고 있다는 말이다. 이것은 자본주의의 미래를 불안하게 만들고 있다.

미국은 9.11사건 이후 평화와 안전을 중요한 가치로 여기고 테러와의 전쟁을 선포하며 아프가니스탄과 이란을 공격했다. 테러의 진원지를 제거한다는 것이 목적이다. 그러나 지금 평화와 안전은 도처에서 위협을 받고 있다. 평화가 도전을 받으면서 세계는 그것을 지키기 위한 노력을 하고 있다.

평화와 안보 문제에 있어서 현재 미국의 역할을 빼놓을 수 없다. 역사적으로 보면 평화를 유지하기 위해서는 이것을 주도할 강대국의 출현을 요구한다. 20세기는 지배적·주도적 강대국이 없을 때 세계는 고통을 당한다는 것을 보여주었다. 19세기의 맹주였던 영국이 자리에서 물러난 20세기 전반 인류는 두 차례 세계대전을 겪었고, 미국이 그 자리를 대신하면서 겨우 안정을 찾았다. 21세기도 예외가 아니라는 주장도 강하다. 냉전 종식과 민족주의의 대두, 대량 살상무기의 확산 등에 의해 21세기 초 다시 무질서의 위협이 세계를 엄습하고 있다. 불안의 요소가 커지고 있는 것이다. 미국이 계속 군사적 우월성, 경쟁 상대의 부재, 공식적인 제국의 미보유 등을 바탕으로 이를 억제하면서 평화를 유지하는 강력한 지도력을 발휘할 수 있을 것이다. 그러나 초강대국 미국이 세계적 지지를 얻어내지 못함에 따라 그 지위가 오래가지 못할 것이라는 주장도 있다.

심지어 초강대국 미국의 몰락 가능성을 주장도 있다. 현재 미국은 이라크·북한 문제로 중대한 위기 국면을 맞고 있다. 이 문제는 미국 스스로 자초한 것인가 불가피한 현상인가? 스스로 악의 축이라 규정하는 국가들과 싸우는 미국의 운명은 무엇인가? 잭슨 딜(J. Diehl)은 미국을 우발적 제국주의자(the accidental imperialist)로 묘사한다. 미국이 맞는 현재의 위기는 최소 대외 개입 정책에서 출발했다가, 뒤늦게 사태의 심각성을 깨닫고 전면 개입에 나선 결과라는 것이다(Diehl, 2002). 그러나 영국의 역사학자 해롤드 제임스(H. James)는 과거 로마제국처럼 절정기의 미국 내에 현재 팽배한 사회·경제적 다양성이 결국 (제국) 해체의 메커니즘이 될 수 있다고 주장한다(제임스, 2001).

평화가 중시되면서 시장은 안전을 택하고 있다. 정세가 불안하면 물가가 뛰고 증권시세가 폭락한다. 산업도 안전한 나라로 이전한다. 따라서 산업의 발전은 평화와 직결된다 할 수 있다. 중국과 인도가 각광을 받는 것도 안정된 나라라는 점에서 긍정적 평가를 받고 있다. 한국의 햇빛정책도 북한으로부터 평화를 얻어내려는 것이다. 북한도 그것을 국제적 무기로 삼고 있다. 평화가 국가적 산업으로 발전하고 있는 것이다. 물론 전쟁이 새로운 산업의 창출을 낳기도 하지만 그것은 많은 인명을 담보로 하고 있다는 점에서 문제가 크다. 미국이 자국의 평화뿐 아니라 세계의 평화를 얼마만큼 지켜낼 것인지는 알 수 없다. 확실한 것은 평화는 지금 지구적으로 도전을 받고 있으며, 이것이 미국뿐 아니라 포스트모던시대가 풀어야 할 중요한 과제라는 점이다. 이 문제에 대한 적절한 해결책이나 대안을 발견하지 못한다면 세계는 다시 위험에 빠질 수 있고 자본주의는 험로를 걸을 수밖에 없다.

2) 자본주의는 없다

자본주의는 분명 이데올로기다. 우리 각자나 국가는 나름대로 독특한 이데올로기를 표방할 수 있다. 이데올로기란 한 주의 주장에 편향된 사상을 말한다. 이른바 '주의(ism)'라는 사상적 표현이 이에 속한다. 우리 사회는 많은 주의 주장이 있다. 이 가운데 민주주의, 자본주의, 사회주의, 공산주의는 대표적인 이데올로기이다.

민주주의는 국민이 주인이 되는 정치체제로 국가의 주권은 국민에게 있고, 국가권력은 국민으로부터 나오는 정치체제를 말한다. 보통은 선거를 통해서 국가권력이 정당성을 가지게 된다. 민주주의와 상반되는 것은 주권이 국민에게 없는 군주주의나 전제주의이다. 우리는 흔히 공산주의를 민주주의와 반대되는 개념으로 이해하지만 민주주의는 정치체제에 관한 것이고, 공산주의는 경제체제에 관한 것이어서 초점이 다르다.

자본주의, 사회주의, 공산주의는 경제체제에 관한 것으로 경제체제에 대해 어떤 입장을 보이느냐에 따라 다르다. 자본주의는 생산수단을 소유한 자본가가 이윤획득을 목적으로 노동자로부터 노동력을 사서 상품 생산을 하는 경제체제이다. 즉, 자본을 통한 이윤추구를 목적으로 한다고 해서 자본주의라는 말이 쓰이게 된 것이다. 마르크스는 자본주의라는 말 대신 자본가적 생산양식이라 불렀다. 자본주의는 일반적으로 사유재산제를 그 기초로 하고 시장경제 질서에 의하여 움직이는 경제체제를 말한다. 자본주의의 특징으로 자본의 자유화, 즉 사유재산 제도를 들 수 있으며 자본, 노동 등 모든 생산단위는 시장경제 질서에 의하여 움직이는 것을 수단으로 삼고 있다. 최근 자본주의라는 단어를 사용하기보다 자유경제라는 단어를 선호하고 있다. 이것은 사회적 계획경제에 대한 반의어로 자유로운 시장경제를 중시하고 있다. 자본의 자유로운 흐름을 중시하고, 노동도 상품화함으로 개인주의경제라 불리기도 한다.

221

자본주의와 반대되는 개념으로 사회주의와 공산주의를 들 수 있다. 자본주의의 모순이 발견되면서 반발로 나온 것이 사회주의이고, 이를 엄격하게 만든 것이 공산주의다. 사회주의는 자본주의 경제체제의 개인주의에 대한 반대 개념으로 등장한 것이다. 자본주의에서는 자본이든 노동이든 모든 생산단위가 모두 개인에게 속하며, 개인의 이익을 위해 움직인다. 그래서 개인주의라고도 한다. 이런 자본 등이 특정 자본가계층에 집중됨으로써 부의 편중이 심화되는 데 대한 반발로 나온 것이 사회주의다. 사회주의는 생산수단을 사회가 소유하고 사회가 관리함으로써 자본주의가 가지는 모순들, 곧 자본의 집중에 따른 부의 편중, 노동의 착취, 실업과 빈곤의 증가 등을 해결해보고자 한다.

공산주의는 사회주의 가운데 한 부분이다. 그렇지만 사회주의와 공산주의가 같은 내용을 가진 것은 아니다. 사회주의가 생산의 사회화를 통해 자본주의의 모순을 해결하려고 한 데 비하여 공산주의는 생산의 사회화 또한 공산주의로 가는 한 수단으로 보고 있다. 그러므로 공산주의는 생산의 사회화뿐만 아니라 분배에 있어서도 공평을 요구하며, 사유재산 제도를 전면으로 부정하고 공유재산제를 실시함으로써 빈부의 격차를 완전히 없애는 것을 그 목적으로 하고 있다. 사회주의가 가장 충실하게 나타난 것을 공산주의라고 할 수 있다. 공산주의는 사회주의를 바탕으로 하고 있지만 공유재산 제도를 통한 빈부격차의 완전한 해소를 목적으로 하고 있어 사회주의 차원을 넘는다.

사유재산 제도를 바탕으로 한 자본주의는 공유재산 제도를 바탕으로 한 공산주의와 이념과 체제가 달라 융화하기 힘들다. 그러나 공유재산 제도까지는 주장하고 있지 않고 있는 사회주의와는 어느 정도의 절충이 가능하다. 사회주의를 수용함으로써 자본주의에 잠재하고 있는 내재적 모순을 어느 정도 치유할 수 있기 때문이다. 현대 자본주의 국가들 상당수가 순수한 자본주의가 아닌 수정된 사회주의, 즉, 자본주의와 사회주의가 결합한 사회적 시장경제 질서를 채택하고 있다. 개인의 소유를 인정하면서 일부 산업에 대해서는 법적 차원에서 사회적으로 제약을 가하는 것이다. 우리나라도 이 제도를 취하고 있다.

사회주의나 공산주의는 개인만 잘살기보다 같이 잘살자는 운동으로, 개인의 소유권을 부정한다. 같이 잘살자는 생각이 나쁜 것은 아니다. 그러나 공산주의는 이런 생각을 사회체제에 강요하면서 공산주의에 저해되는 요소를 과감히 척결하고자 한다.

포스트모던시대에 와서 이러한 구분은 별 의미가 없어 보인다. 어느 나라가 사회주의 국가인지 자본주의 국가인지 구별하기 어려울 정도로 혼재되어 있기 때문이다. 한때 공산주의의 중심에 섰던 러시아나 동구는 자본주의로 전향했으며, 사회주의 국가 중국도 자본주의 시장에서 사실상 중심적 역할을 하고 있다. 자본주의를 표방하는 한국의 경우 노무현 정권은 좌파적 성향을 드러냈다. 이 가운데 진보와 보수가 대립각을 세웠다. 자본주의 국가 미국도 사회보장 면에서는 사회주의 성향을 띠고 있다. 포스트모던시대에는 이데올로기의 섞임과 혼재가 지속될 것이다. 이러한 과정에서 순수한 자본주의 모습은 찾아보기 어렵다. 한 마디로 자본주의는 없다. 자본주의만 없을 뿐 아니라 사회주의도 없다. 그때그때 필요에 따라 정책을 수정해 가면서 이익을 극대화하고자 하는 카멜레온의 변형만 있을 뿐이다. 이 변형의 폭이 클수록 불안은 커진다.

223

3) 자본은 없다

자본주의에서 자본은 경제 재창출을 위한 도구이다. 그러나 포스트모던시대에 자본은 단지 경제적 도구에 한정되지 않는다. 자본이 정치적 도구로 전락되고 있다. 경제적 의미의 자본이 쇠락하고 있는 것이다. 이런 의미에서 자본은 없다.

우리는 소로스를 투기 자본주의의 전사라 비난을 한다. 그러나 그에 대한 기든스의 생각은 다르다. 소로스가 런던정경대 출신이어서가 아니다. 소로스는 러시아와 동유럽 재건을 위해 자본과 노력을 쏟아 붓고 있다. 어떻게 이 세계에 공평을 실현할 것인지, 금융시장을 어떻게 활성화할 것인지, 빈곤퇴치 프로그램을 어떻게 가동시킬 것인지 여러 분야에서 기든스는 소로스와 생각을 같이 하고 있다.

기든스의 주장은 국제적인 환 투기꾼이란 악명을 지닌 소로스의 다른 면모를 보여준다. 소로스는 자신의 저서 「열린사회 프로젝트」에서 동유럽 재건과 전 세계 자선사업을 위해 열린 사회재단의 창립자로서의 구상을 밝혔다. 그는 글로벌 자본주의의 문제점을 지적하는 한편, 선진국들이 특별인출권(SDR)[16] 기부를 통해 세계적 규모의 개발지원과 공공재 공급을 추진하는 프로그램을 제안한다. SDR를 기부 받은 개발도상국은 공공보건, 교육, 정보, 사법제도 개혁 같은 프로그램에 우선 투자한다는 계획이다(소로스, 2002).

소로스의 이 같은 생각을 결코 나쁘다고 생각하지는 않는다. 그러나

---

16) IMF의 고유의 통화를 말한다.

그가 전제적 중앙아시아 국가의 민주화를 명목으로 거액의 투자를 한 것을 보면 자본이 정치화 되어 있음을 알 수 있다. 그것이 때로는 정권 정복을 목표로 하고 있고, 성공을 거둔 사례도 있다. 그러나 자본이 이렇듯 정치의 도구로 쓰일 때 정치적 혼란뿐 아니라 경제적 부작용을 가져올 가능성마저 있다. 자본의 정치화는 종교의 정치화 못지않게 위험할 수 있다. 이런 현상이 많을수록 포스트모던 사회의 자본주의는 혼돈에 빠질 가능성이 높다.

4) 세계화는 없다

우리 사회는 지구화, 세계화로 가고 있고, 각국은 물론 각 기업도 글로벌 스탠더드가 되기 위한 경쟁도 치열하다. 세계화의 현상이 만연되어 있기 때문이다. 그러나 세계화의 속을 들여다보면 인간적인 가치를 공유하고 함께 잘살기 위한 세계화는 찾아보기 어렵다. 약육강식과 적자생존의 법칙이 난무한 사회로 변질되고 있다.

미국은 한 국가이기도 하지만 국제적 질서를 바로 잡으려는 경찰국가 역할을 하고 있다. 세계 평화를 유지하면서 민주주의와 자본주의가 발전하도록 노력한다. 그러나 이러한 역할에 회의적인 나라도 있다. 그들은 미국의 일방주의를 비난하면서 미국의 발목을 잡으려 한다. 미국이 세계의 이익보다는 미국의 이익만을 생각하며 행동한다고 보기 때문이다. 이것은 미국만 해당되는 것이 아니다. IMF나 세계은행처럼 세계화를 대변하는 국제기구의 회담이 열리는 곳이면 어디서든 대규모 시위들이 벌어진다. 세계화를 주도하는 나라들에 대한 자기표현이다. 급진주의자들은 세계화의 종말을 바라고 또 예언한다. 세계화를 주도하는 나라들과 그렇지 못한 나라들 사이에 빈부격차가 염려되기 때문이다.

그렇다고 해서 세계화의 흐름이 꺾일 것으로는 보이지 않는다. 사회주의를 붕괴시킨 자본주의의 역동성이 21세기에도 계속 발휘될 것으로 보기 때문이다. 마르크스는 어떤 사회구성체도 그 내부에서 더 이상 발전의 여지가 없을 정도로 생산력이 발전하기 전에는 멸망하지 않을 것으로 보았다. 마르크스가 자본주의의 세계화를 예견하면서 던진 이 말은 우리 시대를 이해할 수 있는 열쇠이다. 자본주의의 붕괴가 임박한 것이 아니라 오히려 전 지구적으로 확장되고 있기 때문이다.

225

런던 정경대학 좌파 지식인 메그나드 데사이는 자본주의의 세계화로 인해 명예를 회복할 인물은 바로 마르크스라고 주장한다. 마르크스주의자들은 자신의 이름을 빌려 자본주의가 붕괴하고 사회주의가 도래할 것이라고 말했지만 자본주의의 역동성으로 인해 오히려 자본주의가 확장되고 있다. 그렇다면 마르크스는 현존 사회주의의 사멸과 함께 영원히 죽은 것이 아니다. 오히려 그는 자기를 기만한 마르크스주의자들에게 복수의 칼을 들이대고 있다. 데사이는 자본주의의 부활과 국가사회주의의 죽음을 피할 수 없는 사실로 받아들이면서 왜 자본주의는 자기모순으로 붕괴하지 않고 오히려 세계화한 것인가 묻는다(데사이, 2003). 좌파들에게는 곤혹스럽고 도발적인 질문이 아닐 수 없다.

데사이의 주장을 보면 자본주의의 역동성이 사라지지 않는 한 자본주의의 세계화는 지속된다. 그런 점에서 세계화는 계속될 것이다. 하지만 그 역동성의 주체가 누구이며 무엇을 위해 사용될 것인가에 따라 그 결과는 달라진다. 데사이처럼 여러 사상가와 경제학 이론을 동원하여 자본주의 세계화의 운명적 성격을 말할 수 있다. 그러나 현실은 약육강식과 적자생존의 논리가 지배적이다. 그 논리에 따르면 강한 자는 더욱 강하고, 약한 자는 살아남기 어렵다. 세계화는 어느 한쪽의 승리를 위해 마련한 자리여서는 안 된다. 모두가 승자가 되는 세상을 구축해야 한다. 이런 세계가 아직 보이지 않는다는 점에서 세계화는 없다.

5) 평등은 없다

1793년 프랑스 국민회의가 제정한 법령 제8조는 "부유와 빈곤은 평등의 사회에서는 소멸되어야 한다. 고로 부자는 최상급의 흰 빵을 먹고

가난한 자는 저질의 빵을 먹는 일이 있어서는 안 된다"고 했다. 제9조
에는 "프랑스의 모든 빵 가게는 오직 한 가지 종류의 질 좋은 빵, 곧
평등 빵만을 만들어야 한다. 이를 어기면 금고형에 처한다." 그래서
'바게트 빵의 길이는 80센티미터, 무게는 300그램으로 하라'는 법도 유
물로 남아있다. 지금 빵에 관한 법률이 살아있지는 않지만 프랑스 빵
가게에는 아직도 평등의 빵이 놓여있다. 문제는 이보다 몇 곱 비싼 가
지각색의 빵들도 즐비하다는 점이다. 혁명이 있은 지 200년이 지난 지
금 빈부의 격차는 오히려 더 늘어나고 있다.

포스트모던시대의 특징은 평등은 없다는 것이다. 그럼에도 불구하고
정부는 특수학교를 없애 학교를 평준화하고, 세금을 과도하게 부과해
부의 평준화를 꾀하고자 한다. 그러나 평등의 길은 멀고 험하다. 학교
를 평준화할수록 고급화된 교육에 대한 열정은 커지고, 세금을 통해 부
동산 값을 막아보려 하지만 부동산 값은 계속 뛰어오른다. 평등이 아니
라 불평등이 커지고 있는 것이다.

폭넓은 교육 기회의 제공이 평등을 가져올 것으로 보지만 꼭 그렇지
는 않다. 현대사회의 불평등을 문화와 상징의 영역에까지 확장한 피에
르 브르디외(P. Bourdieu)[17]는 프랑스가 높은 경제성장을 누리고 노동
계급의 사회생활이 향상되고 있음에도 불구하고 여전히 대학에서 하층
계급의 자녀들이 중도에 학업을 포기하는 계급적 불평등이 지속되고
있다는 사실에 주목했다. 대학에서 상류계급의 학생들만이 학업을 성공
적으로 마칠 수 있는 이유를 설명하기 위해 그는 '아비튀스(Habitus)'라
는 단어를 사용했다. 아비튀스란 한 개인이 자신이 속한 집단이나 가족
의 집단문화에 적응하면서 무의식적으로 배운 예절이나 취미나 정서를

---

17) 그는 레비스트로스 아래서 인류학을 연구하면서 스승의 구조주의와 그 당시 사회적
상황 속에서 프랑스에 영향을 주고 있던 마르크스주의를 결합해 현대사회의 불평등
현상을 문화와 상징의 영역에까지 확장했다. 그는 후기구조주의 또는 문화적 마르크
스주의라 불린다.

말한다. 그에 따르면 아비튀스가 일단 획득되면 그 개인으로 하여금 주위 환경에 대한 깊은 성찰이 없이도 좋은 시점에서 좋은 방법으로 무의식적으로 행동하게 만든다. 상층계급과 그 자녀들은 연극이나 정치에 대한 부모와의 일상적 토론을 통해서 자연스럽게 학식과 함께 일상적인 생활의 언어와 예의범절과 기호를 익힌다. 이런 개념으로 대학의 현실을 볼 때 하층계급의 학생이 대학교육을 성공적으로 끝내지 못하는 이유는 그들이 노력을 하지 않거나 능력이 없어서가 아니라 상류계급의 예절과 기호와 언어를 제대로 배우지 못했기 때문이다. 아비튀스가 불평등을 낳는 것이다. 브르디외는 아비튀스를 매개로 한 특권계급 문화의 전달과 그러한 계급의 재생산을 경제적 의미의 자산상속에 대응하는 문화적 상속이라는 용어로 개념화했다.[18) 상류계급의 자녀들은 그들의 가족으로부터 자연스럽게 물려받은 지식과 정보와 예절을 고등교육을 받는 과정과 직업을 찾는 과정에서 활동하게 된다. 이것이 문화적 자본이다. 이들이 지니고 있는 졸업장과 교육연수는 교육자본이다. 그리고 특정 가문의 출신이라는 사실이 관계망을 필요로 할 때 유용하게 사용되므로 이것 또한 사회적 자본이 된다(브르드외, 1995a).

그는 이러한 자본화개념을 통해 아주 중요한 현상을 설명한다. 그것은 왜 피지배계급이 자신들에게 불리한 지배계급 위주의 기존질서에 자발적으로 복종하는가 하는 것이다. 그는 상징적 지배와 상징적 폭력이라는 개념을 통해 이를 설명한다. 기존의 교육제도는 사회구성원들에게 사회계급의 질서에 일치하는 아비튀스를 부여하고, 지배계급의 문화에 정통성을 부여하며 피지배계급이 지배계급의 지식을 인정하도록 강제한다는 것이다. 이런 경우 대학은 잠재적 능력을 가진 청소년들을 학문적 훈련을 통해서 배출함으로써 하층계급의 자녀들에게 사회적 상승 이동의 기회를 보장하는 기관이 아니다. 교육제도는 오히려 기존의 문

227

---

18) 그의 사회학을 상징의 사회학 또는 문화사회학으로 부르는 것도 이 때문이다.

화적 자본의 분배구조를 되풀이하고 불평등한 배분과 배제를 정당화함
으로써 상징적 폭력을 행사하는 메커니즘이다. 교육제도의 유익성은 기
존의 계급투쟁을 계급행위자들 사이의 대면적인 투쟁에서 간접적인 지
배로 바꾸며 그러한 사실을 사회구성원들에게 감추면서도 기존의 사회
질서를 재생산하는 데 있다.

부르디외는 이처럼 상이한 계급과 계급분파들이 얼마나 다양한 형태
의 자본을 활용하고 있는가를 밝혀 주었다. 그는 사회구조를 지배하는
현실적 법칙들을 사회구성원들에게 이해시키고 폭로함으로써 이들로
하여금 사회구조에 영향을 미칠 수 있는 보충수단을 제공했다. 그렇게
함으로써 사회구조에 의해 덜 영향을 받으며, 더 의식적이고 자신의 행
위에 대해 책임을 질 줄 아는 주체적 행위자를 만드는 것이다. 이것이
그가 생각하는 마르크스적 의미의 사회적 실천(praxis)이다. 그를 문화
적 마르크스주의자로 보는 것도 이 때문이다.

부르드외의 이론이 사회행위자의 자율적 행위를 충분히 개념화하지
못하고 사회행위자를 프로그램화된 인형으로 전락시킨 것이 아니냐는
비판을 가할 수 있다. 또한 현대에 있어서 아비튀스를 만드는 주체가
무엇인지 분명하지 않다는 평가도 있다. 그는 이것을 컴퓨터의 프로그
램에 비유하곤 하지만 이 개념 속에는 혁명에 대한 바람과 가능성의
세계, 그리고 무의식의 세계가 혼재되어 있다.

사회주의자들은 부와 교육의 평등만 이뤄지면 사회문제는 구조적으
로 해결될 것으로 본다. 그러나 부르드외는 이러한 생각에 제동을 건
다. 우리 사회의 문화구조가 차등을 용인하는 한 불평등은 존재할 수밖
에 없다. 지금 포스트모던 사회는 불평등이 심화되고 있다. 현실정치세
계에서 사회주의를 붕괴시킨 자본주의가 그 자체로는 불평등을 해소하
지 못하고 오히려 심화시키고 있는 것이다. 일부에서는 전 세계적으로
벌어지는 신자유주의에 대한 반발 움직임 가운데서 현재의 불평들을
해소할 희망이 싹트기를 기대하기도 한다(캘리니코스, 2006). 하지만

지식사회로 갈수록 지식의 차이도 커져 불평등의 폭도 커질 것으로 전망되고 있다. 불평등의 존재가 자본주의를 격화시킬 수도 있다. 그러나 불평등을 깨치려는 상대적인 노력이 지속되는 한 자본주의의 활동 폭은 좁아질 수밖에 없다. 이런 점에서 포스트모던 사회는 혼란스럽다.

229

2. 포스트모던시대의 자본주의, 어디로 갈 것인가?

지금까지 평화는 없다, 자본주의는 없다, 자본은 없다, 세계화는 없다, 평등은 없다는 논지를 통해 포스트모던시대의 자본주의가 처한 상황을 살펴보았다. "–없다"는 표현은 절대적으로 존재하지 않는다는 것이 아니다. 절대적 부정보다는 상대적 부정을 통해 현재 자본주의가 처한 문제점을 부분적으로나마 드러내고 싶었기 때문이다. 이러한 상황인식을 통해 우리가 묻고 싶은 것은, 그러면 포스트모던시대에 자본주의는 어디로 가야 하는가 하는 것이다. 이에 관련된 답은 이미 각 부분에서 조금 드러내기는 했지만 충분하지 않기에 그 방향을 더욱 확실히 해둘 필요가 있다.

첫 번째 중요한 문제는 평화다. 평화가 중요한 산업으로 등장한지 오래고 이 문제는 앞으로의 산업발전에 중요한 요건으로 작용할 것이다. 이 문제에 있어서 미국이 처한 위치는 매우 중요하다. 역사학자 제임스는 로마제국과의 유사성에서 현재 미국제국주의의 몰락 가능성을 예고했다. 유일한 패권국가인 미국의 장악으로부터 독일 등 다른 국가들이 쉽게 빠져 나가고 반미주의가 확산되는 것은 역사학자 에드워드 기번(Gibbon)의 「로마제국 흥망사」를 연상케 한다는 것이다. 게르만족은 아우구스투스 로마 황제에 저항했고 몇 차례 진압 끝에도 결국 독립했다. 제임스는 또 다른 제국 몰락의 조짐을 현재 미국이 비호전적이기만 하면 이슬람의 가치를 받아들이려고 애쓰는 현상에서 찾았다. 로마제국은 로마의 가치를 보편적 가치로 강요하기보다는 각 지역의 신들을 모두 흡수했지만, 결국 이런 사회·경제적 다양성이 제국 해체를 초래했기 때문이다. 그는 또 현재 미국의 경상수지 적자폭(국내 총생산의 4.2%)은 대영 제국 시절의 경상수지 흑자 폭(국내 총생산의 7%)과는 대조적이고, 미국제국주의의 경제 기반은 매우 불안하다. 미국은 이런 적자를 외국의 미국 기업 인수, 미국 주식시장 투자 유인 등으로 메우고 있지만 이런 주변 국가들의 행동이 어떻게 역전될지는 알 수 없다. 이들 국가의 행동이 바뀔 때 미국 중심의 평화는 흔들리게 된다고 그는 주장했다(에모트, 2003). 미국이 흔들릴 때 그 여파는 심각할 것이다. 퍼거슨은 힘(Power)의 정치로 요약되는 국제정치에서 진정한 힘은 군사·경제 등 물리적 요소 외에 신뢰성과 정당성이라는 도덕적 요소를 갖추는 것이 더 중요해지고 있다고 말한다(Ferguson, 2004 / 2005). 그런데 미국은 이런 점에서도 부족한 점이 드러나고 있다. 지금 미국에게 중요한 것은 세계로부터 신뢰를 얻을 수 있는 기본적 자질을 더욱 튼튼히 하는 일이다.

두 번째는 자본주의든 사회주의든 현실에 근거하지 않으면 안 된다. 버먼은 거리의 신호들을 읽지 못하는 한 「자본론」을 읽어봤자 소용이 없을 것이라고 주장한다. 그는 원전을 현재 상황에 억지로 끼워 넣는 우격다짐 대신, 좌파의 거대 담론에 비수를 들이댄다. 좌파 지식인은 일상과 너무 멀리 떨어져 있어, 과거의 혁명만 부러워하며 바라볼 뿐 근대라는 거리에서 만들어내는 새로운 현실을 보지 못한다는 것이다. 마르크스주의와 모더니즘의 만남은 책상이 아니라 거리에서 일어난다고 비판한다. 버먼의 출발점은 휴머니즘이다. 고통스러운 역사 속에서도 사람들이 안락함을 느끼게 도와주며, 권력에 짓밟힌 사람들에게 그 권력과 맞서 싸울 수 있는 권력이 있는지, 또 어떻게 비극의 주인공이 역사를 만들어 나갈 수 있는지를 보여준다는 것이다. 그는 유연한 사고와 현실에 뿌리박은 사고만이 유효한 이론으로 남을 수 있다고 주장한다(버먼, 2001;Berman, 1988).

마오쩌둥은 "정권은 총구에서 나온다"(槍杆子裏面出政權)고 말할 만큼 권력창출의 원리에 대해서는 혜안을 가지고 있었다. 그러나 인민을 어떻게 먹여 살려야 할 것이냐를 놓고서는 문제가 아닐 수 없었다. 덩샤오핑이 중국시장을 개방하면서 기존의 공산체제 아래서의 보수 세력들이 반발하자 "검은 고양이든 흰 고양이든 쥐만 잘 잡으면 될 것 아니냐"며 불관흑묘백묘(不關黑猫白猫)론을 내놓았다. 현재 중국은 세계 시장에 적극적으로 진출하면서도 사회주의를 고수하고 있다. 그러나 그 사회주의는 과거와는 다르다. 국민개인으로 하여금 종래 사회주의적 복지정책과 개별적 복지해결정책 가운데 선택할 수 있도록 함으로써 선택적 사회주의로 나아가고 있다. 종래의 사회주의적 복지를 택할 경우 국가에서 복지에 대한 책임을 지지만 봉급은 작다. 개별적 복지정책을 택할 경우 봉급을 많이 받지만 복지에 대한 문제는 스스로 해결해야 한다. 중국은 그만큼 현실에 바탕을 두고 있다.

셋째는 시장의 활력을 돕는 자본이 필요하다는 점이다. 20세기는 자본주의가 불안정성, 불평등, 비도덕성 등 여러 문제를 안고 있음에도 창조적 파괴와 경쟁을 통해 삶을 보다 풍요롭고 자유롭게 만들어주었다. 빈부 격차 확대, 환경오염, 인구 폭발과 자원 고갈 등 자본주의 비판자들이 한계로 지적하는 요인들을 조금씩 극복해나갔다. 경제적 개방성의 증대, 민주화, 교육의 확대 등으로 국민이 더 잘살게 되고 빈부 격차가 줄어드는 나라를 만드는 일도 게을리 하지 않았다. 세계 인구는 조절 국면에 접어들었고, 경제 발전을 이룬 나라들은 환경 문제에 대한 관심을 점차 높이고 있다. 이렇듯 바람직한 현상은 21세기에도 효과적으로 지속되어야 한다. 이를 위해서는 시장의 활력을 회복해야 하며, 그것은 미래에 대한 끊임없는 도전과 창의성으로 나타나야 한다.

넷째는 불평등의 생래적 조건을 수용하고, 거기에서 보다 나은 환경을 만들어갈 수 있어야 한다. 부르디외는 「구별 짓기」라는 저서를 통해 일상생활의 단순한 사진 찍기 행위에서도 계급별로 행동규범의 차이가 있다고 보았다(브르드외, 1995b). 보기를 들어 중간 계급은 독창적인 사진 찍기를 추구하고, 상층계급은 사진 찍기가 널리 퍼져있는 관행이기 때문에 그것을 천박한 행위로 보며, 농민계급은 농업투자나 장비의 현대화에 저해되는 사치스런 여가활동으로 간주한다. 그에 따르면 지배계급의 구성원들은 자신들이 피지배계급의 구성원들과는 다르다는 것을 보여주기 위해 교육체계 밖의 일상생활 속에서도 끊임없이 차별화된 행동을 한다. 사람은 이처럼 다르다.

아담 스미스는 평등한 사회는 가난한 사회라 했다. 마르크스주의자들은 불평등을 해소하고 풍요를 실현하기 위하여 자본주의 밖 사회주의를 실험하였지만, 그것이 정작 가져다준 것은 오히려 빈곤과 억압이었다. 다른 한편, 자본주의를 근본적으로 인정하면서 국가의 적극적 개입을 통해 불평등을 해소하려고 시도하였던 자본주의 내 사회주의는 역설적으로 자본주의의 번영에 의존할 뿐만 아니라 효율적이지도 못하였다. 간단히 말해 사회주의적 실험은 자유는커녕 불평등의 문제조차 해결하지 못하였다. 중국과 같은 사회주의 정부 자체에서도 평등의 문제는 해결하지 못하고 있다. 부자로부터 세금을 걷어 가난한 자에게 나눠주는 정부정책은 부의 재분배에서는 일시적으로 성공할지 모르지만 가난한 자로 하여금 스스로 일어설 능력을 잃게 한다는 점에서 문제가 된다(주만수, 2006). 가난한 사람에게 늘 먹을 것을 대는 것은 한계가 있다. 그들로 하여금 물고기를 잡을 수 있는 기술을 가르쳐야 한다. 경쟁력을 키우지 않는 정책은 독립보다는 의존의 마약을 계속 투입하는 것이나 마찬가지다. 오히려 스스로 경쟁력을 키워갈 수 있도록 배려하는 것이 바람직하다. 우리는 이런 역사적 경험과 교훈을 잊어서는 안 된다. 불평등이 우리 모두가 바라는 것은 아닐지라도 인간의 차이를 인정하고, 그 차이가 보다 긍정적인 방향으로 사회에 기여할 수 있도록 만들어야 한다.

다섯째, 모두가 상승할 수 있는 세계화를 이루어야 한다. 세계화는 이 시대만의 새로운 현상은 아니다. 오래전부터 있어온 현상이다(O'Rourke / Williamson, 2001). 그러나 일방적이고 지배적인 세계화는 종종 실패했다(Ferguson, 2005). 오늘의 세계화는 전 세계를 하나의 단일 시장으로 만들어 노동시장에서는 범지구적으로 살벌한 경쟁을 불러일으키고 있다. 국경 없는 무한경쟁의 세계에서 과거에 존재하던 중 후진국에 대한 보호막이 철거됨으로써 약육강식의 비인간적인 정글의 싸움이 필연적으로 전개되고, 이는 다시 부국과 빈국 간의 경제 양극화로 이어진다. 지구는 20대 80의 사회로 돌변한다. 21세기에는 노동 가능한 인구 중에서 20%만 있어도 세계경제를 유지하는 데는 문제가 없다는 사고가 담겨 있다. 그렇다면 20대 80의 사회에서 배척된 나머지 80%는 어찌될까? 이 80%를 위해 나온 것이 '티티테인먼트(tittytainment)'다. 티티테인먼트는 즈비그뉴 브레진스키가 만든 말로서, 엄마 젖이란 뜻의 titty와 오락이란 뜻의 entertainment의 합성어로 세상에 좌절한 사람들은 약간의 오락물과 먹을거리에 만족하며 아무 저항 없이 얌전하게, 조용히 살아야만 한다는 것을 의미한다. 마르틴과 슈만은 세계화가 이런 식으로 지구의 인구 중 5분의 1만 생활을 보장하기 위해서 진행된다고 믿고 있다(마르틴 / 슈만, 2003). 비인간적인 세계화는 언제나 재검토되어야 한다. 가장 좋은 세계화는 자본주의의 진취성을 보장하되 서로가 인간화된 세계를 만드는 것이다. 이를 위해서는 국가 간의 배려, 사회 성원 간의 배려가 중요하다. 물론 인간적인 세계화가 과연 가능할까 의문을 제기할 수 있다. 하지만 그것은 우리가 어떤 이상을 세우고 그 목표에 도달하기 위해 얼마만큼 노력하느냐에 따라 달라질 것이다.

지금까지 포스트모던시대에 있어서 자본주의가 처한 여러 상황을 평화, 이데올로기, 자본, 평등, 세계화 등 여러 차원에서 살펴보았다. 그리고 보다 나은 시대를 만들어가기 위해 자본주의 사회가 각 차원에서 어떤 것에 주목하고 지향해야 하는가를 생각했다. 이러한 지적 노력은 하나의 완전한 틀을 제시하기보다 우리가 고려해야 할 현실적 문제에 주목하고 그 바탕에서 이상을 찾아가는 것이 바람직하다는 것을 보여주고자 한 것이다.

인간이 잘살아보자는 의욕을 가지고 있는 한 21세기에도 자본주의가 중요한 도구 역할을 하게 되리라는 것은 의심할 바 없다. 그러나 지금은 여러 면에서 공격을 받고 있다. 신자유주의나 미국의 일방주의는 많은 화살을 받았다. 앞으로 어떤 형식의 도전이 있을지는 가늠하기 어렵다.

데사이에 따르면 자본주의는 일자리를 파괴하고 경제를 구조조정 할 때조차 빈곤과 불행을 완화할 최선의 장치이다. 자본주의가 지속되는 한 그 제약 없는 발전이 반동적인 대안보다 더 진보적일 수 있다. 그래서 자본주의는 단순히 살아남기보다 다시 전성기를 맞을 가능성이 높다. 이것은 자본주의가 아직도 자신의 잠재력을 남김없이 소진하지 않고 계속 생성할 수 있음을 입증한다(데사이, 2003). 자본주의에는 이처럼 깊은 활성이 있다.

포스트모던시대의 자본주의에 대해 19세기식 계몽주의적 낙관론을 주장하는 것은 아니다. 20세기의 경험은 위기를 관리하는 인간의 능력이 제한돼 있음을 보여주었다. 1920년대 후반 경제 불안정 때 미국조차도 잘못된 정책으로 결국 세계 대공황을 초래하고 말았다. 지금도 미국 내 일방주의의 고조, 국가 간 불평등의 확대 등 상황을 그르칠 수 있는 요인은 항상 존재한다. 그래서 미래를 낙관하되 조심스러워야 하며 정부도 이러한 점들을 충분히 인식하여 정책을 개발해나갈 필요가 있다.

시대 문제에 관한 한 특히 동양 지식인들의 역할을 기대해본다. 우리는 지금까지 19세기 이래 세계사를 주도해 온 영·미권 주류 지식인들의 의식에 물들어왔다. 그들은 키플링의 지적 후예답게 문명세계에 대한 지적 사명을 짊어졌다고 믿어왔다. 그러나 그들의 생각과 실험이

곳곳에서 좌초를 당하고 있다. 이런 때 20세기의 성공 사례로 손꼽히는 동아시아가 어떤 대안을 내놓을 차례가 되었다.

235

제 10 장

기업 윤리교육의 심화와
교육과정의 재정비

　기업윤리에 관한 한 우리나라만큼 사회적 비용을 많이 들이는 곳도 드물 만큼 우리 기업은 윤리적으로 문제가 많다. 부정과 부패로 얼룩진 사회모습에서 우리는 늘 기업윤리 교육이 절실하게 필요하다는 것을 강조해왔음에도 불구하고 기업은 계속 문제를 야기하고 있고, 교육은 언제나 답보상태이다. 이제 계속되는 악순환의 고리를 끊고 우리 사회가 완전히 거듭나지 않으면 안 된다. 때늦은 감이 있지만 기업윤리에 대한 교육문제를 우리 스스로 생각하고, 보다 나은 교육과 함께 사회변화를 꾀하려는 것은 매우 의미 있는 일이다.

　이 글은 기업윤리 교육에 있어서 특히 교육과정에 초점을 맞추었다. 교육과정에 있어서 가치지향성, 재 개념적 패러다임, 인간중심, 잠재적 교육과정, 그리고 사회학적 고찰의 필요성과 함께 문제점을 보다 거시적으로 살펴보고자 한다. 나아가 우리의 기업윤리 교과과정에서 문제점을 몇 가지 짚어봄으로써 교육혁신에 도움을 주고자 한다. 끝으로 보다 나은 기업윤리 교육과정을 위해 앞으로 어떤 교육적 작업이 수행되어야 하는지 생각해보는 순서로 이어질 것이다.

1. 가치지향의 교육과정과 기업윤리

　　미국의 공인회계사 마지막 회 시험과목은 기업윤리이다. 기업에 윤리가 바로 서야 사회가 바로 설 수 있기 때문이다. 따라서 경영학 과목에 기업윤리가 중요한 자리를 차지하고 있다. 그러나 우리나라의 경우 기업윤리 과목은 있어도 좋고 없어도 좋은 것으로 간주되고 있다. 기업윤리를 가르치지 않아도 좋을 만큼 우리 기업이 윤리적이기 때문이 아니다. 우리나라만큼 기업윤리과목이 필요한 곳이 없을 것이다. 그럼에도 불구하고 기업윤리를 전공한 학자도 드물고, 그에 관련된 연구나 저서의 발간도 드물다. 이것은 학교에서조차 도덕적 분위기가 얼마나 낮은가를 보여준다(Kohlberg, 1983). 늦은 감이 있지만 우리의 교육과정에 기업윤리가 자리를 잡아야 하고, 기업윤리에 대한 연구도 많아져 경영학의 학문의 폭이 깊어지고 다양해질 필요가 있다.

　　피터스(R. Peters)는 교육의 개념적 준거로서 규범적 기준, 인지적 기준, 과정적 기준을 주장하였다. 이 가운데 교육의 규범적 기준이란 교육이 그 자체로서 또는 내재적으로 가치 있는 상태를 실현하는 것에 목적이 있음을 말한다. 교육이 실현하고자 하는 가치는 상태가 무엇인가에 대한 철저한 물음 없이 교육목표를 세울 수 없다. 교육은 과정적 차원에서 볼 때 무엇인가 가치 있는 것이 도덕적으로 온당한 방법으로 의도적으로 전달되고 있거나 전달되었다는 것을 의미한다. 교육이 무엇인가 가치 있는 것을 추구하는 활동인 것은 확실하다. 교육이 가치 있는 것과 관련이 있다고 해서 형편이 없는 교육이라든가 나쁜 교육이라는 말을 할 수 없는 것은 아니다. 형편없는 교육이란 가치 있는 일이 도중에 망쳐졌다는 뜻이고, 나쁜 교육이란 사람들이 교육을 한다고 열심히 하고 있는 일이 아무 가치가 없다는 뜻이다(Peters, 1966).

　　교육은 사람들을 가치 있는 활동에 입문시키는 일이다. 대학은 실용적이든 직업적이든 학문적이든 학생들에게 배울 가치가 있다고 생각되는 것을 선택할 수 있도록 교육과정을 만들 책임이 있다. 기업윤리를 대학에서 교육하는 것은 가치를 심어주고 그것을 밖으로 심화시키려는 뜻을 가지고 있다. 기업윤리 속에 철학, 가치, 원칙이 강조되는 것은 이 때문이다(Shaw, 1991). 그 속에는 가난한 자를 생각하는 삶의 모습에서부터 민주주의적 가치, 창조성, 공동체성의 확립, 자유, 인권, 사회적 책임, 안전, 사회적 정의와 형평 등 수많은 덕성들이 현실적으로 표출되고 있다(Beauchamp & Bowie, 1997; Novak, 1996). 이것은 기업과 사회를 밝고 맑게 하는 가치 있는 작업이라는 점에서 그 유용성이 아주 높다. 따라서 기업윤리 교육을 시키면 시킨 만큼 그 효과가 커져야 한다. 그럼에도 불구하고 교육과정에서 그 가치를 과소평가하거나 상실하게 만든다면 그 책임은 교육자에게 돌려질 수밖에 없다. 윤리적 습관을 형성할 책임이 교육자에게 주어져 있기 때문이다(Stewart, 1996).

239

인더스 강의 전설에 따르면 인더스 강물 위에 책을 띄우면 훌륭한 책은 뜨지만 하찮은 책은 가라앉는다고 한다. 우리나라에서 기업윤리 교육이 진정 인더스 강에 뜨여 많은 사람들이 눈여겨볼 만한 것으로 비유되려면 가치지향의 교육과정에 대한 논의가 충분해야 한다. 학생들에게 기업윤리를 교육함에 있어서 무엇보다 중요한 것은 그 교육이 사회 속에 가치를 바로 세울 수 있을 만큼 의미 있는 일이요 도덕적으로 이론의 여지가 없어야 한다.

2. 재개념주의적 패러다임의 확산과 기업윤리 교육과정의 변화

교육과정에 관한 전통주의적 이론의 대부인 바비트(F. Bobbitt)는 교육에 적용하여 청소년들이 성인생활을 영위할 때 전개될 여러 일들을 보다 잘 해결할 수 있는 능력을 개발시킨다는 가정 아래 경험하지 않으면 안 될 일련의 일들을 교육과정이라 하였다(Bobbitt, 42). 그는 20세기 초 산업사회에서 이용되고 있던 과학적 관리원칙을 교육에 적용시키려고 노력하면서 교육과정 분야에 대한 쇄신을 촉구했다. 그 후 교육과정에 대한 논의가 활발하게 전개되었다.

좁은 의미에서 보면 교육과정은 설정된 교육목적이나 목표를 달성하는 데 필요한 교육내용을 선정하고 조직화하는 것을 말한다. 이런 의미에서 보면 교육과정은 교과과정을 의미한다. 교육과정(curriculum)의 어원인 라틴어의 '쿠레레(currere)'는 달린다는 뜻을 가지고 있다. 달린다는 뜻은 학생에게 있어서는 공부한다는 의미이며, 달리는 코스는 특정한 목적을 가진 학생들이 일정한 기간 동안에 공부하는 과정을 뜻한다. 따라서 교육과정은 어원적으로 볼 때 말이 달리고 사람이 뛰는 경주코스와 같이 학습코스(course of study), 곧 교수요목임을 알 수 있다. 교수의 입장에서 보면 학생들에게 가르칠 교수내용의 체계이며, 학생의 입방에서 보면 학습해 나갈 학습내용이 된다. 이 과정을 통해 일정한 교육목적이나 목표를 달성한다.

넓은 의미로 볼 때 교육과정은 일정한 교육목적을 달성하기 위해 선정된 교육내용을 조직·편성하여 학습활동과 평가활동을 언제 어디서 어떻게 행할 것인가를 종합적으로 계획하고 실천하는 활동이다. 다시 말하면 교육과정은 교육이 목표하는바 인간을 길러낼 수 있게 하기 위한 학교와 교사들의 조직적인 계획과 실천활동이다. 기업윤리 과목의 경우 기업윤리에 대한 교육목적의 설정, 교육내용의 선정과 조직, 교수의 학습지도(교과지도) 및 생활지도, 교육평가 등을 통해 미래의 경영자인 학생들에게 지식을 전달하고 도덕적 합의를 창출하며 사회의 기능유지를 위해 가장 효율적인 것이 무엇인가에 초점을 맞춘다. 이것은 교육과정에 대한 전통적인 견해로 1920년대까지 주류를 이루었다. 그러나 전통주의는 교육과정의 기술적·관료주의적 합리성만을 추구했다는 비판을 받았다. 만일 기업윤리의 교육과정이 효율성과 합리성만 따져 잠재적 교육과정이나 의미생산에 무관심하고 교육과정에서 형성되는 사회적 관계를 무시한 채 고정적인 수준이나 절차에 따라 교육과정이 편성될 경우 이런 비판을 모면할 수 없다.

1930년대부터 60년대까지 교육에도 진보적인 사상이 들어와 학교와 교수의 지도 아래 학생들이 가지게 되는 모든 경험을 교육과정으로 간주되었다. 소련이 스푸트니크 인공위성의 발사에 성공하자 크게 자극을 받은 미국은 기존 교육방식에 대한 개혁을 촉구했다. 개념적 경험론자라 불리는 이들은 자연과학에 기초한 논리와 탐구방법을 옹호하면서 경험론적 방법을 교육과정에 적용하는 데 주력하였다. 사실과 가치를 구분하고, 사실은 가설설정에서 시작하여 자료수집, 검증과 해석으로 이어지는 단계를 통해 구명되고 개념화되어야 한다는 것이다. 그들은 전통주의자들의 교육과정이 경험과 논리가 부족하다고 보았으며 보다 실증적인 과학적 연구에 기초를 두어 개념을 체계적으로 정립시켰다. 양적 분석에 치중한 것이다. 기업윤리에 대한 연구 활동이 과학적인 것에 집중될 경우 개념적 경험론의 범주에 속하게 된다.

1970년대부터는 기존의 교육과정에 대한 비판이 다시 일기 시작했다. 비판론자들은 주로 유럽의 실존주의, 현상학, 그리고 심리분석과 같은 지적 전통에 바탕을 두고 인간중심의 교육을 강조했다. 그들은 그간 미국이 발전시켜온 교육과정이론이 지나치게 기술공학적이고, 행정 관료적이며, 양적인 분석을 중시하는 것에 대해 문제가 있음을 표시하고, 전통주의적 사고나 개념적 경험론의 단점을 극복할 수 있는 재개념화의 필요성을 역설했다. 이것은 그들이 기존의 전통주의적 사고나 개념적 경험론의 사고를 부인하는 것은 아니라 그것을 포용하여 그 사고의 범위와 깊이를 확대시킨 것이다(윤 정일 외, 215).

교육과정 이론과 기업윤리 이론의 발전

이 론	특 성	기업윤리와의 관계
전통적 이론	행정적, 기능적	기능적 기업윤리
개념적 경험론	경험분석적, 수량적	분석적 기업윤리
재개념화론	현상학적, 사회비판적	비판적 기업윤리

신사회학적 이론이라 불리기도 하는 재개념화론자들은 우선 학교를 보다 폭넓은 사회적 과정의 일부로 규정한다. 학생들이 학교생활을 하는 동안에 가지게 되는 경험도 보다 넓은 문화로부터 부분적인 선택임을 주장하고 학교와 교육과정 그리고 사회 간의 관계에 대해 철저히 검토하도록 한다. 하루하루 학교에서의 삶의 과정에서 얽히고설킨 관계를 통하여 문화적 가치, 사회적 관계, 삶의 의미와 가치 등이 어떻게 창출되는가를 연구하고, 심지어 정치사회학적 기능까지 다룬다. 힘, 지역, 이데올로기 등과 학교는 뗄 수 없는 관계를 가지고 있고, 그 관계는 정치·경제·사회·문화·역사·이념 등 여러 부분에 걸친 물음을 통해 전개되어야 함을 강조한다. 표면적 교육과정과 함께 잠재적 교육과정도 강조된다. 재개념주의적 교육과정의 등장은 기업윤리가 대학의 교실에 왜 중요하고 어떻게 교육되어야 하는가를 보여준다. 특히 자본주의 경제체제 아래서 기업윤리 문제를 다룰 경우 이러한 접근은 필연적이다(Shaw, 1991).

교육과정의 여러 패러다임 가운데 현재 기업윤리 교육과정에 영향을 가장 많이 주는 것은 재개념주의적 패러다임이다. 이것은 틀에 박힌 우리의 사고와 행위의 틀을 반성하고 바꾸게 한다.

재개념주의자들은 교육과정연구를 재개념화(reconceptualization)하고자 했다. 이들은 무엇보다 전통적 교육과정, 곧 기술공학적 패러다임을 비판하였다(Pinar, 1975). 전통주의자들은 교과전문가들의 요청에 따라 잠정적인 교육목표를 수립한 다음 여기에 철학이나 학습심리의 요구를 반영하여 의미 있고 타당한 교육목표를 설정한다. 이어 교육목표를 효과적으로 달성하기 위해 학습자가 배워야 할 학습경험을 선정·조직·지도하며 끝으로 이러한 학습경험에 대한 평가가 이루어진다. 이러한 모형은 교육과목의 설정과 진술을 분명히 하고 평가를 교육과정의 일부로 봄으로써 교육목표와 평가의 관계를 밀접하게 연결시켰다는 점에서 공헌했다. 하지만 재개념주의자의 눈에서 볼 때 전통주의적 모형은 직선적이며 사회나 문화적인 여러 요인들을 역동적으로 반영하지 못하는 폐쇄적이고 미시적인 모형에 속한다. 이에 반해 재개념주의적 교육과정은 교육과정을 학교 내부에만 국한시키지 않고 보다 넓은 사회구조와 질서 속에 넣고 거시적으로 파악할 필요가 있다고 본다. 학교교육과정을 사회·경제·정치적 기능까지 확대하여 이해해야 하며, 그렇기 때문에 교육과정을 학교지식·문화·권력·사회통제 등과 관련시켜 재개념화되어야 한다고 본다. 역사·종교·철학·문학 등 인문과학도 중시한다는 점에서 연성교육학자(soft curricularists)라 불리기도 한다. 전통주의적 패러다임에 대한 재개념주의의 비판은 이 두 가지가 서로 대립되는 것으로 보이게 하지만 전통적 패러다임에서 간과하거나 미처 다루지 못한 부분을 재개념주의자들이 부각시킴으로써 실제적으로는 보완적 성격을 가지고 있다.

재개념주의자들은 교육과정에 대한 연구방법으로서 자연과학이나 경험적인 방법과 같은 실천적인 방법을 택하기보다는 현상학·해석학·실존주의·정신분석학·지식사회학·신마르크스주의·구조주의 등에서 제안하는 방법론, 곧 질적 연구방법을 선호한다. 표면적 교육과정뿐 아니라 교수방법, 평가형태, 교실생활 속에 내재된 잠재적 교육과정까지 관심을 둔다.

재개념주의자들은 전통적인 교육과정모형을 기술공학적 모형으로 간주하고 이 모형의 탈역사성·탈사회성·탈정치성·탈도덕성·탈이데올로기성을 비판하고 있다. 교육목표를 엄격한 순서에 입각하여 명확하고

243

단순하게 정의하는 것은 교육목표를 설정하는 과정이 가치 개입적이라는 사실을 간과하게 만든다. 이들에 따르면 교육목표는 끊임없는 투쟁을 거친 가치의 한 부분이 되는데 이것이 교육환경을 지배하게 된다. 재개념주의자들에 따르면 전통적인 교육과정모형처럼 교육목표를 사전에 결정해 놓는 것은 기술적 과정에서 발생하는데 이렇게 되면 교육은 미래의 목표달성에만 치중하므로 종종 과거와 현재를 잊는 결과를 초래함으로써 탈역사성을 범하기 쉽다. 따라서 그들은 교육목표를 정하는 것은 현재에서 과거와 미래를 연결하는 가교를 탐색하는 것이 되어야 하고, 과거와 미래를 어느 한편에서 일방적으로 지속시키거나 중단하기보다는 균형이 확립되는 수준에서 이루어지며, 이러한 역사적 흐름 속에서 현재의 사회적 존재를 감안해야 한다고 본다.

재개념주의자들은 현재 사용하고 있는 교육과정에 관한 개념들이 적절하지 못하다고 비판한다. 교육과정에서 사용되는 많은 개념들이 인간의 정신세계를 다루기보다는 기술세계를 다루는 데 초점이 맞추어져 있다. 특히 기존의 학습용어는 행동주의 심리학에 뿌리를 두고 있고, 주로 행동변화에 초점이 맞추어져 있음을 비판한다. 행동주의는 결국 학습이 이루어지는 조건과 유형만을 기계적으로 설명해줄 뿐 창의적 인간으로서나 초월적 인간으로서의 인간을 육성하지 못한다.

무엇보다 재개념주의자들은 기존의 학교교육으로 인한 비인간화와 소외현상, 그리고 정신의 황폐화 현상을 비판한다. 전통적인 교육과정에 따라 교육을 받게 되면 졸업장과 자격증을 얻지만 비인간화·소외·정신의 황폐화가 나타나며 학식은 쌓지만 인간성은 파괴된다. 이러한 비판적 인식은 인간주의 교육학자와 급진적 비판주의자들과 괘를 같이하고 있음을 보여준다. 재개념주의자들은 기존의 학교교육이 불평등하고 정의롭지 못한 현재의 사회체제를 정당화하는 데 기여하고 있다고 비판한다. 이러한 불평등하고 정의롭지 못한 사회체제를 정당화하는 학교교육은 특정 교육과정을 통해 은연중에 이루어지는 것이 대부분이다.

재개념주의자들은 교육과정의 개발뿐 아니라 교육경험의 내면적·실존적 본질을 이해하려는 데 초점을 맞추었다. 이들은 전통주의자와는 달리 다양한 가치제공의 교육과정 구성을 주장한다. 어떤 획일화된 특정 가치에 기초한 교육과정 내용을 갖고 학생들에게 그것을 주입시켜서는 안 된다는 것이다.

245

3. 기업윤리 교육과정의 유형과 인간중심의 교육과정의 중요성

기업윤리의 교과과정으로 교과중심 교육과정, 경험중심 교육과정, 중핵교육과정, 학문중심 교육과정, 인간중심 교육과정으로 나눌 수 있다.

교과중심의 교육과정은 기업윤리 교과에 대한 지식체계를 중시하는 것으로, 학교가 학생들의 지식발달 단계에 맞춰 기업윤리에 대한 교육과정을 선택한다. 교육내용이 사전에 계획되고 조직되며, 교재와 교수의 설명에 따라 지식을 습득하도록 한다. 기업윤리과목을 다른 교과목으로부터 완전히 독립시켜 가르치는 분과교육 과정의 방법도 있지만 유사과목을 서로 관련시키는 상관교육 과정, 그리고 전통적인 교과목의 엄격한 한계를 유지하기보다 넓은 영역에서 관련 사실을 조직화하는 광역교육 과정이 각광을 받고 있다. 교과중심의 교육과정은 교육내용을 조직하고 지식을 체계화하는 데 논리적이고 효과적이지만 이론적인 지식전달에 치우쳐 있으며, 교수중심의 주입식교육이라는 단점을 가지고 있다.

경험중심의 교육과정은 학습자의 흥미와 요구 그리고 능력을 바탕으로 한 자발적 경험체계를 중시한다. 기업윤리를 경험중심으로 교육할 경우 학생들로 하여금 기업 활동에 직접 참여함으로써 현장에서의 윤리적인 문제를 직접 확인케 함으로써 교육의 효과를 높인다. 이 교육과 정은 교과보다는 생활, 지식보다는 행동, 교수활동보다는 학습자의 학 습활동을 중시한다. 경험중심의 교육과정은 자발적 활동이 강조되고, 학습자의 전인적 발달 및 문제해결 능력을 함양하며, 민주시민의 가치 를 체득케 한다는 점에서 바람직하다. 그러나 교육과정에서 기업의 활 동에 참여한다는 것이 어렵고, 학습활동에 많은 시간이 소요되며, 교육 과정에서 무질서가 초래될 위험이 있다.

교육과정을 교과중심으로 할 것인가 아니면 경험중심으로 할 것인가 하는 논쟁은 이론과 실천 문제만큼이나 이슈가 되어왔다. 중핵 교육과정 은 이 두 가지의 결함을 개선하면서 나타났다. 따라서 중핵 교육과정은 이론과 함께 경험을 교육과정에 포함하고 있음을 알 수 있다. 중핵 교육 과정의 중심에는 무엇보다 종합적인 중핵과정이 자리 잡고 있으며 중핵 과정에 도움을 줄 수 있는 여러 과정이 주변에 동심원적으로 자리 잡고 있다. 중핵과정은 모든 학생들에게 공통적으로 가르치는 필수과정을 말 한다. 기업윤리 과목에서 학생들에게 꼭 필요하다고 생각되는 것을 가르 친다. 이 과정에서 학생들이 생각하는 문제나 흥미 등을 고려하여 학생 들 스스로 기업의 문제를 발견하고 규정하고 해결하고 자료를 찾도록 한다. 그러나 중심적인 문제해결에 도움이 되지 않는 훈련이나 작업은 배제한다. 이 과정은 토의나 실험, 조사, 야외활동 등 여러 학습활동으 로 이뤄진다. 이 교육과정은 교육계획에 따라 개인에게 필요한 중요한 학습경험을 갖도록 하고, 문제에 대한 비판적 사고력을 키워주며, 여러 분야에 걸친 지식의 상호관련성을 이해하는 데 도움을 준다. 그러나 이 것의 성공적인 교육을 위해 교수들의 철저한 준비가 요청된다.

학문중심 교육과정은 교과내용의 선정에 있어서 보다 적절한 기준을 찾아내고 그것을 효율적으로 학습할 수 있도록 조직하고자 한다. 이 교 육과정에서는 학문의 기본구조를 중시한다. 학문의 기본구조란 그 학문 가운데 기본이 되는 개념이나 아이디어들이 체계화되어 있는 하나의 양식이다. 따라서 기업윤리를 학문중심으로 교육하고자 할 경우 기업윤리의 기본개념과 구조를 발견하고, 법칙과 원리에 따른 삶의 방식을 검증하는 과정이 포함되어야 한다. 학문중심 교육과정의 궁극적인 목적은 학생들로 하여금 이성을 계발하고 탐구력을 배양하도록 하는 데 있다. 이러한 능력을 갖추게 함으로써 학교교육을 마친 뒤에 보다 넓은 사회에서 계속적으로 성장할 수 있도록 기본개념과 학습하는 방법의 습득을 강조한다. 학자가 기본개념이나 원리 그리고 법칙을 발견해나가는 것과 같이 발견학습을 통해 기업이 갖추어야 할 윤리를 습득해 나간다. 이 교육방법은 기본개념을 능률적으로 학습하는 데 도움을 얻을 수 있지만 단순한 지식구조의 습득만으로는 실생활과 유리되어 쓸모가 없을 가능성이 높다. 즉 지식을 가르치고 배운다는 것과 정의와 덕성을 함양한다는 것은 별개이다. 지식을 배운다고 해서 긍정적인 정의적 행동특성이 형성되고 도덕적으로 행동하는 사람이 길러지는 것은 아니다. 따라서 학문중심의 교육과정은 전인교육에 소홀하다는 비판을 받는다. 이것은 인간중심의 교육과정이 왜 중요한가를 보여준다.

인간중심의 교육과정은 상실된 인간성의 회복을 위한 교육, 전인격적 교육, 인간화에 초점을 둔 교육과정을 말한다. 이것은 산업사회에서 인간이 수단적 존재, 기계적 존재로 전락함으로써 그 본질이 상실된 것에 주목하고 인간성 매몰과 비인간화 경향에 대항하는 교육의 필요성 때문에 나타나게 되었다. 기업윤리의 상실은 이러한 사회와 깊게 연관되어 있기 때문에 기업윤리는 무엇보다 인간중심의 교육과정에 주목할 필요가 있다. 인간중심 교육의 궁극적 목표는 인간의 성장가능성을 최대한으로 실현하고, 인간다운 인간의 육성을 강조하면서 개인적으로는 만족스럽고 사회발전에 기여하는 삶을 살 수 있도록 돕는 것으로 자아실현을 지향한다. 이 교육과정은 인간 존중에 바탕을 두고 있다. 특히 전인교육을 통해 지적 발달, 사회적 발달, 정서적 발달, 신체적 및 도덕적 발달을 도모하고자 한다(이용헌과 오만록, 64-67). 기업윤리의 교육도 이러한 차원에서 실현된다.

인간중심의 기업윤리 교육과정은 모든 인간을 존중하고 나아가 모두가 공동체의식을 가지고 생활하도록 한다. 이러한 교육을 위해서는 무엇보다 개방적이고 자율적이며 자유로운 분위기를 조성할 필요가 있다. 이 교육과정은 학습자의 자아개념을 긍정적으로 형성하는 데 도움을 주며 이 과정에서 습득한 의미를 내재화시킬 수 있게 만들어 준다. 기업인이 되어서도 어떤 행동양식을 가져야 하는가를 알게 된다. 그러나 이 교육과정은 학습과정에서 자유로운 환경을 조성하고 학생과 역동적인 인간관계를 유지하지 않는 경우 교육성과가 보장되기 어렵다. 따라서 이러한 교육목적을 달성하기 위해서는 기업윤리 교수의 투철한 교육관과 윤리관 그리고 인간관이 확립될 필요가 있다.

4. 잠재적 교육과정의 중요성

교육과정에는 표면적(manifest) 교육과정과 잠재적(latent) 교육과정이 있다. 표면적 교육과정이란 문서화된 공식적 교육과정임에 비하여 잠재적 교육과정은 학생이 은연중에 학습하는 것으로 학교나 교수의 의도적인 계획이 담겨있지 않다. 표면적 교육과정은 계획된, 구조화된, 공식적, 외현적, 가시적, 외면적, 조직화된, 기대된, 형식적 교육과정으로 불리는 반면 잠재적 교육과정은 숨은, 비구조적, 비공식적, 내현적, 비가시적, 내면적, 비조직적, 기대되지 않은, 비형식적 교육과정으로 불린다(이용헌과 오만록, 68-69).

교과중심의 교육과정, 경험중심 교육과정, 학문중심 교육과정 등은 모두 문서로 기술된 표면화된 교육과정의 성격을 띤다. 기업윤리에 대한 공식적인 교육을 통하여 장래의 기업가로 활동할 학생들의 사고와 행동을 미리 계획적으로 변화시키는 데 관심을 두고 있다. 그러나 잠재적 교육과정은 비계획적이고 비의도적이며 단편적이다. 이 교육과정은 정의적이고 가치 지향적이고 도덕적인 측면과 깊게 연관되어 있다. 따라서 기업윤리, 특히 인간중심 교육과정에서는 잠재적 교육과정을 중시한다.

249

잠재적 교육과정은 비록 문서화되어 있지 않고 비공식적인 교육과정이라 표면적 교육과정보다 체계적이지는 못하다. 하지만 교사의 인격, 교실의 분위기, 인간관계 등은 학생들에게 크게 영향을 준다. 잠재적 교육과정에서 배운 것은 비교적 영속성이 있으며, 학생의 정의적·도덕적·인격적인 면에 크게 영향을 주기 때문에 표면적 교육과정에서 배운 것보다 중요성이 더 하다. 따라서 기업윤리 교육에 있어서 지나친 표면적 교육과정의 강조는 문제가 있다. 오히려 잠재적 교육과정의 중요성이 부각되어야 한다.

잠재적 교육과정에 대한 논의도 다양하다. 기능론적 입장, 갈등론적 입장, 그리고 이 두 이론을 넘어서 저항이론의 관점으로 발전하기도 한다. 저항이론가들은 학교에서 가르치는 것과 학생들이 배우는 것 간의 질적인 차이를 드러내기도 하고, 제도교육의 예기치 않은 결과가 있음을 밝히기도 한다. 또한 비판 이론적 입장에서 잠재적 교육과정을 변증법적으로 다루기도 한다. 그러나 잠재적 교육과정이 학습자들에게 생활과 사회관계를 구조화시키는 규칙들을 이해하고 내면화시키는 데 크게 기여한다는 점에서 차이가 없다(한준상, 1986; 이귀윤, 393).

5. 기업윤리의 교육과정과 평가문제

우리나라의 경우 교육과정에 교수요목으로서의 교육과정, 학교의 지도 아래 학생들이 가지게 되는 모든 경험으로서의 교육과정, 계획으로서의 교육과정, 구조화된 일련의 의도된 학습결과로서의 교육과정 등이 포함되어 있다(이영덕, 1991;이성호, 1984).

교과내용으로서의 교육과정은 학생들이 필수적으로 배워야 하는 내용을 규정하는 것을 말한다. 기업윤리의 경우 교과개요가 주요 대상이다. 여기서 교과는 설명을 용이하게 하는 논리적 순서와 연관되어 있으며 학습경험에 선행된다. 기업윤리의 교과내용은 일반화되고 이미 결론이 내려진 것보다는 그러한 결론이 가능했던 여러 폭넓은 사고유형을 탐색하고, 그 사회의 총체적 문화를 포용할 수 있도록 해야 한다.

학습경험으로서의 교육과정은 학습자가 교실에서 형식적인 교과내용을 통해서만 배우게 되는 것이 아니라 교실 내외의 총체적인 환경에서 학습자가 배우게 되는 모든 학습경험을 중시하는 것을 말한다. 학습경험을 강조한 타일러(R. Tyler)는 성취해야 할 교육목표는 무엇인가, 이 목표를 달성하는 데 유용한 학습경험은 어떻게 선정할 수 있는가, 효과적인 교수를 위해 학습경험은 어떻게 조직할 수 있는가, 학습경험의 효과성은 어떻게 평가할 수 있는가 등 네 가지를 생각하도록 하고 있다(Tyler, 1). 경험으로서의 교육과정은 정규교과 활동을 통하여 공식적으로 의도되지 않는 많은 잠재적 교육과정에 대해 관심을 가지도록 만들었다. 그러나 경험의 지나친 강조는 학생들로 하여금 책을 싫어하게 만드는 역효과를 가져온다는 점에서 문제점으로 제시되고 있다.

학습계획으로서의 교육과정은 구체적인 특정 단위의 교육 작용이 이루어지기 이전에 그것을 위해 사전에 틀을 마련하는 것이다. 이 과정은 교육을 숙고의 과정을 거쳐 여과되고 공식적으로 협의하여 채택된 의도된 계획으로 간주한다. 이때 계획은 단지 상상적으로 머릿속에서 그린 계획이 아니다. 학생들이 경험하는 것이나 배우는 내용도 사전 계획 아래 진행된 것이다. 이 교육과정에서 계획은 일종의 종합적인 계획으로 그 속에 여러 부분을 하나로 총합시키는 성격을 가지고 있다. 기업윤리 교육이 학습계획이 되기 위해서는 사전의 치밀한 검토와 합의가 있어야 하며, 이를 통해 기업윤리 교육이 생명력이 있는 교육으로 만들 필요가 있다.

학습결과로서의 교육과정은 계획이 실체화되어가는 과정을 거치는 동안에 학습자의 인간적인 특성에 통합된 어떤 교육적 가치를 뜻한다. 이것은 교육자가 교육결과에 대해서도 책임을 느끼고 또 져야 한다는 교육의 책무성에 대한 관심에서 나온 것이다.

251

기업윤리 교육과정에 있어서 빼놓을 수 없는 것은 확고한 교육목표의 설정, 그 목표를 효율적으로 달성할 수 있는 교육내용, 학습경험을 쌓아가는 교수-학습과정, 그리고 보다 나은 교육적 향상과 발전을 위한 평가이다(오성삼과 구병두, 29-31).

교육목표는 교육과정의 전체 방향을 제시하고 그 교육내용이나 구체적인 학습활동 또는 지도활동의 기준을 제공하는 기능을 가지고 있기 때문에 교육과정 구성에 있어서 무엇보다 우선적으로 제시되어야 한다. 기업윤리 교육과정에 있어서 교육목표가 명백하게 또한 가치 있게 기술되지 않으면 문제가 발생한다. 클렙토크라시(kleptocracy)라는 말이 있다. 이것은 절도를 뜻하는 접두어 클렙토(klepto)에다 데모크라시(democracy)를 조합하여 만든 조어로 도둑놈 민주주의를 뜻하고 있다. 민주주의가 백성이 주인이 되는 사회라면 클렙토크라시는 도둑놈이 주인이 되는 사회, 즉 도주주의(盜主主義)이다. 기업윤리가 제시되는 이유는 부패한 자가 주인행세를 하지 못하도록 하는 것이다. 기업윤리의 교육목표는 학생에 대한 기업윤리 교육을 통해 사고와 행동의 변화를 유도하는 데 있다. 기업윤리의 이해, 응용, 사고, 창의성, 흥미, 태도, 가치관, 지능 등 여러 가지 면에서 변화를 포함한다.

교육을 통해서 달성해야 할 바를 교육목표라 한다면 그 교육목표를 달성케 해주는 가장 강력한 수단은 교육내용이다. 기업윤리의 교육내용은 설정된 교육목표를 달성할 수 있도록 실제로 가치 있고 입증된 교육내용을 선택하고, 선택된 내용을 체계 있게 조직하여 학생들에게 제시되어야 한다.

교수-학습과정(teaching-learning process)은 학습자가 직접 학습경험을 쌓아가는 활동과정으로 특정한 학습상태 속에서 특정한 학습활동을 거쳐 학생들이 가지게 되는 구체적인 학습경험 여하가 그들의 학습 내용과 질을 결정해 준다. 학습과정은 학습 및 행동과정이기 때문에 이에 관련되는 상호 작용적 관계를 통한 종합적 사고체계가 필요하다. 이 과정에서는 학습자의 심리적 특성, 교수의 인성과 자질 그리고 지도능력, 목표와 내용, 교수 여건 및 방법, 학습 분위기, 물리적 환경 등이 역동적으로 상호 작용하여 이루어진다. 또한 교수가 학생의 가치관 및 태도, 인성에 크게 영향을 미치는 단계이므로 교수의 인성, 가치관, 목표의식, 교수방법과 기술에 대한 검토가 아울러 이뤄져야 한다.

교육평가는 보다 나은 교육적 향상과 발전을 위해 체계적이고 계획적인 교육적 노력의 계속과정이다. 평가대상은 학습자의 학습 성과뿐 아니라 지도하는 교수 자신과 학생들의 평가 그리고 교육과정 그 자체의 평가도 함께 이뤄져야 한다. 학습자에 대한 평가는 단지 학습결과만 평가할 것이 아니라 학습자의 학습활동의 전 과정을 평가해야 한다. 교수에 대한 평가는 교수의 지도계획, 지도과정, 지도방법, 목표의식 등 교육과정에 포함되는 모든 활동이 포함되어야 한다.

6. 기업윤리 교육과정에 대한 사회학적 고찰의 필요성

교육과정에 있어서 사회학적 고찰을 하는 것은 학교에서 가르치는 교육내용이 어떤 지식적 전통을 이어왔으며, 그것을 어떤 사회적 이념과 통제 아래 진행되고 있는가를 보다 거시적으로 파악할 필요가 있기 때문이다. 지금까지 교육과정에 있어서 사회학적 고찰로서는 지식사회학, 경제적 재생산이론, 문화적 재생산이론, 헤게모니이론 등이 있어왔다. 이 이론들을 기업윤리의 교육과정 면에서 살펴보기로 한다.

지식사회학은 지식의 상대성을 주장해온 전통과 연결되어 있다. 쉘러(M. Scheler)는 인간의 사상은 사회적 맥락과 관련성이 있다고 보았으며 만하임(K. Mannheim)은 지식, 특히 학교에서 가르치는 지식은 그것이 존재하는 사회의 특정한 집단의 이익을 반영한다고 보았다(Mannheim, 3). 지식이 사회적 조건의 구속을 받는다는 지식사회학의 명제는 바로 이런 사고에서 나온 것이다. 따라서 지식사회학의 관점에서 볼 때 기업윤리는 사회적 및 역사적 맥락과 연관되어야 하며, 그 연구에 있어서 개인보다는 집단에 둘 필요가 있다. 물론 지식사회학적 관점에서만 기업윤리를 연구하면 극단적 상대주의에 빠지고 사고의 자율성을 해칠 수 있다. 나아가 과학적 타당성이 결여된 기업윤리가 될 가능성도 있다. 그러나 기업윤리가 사회를 벗어나 홀로 존재할 수 없으며, 그 사회문화와 연결된 사항들을 적극적으로 연구 검토할 수 있다는 점에서 오히려 자율적 사고의 가능성을 높여 줄 수 있다.

경제적 재생산이론은 학교에서 가르치는 교육과정이 자본주의 사회의 불평등한 계급구조를 재생산하는 데 봉사하는 것으로 간주한다. 바울스와 긴티스에 따르면 자본주의 사회의 학교 교육과정은 자본주의 경제체제를 운용해 가는 데 필요한 가치와 규범을 반영한다. 낮은 수준의 작업에서는 시간 잘 지키기, 상사에 대한 존경심, 일을 제대로 잘 해내는 습관, 시키는 대로 복종하기 등을 귀중한 규범과 가치로 여기고 그것을 중요한 자질과 인성특성으로 친다. 보다 높은 수준의 작업에서는 시키는 일을 잘 따르는 것으로 만족하지 않고 자율성, 창의성, 융통성, 감독을 하지 않아도 스스로 일해 나가는 능력, 책임감, 참신한 아이디어를 창출해낼 수 있는 인간특성을 더 중시한다. 이 같은 여러 가치와 규범은 지배 계층의 규범과 가치로 학교의 교육과정이 이 같은

253

규범과 가치를 중시하면 할수록 결국 지배 계층의 지위만 정당화시킬 뿐이라는 것이다(Bowles & Gintis, 1976).

경제적 재생산이론에 따르면 학교에서 가르치는 기업윤리도 지배계급의 규범과 가치에 편중될 수밖에 없다. 기업윤리에서 다루는 질서, 의존성, 복종, 자율성, 창의성, 지도성, 직무에 알맞은 규범과 가치 그리고 인성은 길들이기에 불과하기 때문이다. 아울러 학교에서 가르치는 기업윤리는 자본주의 사회의 불평등한 경제구조를 정당화시킬 뿐 아니라 불평등구조를 영속화한다는 비판을 받게 된다. 그들은 기본적으로 교육제도는 사회적 불평등을 제거하는 데 도움을 주지 않으며, 오히려 청소년들을 순조롭게 노동시장에 유인함으로써 자본주의적 사회관계의 영속화에 봉사하며, 직업서열에서 차지할 지위를 분배함으로써 사회적 불평등의 정당화에 기여한다고 본다. 그러나 경제적 재생산이론은 교육이 자본가들을 위한 것으로 착각하고 있다. 복종, 질서, 창의성과 같은 것은 자본주의에서만 요구되는 것이 아니다. 마찬가지로 기업윤리는 어느 체제에서나 삶을 바로 세우는 데 기여한다.

문화적 재생산이론은 학교교육이 사회적 평등에 기여하기는커녕 오히려 사회적 불평등을 계속 영속시키는 데 기여한다고 본다. 고등교육이 특권을 전수하며 지위를 배분하고 기존의 사회질서에 대한 존경심을 심어준다. 교육은 계층들 사이의 문화적 그리고 사회적 차이를 강화함으로써 사회계급 구조를 재생하는 데 기여한다는 것이다(Bourdieu, 1977). 이 이론은 교육이 사회적 계층이동에 영향을 미치고 있다는 데 주목하고 있다. 특히 문화적 배경, 지식, 기호, 그리고 기술 등은 학업성취와 연결되어 계층 간 불평등한 문화자본의 분배를 촉진시킨다. 교육적 배경이 낮은 하류계층에게는 불리하게 작용된다. 교육은 결국 지위의 불평등을 낳는 수단에 불과하게 된다.

문화적 재생산이론은 사회적 불평등을 낳는다는 점에서 경제적 재생산이론의 논리와 맥을 같이 하고 있다. 그러나 문화적 재생산이론은 경제자본과는 다른 문화자본, 곧 교육을 문제 삼고 있다는 점에서 특색이 있다. 교육이 문화적 활동에 대한 참여를 부추기며, 결국 이것에 참여를 많이 한 계급만이 지배집단으로서 지위를 얻게 된다. 문화적 재생산이론이 기업윤리를 거론하지는 않았지만 결국 학교에서의 기업윤리교육이 문화자본을 분배함에 있어서 불평등을 자아내는 역할에 동참함으로써 사회적으로 윤리적 모순성에 빠진다는 점을 가르쳐 준다. 물론 우리가 대학에서 기업윤리를 가르치는 것은 문화자본가를 기르는 데 목적이 있지 않다. 사회가 더욱 공평해지는 것을 바란다. 이런 점에서 문화적 재생산이론은 교육을 한 묶음으로 간주하기보다 각 학문 영역의 존재의의에 주목할 필요가 있다.

255

헤게모니이론은 문화적 재생산을 주장하는 사람들은 경제적 재생산을 주장하는 사람들의 관심과 통찰력을 무시했다고 보면서 이 두 주장을 통합하는 이데올로기적 헤게모니론을 제시한다(Apple, 1982). 헤게모니 개념은 원래 그람치에 의해 소개된 것으로 지배 계층은 피지배 계층으로 하여금 도덕, 관습, 행동의 제도화된 규칙을 포함하는 지배 계층의 문화를 수요하도록 함으로써 피지배 계층을 지배한다는 것이다. 그렇게 함으로써 지배 계층의 문화는 보편적인 것이 된다.

에플에게 있어서 헤게모니 개념은 이데올로기이다. 이데올로기가 사회적 실천에서 구체화되면서 현상을 유지하고 변화시키는 세계관과 가치체계를 이룬다. 일상생활과 사회의식 속에 깊이 스며있는 지배집단의 의미와 가치체계가 바로 헤게모니이다. 그 이데올로기는 사회의 발전이 과학과 산업에 의존된다는 견해, 사회는 시장경쟁을 통해 개인이 자신의 능력을 최대한으로 실현시킬 수 있다는 신념, 그리고 훌륭한 삶이란 한 개인으로서의 상품과 서비스를 생산하고 소비하는 것이라는 신념으로 나타난다. 이러한 이데올로기적 요소 속에서 기업윤리가 자리 잡을 수 있다. 그는 교육체계가 경제적 재생산과 문화적 재생산을 할 뿐 아니라 경영자 층의 이윤을 증대시키기 위한 자본축적에 유리한 전문적 지식을 만들어 내는 데, 그 역할을 주로 대학에서 담당한다고 주장한다. 그는 학교를 이미 설계되어져 있는 교육과정을 통해 재생산 과정을 효율화하도록 강요함으로써 자본축적을 정당화하는 것으로 보았다. 이런 경우 기업윤리가 문제가 아니라 학교윤리가 더 문제가 된다. 따라서 교수는 가르치는 내용, 활동, 학생들의 반응 모두에 사회통제가 깊숙이 개입될 수 있다는 점에 주목하고 그 역할의 객관성 확보에 주력할 필요가 있다. 에플에 따르면 대학은 미래에 중요한 지식을 창출할 수 있는 가능성에 따라 학생을 정신노동자 또는 육체노동자로 계층화한다고 주장한다. 그의 이러한 주장이 보편성을 가지는 것은 아닐지라도 교수의 역할, 특히 교육과정의 역할이 얼마나 중요한가를 보여준다.

7. 기업윤리 교육과정에서의 문제점

1) 기업에 대한 도덕적 평가문제

도날슨(T. Donaldson)은 우리에게 매우 중요한 질문을 하고 있다. 그것은 바로 '기업은 도덕적으로 평가될 수 있는가' 하는 것이다. 도덕이론의 과업은 주로 평가에 있다. 그러나 대규모 현대기업이 인간과 마찬가지로 쉽게 평가할 수 있는가에 대한 답은 그리 쉽지 않다. 기업은 인위적인 것과 자연적인 것의 혼합체이다. 즉, 기업은 인간의지의 산물이며 인간다운 적응을 하는 특징이 있다. 우리는 기업을 순수한 자연물과는 달리 무한한 것이며, 유한책임을 가지고 있고, 국가시민으로 받아들일 수 있기도 하고 거부할 수도 있다. 우리는 기업을 어떤 목적에 따라 인간처럼 취급할 수 있지만 다른 목적으로는 그렇지 못하다. 보기를 들어 우리는 기업의 사회적 책임에 대해 말하기 좋아하지만 기업이 과연 그 책임을 질 수 있는가 묻지 않을 수 없게 된다. 기업에 대한 이러한 모호성은 우리의 심리적 태도에 그대로 반영된다. 이러한 점들은 기업의 윤리적 과업을 어렵게 만들고 있다(Donaldson, 1982).

기업은 인위적인 객체이기는 하지만 그 기업을 만든 사람들을 포함하고 있고, 그들에 의해 의사결정이 내려지기 때문에 그것에 대한 도덕적 책임을 묻는 것은 당연하다. 도덕적 인간관(moral person view)에 따르면 기업도 사람과 같이 도덕적 인간이라고 주장한다(French, 1979). 그러나 도덕적 인간관에 반대되는 구조적 구속관(structural restraint view)에 따르면 기업은 도덕적 행위자가 될 수 없다. 기업은 조직에 의해 통제되므로 도덕적 자유를 행사할 수 없기 때문이라는 것이다. 하지만 조직의 규범을 만들어 내는 것도 조직 속의 인간이요 기업이 어느 방향으로 가도록 의사결정 하는 것도 인간이라는 사실을 간과해서는 안 된다. 따라서 기업윤리는 기업이라는 객체에 한정되는 것이 아니라 그 안의 인간, 특히 의사결정자들의 도덕적 행위를 주시할 필요가 있다. 그들 나름대로 도덕적으로 의미 있는 소명을 가지고 있을 뿐 아니라 책임 있는 사회일원으로서 의사결정을 할 의무와 책임을 가지고 있기 때문이다 (Hosmer, 1996; Novak, 1996).

2) 혁신적 교육과정

기업윤리는 다른 교과목에 비해 보수적일 가능성이 아주 높다. 교과목이 보수적일 경우 혁신이나 창의를 앞세운 경영의 흐름을 선도하기 어렵다. 기업윤리는 과거를 위한 학문이 아니라 현재와 미래를 깊게 생각하고 경영의 현장에서 고쳐나가야 할 것들을 앞서 느끼고 개선하도록 하는 학문이다. 따라서 기업윤리는 내일을 대비한 학습이 되어야 한다. 현재의 교육방법이 앞으로 어떻게 바뀌는지에도 관심을 가져야 하고, 그에 따른 질 좋은 프로그램을 창출해야 한다. 다음은 쉐인(H. Shane) 등이 제시한 교육과정의 변화 방향이다.

현 재	개선방향
• 대중교육	• 개별화된 교육
• 단일교육	• 복합교육
• 수동적으로 답을 흡수하는 교육	• 능동적으로 답을 찾는 교육
• 엄격한 일과표	• 융통성 있는 계획
• 형식적인 기술과 지식으로 훈련	• 지식탐구를 자극하는 바람직한 태도와 인식을 형성
• 교사가 선도하고 방향 결정	• 학생이 선도하고 집단계획
• 서로 분리된 내용	• 서로 관련된 내용
• 기억된 대답	• 문제의식
• 교과서 강조	• 교과서 외에도 다른 매체 사용
• 수동적으로 정보숙지	• 능동적으로 지적 능력 자극

출처) Shane & Shane, 1974.

3) 가치 쌍의 역설과 모순

　개념상 서로 대립되는 가치 쌍(value dyads)이 함께 제시되어야 하는 경우 교육은 심각한 문제를 안게 된다. 도덕적 가치선택을 해야 하는 경우는 더욱 그러하다. 그러나 이런 경우가 교육과정에서 자주 나타난다는 점에서 문제가 있다. 퍼펠(D.E. Purpel)은 가치 쌍의 보기로 개인성과 공동체성, 가치와 성취, 평등과 경쟁, 통제와 민주주의, 자민족중심주의와 세계주의, 신앙과 이성, 자기기만과 직업적 책임 등 다양하게 제시하고 있다(Purpel, 65-113). 가치 쌍의 역설과 모순은 우리에게 닥친 가장 기본적이고 심각한 문화적 문제이다.

　개인성과 공동체성의 경우 자아와 집단의 정체성을 규정하고 유지하고 풍부하게 만들고자 하는 우리의 욕구와 관련되어 있다. 우리는 자신이 독특하고 자율적이고 독립적이기를 원하고, 강하고 좋게 규정된 자아를 소유하기를 바라면서 아울러 우리의 본원적 정체성과 다른 사람들의 그것이 연결될 수 있는 강력한 인간적·상징적 관계를 추구하고 있다.

최근 우리 세대는 개인주의·자기만족·자아도취 등의 지배하는 세대라는 점을 부각시키는 문학작품들이 나오고 있다. 독신자주점·나 홀로방이 등장하고 이혼이나 자살률이 높아지는 것도 개인적 만족의 추구와 결코 무관하지 않다. 그것은 경쟁·탐욕·범죄의 증가에서도 나타나고 가난하고 힘없는 사람들에 대한 관심이 줄어드는 데서도 나타난다. 복지라는 개념은 이제 부랑자나 게으른 자를 위한 용어가 되었다. 불운한 사람들에 대한 공공지원은 정부의 간섭을 뜻하게 되었고, 실직은 불행한 것이기는 하지만 보다 효율적인 경제를 재건하기 위해 어쩔 수없는 결과가 되었다. 우리의 전통은 공동의 관심을 가지고 공통의 투쟁을 벌이는 것이었다. 그러나 학교는 공통의 것보다 개인적인 것을 강조하는 데 힘을 기울여 왔다. 개인적인 성공이나 업적이 크게 강조되고있다. 규범적인 시험은 점차 감소되고 있다. 단체학습과 상호 작용의가치에 대해 그리고 학생들 사이의 의견교환이 중요하다는 것을 알고있지만 이러한 건전한 교육적 실천들이 개인적 성적평가를 방해하기때문에 배제되고 있다. 협동과 상호의존과 전체 팀과 개인 간의 친밀한관계에 진지한 관심을 보이는 곳은 학문적인 프로그램보다는 운동 프로그램에서다. 벨라(R. Bellah)에 따르면 우리 문화가 개인적 관심사를초월하는 가치 체계로 나아가지 못했으며, 공동의 신념이나 경험에 기반을 둔 보다 큰 의미성을 추구하는 투쟁에서 패배했다.

기업윤리는 개인의 성취 못지않게 진정한 공동체의 삶을 열망한다. 학교는 사회적 정체성을 유지시켜 나가야 할 보루이다. 그렇다고 개인적 자아성취를 무시하고 공동체의식만을 강조할 수 없다. 따라서 두 가치의 조화를 대안으로 내놓는다. 그러나 이러한 가치 쌍의 공동 제시는역설과 모순을 낳는다는 점에서 혼란을 초래한다. 어떤 가치가 더 선호된다 하더라도 그에 대한 선택은 일반적으로 다른 선택과의 싸움을 포함하고 있다는 점에서 교육의 어려움이 있다. 기업윤리 교육이 긴장일수밖에 없는 것은 이 때문이다.

4) 교육담론에서 대안의 사소화 경향

퍼펠은 교육담론에서의 사소화 경향(trivialization)을 문제 삼고 있다. 교육에서 여러 가지 문제점들이 심각하게 제기되었음에도 불구하고 그것에 대한 대응책은 지나치게 사소해지고 있다는 것이다(Purpel, 25). 이것은 기업윤리에 관한 교육적 담론들이 때로 대안의 부재로 사실상 사소화되는 경향이 있음과 연관되어 있다. 기업윤리에서 지적되는 문제점은 정신적 또는 도덕적인 것들이어서 강제규정이 없는 한 사실상 시행이 어렵기 때문에 더욱 그러하다. 그래서 기업윤리에 관련된 교육담론은 캠페인이나 강령의 채택에 그칠 수밖에 없게 된다. 따라서 이에 대한 실효성 있는 대안을 심각하게 고려하지 않으면 안 된다.

5) 교수의 자율성

아로노비츠(S. Aronowitz)와 지로우(H. Giroux)는 교수들의 자율성에 대한 침해가 증대하고 있는 현상에 주목하였다. 교수들에 대한 능력평가와 같은 행정적 통제를 강화하고, 기술적·수단적인 교수법을 강조함으로써 교수들의 중요성을 삭감시키려는 압력이 끈질기게 존재한다는 것이다. 따라서 그들은 교수들이 프롤레타리아 화하고 있는 것뿐 아니라 자신의 역할과 기능 성격이 변화함에 따라 비판적 교육(pedagogy)과 같은 지적 노동의 형태가 사라지고 있음에 주목하고 있다(Purpel, 171). 기업윤리는 사실상 높은 비판정신에 바탕을 두고 있다. 그러나 교육과정이 전반적으로 교수를 학교관료제 내의 질서를 보완하는 수준 높은 점원 정도로 낮추거나 전문화된 기술자로 제한할 경우 지적 노동과 사회적 노동 간의 분리는 심화되고 일상생활에 대한 관리 뿐 아니라 기업윤리에 대한 교수로서의 기능이 점점 억압적으로 될 수 있다. 기업윤리를 가르치는 교수는 변혁적 지식인이 되어야 하며 자신의 일을 단지 직업으로서가 아니라 소명으로 여기고 그 속에서 고유한 의미를 찾을 수 있어야 한다. 이런 의미에서 기업윤리 교수로서의 자율성은 철저히 보장되어야 한다.

6) 기업윤리에 대한 흥미와 이익

대학이 기업윤리를 가치 있는 교육으로 인정하고 학생들에게 가르치
게 되었다 해도 학생들이 기업윤리에 대한 관심과 흥미, 그리고 이것을
배움으로 인한 이익을 검토하지 않으면 안 된다. 학생들의 흥미를 존중
해야 한다는 점에 대해 교육학에서 여러 차원의 논의가 있어왔다.

흥미(interest)라는 말은 크게 심리학적인 의미와 규범적인 의미로 나
눠진다(Peters, 1966). 흥미가 심리학적인 의미로 사용될 경우 어떤 것
에 주의가 끌린다는 뜻을 가지고 있다. 지속적으로 관심을 가질 수 있
다는 것이다. 우리나라 대학생들은 윤리과목의 필요성은 인정하지만 강
제적인 「국민윤리」 교육으로 인해 윤리교육에 대한 흥미를 상당히 잃
었다. 기업윤리 교육은 비록 국민윤리 과목은 아니지만 윤리교육에 대
한 저항심이 반영될 경우 심리적으로 흥미를 잃을 가능성이 아주 높다.
따라서 기업윤리 과목은 흥미를 자아낼 수 있는 내용과 방법으로 교수
되지 않으면 안 된다. 흥미를 규범적인 의미로 살펴볼 경우 사람의 이
익을 고려한다는 뜻을 담고 있다. 기업윤리를 배우는 사람의 이익뿐 아
니라 다른 사람의 이익 모두를 고려해야 한다. 따라서 기업윤리를 교육
하고 학습하는 모든 과정에서 이 과목에 대한 흥미는 모두에게 이익이
될 뿐 아니라 상생의 가치를 실현하는 길로 나가야 한다. 만약 그 이
익이 어느 한쪽의 이익으로만 끝난다면 교육의 의미, 곧 가치의 실현이
어렵게 된다. 따라서 기업윤리 교육은 사회라는 현장으로 이어질 수 있
도록 마련되어야 한다.

7) 학습공동체 형성과 유의미 학습 문제

오늘날 대학에서 교육과정이 의도된 대로 시행되지 못하고 있는 원
인 가운데 하나는 교수와 학생 간에 바람직한 공동체가 형성되지 못하

고 있다는 데 있다. 기업윤리에 관한 한 바른 공동체 형성은 필수적이다. 학교에서 이를 이룩하지 못하면서 밖에서 가능하리라 생각하는 것은 오산이기 때문이다.

바른 학습공동체를 형성하기 위해서는 교수와 학생 간의 전형적이고 의식화된 주입식 주종 관계를 깨뜨릴 필요가 있다. 교수는 기계적으로 가르치고, 학생은 그것을 외어 시험지에 옮기면 끝나는 것이 아니라 배운 것들이 생활에서 묻어나도록 해야 한다. 오즈벨(D. Ausbel)은 기존의 교수·학습은 학생들에게 지식을 그냥 기계적으로 주입시킴으로써 의미 없는 학습을 가져오고 있다고 비판하였다. 학습이 의미 있는, 곧 유의미 학습이 되기 위해서는 학습이 내면화되어야 한다. 학생이 배운 것을 자신의 인지구조 속에 의미 있게 수용하여 적용하도록 하는 것이다(Ausbel, 1978). 이를 위해서는 교실에서의 비인간적인 요소를 배제하고, 교수와 학생 사이의 가치·태도·사고·행동·기능 등이 복합적으로 교차되도록 해야 한다. 교수는 전체 학생은 물론 학생 개개인에 관심을 가져야 하며 수업개선을 위한 노력을 게을리 하지 않아야 한다. 학생 수가 많아 어쩔 수 없다는 현실적 여건도 문제이기는 하지만 기계적 교육의 계속은 유기적 공동체 형성에 장애가 된다는 점에서 하루 빨리 청산되어야 할 과제이다.

8. 한국기업윤리 교과과정의 문제

1) 기업윤리 교과목에 대한 낮은 인식

한국 대학교육, 특히 경영교육에 있어서 문제는 근본적으로 철학의 빈곤에 있다. 철학은 경영교육의 당위성과 존재의미를 가르쳐 주고 변화하는 세계 속에서 경영학이 어디로 가야 하는가를 일깨워 준다. 철학의 부재는 자연 기업윤리에 대한 교육의 빈곤을 낳을 수밖에 없다. 한 기수의 조사에 따르면 기업윤리 관련과목이 개설되지 못한 이유 가운데 가장 큰 이유는 다른 과목에 비해 우선순위가 아주 낮다(한 기수, 1997). 이것은 한국적 기업 상황에 비추어 볼 때 기업윤리의 교육이 필요하다는 것을 누구보다 잘 인식하고 있음에도 불구하고, 윤리나 철학의 교육은 항상 뒷전에 밀려나 있음을 보여준다. 가장 중시되어야 할 철학이 대학에서 밀리는 것은 지나치게 실용을 앞세운 결과 때문이기도 하다. 이제 한국경영학은 윤리나 철학이 없는 기술만을 가르칠 것인가 철학이 있는 경영을 가르칠 것인가를 택해야 한다. 만약 전자를 택한다면 한국경영학의 장래는 매우 암울할 수밖에 없다. 이런 의미에서 기업윤리 교육에 대한 우리의 인식을 높이고, 그 교육에 대한 절박함과 시급함을 보다 강도 높게 강조할 필요가 있다.

2) 정책적 배려 문제

기업윤리 교육은 무엇보다 대학의 자율적인 선택에 따른 자연적인 확산이 바람직하다. 그러나 현재 상황으로 보아 대학의 자발적인 조치는 기대하기 어렵다. 그것을 가르침으로써 얻을 수 있는 대외적인 매력도 없고, 가르치지 않음으로써 입을 수 있는 손실도 없기 때문이다. 만일 기업윤리 과목이 공인회계사 시험의 필수과목이었다면 이 과목이 이처럼 푸대접을 받지 않았을 것이다. 이런 의미에서 적어도 공인회계사, 세무사, 노무사 등 각종 경영관련 자격시험에서 기업윤리를 필수과목화할 필요가 있다. 가능하다면 많은 기업들이 임직원을 선발할 때 기업윤리에 관한 소견서를 의무적으로 제출토록 하는 것도 한 방법이다. 한국경영학회 등 여러 경영관련 학회가 기업윤리 교육을 각 대학에 공식적으로 권장하는 것도 좋지만 이것은 강제성이 없어 실효성이 의문이며, 대학교육협의회가 경영학과를 평가할 때 기업윤리 과목설강 여부나 기업윤리를 전공한 교수요원의 확보 여부를 평가지표의 하나로 채택하는 방안도 있지만 이것은 지나치게 인위적이라는 평가를 모면하기 어렵다. 따라서 지금으로서는 제도적으로나 정책적으로 최소한 공인회계사 시험에 기업윤리 시험을 첨가한다면 기업윤리에 대한 대학의 관심이 급전할 것으로 예측된다. 이것은 단지 기업윤리 과목의 설정에 관련된 문제가 아니라 기업윤리를 배제한 채 회계사업무를 담당할 수 없다는 절실함 때문이기도 하다.

3) 통합교과로의 이행

기업윤리 교과과정을 '기업윤리'라는 단일교과로 할 것인가 경영학의 모든 기능분야에 기업윤리를 통합할 것인가 하는 문제는 매우 중요한 문제이다. 구미의 경우 현재 통합교과로의 진행이 압도적이다. 기업윤리에 대한 인식은 물론 교육적인 노하우가 축적되었기 때문에 이행에 별다른 문제점이 없다. 전반적으로 보아 통합교과로 이행하는 것은 바람직한 일이다. 그러나 기업윤리 관련교육의 역사가 짧고 강의를 담당할 교수가 턱없이 부족한 한국의 현실에서 통합교육으로 진행한다는 것은 사실상 무리가 있다. 따라서 현재로서는 단일교과로 만족할 수밖에 없다. 하지만 기업윤리 교육이 폭넓게 확산되고, 보다 산교육이 되려면 통합교과를 지향하는 것이 바람직하다. 기업윤리는 이 과목을 전공한 교수에 한정되어서도 안 되고, 교수 모두가 각 영역에서 윤리 문제에 관심을 가지고 고민하며 교과목을 개발할 필요가 있기 때문이다. 기업윤리 교육이 단일교과에 기업윤리 전공 교수 몫으로 한정된다면 기업윤리 교육을 스스로 한정시키는 결과를 초래하게 될 것이다. 그렇다고 기업윤리 전공교수가 필요 없다는 것은 아니다. 각 대학은 최소한 한두 기업윤리 전공교수를 확보하고 그들을 중심으로 경영교육의 틀을 새롭게 짜야 한다.

4) 필수와 선택의 문제

기업윤리 과목을 필수로 할 것인가 선택으로 할 것인가는 각 대학에 자율에 맡기는 것이 가장 바람직하다. 학부의 경우 대부분의 대학에서 필수를 없애는 방향으로 나가고 있기 때문에 기업윤리만 필수로 정하기는 어려운 실정이다. 그러나 필수나 선택이라는 단어를 사용하지 않더라도 기업윤리 관련과목을 택하지 않으면 못 배길 만큼 경쟁력 있게 교수해 나가고, 학습지도를 설득력 있게 해나간다면 쉽게 해결될 수 있다. 이를 위해서는 기업윤리 관련과목의 다양한 교재개발은 물론 강의 내용이 풍부해야 하며, 학습이 재미있고 유익하게 구성되어야 한다. 대학원의 경우 기업윤리를 필수과목으로 하던 선택과목으로 하던 상관없이 졸업 시 시험과목으로 지정할 경우 대학원에서 기업윤리 교육이 활성화될 수 있다. 학문을 계속하든지 전문 직종에 진출하든지 대학원 졸업생으로서 갖춰야 할 기본소양으로 기업윤리는 무엇보다 필요하기 때문이다.

5) 관련과목, 학점, 교수방법의 다양성과 신축성

기업윤리 교육과목이나 학점, 그리고 교수방법에 있어서 다양성과 신축성이 필요하다. 기업윤리 과목은 기업윤리 단일 과목만 존재하기보다 다양한 교과목으로 발전해야 한다. 우리나라에서 가르치는 기업과 사회, 기업 환경론 등은 엄밀히 말해서 기업윤리 과목으로 볼 수는 없다. 이 과목은 기업윤리를 부분적으로 가르칠 뿐이다. 따라서 왈튼이나 하버드처럼 리더십의 기초: 경영의 책임, 의사결정과 윤리적 가치, 기업의 책임과 윤리, 권력과 영향력, 경영철학과 윤리, 경영의 역사와 윤리의 역사, 경영세계: 소설을 통한 도덕적·사회적 탐구, 경영자본주의의 대두, 정보와 윤리, 국제 경영윤리 등 관련과목을 보다 다양화하고 과목 개정에 신축성을 둘 필요가 있다(한 기수, 1997). 관련과목을 수강하기 전에 기업윤리를 선수과목으로 하고 여러 관련과목을 수강하도록 하는 것이 바람직하다. 학생들의 다양한 수강과 참여를 위해 학점도 3학점으로 못 박지 말고 2학점, 1.5학점, 또는 1학점 등 여러 모양의 학점 제도를 도입할 필요가 있다. 그리고 담당 교수도 전공 교수 한 사람에 국한시키지 말고 기업윤리에 관심이 있는 다른 분야의 교수와 함께 팀 티칭을 하거나 학 외 인사들을 초청하거나 기관방문 등 다양한 프로그 램을 마련할 필요가 있다.

9. 기업윤리 교육의 지향점

퍼펠은 교육의 신조와 목표가 어떻게 되어야 할 것을 말했다(Purpel, 188-195). 다음은 그의 생각을 바탕으로 한국에서 기업윤리 교육이 어 떤 자세로 이어져 나가야 하는가를 생각해본 것이다.

기업윤리 교육과정은 의미를 만들어 나가는(meaning making) 과정을 양성하고 육성한다. 기업윤리는 우리의 과거를 설명하고 현재와 미래를 안내하는 사고체계를 창조해 나가는 것이어야 한다. 교육자들은 자기표 현에 방향을 맞추기보다 도덕적으로 의미 있는 삶, 가치 있는 삶을 창 조하려는 노력에 필요한 주체성과 상상력을 고려하면서 우리 문화의 집합적인 인간적 토대를 강조해야 한다.

기업윤리 교육과정은 전인적 인간(fully functioning person)의 창조에 목표를 두고 정의적인 영역에 보다 깊은 관심을 두어야 한다. 미래의 교육과정은 정신적·신체적 건강을 예방하는 데 초점을 두게 될 것이 다. 제3, 또는 제4의 물결의 교육자들은 교육의 힘을 증대시키고, 소외 감을 감소시키며, 학생들의 학습을 돕기 위해 정의적인 측면, 인간상호 관계의 문제에 초점을 둘 필요가 있다. 켈리(E. Kelley)의 말처럼 어떻 게 느끼느냐가 무엇을 알고 있느냐 하는 것보다 중요하다. 느낌이 행동 을 통제하지 지식이 행동을 통제하는 것이 아니기 때문이다.

기업윤리 교육과정은 조화, 평화, 그리고 정의를 갈구해야 할 공동의 책임 그리고 자연과 인성의 동일성에 대한 관점을 창조하고 육성해야 한다. 우리는 기본적인 우주법칙과 도덕법칙의 수용과 함께 다른 사람들, 자연, 그리고 우주에 서로 연관된 가정적인 믿음, 곧 평화, 조화, 그리고 정의가 통일되는 의식의 세계를 만들어 나가야 한다. 우리는 우주의 모든 요소들이 가지고 있는 존엄성을 인정하고 그들과 조화하는 가운데 의미를 창출하고 그 속에서 인간적 가치를 누릴 수 있다. 기업윤리 교육자는 우주적 정의와 평화를 실현하기 위해 큰 어려움과 심한 저항이 있음에도 불구하고 새로운 세계 만들기(world making)에 동참해야 한다. 사고방식과 문화변동의 복합성에 관한 지식을 솔직하고 정직하게 공유함으로써 문제를 풀어가야 한다.

267

기업윤리 교육과정은 정의, 연민, 보호, 사랑, 그리고 기쁨의 세계를 창조하고 참여할 수 있는 인간의 능력에 대한 신념을 바탕으로 건설되는 문화적 신화를 개발하고, 이를 풍부하게 하며, 계속 발전시켜야 한다. 교육자들은 실천이라는 넓은 영역에서 모든 사람을 위한 사랑, 정의, 연민, 그리고 기쁨이라는 도덕적 원칙을 수용하고 그 위에서 행동해야 한다.

기업윤리 교육과정은 공동체와 민주주의 원칙의 전통 속에서 인간의 상호존중이라는 이상을 개발하고 발전시켜야 한다. 교육자는 민주주의 유산을 포용하고 이를 더욱 풍요하게 만들어야 한다. 민주주의적 유산이란 상호의존이라는 사회적 현실뿐 아니라 개인의 존엄성과 평등에 관한 도덕적 요구들이 포함되어 있다. 인간존중은 평등의 원리 없이 존재할 수 없다. 평등이 없는 상태에서는 거만과 우월의 태도가 드러난다. 그런 곳에는 항상 인간존중에 대한 결핍현상이 나타난다. 기업윤리는 평등과 자유라는 도덕적 맥락에서 이루어진다. 민주주의는 이런 도덕적 입장을 인정하고 모순에 도전할 수 있도록 규칙을 제공한다. 민주적 공동체는 억압, 부정, 불평등을 허용하지 않으며 개인의 자율성과 함께 사회적 정의, 다른 사람들에 대한 관심을 동시에 요청한다.

기업윤리 교육과정은 부정과 억압에 직면했을 때 분노와 책임감이라는 자세를 창조하고 육성하며 발전시켜야 한다. 현대의 사상은 개인적인 책임을 얕잡아 보는 경향이 있다. 민주주의를 말할 때 교육자는 공동체의 삶에 개인이 참여하는 것이 개개인에게 얼마나 중요한 것인가를 인식시켜야 한다. 민주사회는 개인의 문제든 집단의 문제든 억압과 부정에 분노할 책임이 있다. 그것이 자기의 문제가 아니라 해서 모른 채 하는 것은 자기에게 그런 문제가 발생했을 때 모른 채 해달라는 것과 다름이 없다. 기업윤리는 한 개인, 한 기업에게 있어서 공포를 자아내고 받아들이기 힘든 일들을 함께 제거하는 것과 같다. 한 기업의 부패는 전 사회에 영향을 준다. 따라서 기업윤리는 사회부패를 막기 위해 작은 문제일지라도 인간의 궁극적 관심사항임을 깨닫고 이 문제 해결에 적극적으로 임해야 한다.

10. 보다 나은 기업윤리 교육과정을 위한 제언

기업윤리의 교육과정이 진취적이고 우리 사회에 유익을 가져다주기 위해서는 다음과 같은 특성을 더욱 발전시켜야 한다.

교육과정의 개발에 대한 철학을 가져야 한다. 가치와 의미를 창조하는 철학이 절실히 요구되고 있다. 철학은 인간이 존재해야 하는 기본적인 문제들에 대한 종합적이며 끊임없는 대답을 찾는 노력을 통해 존재에 어떤 의미를 부여하는 노력이다. 따라서 철학을 가지고 있다는 것은 인간의 기본문제에 대한 대답을 추구함에 있어서 능동적이고 적극적이라는 말이 된다. 기업윤리에 있어서 철학을 가지고 있다는 것은 기업의 여러 문제에 대한 해답을 얻기 위해 끊임없이 사고하고 행동하는 것을 의미한다. 사고가 행동을 인도하기 때문에 그 중요성은 커진다.

교육과정에 대한 관심이 보다 지속적이어야 한다. 과거의 기업윤리 교육은 매우 기계적이고 단순히 헝겊 기우기식 또는 문제가 터질 때마다 땜질하는 방식을 채택해왔다. 요란하게 끓다가 금방 식어지는 냄비처럼 기업윤리에 대한 관심이 금시 높아졌다가 문제가 사그라지면 급속도로 냉각된다. 이런 단기적이고 부분적인 관심으로는 기업윤리를 지탱해 나갈 수 없다. 기업윤리에 대한 보다 꾸준한 관심이 요청된다. 이를 위해 학교에서의 기업윤리 교육과정은 학생들에게 내재적 흥미를 다양하게 불러 일으켜 자발적인 학습이 이루어지도록 해야 하며, 전인적인 성장과 발달을 도모하도록 하는 종합적인 교육과정으로 발전할 필요가 있다. 기업윤리교육은 단순히 도덕시간의 연장이 아니다. 앞으로 현장에 투입될 예비사회인, 예비경영인을 위한 지속적인 사전교육이다.

교육과정이 총체적이어야 한다. 교육과정의 개발이 전반적이고 종합적이라기보다 특수적이고 부분적인 경우가 많았다. 전체라는 테두리 안에서 부분 상호 간의 유기적인 관련성을 고려하여 개발될 필요가 있다. 대학에서 기업윤리에 대한 교육과정을 개발하려고 하는 것은 교육을 기본책무로 삼고 있는 기관이 그 기관 나름대로의 특성 있는 자아실현을 이룩해 나가기 위한 것이다. 교육과정 개발은 교육과정의 계획, 시행, 평가에 관련되는 모든 요소들을 체계적으로 분석하고 통합하는 종합적인 과정이므로 기업윤리에 대한 것도 보다 유기적인 관계 속에서 종합적으로 이뤄져야 한다.

교육과정은 보다 개혁적이어야 한다. 교육과정의 개발은 현재 우리 기업이 당면하고 있는 윤리적 문제에 대한 해답을 추구하며 미래의 보다 나은 기업이 되도록 하는 데 있다. 기업윤리 교육으로 단시일 안에 획기적인 변화를 기대하기는 어렵지만 기업윤리에 대한 인식이 보편화될 때 궁극적으로 기업뿐 아니라 사회가 개혁될 것을 믿는다. 교육과정의 개발은 미래의 학교, 미래의 교육이 어떤 교육이 되어야 하고, 무엇을 해야만 하는가에 대한 이상을 끝없이 창출해 가는 선도적 기능을 한다. 우리가 기업윤리에 있어서 어떤 교육과정을 개발하느냐에 따라 그 시대와 사회가 어떻게 변화할 것인가를 가늠할 수 있게 된다. 왜냐 하면 기업윤리는 근본적으로 사회가 지향해야 할 가치를 세우고, 그 가치에 따라 기업을 일깨우고 생명력을 불러일으키는 역할을 하기 때문이다(Hood, 1996). 따라서 기업윤리에 대한 교육과정 개발은 지금뿐 아니라 미래 시대의 사회변화를 위한 교육적 대안을 창출하는 개혁적 과정이라는 것을 잊어서는 안 된다. 조직이 이러한 방향으로 설계될 때 교육의 성과는 커진다(Hosmer, 1996).

교육과정이 실질적이어야 한다. 기업윤리는 교육과정에서 윤리의 목소리로 그치지 않고 실행이 가능한 방법을 찾을 필요가 있다(DesJardins & McCall, 1990). 이를 위해 교과지도에 편중된 종래의 교육과정을 벗어나 개인 및 기업 생활의 모든 영역을 포함하는 교육과정으로 구성되어야 한다. 기업윤리 교육과정은 무엇보다 생활 중심적이어야 하고 실제 현실에 바탕을 두어야 한다. 이 생활에는 과거 생활에 대한 반성과 함께 현재와 미래에 대한 생활개혁이 포함되어야 한다. 기업윤리가 실질적 현실주의(practical realism)를 덕으로 삼는 것은 이 때문이다(Novak, 1996).

기업윤리 교과과정은 고정불변이 아니라 시대나 사회의 변화에 따라 부단히 개정되어야 한다. 학생들로 하여금 기업을 이해하고 그 기업이 변화하는 사회 속에서 어떻게 바른 길을 찾아나갈 수 있는가를 깨닫게 해야 한다. 앞으로 학습은 교실과 학교 밖에서 일어나게 될 것으로 예견되고 있다. 기업윤리는 특히 현장의 문제와 연결되어야 하므로 수업 방식에도 큰 변화가 있어야 한다(Shaw, 1991). 현대의 삶에서 기업은 훌륭한 교육의 장이 되고 있다. 기업의 행위가 하나의 삶의 양식으로서 학생들에게 미치는 영향이 날로 커지고 있다(Hood, 57-77). 교육과정은 교육목적을 달성하기 위한 적극적인 수단이 되어야 한다. 교육과정을 구성하는 학습내용 속에 기업윤리의 교육목적이나 이념을 반영해야 하며, 이것이 변화하게 되면 교육과정도 바뀌어야 한다. 교육과정은 고정

불변한 것이 아니라 시대나 사회의 변화에 따라 부단히 개정되어야 한다. 아울러 지역사회의 특성도 반영될 수 있어야 한다. 이로써 학생은 사회의 변화에 적응하고 생활의 필요에 순응할 수 있게 된다.

271

교육과정의 개발 작업에 보다 많은 사람들이 참여해야 한다. 기업윤리에 대한 교육과정은 소수 몇 사람의 편협한 이념과 철학에만 의존할 수 없다. 그것은 다원화되어 가는 고객의 욕구를 충족시키기 어렵기 때문이다. 세분화된 전문가들의 영역도, 이제는 교육과정 개발전문가라는 미명 아래 교육과정 개발을 소수 몇 사람의 의도대로 끌고 가던 것을 더 이상 정당화시켜 주지 못하고 있다. 기업윤리에 있어서 교육과정의 개발은 여러 관련분야의 사람들의 협동적인 작업이 필요하다. 기업윤리의 교육과정은 중앙 통제적이며 일률적인 착상에서 벗어나 보다 민주적인 협력에 의해 계획되고 마련되어야 한다. 교과과정의 구성 및 운영이 여러 사람의 합의에 의해 이뤄져야 하고, 모든 사람이 공감하는 것이어야 한다. 따라서 기업윤리에 관한 교육과정의 개발에 많은 사람이 참여하는 것은 당연하다. 그리고 그 일에 참여한 모든 사람들의 부단한 자아 혁신적 개발노력과 이 나라 기업의 윤리회복을 위한 자발적인 참여와 헌신이 필요하다(윤정일 외, 204-5).

끝으로, 우리의 기업윤리 교과과정이 하루빨리 활성화되어야 한다. 우리나라의 경우 기업윤리 과목은 다른 과목에 비해 우선순위가 아주 낮은 위치에 있다. 기업윤리 교육이 어느 나라보다 절실한 현실에서 이처럼 순위가 낮은 것은 한국의 경영교육에 문제가 있음을 드러낸다. 기업윤리 교육에 대한 철학관을 바로 하고, 그 우선순위를 가장 위에 두는 지적 작업이 확산될 필요가 있다. 아울러 제도적인 활성화작업도 보완되어야 한다. 기업윤리 교육이 궁극적으로 통합교과로 이행되며 관련 과목이 다양하게 개발되고 유용하게 교수됨으로써 우리의 기업과 사회가 실질적으로 변화되도록 해야 한다.

제 11 장

나눔의 경제와 기업의
사회적 책임

　한국에서는 지금 중산층이 빈곤층으로 전락해 중산층이 엷어지고 있으며, 신 빈곤층이 형성되고, 빈부의 대물림현상이 나타나 있다. 이러한 현상은 IMF사태에 이어 계속된 기업의 구조조정으로 인해 일자리를 잃음으로써 더욱 악화되고 있다. 기업은 일자리 창출과 일자리 공유(job sharing) 등 여러 방안을 동원해 왔다. 그러나 한계에 부딪히고 있으며 이들을 위한 사회안전망도 위기에 처하고 있다. 이것은 우리만의 일이 아니다. 이 글은 빈부격차가 한 나라에서나 세계적으로 커지고 있는 상황에서 사회구성원 모두가 나눔의 철학을 확고히 하고 나눔의 경제로 나가야 하며, 기업도 이에 대해 사회적 책임을 다해야 한다는 것을 밝히고자 한다.

　나눔의 사회를 지향한다고 해서 자본주의를 거부하고 사회주의로 가자는 것은 결코 아니다. 우리가 처한 상황에서 자본주의를 버린다면 경제의 성장을 바라지 않는 것이 될 것이며, 사회주의만을 고집한다면 사회는 빈곤의 평균화로 이어질 수 있기 때문이다. 나눔, 삶의 질제고, 복지수준의 향상은 결과의 평등을 강조하는 데 목적이 있는 것이 아니다.

274

　최근 우리 사회는 지속적 성장과 나눔의 실천에 관심을 가지고 있다. 이 두 개념은 얼핏 상충되는 듯 보이지만 상호 필연적인 조건으로 작용한다. 성장의 지속성이 나눔의 실천을 통하여 비로소 완성될 수 있기 때문이다(김혜림, 2005). 우리 모두가 바라는 사회는 인격적으로 존중받으며 함께 성장하고 발전하는 것이다. 이를 위해 필요한 것은 나눔의 철학을 확고히 하고, 나눔을 통한 성찰적 실천(shared praxis)을 강화하는 것이다.

　우리 사회가 이렇듯 보다 높은 차원의 사회를 만들어가고자 할 때 기업인들의 역할을 빼놓을 수 없다. 특히 사회적 책임을 높이는 일, 윤리적으로 기업을 경영하는 일은 너무나 중요하다. 나눔에는 물질의 나눔만 있는 것이 아니다. 환경의 나눔, 지식의 나눔, 정보의 나눔, 복지의 나눔, 문화의 나눔 등 이 시대에 우리에게 요구되는 나눔도 많다. 앞으로 무엇을 어떻게 나누며 살 것인가를 생각하는 것은 우리 사회의 미래를 바람직하게 구조하는 데 도움을 줄 것이다.

　21세기에 들어서 빼놓을 수 없는 주제 가운데 하나가 빈부 격차 문제이다. 앞으로 이 차이는 더욱 커질 것으로 보인다. 지금의 빈부는 단지 토지에 근거한 과거와는 달리 지식에 근거한다는 점에서 본질적으로 그 성격이 다르다. 사회가 지식사회로 이미 진입했기 때문이다. 지식사회는 창의성을 얼마나, 그리고 어떻게 발전시키느냐에 따라 달라진다. 창의성은 단지 지식을 가지고 있다고 해서 되는 일이 아니다. 가진 지식을 마음껏 발휘할 수 있는 환경과 지적 인프라가 갖춰 있을 때 가능하다. 이러한 조건이 갖춰지지 않을 때 빈부의 차이는 커지게 된다. 이 문제를 어떻게 해결하느냐 하는 것도 지식사회를 살아가는 우리가 풀어야 할 난제 가운데 하나이다. 이 문제에 관심을 갖는 것은 현대를 살아가는 지식인의 책임이기도 하다.

1. 세계화와 나눔의 문제

가난이 없는 나라, 그것은 오래 전부터 꿈꾸어온 이상이었다. 플라톤은 어느 사회에서나 가장 가난한 사람보다 5배 이상 수입이 많은 사람이 있어서는 안 된다고 했다. 마르크스에 따르면 자본주의는 빈부의 격차를 늘리게 마련이다. 소득과 재산의 격차는 점점 심해지고 있다. 급격한 기술혁명과 세계화는 부익부 빈익빈 현상을 더욱 가속화시키고 있다. 부의 재분배를 위한다며 80%가 넘는 누진소득세법을 폈던 영국이 심한 영국병을 앓아야 했다. 복지시설이 가장 완벽하다는 스웨덴의 국민소득은 10년이 넘도록 제자리걸음을 하고 있다.

98년 노벨경제학상을 받은 케임브리지 대학 센(A. Sen) 교수는 '경제학의 테레사 수녀'라는 별명을 가지고 있다. 그는 경제문제의 윤리적 차원을 강조하면서 인간의 복지를 중심으로 한 경제학에 대해 설명하고 있다. 불과 1, 2세기 전에는 상상하기 힘들었던 풍요로운 사회, 평균수명의 증가와 교통수단의 발달로 물리적 부의 총합에 있어서는 최고의 수준에 올라 있으면서도 대부분의 사람들은 여전히 권리의 박탈과 궁핍, 억압의 세상에 살고 있다는 것이 그의 문제의식이다. 그가 보기에 빈곤·충족되지 않는 기본권·기근과 기아·여성의 이익에 대한 소홀함 등은 단지 제3세계만의 문제가 아니다. 그는 국가·시장·법체계·정당·언론·이익단체·공공토론 등의 사회적 장치들이 얼마나 개인의 실질적 자유를 증진시키고 보장했는가에 대해 매우 비판적이다(Sen, 2000).

나눔의 경제는 사회주의 국가처럼 재화를 명령에 따라 똑같이 나눈다는 것을 의미하지 않는다. 기여도에 따라 나눠지고, 많이 가진 자가 적게 가진 자를 생각함으로써 분배정의와 경제정의가 함께 실현되도록 해야 한다. 경제는 전통경제(traditional economy), 지시경제(command economy), 계획

경제(planned economy), 그리고 시장경제(market economy)로 나눠진다. 지금은 시장경제체제가 강화되고 있어 나눔을 억지로 강요할 수는 없다. 그러나 가진 자가 모든 것을 독차지하고, 기회 및 시장마저 소수에게 몽땅 빼앗기는 일이 있어서는 안 된다. 최소한 기회가 공평하게 주어지며 자유롭게 일하고 공정하게 행복을 추구할 수 있는 마당이 제공되어야 한다. 한국의 재벌이 우리의 산업발전에 크게 공헌을 했음에도 불구하고 그들에 대한 일반인들의 시선이 곱지 않은 것은 부패의 정도가 심한 데다 약자에 대한 배려가 부족하다는 데 있다.

경제정의도 기준에 따라 실현되어야 한다. 경제정의의 세 가지 기준으로 공헌도 원칙, 평등 원칙, 필요도 원칙이 있다. 공헌도 원칙은 실질소득의 생산에 공헌한 정도에 따라 소득을 분배하는 것이고, 평등 원칙은 평등 분배 그 자체가 공정이라고 보는 기준이다. 이것은 완전 평등을 가리킨다. 그리고 필요도원칙은 생활의 필요에 따라 소득이 분배되는 것이 공정하다고 본다. 이 원칙들 가운데 자본주의 사회에서 공헌도 원칙은 지켜야 할 최소한의 원칙이다. 정치나 폭력이 아니라 생산에 공헌한 정도에 따라 소득을 분배한다. 경제적 약자라 할지라도 일하지 않고 자기 몫만 요구하는 것은 건전한 사회적 재생산기회를 막는다. 기여도의 정도에 따라 공정하게 분배하되 필요를 고려한다. 가진 자일수록 어려움에 처한 사람을 우선적으로 고려하는 마음가짐을 가져야 한다.

1793년 프랑스 국민회의가 제정한 법령 제8조는 "부유와 빈곤은 평등의 사회에서는 소멸되어야 한다. 고로 부자는 최상급의 흰 빵을 먹고 가난한 자는 저질의 빵을 먹는 일이 있어서는 안 된다"고 했다. 제9조에는 "프랑스의 모든 빵 가게는 오직 한 가지 종류의 질 좋은 빵, 곧 평등 빵만을 만들어야 한다. 이를 어기면 금고형에 처한다." 그래서 "바게트 빵의 길이는 80센티미터, 무게는 300그램으로 하라"는 법도 유물로 남아있다. 지금 빵에 관한 법률이 살아있지 않지만 프랑스 빵

가게에는 아직도 평등 빵이 놓여 있다. 그러나 이보다 몇 곱 비싼 가지각색의 빵들도 즐비하다. 혁명이 있은 지 200년이 지난 지금 빈부의 격차는 오히려 더 늘어나고 있다.

빈부격차가 커지면서 성장과 분배는 사회의 이슈가 되고 있다. 이 문제는 역사적으로 오래 전부터 있어왔고, 지난 몇 세기에도 이데올로기의 주요 갈림길이 되었다. 이 문제는 앞으로도 계속 될 것이다. 인류의 현안이 되어온 이 문제를 우리 시대에 어떻게 접근하고 풀어 가느냐 하는 것은 우리에게 주어진, 그리고 풀어야 할 몫이다.

성장이 기업가의 손을 들어주는 것이라면 분배는 노동자의 손을 들어주는 것이다. 한국에서는 17대 국회에 진보정당이 진입하고 여당 또한 진보성향이 감함에 따라 성장이냐 분배냐 하는 문제가 새롭게 대두되고, 한국사회가 사회주의로 가고 있는 것이 아니냐는 의문이 제시되기도 했다. 노무현 대통령이 고질적인 주택문제를 시장논리보다 정책적으로 풀어가고자 한 것도 이러한 성향을 나타낸다. 성장 없이 분배 없고, 분배 없이 성장이 될 수 없기 때문에 성장과 분배는 동전의 앞뒤면과 같다. 이분법적 논리만으로는 해결이 어렵다. 그러나 사회를 만들어가는 과정에서 어느 쪽을 중시하느냐에 따라 사회체제가 달라질 수 있기 때문에 중요한 문제가 아닐 수 없다.

우리 사회는 날로 세계화되고 있다. 세계화 속에 주류를 이루고 있는 것은 지식자본이다. 그 자본으로 인한 빈부가 날로 커지고 있다. 세계화되는 사회 속에서 나눔은 과연 성공할 수 있을까? 세계는 지금 세계화의 거대한 흐름 속에서 성장을 꿈꾸는 세계경제포럼(WEF)과 세계화로 인한 빈익빈 부익부 현상을 지적하며 궁극적으로 나눔과 균형발전을 지향하는 세계사회포럼(WSF)으로 양분되어 있다. WEF의 참여자는 부한 선진국들로 구성되어있고, WSF의 참여자는 빈국을 주축으로 이에 동조하는 사람들로 이뤄져 있다.

이런 차이 나는 성격에도 불구하고 2003년 다보스 포럼이 나눔의 사회를 논제로 삼고 이러한 사회를 추구했다 해서 주목을 끌었다. 다보스 포럼은 WEF의 또 다른 명칭이다. 이 포럼은 세계화되는 사회에서 이 웃사랑이 무엇인가를 보여주고자 한 것이다. 가진 자의 포럼이라며 WSF의 공격을 받아온 이 단체가 포럼의 핵심 화두를 나눔으로 정한 것은 이색적인 것임에 틀림없다. 그들은 세계화는 불변의 법칙이지만 세계화 흐름에서 뒤처진 사람들도 배려해야 한다고 했다. 이러한 정신 은 나눔의 사회를 구축하는 데 매우 중요하다.

다보스 포럼을 주도한 슈밥(K. Schwab) 회장은 뒤처진 사회구성원을 함께 끌고 가는 세상을 만들어야 한다고 했다. 근로자들이 뒤처지지 않 게 기업들이 배려해야 기업이 분쟁 없이 성장을 유지할 수 있고, 근로 자들이 경쟁력을 유지할 수 있게 정부가 나서야 할 것을 주문했다. 실 업자들의 재취업 교육비용을 정부가 부담하는 등 세계화에 뒤처진 사 람들을 구제하는 정책도 필요하다. 기아에 허덕이는 어린이와 임산부를 돕고, 비이슬람권과 이슬람권 국민들 간 교류를 활성화해 오해를 불식 시키는 사업을 추진하는 것도 대안 가운데 하나이다. 나눔의 화두와 포 럼의 공식 주제인 번영과 안보는 동전의 양면과 같다. 선진국이 중동, 구소련 지역 정치 불안을 방관한 채 경제성장을 이룰 수 없다. 일방주 의로 비난받아온 미국도 다른 나라를 의식적으로 배려하려는 모습을 보였다. 토니 블레어도 이젠 문명충돌이 아니라 문명교류를 말해야 한 다고 주장한다.

그러나 영국 사학자 홉스봄(Eric Hobsbawm)은 나눔의 사회에 대해 비관적이다. 그에 따르면 시장 자본주의의 전면적인 지배는 민주주의의 붕괴를 초래하고, 세계화는 불평등을 낳는다. 그는 무엇보다 자본주의 가 사회주의에 대한 승리감에 젖어 자신의 문제들을 외면함으로써 사 회정의와 인간성을 구현하는 데 실패했다고 평가한다. 시장은 인간을 사적인 고객으로 취급하지만 민주주의는 공동체 문제에 책임질 줄 아 는 공적 시민을 필요로 하기 때문에 시장의 전면적 지배는 곧 민주주의의 붕괴를 가져올 것이라는 것이다. 그는 1999년 11월 시애틀에서 WTO 뉴라운드 출범에 반대하는 격렬한 시위가 일어났던 것처럼 21세기에는 일방적인 시장의 지배에 대해 저항운동이 벌어질 것이라며 21세기에는 경제성장보다는 재화의 사회적 재분배가 더 중요한 문제로 대두할 것이라고 예견했다.

279

홉스봄은 지금 많은 사람이 빠져 있는 지구촌이라는 사고방식에 대해서는 환상일 수 있다고 말한다. 경제 분야에서 세계화가 눈부시게 성공했지만 세계를 하나로 통합하는 데에는 현실적인 제약이 따른다는 것이다. 세계화란 가능한 한 많은 사람들을 포용한다는 뜻이지 모든 사람을 포용한다는 뜻은 아니다. 따라서 세계화는 불평등을 전제할 수밖에 없으며 세계의 재화를 평등하게 분배하겠다는 것은 환상이라고 주장한다. 이런 주장을 볼 때 앞으로 나눔의 사회는 진정 가능한 것인지, 가능하다 해도 그 길은 매우 험난하다 말하지 않을 수 없다.

2. 인간의 경제적 운영의 실패와 그 책임

국제식량전문가들에 따르면 식량만 잘 배분될 경우 적어도 기아사태는 일어나지 않는다. 지구는 인류를 먹이고 키우기 위해 풍부한 자원을 가지고 있고, 하나님은 그것을 효율적으로 배분하는 지혜를 인간에게 부여했다. 경제는 바로 이것을 실현시키기 위한 도구이다. 그러나 지금 그 자원이 효율적으로 분배되지 못함으로 인해 일부 국가에서는 먹을 것이 넘쳐 나고, 일부 국가에는 먹을 것이 없어 굶어 죽어가는 일이 벌어지고 있다. 인간이 자족하기에 알맞은 자원을 가지고 있음에도 불구하고 분배 과정에서 문제가 발생하는 것은 인간의 책임이 아닐 수 없다.

분배문제에 대한 원천적인 책임자는 누구일까? 우리들은 쉽게 정치지도자를 지목한다. 국제적으로든 국내적으로든 정치가들이 정치를 잘못해서 문제가 발생하는 경우가 많기 때문에 그 책임은 정치가에 있다는 것이다. 그 다음 화살은 기업경영자에게 돌아간다. 문제가 경제적 비효율성에 있을 경우 그 책임은 기업에 있다는 생각 때문이다. 그러나 그 책임이 정치가나 기업인에게만 있다고 생각하는 것은 잘못이다. 그 책임은 근본적으로 서로 나눌 줄 모르는 인류 모두의 책임이다. 한쪽의 과한 욕심이 다른 한쪽을 가난하게 만들기 때문이다. 경제실패에 대한 책임과 그 결과는 어느 누구에 한정된 것이 아니라 결국 우리 모두에게 돌아올 수밖에 없다.

기독교에 따르면 하나님은 인간을 이 땅의 청지기로 세웠다. 아담은 물론 앞으로 태어날 모든 인류는 청지기적 책임을 가지고 태어난다. 청지기적 삶의 특징은 삶을 경제적으로 운영해야 한다는 데 있다. 경제적 삶은 수준 높은 절제·정의·사랑·공평을 요구한다. 절제의 성과는 효율과 생산성으로 나타난다. 그것이 사치·낭비·부정·부패로 이어질 경우 결과는 비효율과 비생산성으로 나타난다. 그런 사회는 경제적으로 파탄될 수밖에 없다. 경제는 우리에게 질서 있는 삶의 양식을 요구한다.

아담과 하와는 하나님이 자신들을 청지기로 세웠다는 사실을 망각한 채 자신의 생각대로 욕심을 채우려다 에덴으로부터 쫓겨났다. 우리도 하나님이 허락한 삶의 영역에서 청지기로서의 삶을 살지 못하면 쫓김을 당한다. 우리가 IMF사태를 맞은 것도 따지고 보면 청지기로서의 경제적 태도를 저버린 때문이다. 질서 있는 경제의 바른 흐름을 왜곡시키면 결국 재난이 따르게 된다. 아담이 에덴 밖에서 고난의 삶을 살았던 것이나 지금 세계가 경제적 어려움으로 시련을 겪는 것 모두 그 맥을 같이한다.

경제 질서의 왜곡에는 무엇보다 이기적 개인주의 문제가 있다. 대부분 개인주의는 서구 근대의 산물로 인식되고 있다. 그것을 대표적으로

주장하는 학자로 구레비치(A. Gurevich)가 있다. 서구 근대의 산물로 평
가돼온 개인주의를 철저하게 분석한 그는 당과 국가의 이름 아래 개인
을 억압해온 옛 소련출신 학자이다. 개인은 중세의 어둠을 뚫고 르네상
스기에 비로소 발견됐다는 것이 지금까지의 정설이었다. 그러나 그는 북
유럽의 영웅 신화부터 중세 기사들의 다혈질적 기질로 이어지는 게르만
족의 정서를 추적하고, 신을 향한 경배가 일생의 염원이었다는 신학자와
수도사들이 자기 자신에 대한 자긍심을 드러내는 장면을 조명하며, 아우
구스티누스의 「고백록」에서부터 단테의 「신곡」에 이르기까지 서양의 역
사를 종횡무진하며 개인주의의 역사를 파헤친다. 그리고 그는 개인주의
는 일직선적으로 진화한 게 아니라 다양한 형태로 공존하고, 시대에 따
라 다양한 모습으로 등장했다고 결론을 내렸다(구레비치, 2002). 다양한
만큼 개인주의를 이해하기 어렵고 그만큼 폭넓은 사고를 요구한다.

281

  이기적 개인주의는 기업에도 나타난다. 노동력 착취는 기업의 이기성
을 보여주는 대표적인 사례다. 세계적 스포츠 의류업체 나이키가 저임
금 노동력을 활용하고 있다며 소비자단체의 항의가 있었다. 나이키는
노동력 착취 기업이라는 비난에 맞서 세계화시대에 걸맞은 기업으로서
사회적 책임을 다하고 있다는 광고를 실시했다. 이에 대해 미 대법원은
나이키의 광고가 표현의 자유에 해당되는지 심의했다.[19) 최근까지 미

---

19) 인건비 절감을 위해 중국·인도네시아 등 주로 개발도상국 내 하청공장에서 상품을
  만들고 있는 나이키는 1990년대 후반부터 각종 소비자 단체들로부터 대표적인 노동
  력 착취기업이라는 비난을 받아왔다. 심지어 나이키의 1년 광고료가 중국 나이키공
  장에서 일하는 5만 노동자들이 19년 동안 받는 월급 총액과 같다는 지적까지 나왔
  다. 이로 인해 기업이미지 추락에 따른 매출 감소를 염려한 나이키는 신문·TV·잡
  지·인터넷 등에 해명 광고와 인터뷰를 게재했다. 소비자 단체들은 나이키가 광고를
  악용, 소비자들에게 회사의 왜곡된 이미지를 전달하고 있다며 미 정부에 광고 중단
  을 요청했다. 미국 내 여론도 양분되면서 나이키를 옹호하는 측과 기업의 일방적인
  자기 해명을 막아야 한다는 반대 측 의견이 팽팽히 맞섰다. 뉴욕타임스나 마이크로
  소프트 등 수많은 기업들이 나이키 편을 든 반면, 대부분 소비자단체들은 나이키는
  확실한 사실만 발언하라고 주장했다. 나이키는 결국 이 문제에 대해 대법원의 심판
  을 요청했다.

대법원은 이와 비슷한 문제에 대해 뚜렷한 입장을 밝히지 않아왔다. 미 수정헌법(First Amendment) 1조는 '표현의 자유'를 명시하고 있다. 하지만 그 해당 범위가 상품 이미지 제고를 위한 상업적 광고까지 적용 가능한지에 대해서는 분명한 규정이 없기 때문이다(한재현, 2003). 중요한 것은 대법원의 판결이 어떻게 나느냐 하는 것보다 앞으로 기업이 어떤 나눔의 철학을 가지고 경영해야 하는가를 생각하게 만들었다는 점이다.

미국에서는 빈번하게 총기난사 사건이 일어난다. 이유야 여러 가지지만 근래에는 주식투자에 실패한 사람이 금융가에서, 실직당한 사람이 자신의 옛 직장에서, 그리고 신나치주의자가 유대인 캠프에 총탄을 퍼부었다. 이 사건들은 단순히 인종차원의 문제라기보다 사회구조적으로 문제를 안고 있다(이수훈, 1999). 미국은 80년대 초부터 강도 높은 구조조정을 단행하여 풍요의 기반을 닦았다. 복지국가를 과감하게 포기하고 시장과 금융이 지배하는 경제 틀을 만들었다. 그 결과 미국식 자본주의라 불리는 경제체제를 구축했다. 미국식 자본주의에 따라 90년대 초 2,000에 불과했던 다우지수가 11,000에 이를 정도로 장기간의 호황을 누려왔다. 그러나 미국식 자본주의도 무한정 좋을 수만 없어 어두운 그림자를 드리워왔다. 효율과 경쟁력 논리에 따른 구조조정과 감량경영의 결과 거대한 사회경제적 약자 층을 만들었다. 국가가 사회적 안전망이었던 복지프로그램을 대거 포기했기 때문에 약자 층에 대한 보호막이 제거되어 소수의 풍요 속에 다수의 빈곤이 미국사회를 규정해갔다. 가지지 못한 다수의 심리적 좌절은 분노와 증오로 변해가고, 그 표출의 대상을 또 다른 약자집단에서 찾는다. 자신의 불행이 유대계나 아시아계 인종 때문에 빚어졌다고 믿어 백인우월주의에 근거한 소수인종 혐오증 현상이 나타난다.

영국을 비롯해서 유럽의 다수 국가들도 복지국가 노선을 포기하고 시장경제 지향의 미국식 자본주의의 길을 택했다. 미국식 자본주의는 장점도 있지만 사회적 양극화현상을 비롯해서 장기적으로 문제점도 많은 모델이다. 아시아 경제위기를 계기로 아시아 국가들이 미국모델을 받아들이고 있다. 그 가운데 한국은 가장 선두에 있다. 시장경제 지향 1년 만에 경제는 회복세로 돌아섰지만 경제 불안은 여전하다. 풍요 속에서 신 빈곤층이 형성되고 있다. 한국도 깊은 사회병리와 국민 분열에 빠졌다. 사회가 분열되고서는 아무리 빛나는 국가적 과업도 제대로 이루기 어렵다. 미국식 자본주의가 안고 있는 문제를 깊이 생각하고 우리도 다수의 가난한 이웃을 보듬는 정책을 펴지 않을 수 없게 되었다.

3. 기업의 부패와 나눔의 왜곡

1609년에 설립된 암스테르담의 뷔셀은행의 관심은 기업을 위해 더 많은 자금을 마련하는 것이 아니라 기업이 거래할 수 있는 조건을 통제하는 일이었다. 이 은행은 고리대금·채무불이행·사기·부정 등 돈의 세계와 관련된 가장 나쁜 죄악들을 단죄하기 위한 노력을 계속했다. 따라서 이 은행의 좌우명은 '이윤이 아닌 청렴(Probity, not Profit)'이었다 (Schama, 345).

지금도 많은 기업들이 청렴성을 잃어가고 있다. 청렴성을 잃어간다는 것은 기업들이 그만큼 부패했다는 뜻이자 질서가 깨어졌다는 뜻이다. 자본주의 사회에서 기업은 사회의 핵이다. 핵이 부패하면 사회는 자연 부패하기 마련이다. 경영은 물론 경제 질서를 세우는 일마저 불가능해진다. 공정한 나눔은 더욱 기대할 수 없다.

청렴성을 잃기는 국가도 예외가 아니다. IMF의 연구보고서에 따르면 부패가 만연한 나라일수록 군비축소와 교육투자확대 등에 관심이 소홀하다고 한다. 군비확장에 많은 자금을 할애하고 교육투자에 소홀히 한다는 것은 그만큼 바람직한 나눔이 되지못할 뿐 아니라 삶의 질이 전반적으로 나빠진다는 것을 보여준다. 삶의 질 향상에 역행하는 이러한 상황에 대해 우리가 해야 할 일은 이런 상황을 직시하고 부패에 대해 공격적 자세를 취하는 일이다.

다행스러운 것은 이 청렴성을 회복하기 위해 세계적으로 반부패 움직임이 여기저기서 일고 있다는 점이다. 그것이 얼마나 실효를 거두고 우리에게 얼마만큼 영향을 줄지 알 수 없지만 그런 움직임이 있다는 것만도 다행스런 일이다. 울펀선(J. Wolfensohn) 세계은행 총재는 세계은행 조직 자체를 반부패운동의 중심기구로 만들고자 했다. 미주기구(OAS)는 부패추방결의까지 했으며, OECD도 부패문제를 강력히 제기했다. WTO도 뇌물금지를 원칙으로 삼고 있다. 미국은 1977년 해외부패방지법을 제정했다. 미국은 이 법을 통해 외국을 상대로 한 국제상거래에서 뇌물을 절대 주어서는 안 된다고 선을 확실히 그어 놓았다. 미국이 자주 부패추방 문제를 거론하고 있는 것은 미국 내 부패 정도가 심해서가 아니라 외국을 겨냥하고 있다. 뇌물, 매수 등 불공정한 방법을 동원하는 바람에 해외 수주경쟁에서 미국업체들이 번번이 나가떨어지고 있기 때문이다. 미국은 국제적인 뇌물관행을 뿌리 뽑고자 세계여론을 몰아가고 있다.

우리나라는 그동안 천문학적 규모의 비자금 영역에 익숙해 있다. 그것의 대부분은 뇌물 등 부정한 거래에 쓰였다. 거래의 부정은 경제 질서는 물론 정치 질서를 왜곡시킨다. 국제적인 반부패 운동은 우리의 기업관행이 바뀌지 않으면 안 되며 한국기업이 앞으로 더욱 청렴해져야 한다는 것을 일깨워 준다. 이 일을 위해 정부는 물론 기업도 다시 시작하지 않으면 안 된다. 한 나라의 경제가 바로 서기 위해서는 우리의 정신적 자세, 특히 윤리부터 확립되어야 한다.

아울러 만연한 도덕적 해이에도 제동을 걸 필요가 있다. 재벌그룹 오너들은 차명주식 또는 위장주식을 보유하고 있다. 그룹을 떠나 고위

공직에 취임하는 재벌그룹 임원들이 재산공개 때 오너의 차명주식 때문에 갑자기 재산이 늘어나는 경우도 발생한다. 이런 재벌의 관행은 탈법적이며 법망을 피하는 도덕적 해이로 척결되어야 할 것에 속한다.

재벌의 주식을 이용한 절세관행도 자본주의 윤리에 어긋난다. 주식을 이용한 절세는 말이 절세이지 사실상 탈세수법이나 다름이 없다. 예를 들어 모그룹의 경우 회장의 아들에게 소액의 현금을 증여하고 약간의 증여세를 낸 뒤 이 돈으로 비상장회사의 주식을 대량 매입해 그 후의 주가폭등으로 엄청난 자본이익을 보는 절세수법이 그룹승계방법으로 원용되어 왔다. 이 수법은 합법을 가장한 탈세라는 점에서 사회의 자탄을 받았다. 그런데도 재벌들은 여전히 그런 비도덕적인 수법을 사용해왔다. 정부가 이를 방치해왔다면 이것은 세금 없는 부의 대물림을 방치하는 것이므로 책임이 크다. 은행들이 수익가능성을 제대로 따져보지 않고 거액을 대출해준 경우도 도덕적 해이에 해당한다, 책임 있는 경영을 하지 않았기 때문이다.

285

4. 기업윤리의 바로 섬과 바른 나눔

기업윤리와 사업관행을 연구하는 기업윤리센터(ERC)의 컨설턴트 내브런(F. J. Navran)은 한국기업의 구조조정 작업에 있어서 효율성과 품질제고 차원만이 아니라 기업윤리에 기초를 두어야 한다고 강조했다. 구조조정에서 무엇보다 중시되는 것이 기업윤리라는 것이다. 조직을 개편하고 인원을 줄이는 것도 중요하지만 기업을 진정 경쟁력 있게 만드는 것은 그 기업이 윤리적으로 건전한가에 달려 있다. 기업윤리는 단지 내규와 같은 소극적인 행위가 아니라 기업이 추구하는 가치에 윤리적 가치를 결합시켜 기업이 책임 있는 사회 구성원이 되게 하는 것이다.

기업윤리가 바로 서지 못하면 사회적으로 바른 나눔도 불가능해진다.

　기업윤리가 바로 서려면 기업의 윤리강령과 실천사항이 보다 구체화되어야 한다. 미국 기업 중에서도 윤리의식 프로그램이 확실한 회사들은 종업원 각자가 분명한 가이드라인을 갖고 일하며 선명한 경영과 예측 가능한 사업을 한다. 이 일이 보다 실체화되기 위해 기업은 기업윤리 담당자를 둘 필요가 있다. 최근 연구에 따르면 미국기업들이 종업원의 절도와 횡령으로 회사에 끼치는 손실이 연간 직원 1명당 7백 달러에 달한다. 이에 따라 기업윤리 담당자를 둔 기업만도 600여 곳에 달한다. 우리나라의 경우 기업들이 윤리헌장을 채택하고 있기는 하지만 기업윤리 담당자가 있는 기업은 찾아보기 힘들다. 다만 사정과 퇴출 차원에서 윤리위원회가 한시적으로 구성될 뿐이다.

　기업윤리는 단지 규범을 만들고 담당자를 두는 것으로 끝나지 않는다. 무엇보다 경영진이 책임지고 기업윤리를 강화하려는 의식이 있어야 하며 그것을 관철시키려는 조직구성원의 끈질긴 노력이 있어야 한다. 아울러 직급의 고하를 따라 달리 적용되는 이중 잣대를 없애야 한다. 누구는 해당되고 누구에게는 해당되지 않는 윤리는 윤리가 아니다. 윗사람이든 아랫사람이든, 실세든 아니든 윤리적으로 문제가 되는 경우 그에 대한 책임을 물어야 한다. 이중 잣대를 적용하는 행위는 기업 및 경제윤리를 파괴하는 지름길이다.

　기업은 윤리 도에 따라 비윤리기업, 준법기업, 대응기업, 준윤리기업, 윤리기업 등 여러 형태로 구분된다. 비윤리기업에서 윤리기업으로 갈수록 바람직한 모습을 하고 있다(윤순봉과 장승권, 312-314). 비윤리적 기업은 회사의 경비를 절감하기 위해 무슨 일이든 한다. 종업원을 단순히 경제적인 생산도구로 간주한다. 독극물을 사용해 낡은 엑스레이 필름에서 은을 추출하는 필름 리커버리 시스템스(Film Recovery Systems) 사는 약물중독으로 근로자 한 명이 사망하자 1983년 폐쇄되었다. 도시바는 구소련에 잠수함 프로펠러용 공작기계를 불법으로 수출하여 공산국

가에 군사기술을 수출하지 않기로 한 국제협약을 위반했다. 준법기업에
는 대부분의 기업이 속해 있다. 법률조항을 자구대로 해석하고 지킨다.
그 법률 안에 흐르는 입법정신은 고려하지 않는다. 대응기업의 경우 기
업의 사회적 책임을 인식하고 윤리적인 경영을 시작한다. 기업윤리가
옳다는 생각보다 윤리적으로 경영하는 것이 여러 모로 편리하다는 임
시방편적 생각이 크다. 1980년 미국정부가 약물중독에 대한 보고서가
발표되자 P&G는 자사제품 탐폰에 해당약품이 사용되고 있으며 이에
대한 별도의 표시가 되어있지 않다는 사실을 알고 제품을 전부 회수했
다. 준윤리기업은 기업의 사회적 책임을 명확히 알고 있다. 이를 경영
전 부문에 철저히 스며들도록 한다. 존슨 앤 존슨은 기업신조에 윤리적
인 관점을 명확히 해놓았으며 타이레놀 사건 때 이를 실천했다. 어떤
범죄자가 타이레놀에 독극물을 주입하고 협박하자 이 사건이 해결된
뒤에도 모든 타이레놀을 회수해 폐기했다. 윤리기업은 회사의 이익 측
면과 윤리 측면의 균형을 맞추고 기업윤리를 실천에 옮긴다. 대부분의
기업은 비윤리적 기업과 준법기업에 머물러 있으며 대응기업과 준윤리
기업이 예외로 취급될 정도로 기업의 윤리의식이 문제로 되어 있다.

　기업의 윤리의식이 호전되지 않는 이유는 무엇일까? 루탄스 등은 기
업의 윤리의식이 호전되지 않은 이유의 첫째는 기업경영이 비민주적으
로 이뤄질 때이다. 중앙집권적, 수직적, 톱다운 식의 경영에서 종업원들
은 경영핵심에서 소외되고 무시되기 쉬우며 윤리기업적인 문제나 사회
적 책임에 둔감해진다. 둘째, 기업의 소유와 경영이 분리되어 있지 않
을 때이다. 경영자가 소유주의 영향을 거의 받지 않고 자신의 목표에
의한 경영을 함으로써 잠재적으로 비윤리적인 의사결정을 할 가능성이
높아진다. 셋째, 견제와 균형이 되지 않을 때이다. 기업 내부에 윤리적
인 활동을 견제하고 균형을 유지하는 기능이 결여되어 있거나 있어도
비효과적일 때 기업이 비윤리적일 가능성이 높다. 끝으로, 보상제도가
비효율적일 때이다. 실적 위주의 경영은 경쟁을 유발하며 종업원의 비

윤리적인 행동을 부추긴다. 보상제도가 비효율적일 때 더욱 문제가 된다. 이 주장에 따를 경우 기업이 보다 민주적이고, 소유와 경영이 분리되어야 하며, 견제와 함께 보상제도가 합리적으로 이뤄질 필요가 있음을 알 수 있다(Luthans et al., 1990).

기업윤리가 보다 바로 서려면 기업윤리에 관한 연구가 활발해야 한다. 이에 대해서는 학자들의 연구뿐 아니라 기업윤리 네트워크를 설치하여 연구 및 정보교류가 활발하게 이뤄질 수 있도록 해야 한다. 유럽에서는 1987년에 기업과 학계 인사들이 유럽기업윤리 네트워크(EBEN: European Business Ethics Network)를 만들어 기업의 윤리에 대해 연구 및 정보교환을 하고 있다.

나아가 기업이 기업윤리를 제대로 실천하고 있는지에 대한 사회적 감시(social watch)가 필요하다. 기업 자체의 감사나 정부의 감시도 요구되지만 NGO 등의 지속적이며 전문성 있는 감시는 기업윤리 확립에 도움을 준다. 예를 들어 투명사회 협약의 경우 윤리경영을 실천하는 기업에 인센티브를 주도록 함으로써 투명사회를 만드는 데 기여하고 있다.

5. 기업의 사회적 책임

나눔의 철학이 확산되려면 기업의 사회적 책임이 강화되어야 한다. 우리 재계는 반 기업 정서가 만연된 현상을 차단하기 위해 불우한 이웃을 돕고 장학금을 내놓으며 사회봉사를 하는 등 다양한 노력을 하고 있다. 삼성그룹의 이건희 회장은 '나눔의 경영'을 선포했고, 이 같은 사회공헌 철학은 그룹 내 사회공헌 조직과 자금배분, 활동내역 등에도 그대로 스며들고 있다(파이낸셜뉴스, 2005). 기업이 달라지고 있는 것이다.

역사적으로 보면 기업의 사회적 책임이 일반화되기에는 작지 않은 진통이 있었다. 사학자 샤마(S. Schama)는 17세기 네덜란드의 윤리관과 기업의 가치관 사이의 관계를 적나라하게 적고 있다. 당시 네덜란드 사회에서는 돈을 번다는 것이 비난 받아야 한다는 인식이 깔려 있었다. 종교적 인식 때문이었다. 하지만 네덜란드인들은 개인적으로든 집단적으로든 재산을 모으려고 혈안이 되어 있었다. 이처럼 원칙과 실제의 괴리는 이상하게도 소비를 조장하게 만들었다. 특히 종교인들의 비위를 맞추기 위해 자선적인 기부행위에 과다하게 지출하는 행동들이 만연되었다(Schama, 334). 사회에 대한 기업의 책임의식보다 눈가림식 자선은 문제가 있다.

영리를 목적으로 하는 기업이 사회에 대해 책임이 있는가에 대해서는 오랜 논쟁이 되어왔다. 주주의 이익이 우선이지 공중의 이익이 우선이 아니라는 생각이 지배적이었다. 그러나 지금은 사회적 책임을 외면한 기업은 공중으로부터 외면당할 뿐 아니라 기업의 존립 자체가 어려워지고 있다. 그렇다고 주주 중심의 사고가 없어진 것은 아니다. 기업의 사회적 참여에 대한 양분된 주장을 살펴보면 다음 표와 같다(Davis et al., 1980).

사회적 책임에 대한 기업의 기본적 가치는 범위와 적용에 있어서 가정의 사회적 책임과 다소 차이가 있지만 이웃과 사회를 생각한다는 점에서는 공통된다(Robin & Reidenbach, 1987: 51). 기업의 사회적 책임의 범주는 환경문제까지 생각해야 할 만큼 넓어지고 있다. 금전적인 나눔뿐 아니라 깨끗한 환경을 함께 나눌 필요가 절실해졌기 때문이다.

사회적 책임에 대한 기업의 반응정도는 반대(reaction), 방어(defense), 적응(accommodation), 적극적 옹호(proaction) 등 여러 가지다. 기업은 혼자 존재하는 것이 아니라 여러 이해관계자들과 함께 존재한다. 경영자는 의사결정을 내림에 있어서 조직의 의사결정에 의해 직접 또는 간접으로 영향을 받는 모든 이해관계자들(stake holders)을 고려해야 한다. 사회적 관계에 있어서도 기업시민(corporate citizen)으로 항상 선한 이웃(good neighbors)이 되어야 한다.

사회적 책임에 대한 자율적인 이행이 가장 바람직하지만 이를 촉진시키기 위한 사회적 감시도 필요하다. 참여 연대, 좋은 기업 만들기 운동, 기업책임을 위한 시민연대 등은 기업의 사회적 책임을 높이기 위해 시민이 견제세력이 되어야 함을 강조한다. 이들 NGO는 사회적 책임 이행에 투자하는 기업을 조사하여 도덕적이고 인권을 존중하며 친환경적이고 비차별적이며 지배구조가 투명하고 지역사회에 이바지하는 기업에 투자하도록 하고 있다.

6. 노블리스 오블리주 정신의 확산

기업이 사회적 책임을 인식하고 선한 이웃이 되기 위해서는 무엇보다 기꺼이 자신의 것을 내놓는 노블리스 오블리주(nobles oblige) 정신으로 무장할 필요가 있다. 과거 사회에 대한 책임을 실현하고자 했던 그룹은 백성들로부터 존경을 받았던 지배 계층이었다. 그래서 그들은 백성을 위해 자신의 것을 내놓았다. 19세기만 해도 문화 패트론은 왕이나 귀족, 그리고 성직자였다. 작곡가 하이든은 실내악곡 악보에 "이 곡을 (합스부르크 대공) 에스테르 하지에게 바칩니다."라고 써 놓았다. 당시 문화나 교육은 이들의 도움 없이는 발전할 수 없었다. 그러나 산업사회에 들어와서는 일반사업가가 후원자가 되었다. 지금은 기업가들이 그 역할을 맡고 있다.

삼성의 에버랜드 상속문제에 관련해 시민단체가 주도적 기업가의 노블리스 오블리주를 문제 삼았다.[20] 이에 반해 실리콘밸리에서 활동하면

---

20) 혈연이 뿌리 깊은 우리 사회는 세계 어느 나라보다 상속에 집착한다. 상속세를 피하려는 기업가가 있는가 하면 건전한 상속을 몸으로 실천하는 사람도 있다. 슈피겔지는 소득 불평등 심화 등 상속이 가져다주는 사회경제적 문제점들을 심층적으로 분

서 사회에 기부활동을 많이 한 이종문 회장이나 자선단체를 설립해 많은 액수를 사회에 환원한 마이크로소프트의 빌 게이츠 부부 등은 주목을 받았다. 기업인은 각 시대와 사회의 거울이다. 미국의 경우 한 해만도 40대 자선가가 기부한 돈이 수십억 달러에 이르고 있다. 가정용품 유통업체인 미국의 홈 디포사 공동창업자 랑곤(K. Langon)은 전 재산을 사회에 환원하면서 "부는 거름과 같아서 쌓아두면 썩은 냄새를 풍기지만 뿌려주면 많은 것을 자라나게 한다."고 했다. 자본주의의 야수성이 나눔을 통해 치유되고 있다. 사회적 책임에 관련해 부자가 가난한 자에 대해 관심을 가져야 하는 것은 당연하다. 사회적 약자에 대한 배려는 강자가 해야 할 중요한 부분이기 때문이다.

노블리스 오블리주 정신은 영국이 본산지이다. 노블리스 오블리주란 귀족 신분일수록 귀족의 의무를 다해야 한다는 의미이다. 그래서 영국 황실은 선한 사업에 앞장서며 이웃돕기의 모범적 위치에서 일하고 있다. 나라를 위해 황실의 의무를 다한다는 노블리스 오블리주 약속으로서의 실천적 삶을 살며 모범을 보이는 것이다.

카네기(A. Carnegie)는 전신전화국 우편배달부로 출발, 철도감독 비서를 거쳐 산업주의의 쌀이라고 부른 강철로 부자가 되었다. 그는 「부의 복음」이라는 자신의 책을 통해 부자의 인생을 두 시기로 나누었다. 전반부는 부를 획득하는 시기이고, 후반부는 부를 분배하는 시기이다. 그는 1901년 자신의 철강회사를 금융 왕모건(J. P. Morgan)에게 팔았고, 그의 생각대로 사업에서 은퇴해 자신의 재산을 나누기 시작했다. 카네기로부터 철강회사를 사들인 모건은 그 후 몇몇 철강회사를 더 사들여 세계 최대 철강회사인 US 스틸을 설립했다. 그러나 카네기의 삶은 달랐다. "부자인 채로 죽는 것은 정말 부끄러운 일이다." "상속은 자식들의 재능과 에너지를 망치게 하는 것이다. 저 세상으로 돈을 가지

석하고 상속이 궁극적으로는 개인의 문제를 떠나 경제 활력을 상실케 하는 폐단이 있다고 지적했다.

고 간다는 것은 부끄러운 일이다."며 막대한 부를 대학, 도서관 건립 등 학문과 예술 발전을 위해 희사함으로써 20세기에 부자의 철학을 제시했다.

카네기정신으로부터 비롯된 미국식 재산 사회 환원 전통은 계속 이어졌다. 록펠러는 1913년 록펠러재단을 설립해 자신의 부를 사회에 내놓았다. 그는 수입의 10분의 7-9조를 교회와 사회에 환원하였다. 록펠러에 이어 역대 미국 2위의 부자였던 코넬리어스 밴더빌트, 존스 합킨스, 릴랜드 스탠퍼드, 이즈라 코넬 등 미국의 기업가들은 세상을 떠나며 재산 대부분을 대학에 기부했다. 랑곤의 말처럼 그들의 유산은 대학을 통해 많은 것들을 자라나게 하고 있는 것이다. 포드는 1936년 포드재단을 설립해 사회에 환원했다. 얼마 전 세상을 떠난 로베르토 고이주에타 코카콜라 회장은 재산 대부분을 그가 사회사업을 위해 설립한 고이주에타 재단에 기부했다. 6백억 달러에 이르는 재산을 소유해 세계최고 부자로 꼽히는 마이크로소프트의 빌 게이츠 회장은 딸에게 1천만 달러를 물려주고 나머지는 모두 사회에 환원하겠다고 말해왔다.21) 이종문은 기부란 보다 낳은 사회를 만들려는 당연한 의무요 라이프스타일이라 하였다. 가진 자로서 지도층에 있는 신분일수록 나누며 베푸는 삶이야말로 그 신분에 어울리는 삶이라는 인식이 보편화된 예이다.

기업가 재산의 사회 환원은 막대한 부를 상속하는 데 따른 세금을 피하기 위한 고육책이라는 비난도 없지 않다. 그러나 이들 비영리재단이 미국을 비롯한 전 세계에 미친 영향은 실로 막대했다. 지금은 자본주의 기업가 모럴로 자리 잡아 오늘에 이르게 되었다. 지금 정치든 경제든 한국에서 지도층이 국민의 분노를 사는 것은 노블리스 오블리주의 정신과 거리가 있다는 데에 있다. 정치가들이 재벌들과 결탁하여 부

---

21) 그는 하버드대학, 워싱턴대학에 기부금을 냈다. 개발도상국 어린이들에게 백신을 공급하는 단체를 만들어 1억 달러를 기부했다. 그는 전 재산 중에 거의 절반을 사회를 위해 환원하였다.

정한 돈을 나누고 당리당략에만 몰두한다. 지도층이 보다 제자리를 찾으려면 경영자로서의 본분을 다 하면서 그동안 잃었던 노블리스 오블리주의 정신을 회복하는 것이다.

7. 물질을 넘어선 나눔

나눔은 물질에 한정된 것이 아니다. 물질을 넘어선 나눔이 중요하다. 스웨덴 국민들이 복지를 단지 빈곤구제가 아닌, 인권과 나눔의 생활철학으로 승화시킨 것도 물질을 넘어선 의식을 가지고 있었기 때문이다. 물질을 넘어선 나눔에는 종류도 많지만 여기서는 환경의 나눔, 지식의 나눔, 문화의 나눔을 강조하고자 한다.

환경의 나눔은 날이 갈수록 중요한 이슈가 되고 있다. 어떻게 환경을 나눌까? 지금 중국의 사막화가 심각한 상태에 있다. 이런 때 한국 등 주변국가에서 중국에 나무심기를 돕는 것도 나눔의 한 방법이다. 환경 나눔은 나무심기에 국한되지 않는다. 종국적으로는 환경에 대한 책임까지 나눌 수 있어야 한다. 왜냐하면 경제와 기술의 발달로 자연이 크게 훼손되어왔기 때문이다. 한번 훼손되면 천문학적 자금을 투여하고 아무리 좋은 기술을 적용해도 회복하기 힘들다.

여러 학자들은 근대이후의 과학기술문명을 무비판적으로 수용해온 인간중심적 세계관에 주목하고 있다. 황홀할 정도로 달콤한 과학기술문명이란 열매는 인류에게 중단 없는 진보가 언제까지나 가능할 것이라는 환상을 심어주고 있다. 인류는 자연이 도구에 지나지 않는다는 전제 아래 무제한적인 정복과 약탈을 정당화해왔고 그러한 과정을 진보로 규정해왔다. 그러나 우리는 그 열매 속에 숨은 독성을 경계하지 않으면 안 된다. 과학기술에 의한 생태계 파괴는 인류의 생존 자체마저 위협할 뿐 아니라 가치관의 혼돈과 불안도 야기하고 있기 때문이다. 환경에 대한 기업의 무차별적 공격은 환경과의 공존을 위험하게 만들 뿐 아니라 깨끗한 환경을 함께 나눠야 하는 기업의 책임마저 상실하고 있다.

환경의 문제를 해결하기 위해 국제적으로 ISO 14000인증제가 실시되고 있지만 무엇보다 자연과의 공존을 바탕으로 하는 생태학적 세계관이 확산될 필요가 있다. 이를 통한 근본적인 사고개혁, 곧 문화적 전환이 이뤄져야 오늘날의 역사적 위기를 극복할 수 있기 때문이다(박이문, 1996). 사회성이 웬만큼 보장된 미국의 경우 환경 및 자원보호를 위한 기업윤리가 주종을 이루고 있다. 미국의 여러 투자가들로 이뤄진 투자포럼에서는 기업윤리 원칙을 제시하였다. 이 포럼은 5천억 달러라는 막대한 재원을 쥐고 인권·사회·환경 등 문제에 역행하는 기업에 투자를 기피하고 조직적으로 불매라는 무기로 제재를 가한다.

환경에 대한 나눔의 경제가 확립되기 위해서는 기본적으로 환경윤리가 확립되어야 한다. 우리 기업도 지구환경보호에 대한 관심이 높아짐에 따라 환경개선을 더욱 실질적으로 추진하려는 의지가 높아지고 있다. 유한킴벌리는 환경경영을 통해 상생의 철학을 실현하고자 한다. 포스코는 'POSCO 환경방침'을 제정했다.[22] 제철소 건립 초창기부터 공해방지와 환경보호에 관심을 쏟아온 포항제철은 지금까지 총투자비의 10% 정도를 공해방지 비용으로 사용해온 것으로 알려져 있다. 이런 노력이 한국기업 전체에 퍼져있는 것은 아니다. 지금도 악성폐수를 그대로 흘려보내는 악덕기업주가 더 많다. 심지어 환경친화 기업으로 선정된 기업마저 시화호에 폐수를 그대로 흘러 보내다 적발되기도 했다. 우리의 강과 하천이 그토록 오염되고 있는 것은 우리 기업의 환경윤리,

---

22) 이것은 환경보전이 인류생존의 기본임을 인식하고 공해방지 투자와 환경개선으로 깨끗한 자연을 보전하는 데 노력한다고 한 포스코 기업윤리강령 제4조를 보다 구체화한 것이다. 포스코는 환경방침의 제정으로 안으로는 기업윤리 강령 및 녹색경영 이념의 실질적 실천을 위한 환경친화 경영의 틀을 마련함과 동시에 전임직원이 환경개선을 위한 인식을 같이 하고, 밖으로는 이해관계자에게 약속한 환경보전을 철저히 이행하겠다는 의지를 보였다(포스코신문, 1995).

나눔의 경제윤리가 얼마나 뒤떨어지고 근본부터 잘못되어 있는가를 적
나라하게 보여주고 있다.

환경에 대한 기업의 책임을 궁극적으로 높이기 위해서, 그리고 물 속 생
물과 깨끗한 환경을 함께 나누기 위해서는 오염지도를 만들 필요가 있다는
지적이 날로 높아지고 있다. 지금까지의 수질조사는 BOB(biochemical
oxygen demand)나 SS(부유물질)의 수치조사에 그쳤다. 이러한 방식은 공장
폐수를 배출하는 그날그날에 따라 수치가 달라지므로 단기적이다. 오염지
도는 강물 속에 살고 있는 생물, 곧 수초·미생물·벌레·물고기들을 조사하
는 생물학적 수질조사법이다. 이 방법은 강물의 오염도와 그 성분이 다르면
그 물 속에 사는 생물의 종류도 달라진다는 데 기인한 것이다. 공장과 관련
된 강의 여러 곳, 그리고 여러 강들의 생태를 장기적으로 비교 조사하여 강
물의 오염도를 종합적으로 측정하고, 환경을 복원시킬 필요가 있다.

지식사회에서 지식의 차이는 빈부의 차이를 드러내는 요인이 되고
있다. 이런 때 필요한 것이 지식과 정보에서 차별을 받고 있는 계층이
나 나라에 대한 기술선진국의 배려이다. 카피라이트(copyright)보다 카
피레프트(copyleft)가 주목을 받고[23], 상업적 익스플로러보다 리눅스에
주목하는 것은 공유와 나눔의 철학이 있기 때문이다. 리눅스에는 인터
넷을 통한 자발적인 연대와 협력이라는 공동체정신과 공유의 철학이
살아있다. 그 철학을 바탕으로 공동체 문화가 형성될 수 있다. 21세기
가 정보화의 세상이기는 하지만 정보독점에 의한 문제가 계속 제기되
고 있고 현실에서의 경제적 차이가 결국 정보화 사회에서도 재연될 수
밖에 없다. 미국에서 인터넷이 발전하지만 그 수혜를 입는 층은 통계적
으로 볼 때 백인과 상위계층이라는 점에서 미래는 언제나 밝은 것만
아니다. 이런 점에서 GNU정신과 정보공유와 열린 공동체를 향한 리눅

---

23) 프로그래머를 지향하는 많은 젊은이들이 성서처럼 생각하는 GNU선언문에서 스톨만
   은 "성경에 적혀 있는 것처럼 남이 너에게 해주기를 바라는 일을 남에게 하라."고
   말한다. 내가 좋아하는 프로그램이 있다면 남도 사용할 수 있게 하라는 것이다.

서는 신선한 의미로 다가올 수 있다.[24] 수많은 리눅서들이 자발적으로 여러 프로젝트에 참여하고 이윤을 위한 목적이 아니더라도 서로 공유하고 나누는 모습은 새로운 삶의 방식을 보여주고 있고 새롭게 만들 세상의 단초를 보여준다(http://www.taejun.pe.kr). 리눅스가 아니더라도 여러 조직에서 지식을 공유하고 창출하는 문화를 만들어나가는 것도 미래를 새롭게 만들 수 있는 장이 될 수 있다.

정보와 지식의 나눔만을 강조해서는 안 된다. 원자력이 사람들의 삶을 더 윤택하고 풍요롭게 할 수 있지만 그것이 악용되었을 때는 지구와 지구상의 모든 생명을 앗아갈 수 있는 것처럼 정보나 지식을 선용할 수 있는 문화를 구축해야 한다. 나아가 기술에 의해 인간의 삶이 종속되지 않도록 해야 한다. 정보통신이 급격하게 발전하고 있지만 그것이 인간의 삶을 풍요롭게 하는 것이 아니라 점점 더 빠른 속도와 경쟁을 요구하는 전략으로 사용된다면 인간을 위한 기술이 아니라 기술에 의해 인간의 삶이 종속되는 결과를 낳을 수가 있기 때문이다. 우리는 목적과 수단이 뒤바뀐 사회를 만들어서는 안 된다.

문화의 나눔은 현대인에게 요구되는 기본적인 욕구 가운데 하나이다. 카네기는 재산을 사회에 환원하면서 교육과 문화에 대한 나눔에 관심을 두었다. 그가 학교뿐 아니라 도서관, 문화시설에 많은 기여를 한 것은 문화의 나눔이 절실하다는 것을 알았기 때문이다. 현재 문화의 차이는 도시와 농촌에서도 나타나지만 빈국과 부국에서 더욱 차이를 나타내고 있다. 따라서 이러한 차이를 줄이기 위해 정보의 접근을 쉽게 할 수 있는 인프라를 구축하고, 문화적으로 소외된 지역민과 나라를 위한 정책적 배려가 중요하다. 또한 지속가능한 성장이 세계적으로 이뤄질 수 있도록 하되 경제뿐 아니라 사회·문화·환경·복지 영역의 발전이

---

24) GNU란 'GNU는 유닉스가 아니다(Gnu is Not Unix)'를 의미하는 재귀적 약어다. GNU는 유닉스와 완벽하게 호환하는 소프트웨어 시스템이며 사용 가능한 모든 이가 자유롭게 사용할 수 있도록 작성한 것이다.

동시에 이뤄질 수 있도록 하는 것이 중요하다.

빈곤의 사회적 문제는 오늘날의 문제만은 아니다. 역사적으로 지속되어온 문제이다. 그러나 지금 빈곤이 문제되는 것은 빈부격차가 커지면서 풍요 속의 빈곤이 날로 현실화되고 있다는 데 있다. 이 문제는 개인이 해결하기에는 너무나 크고, 국가가 해결하기에는 재정적 부담이 크다. 이 문제는 국가는 물론 기업, 그리고 개인 모두가 나눔의 의식을 가지고 함께 나서야 할 문제이다.

빈곤문제에 있어서 기업의 참여는 매우 중요하다. 기업은 사회로부터 이익을 얻고 있기 때문에 기본적으로 나눔의 철학을 세우고 지켜가야 할 책임과 의무를 지니고 있다. 기업은 나눔의 환경을 창조해 나가는 중요한 사회적 수단이다. 특히 기업경영자는 사회에 대해 보다 깊은 책임을 가지고, 경제정의를 실현해야 한다. 이를 위해 기업이 윤리적으로 바로 설 필요가 있으며, 경영자는 가진 자로서 노블리스 오블리주 정신을 구현해야 한다. 자원을 사용하는 자로서 환경을 아름답게 가꾸고, 지식을 함께 나눌 책임이 있다. 공평과 정의, 사랑과 절제를 바탕으로 한 나눔의 경제는 인간에게 주어진 위대한 책임이자 의무이다.

나눔이 있다 해도 빈부의 격차를 줄이는 문제는 인류의 난제이다. 이 문제를 해결한다는 것은 불가능한 일이다. 하지만 우리는 격차를 줄이는 방안을 계속 찾아야 한다. 물론 이 일로 인해 나라의 경제발전 속도가 늦춰져서도 안 되며 계층 간의 대립을 촉발시켜서도 안 된다. 격차해소보다 더 중요한 것은 비록 가난해도 떳떳하고 행복하게 잘살 수 있는 사회를 만드는 것이다. 그것은 경제 그 자체에만 집착하기보다 사회정책이나 문화로 푸는 것이 바람직하다. 사회통합에 물질이 필요하지만 그것이 모두가 아니기 때문이다. 물질이 잠시 갈등을 풀어줄 수는 있지만 행복을 가져다주지는 못한다. 물질의 나눔 못지않게 중요한 것이 바로 마음의 나눔 정신이다. 물질적으로 부자가 되지 않아도 서로를

위하는 배려, 서로 좋은 것을 나누고자 하는 마음을 가질 때 자연 사
회통합의 길은 열릴 것이다.

제 12 장

사회봉사와 섬김의
사회 만들기

1. 왜 사회봉사인가?

화란 출신 신부이자 교수였던 헨리 나우웬은 '천국에서 하나님이 나에게 물으실 질문이 무엇일까?' 생각하였다. '돈을 많이 벌어 큰 집에 살았는가?' 그것도 아니다. '교회 열심히 다녔는가?' 그것도 아닐 것 같다. 그가 내린 결론은 '이웃을 위해 무엇을 하고 왔는가?'였다. 그래서 그는 결심하고 54의 나이에 이웃을 위한 삶으로 들어갔다.

우리 속담에 염라대왕이 묻는 3가지 말이 있다고 한다. '살아 있을 때 못 입고 헐벗은 사람에게 입을 것을 주었는가?', '살아 있을 때 먹을 것 없는 사람에게 먹을 것을 주었는가?', '살아있을 때 잠자리 없어 애태우는 나그네에게 잠자리를 제공해 주었는가?' 어려움에 처한 이웃에게 도움을 주었는가에 대한 질문이다. 재미있는 것은 질문을 종합해 보면 의식주에 관련된 것임을 알 수 있다. 입고, 먹고, 자는 문제가 삶에서 큰 문제임은 확실하다.

지금 많은 사람들이 사회봉사를 한다. 이것은 매우 기쁘고 흐뭇한 일이다. 봉사 경험을 해보면 '시시하다', '별것 아니다'는 생각을 한다. 그러나 진리는 '별것 아니라는 바로 그것 속'에 참여하는 데 있다. 무엇보다 그 속으로 들어가는 것이 중요하다. 그 속에는 사랑이라는 보화가 있기 때문이다.

강남대 Y모 교수가 아들과 함께 지체장애인 10명을 돌보는 체험을 했다. 팔씨름도 하고 놀아주기도 했다. 체험에서 가장 어려운 것은 장애인들에게 밥을 먹이는 일이었다. 인내와 사랑으로 밥을 먹여야 하기 때문이다. 인내와 사랑이 없으면 그냥 집어넣는 형상이 된다. 그러나 사랑과 인내가 있으면 먹이는 태도가 다르다. 장애자의 입에서 흘러나온 음식을 자기도 함께 먹으며 기뻐하는 봉사자도 있다. 이런 경지에 들어가기 위해서는 거듭나지 않으면 안 된다. 함께 봉사 체험을 한 아들은 돌아오면서 아버지에게 이렇게 고백했다. "저를 이렇게 길러 주셔서 감사합니다." 그동안 투정만 부리던 아들이 달라진 것이다.

예수님은 자기를 찾아온 부자 청년을 향해 "네 재물을 팔아서 가난한 자를 도우라." 했다. 이웃을 위해 일하라 하신 것이다. 이것은 이웃을 위한 삶이 얼마나 중요한가를 가르쳐 준다. 재산이 많은 그 청년은 깊이 고민하다 그만 돌아서고 말았다. 부자만이 이웃을 돕는 것이 아니다. 우리 모두가 할 수 있다. 오히려 가난한 사람들이 더 이웃을 돕는다. 사랑의 선교회를 이끈 마더 테레사도 "네 이웃을 네 몸과 같이 사랑하라"는 하나님의 말씀과 "내 형제 중에 지극히 작은 자에게 한 것이 곧 내게 한 것이니라."(마25 : 40)는 말씀에 따라 헌신과 봉사의 길을 갔다. 흔히 사람들은 "하나님이 어디에 있느냐?"고 묻는다. 하나님은 따뜻한 마음으로 이웃을 돕는 당신의 손길을 통해 나타나신다.

피터 드러커는 사회봉사를 가리켜 중요한 자기관리(self-management)라 하였다. 그는 기업인들에게 사회봉사를 하며 살도록 한다. 어느 기업에서는 입사면접 때 "사회봉사 했나요?"라고 묻는다. 성적도 중요하지만 마음가짐이 더 중요하다는 것이다. 사회봉사를 하는 사람은 그만큼 이웃을 배려할 줄 알기 때문이다. 이제는 연인들끼리도 사회봉사를 체험했는지 여부를 따진다. 이렇듯 모두가 봉사정신을 가질 때 우리 사회도 그만큼 밝아지리라 믿는다.

사회봉사 이야기만 나오면 흔히 우리는 "나는 할 수 없어." 하며 **빠**지려고 한다. 봉사는 특정 인물만 하는 것이 아니다. 몸이 성한 사람만이 할 수 있는 일도 아니다. 인도의 한 여의사는 두 다리가 없었다. 그러나 그는 의사가 되어 나환자를 돕다 죽었다. 그는 말했다. "하나님은 나의 두 다리 대신 두 날개를 달아 주셨습니다."

이제 우리가 해야 할 일은 이웃과 사회를 위해 나눔과 봉사의 십일조를 드리는 일이다. 학생들은 학기 때나 방학 때 사회봉사를 체험하고, 시간이 나면 단기나 장기 봉사활동에 참여하는 것도 바람직하다. 그 배움을 통해 봉사활동을 생활화하면 사회에 나가서도 봉사의 리더가 될 수 있다. 왜 사회봉사인가? 사회는 봉사를 통해 참으로 사회다워지기 때문이다. 사회는 언제나 우리의 봉사를 필요로 하고 있다.

2. 사회봉사의 역사

사회봉사는 긴 역사를 가지고 있다. 로마시대 때 봉사는 학대와 고통받는 사람들에 대한 관심에서 출발했다. 당시 노예는 사람취급을 받지 못했다. 빈민 지역민에 대한 관심도 잊지 않았다. 아시시의 성 프란시스는 노예와 나환자를 도왔으며 사랑의 성자라는 별명을 얻었다. 우리가 애송하는 그의 시 「나를 평화의 도구로 써 주소서」는 자신을 평화를 낳는 봉사의 도구로 사용되기를 바라는 뜻을 잘 보여주고 있다. 500년 전 성 베네딕트는 부유층 젊은이들과 함께 저개발 지역을 대상으로 봉사했다.

영국의 경우 사회봉사는 200년 전 구두 수선하는 노인이 점포에 놀러오는 빈민가의 아이들을 가르치는 데서 시작했다. 이것은 이화학당을 창립한 스크랜튼 여사와 비교된다. 여사는 남편을 잃자 아들을 의사로 키우고, 결국 모자간에 한국선교사 지원했다. 아들이 병원에서 환자를 돌볼 때 자기는 환자의 아이들에게 글을 가르쳤다. 이것이 이화학당의 시작이다. 봉사가 한국 여성교육의 장으로 발전하게 된 것이다.

미국의 사회봉사는 17세기 초 구라파에서 이민 오는 사람들을 돕기 위한 것에서 출발한다. 뉴욕이나 여러 대도시의 YMCA는 호텔을 마련해 그들이 자리를 잡기까지 주거지를 제공했다. YMCA호텔은 봉사를 하기 위해 시작된 것이다. 지금도 해외를 대상으로 하는 Peace Corps, Americorps가 있고, 인디언과 대도시 빈민을 위한 VISTA, 공동모금을 위한 United Way, 극빈자를 위한 Goodwill Industries 등이 있다.

프랑스에도 800여 개의 민간단체들이 있다. 국경없는 의사회는 세계 난민을 위한 의료봉사에 앞장서고 있다. 마음의 식당은 부랑인 음식대접을 한다. 일본의 경우 사회복지협의회의가 있고 Goodwill Bank를 설치해 물자와 돈은 물론 재능까지 모아 도움을 준다. 이것이 전국으로 확산되어 있다.

우리나라의 경우 계는 삼한시대부터 내려온 상부상조의 전통을 이은 것이다. YMCA와 YWCA는 기독교기관으로써 사회봉사를 해왔으며, 적십자사나 국제협력단의 활동도 빼놓을 수 없다. 대학의 경우 한양대 사회봉사단이 1994년에 설립되어 대학의 사회봉사를 리드하고 있다. 한양대학은 '사랑의 실천'을 교훈으로 삼고 있으며 그 실천 사항으로 근면, 정직, 겸손, 봉사를 강조하고 있다. 대학은 원래 '격물치지 수신 제가 치국평천하'를 목표로 삼고 있다. 사회봉사는 수신 및 평천하에 기여한다. 대학은 앞으로 사회봉사에 솔선할 뿐 아니라 사회봉사를 학문적으로나 실제적으로 체계화하는 작업을 해야 한다. 특히 사회봉사의 철학을 확립하고 실천하는 방안을 추진하는 주체가 되어야 한다.

3. 봉사자의 자세

사회봉사자는 무엇보다 섬기는 자로써 종의 태도가 중요하다. 봉사자가 주인이 아니라 상대를 주인으로, 왕으로 존중한다. 이런 의미에서 봉사는 군림하고 지배하기 좋아하는 세상에서 거꾸로 사는 법을 배울 수 있는 좋은 기회이다. 낮아지고 겸손해지기를 배우는 것이자 상대의 입장에 서보는 귀한 기회이다. 봉사자는 봉사를 통해 상대에 대한 관심과 사랑이 왜 필요한가를 느끼고, 그 필요에 응답하는 삶을 사는 자신이 자랑스럽다. 이웃에 대한 사랑과 관심은 어두운 세상에 빛을 밝히는 일이다. 사람이 이 세상에 살면서 사랑한다는 것은 우리 삶에 생명을 불어 넣는 일이다.

봉사자는 자발성을 가지고 있어야 한다. 봉사는 자발적 의지로 해야지 억지로 해서는 안 된다. 스스로 하고 싶은 일을 하거나 의미 있는 일을 할 때 최선의 결과를 가져올 수 있다. 사회봉사는 이웃과 가까이 하는 일이다. 고난당하는 이웃의 아픔을 함께 나누는 정신처럼 아름다운 것은 없다. 손봉호는 "윗물이 흐릴지라도 아랫물은 맑아야 한다."고 말한다. 기성세대로부터 배울 것이 없다며 질타하기보다 자신의 세대는 달라야 한다는 각오로 삶을 다시 구축할 필요가 있다. 사회봉사는 이런 점에서 사회성, 공동체성, 이타성을 길러준다. 'non sibi'는 미국 최초 고등학교인 필립스 아카데미의 정신을 담고 있다. 이 말은 '자신을 위해 살지 않는다(not for self)'는 뜻을 가지고 있다. 이 고등학교에서 사회를 위해 헌신한 인물들이 배출된 것은 결코 우연이 아니다.

사회봉사는 보수를 바라지 않는다. 일하면서 혹시 '점심 값 안 주나?' 생각하지 말라. 오히려 내가 낼 각오로 일해야 한다. 유럽의 봉사자들은 자기 점심도 싸 온다. 조남호 서초구청장이 해외에서 봉사자들을 만났다. 점심시간이 되자 "식사 안하셨나요?" 물었다. 그들은 한결

303

같이 "먹었습니다."라고 대답했다. 구청장이 식당에서 도시락 먹고 있는 그들을 보게 되었다. "아니 점심을 드셨다고 말하지 않았습니까?" 그러자 그들은 말했다. "폐를 끼치지 않는 것이 참된 봉사입니다." 구청장은 한국으로 돌아와 자원봉사자들에게 무보수 봉사정신을 일깨워 주었다. 봉사자는 종이다. 좋은 일하고도 칭찬을 받지 못한다. 피곤해도 주인을 위해 일한다. 물론 봉사자는 노예가 아니다. 하지만 장소, 시간 가리지 않고 봉사하는 마음 가져야 하며 칭찬을 기대하기보다 '할 일을 했을 뿐'이라는 생각을 가지고 있어야 한다.

사회봉사는 자아를 실현하는 도구이다. 사람은 자아를 실현할 때 보람과 존재의 의미를 느끼게 된다. 봉사를 통해 오히려 삶의 의미를 배우게 된다. 봉사자들은 도움을 주기보다 오히려 도움을 받았다고 고백한다. 그리고 남은 생애를 도우면서 살겠노라고 다짐한다. 돕는 사람처럼 위대한 사람은 없다. 남의 아픔을 알고 함께 나누는 사람처럼 아름다운 사람은 없다. 우리 속에 이처럼 위대한 사람, 아름다운 사람이 의외로 많다. 그들은 소리 없이 돕는다. 그런 사람이 있어 살맛이 나게 된다.

인정을 받기 위해 봉사한 것은 아니지만 남도 모르게 한 봉사는 하나님이 인정하신다. 이야기지만 하루는 하나님이 지옥의 불길에서 고생하고 있는 한 노인을 측은히 여기셨다. 그리고 그가 한평생 좋은 일한 적이 없을까 생각하다 양파 하나를 남에게 준 일이 생각났다. 그에게 바로 그 양파를 내려 보냈다. 노인은 양파를 잡고 천당으로 올라가고자 했다. 그러나 양파 껍질이 자꾸 벗겨지고 미끄러워 도저히 위로 올라갈 수 없었다. 밑에서는 자기의 다리를 잡아 다니는 사람도 있었다. 아랫사람을 발로 차는 순간 그도 그만 아래로 떨어져버렸다. 그렇다. 이 세상에 있을 때 미끄러운 양파보다 더 단단한 사랑의 줄을 마련하자.

4. 사회 봉사철학의 심화

우리 사회는 사회봉사의 중요성을 인식하고 그 가치를 높게 평가하고 있으며, 그에 대한 인식도 발전단계를 거쳐 가속이 붙었다할 만큼 날로 커지고 있다. 우리 사회를 밝고 건강하고 살맛나는 공동체로 가꿔보는 봉사가 우리 사회 곳곳에 크고 작은 작은 변화를 몰고 왔고, 이웃을 돌아보는 작은 마음씨와 손길에 공동체의 미래가 걸렸다할 정도로 사회봉사에 대한 기대도 높아지고 있다. 이 중심에 대학이 있다.

한국대학의 사회봉사 경력은 그리 길지 않다. 하지만 대학은 사회봉사의 중요성을 조직적으로 일깨우고, 직접 체험한 중요한 기관이었다. 대학 자체뿐 아니라 한국사회에 사회봉사가 자연스럽게 자리 잡게 하는 데 크게 기여했다. 자원봉사 후 삶이 달라졌다는 학생들의 고백도 늘어가고 있다. 자원봉사에 나서면서 부모에 대한 감사도 생기고 자신의 삶도 떳떳해진다. 소유를 위해 숨 가쁘게 살아온 생활에 대한 반성도 보인다. 이렇듯 흐뭇한 마음이 다른 학생, 사회 일반으로 이어져 신뢰성 있는 학교를 만들어간다.

그러나 한국의 대학이 모두 완벽하게 봉사활동을 하고 있다 자만하면 안 된다. 부족함이 있을 수밖에 없다. 과거의 기간은 시험기 내지 과도기라 해도 과언이 아니다. 시행착오도 많았다. 사회봉사가 의욕만으로 되는 일도 아니며 고도의 전문성을 요하는 사회경영이라는 점도 깨닫게 되었다. 철학 없는 봉사의 비천함도 깨달았다. 따라서 앞으로는 과거와 달라야 한다는 것을 실감하게 되었다. 무엇이 달라져야 할까? 사회봉사의 철학과 실제의 틀을 보다 확고하게 정립해야 한다. 이를 위해 대학이 과거보다 실질적인 역할을 담당해야 한다는 요구가 높아지고 있다. 이를 위해 대학은 사회봉사의 교육적 의미를 생각하고, 사회봉사의 철학을 더욱 심화시킬 필요가 있다. 다음은 우리가 보다 충실히 해야 할 철학들이다.

1) 공존의 철학

과학적 관리의 아버지 테일러는 과학적 관리에 대한 철학 없이 기술만 배우려는 사람들에게 결국 실패할 것이라 말했다. 봉사의 철학을 체화하지 않고 의욕만 가지고 봉사의 자리에 나선다면 실망이 크게 된다. 따라서 대학은 무엇보다 사회봉사란 무엇인가에 대한 철학적 근거를 제공하고, 봉사자로 하여금 이 철학에 입각해, 생각 있는 봉사를 하도록 해야 한다.

사회봉사는 무엇보다 공존철학(philosophy for coexistence)을 바탕으로 하고 있다. 공존철학은 '함께 사는 길(the way toward togetherness)'을 추구한다. 지금까지 우리는 나만을 생각해온 삶에서 벗어나지 못했다. 모두 자기의 성공을 위해 달음박질 해왔다 해도 과언이 아니다. 결국 자기를 돕는 일을 당연시하고 그것에 익숙해졌다. 그래서 남을 생각하기 어려운 삶으로 변질되었다. 성공지향의 삶이 결코 나쁜 것은 아니다. 그러나 자기의 성공만을 지향하는 삶은 바람직한 사회공동체를 이룸에 있어서 문제가 될 수 있다. 사회봉사는 자신의 이러한 모습을 직시하고, 이기적인 삶의 모습에서 스스로 벗어나 이웃과 더불어 공존하도록 만들어 준다. '나누는 기쁨 베푸는 보람'이라는 캐치프레이즈를 내걸고 자원봉사 캠페인을 벌려온 중앙일보는 자원봉사를 이렇게 정의한다. '자원봉사는 체험을 통해 어려운 이웃의 고통을 조금이나마 이해하는 사랑의 교류이다. 그리고 그것은 이웃이 내 고통을 나눠가지는 메아리로 돌아온다.' 대학의 사회봉사는 학생들에게 사회에 나가기 전 남을 이해하고 돕는 마음을 길러주는 중요한 학습도구이다. 학교에서의 배움이 사회에서의 실천으로 이어질 때 우리 사회는 그만큼 밝아지게 된다.

사회봉사는 결코 값싼 일이 아니다. 좁게는 나를 달라지게 하는 일이고, 넓게는 사회를 변화시키는 중요한 일이다. 21세기에는 나라든 기업이든 학교든 사회봉사를 통해서 평가를 받게 된다. 대학에 대한 사회 인식도 바로 공존철학을 얼마만큼 실현시키는가에 따라 달라질 것이다. 대학의 사회봉사는 공존철학을 사명으로 삼아야 하고, 봉사를 통해 사명자를 길러내야 한다.

307

2) 나눔의 철학

사회봉사는 나눔의 철학(philosophy of sharing)을 행동의 바탕으로 삼고 있다. 철학은 실천으로 이행되어야 비로소 의미를 가진다. 물질을 나누고, 시간을 나누고, 사랑을 나눈다. 나눔에 한계가 정해있는 것은 아니다. 나에게 지금 넘쳐나 필요 없이 보이는 것도 상대에게는 긴요한 것일 수 있다. 나눔에는 물질만 들어있지 않다. 물론 물질이 요구되는 경우가 많지만 봉사는 물질만으로 채워지는 것은 아니다. 물질보다 중요한 것이 많은 것이 봉사다.

나눔은 가진 자의 고유 영역이 아니다. 오히려 나눠주는 자가 되레 더 많은 것을 받을 수 있다. 받는 자가 주는 자에게 더 많은 삶의 의미를 실어준다. 주는 자는 그동안 잃었던 삶의 의미를 봉사를 통해 회복한다. 받는 자도 마찬가지다. 자기에 대한 관심이 부어지는 것을 보며 아울러 삶을 재생한다. 그러므로 나눔은 주는 자와 받는 자 모두에게 삶의 의미를 가져다준다는 점에서 생명력이 넘치는 작업임을 알 수 있다.

3) 변혁의 철학

사회봉사는 변혁의 철학(philosophy of transformation)으로 열매를 맺는다. 사회봉사는 가치와 보람(value and worthiness)을 낳는다. 봉사는 가치의 실현이요 그 실현으로 보람이 풍성한 결과를 가져온다. 봉사자는 한결같이 "오히려 내가 배웠다"고 고백한다. 그 고백은 단지 봉사에 대한 판단이 아니다. 실천에 대한 자기 확인이요 보람의 인식이다. 이로 인해 자신의 삶의 양식이 변하고, 그것이 사회를 변화시킨다. 즉, 자그마한 봉사가 자기 내면에 파장을 일으키고, 그 파장이 이웃에게 전해져 사회에 파동을 일으킨다. 가치와 보람이 잔잔히 파동을 일으키고, 파동이 파동을 낳는다. 긍정적인 사회적 전염이다. 이런 점에서 봉사는 파동의 철학(philosophy of wave)을 가지고 있다.

대학의 측면에서 볼 때 1994년 8월 국내 대학 최초로 사회봉사 정규과목을 채택한 한양대학교의 파동이 대학가에 연쇄적 파동을 일으켰다. 동덕여대, 숙명여대, 한남대, 원광대, 한동대, 이화여대, 연세대, 서강대 등 많은 대학들이 사회봉사 과목을 교양 선택, 또는 필수로 개설했다. 사회봉사에 대한 대학의 열기가 확산되면서 우리 사회에 봉사마인드가 중요한 사회적 가치로 자리 잡을 만큼 그 파동은 계속되었다. 또한 96년 4월 서울대 등 94개 대학이 봉사활동을 입시전형에 포함시킴으로써 교육계에 큰 파장을 일으켰다. 학교에서의 제도화가 이뤄지고 봉사활동이 놀라운 속도로 성장했다. 자원봉사는 90년대 후반 우리 사회를 이끄는 새로운 민간 동력으로 등장하였다. 대학은 물론 우리 사회도 사회봉사로 인해 한층 더 성숙하고 역동적으로 변모하게 되었다.

지금까지 사회봉사로 인해 일어난 파동은 앞으로 지속되어야 할 것에 비해 이제 시작한 작은 파동에 불과하다. 이것으로 만족해서는 안 된다. 이 파동이 더 길게 그리고 더 깊게 이어져야 한다. 파도가 있어 바다와 생태계가 살듯 이웃사랑의 파동이 우리 사회를 살아나야 한다. 파도가 그치면 지구의 생명력은 잃는다. 봉사의 파동이 그치면 우리 사회의 생명력도 잃는다.

지금까지 사회봉사의 철학적 면모를 살펴보았다. 문제는 대학의 사회봉사가 이러한 철학을 실현시켜 왔는가 하는 점이다. 어느 정도 성공을 거두었지만 만족할 만한 정도는 되지 못한다는 것이 솔직한 표현이 될 것이다. 부족한 면은 앞으로 계속 보충되어야 할 것이다. 사회봉사는 기교가 아니다. 철학이 없는 봉사는 오래갈 수 없고, 의미도 곧 상실하게 된다. 따라서 지속적이고 활력이 넘치는 봉사가 되려면 봉사철학을 강화할 필요가 있다.

5. 봉사교육 패러다임의 변화

현재 대학은 학습을 통한 봉사를 강화하고 있다. 봉사를 체화시키기 위한 교육의 과정이다. 이 과정도 매우 필요하고 중요하다. 하지만 졸업 후에도 봉사활동이 지속되려면 스스로 하는 봉사, 곧 자율적인 봉사로 승화되도록 교육의 패러다임을 바꾸지 않으면 안 된다.

1) 자원봉사의 기본정신과 학점 취득의 문제

한양대학교에 사회봉사 과목이 도입되던 초기 기획위원들이 모여 학점에 대한 논의가 있었다. 학점을 주어 봉사를 인정해야 한다는 주장과 학점 없이 봉사의 순수성을 지켜야 한다는 주장이 맞섰다. 봉사를 장려하기 위해 학점을 인정하되 pass-fail형식의 성적으로 처리하도록 의견을 모으고 지금까지 이것을 지켜오고 있다. 다른 대학들도 대부분 이런 수준에서 학점이 처리되고 있다. 자원봉사는 원래 자발성과 순수성을 생명으로 하는 것인데 점수나 학점, 또는 경력으로 인정되기를 바라 형식적으로 이뤄질까 우려된다.

봉사가 점차 자리를 잡으면서 초기의 논쟁이 다시 불거져 나온다. 특히 의식이 있는 학생들이 종종 학점을 따기 위한 봉사에 문제를 제기하고 있다. 이럴 때마다 우리의 봉사 수준이 점차 궤도에 오르고 있다는 생각이 든다. 사회봉사 초기 단계에는 교육의 필요성을 위해 학점도 주고, 여러 인센티브를 고려하는 것이 마땅하지만 성숙할수록 이런 것들이 없다 하더라도 자발적으로 봉사하는 것이 바람직하다. 봉사 수혜기관에서는 점수를 주어서라도 봉사자를 늘리는 것이 좋다고 말하지만 자원봉사의 순수성을 보전하기 위해서는 학점이 주어지지 않아도 봉사가 자발적으로 이어지도록 하는 것이 더욱 바람직하다.

그러나 불행히도 우리의 봉사는 아직 자원의 단계에 이르지 못한 것 같다. 따라서 궁극적으로 자원봉사 차원에 이르도록 하되, 현행의 여러 제도를 보완하고, 한 가지보다 다양한 방법을 활용하는 것이 바람직하다.

우선적으로 고려해야 할 것은 현행 학점제에 대한 개선이다. 미국 대학 중에는 사회봉사 활동을 학점으로 인정하거나 교과의 일부로 권장하지 않은 대학이 거의 없다. 일부 명문사학들은 봉사활동을 입학조건으로 제시한다. 이것은 대학생에게 있어서 사회봉사가 그만큼 필요하고 활발하다는 것을 의미한다. 우리의 경우 문제는 과목이 사회봉사 하나만 집중되어 있다는 것이다. 한양대학의 경우 정규사회봉사 외에도 '대학사회봉사의 철학적 의의'나 '사회봉사 리더십'과 같은 과목이 설강되기도 했다. 이런 과목도 필요하지만 일부 정규과목과 사회봉사를 연계시켜 이수할 수 있도록 하면 전공과 연관된 활동을 할 수 있고, 사회봉사의 학점제도 더욱 풍성해질 수 있다. 평가를 할 때 신축성을 둘 필요도 있다. 출석과 규정시간 준수를 따지는 것도 중요하지만 이에 못지않게 피봉사자에 대한 사랑과 일에 대한 성실성까지 평가된다면 양질의 결과를 얻을 수 있다.

다른 하나는 학점제와 병행해서 사회봉사 인증제를 실시하는 방안이다. 학점이 사회봉사를 장려하기 위한 것이라면 인증제는 보다 사회봉사 마인드를 가지고 활동하는 학생들에 대한 학교의 인정이라 할 수 있다. 인증제는 학점과 관계없이 봉사단에서 수료증을 발급하는 것으로 수료증에는 봉사내용과 기관의 평가까지 기재하여 봉사실적을 공식적으로 인정하는 것이다. 이 경우 단순히 학점 취득이 차원을 넘어 더 깊은 차원의 봉사마인드와 경력을 쌓을 수 있다. 가능하다면 6시그마처럼 인증을 화이트벨트, 그린벨트, 블루벨트, 브라운벨트, 블랙벨트, 마스터 블랙벨트 등으로 차별화해 인증해주는 것도 하나의 방법이다. 사회봉사 2학점 이상 취득한 학생을 대상으로 인증제를 실시한다면 그간의 경험을 살려 봉사학습에서 자율봉사로 이어져 자원봉사로의 길을 열어주는 역할을 할 것이다.

311

2) 봉사학습에 대한 전문화와 체계화

대학은 봉사를 학습하고 발전시키는 곳이다. 지금 우리 사회는 비록 짧은 봉사경험을 통해 봉사학습의 체계화가 필요하다는 것을 실감하고 있다. 특히 사회봉사의 제도화, 전문화, 협업화 등이 미비한 상황에서 봉사학습을 체계화하기 어렵다. 앞으로 이 점에서 보다 전문성을 갖추는 단계로 도약해야 한다.

초중등학교나 지역봉사센터에서 사회봉사가 실시되고 있지만 전문성에 있어서는 매우 부족한 현실이다. 지도할 교사가 부족한 것은 물론 교사의 전문성도 떨어져 대학에서 이에 대해 깊은 관심을 갖고 학문적으로나 실제적으로 연구하고 교육할 필요성이 제기되고 있다. 송파구의 경우 미국에서 자원봉사 전문가를 초빙해 지원자들을 교육한 뒤 의료·환경·문화 등 주민생활과 직결된 분야에서 봉사활동을 하도록 했다. 국내에서 전문가를 찾기 어려웠기 때문이다. 그런 경우를 당할 때마다 자원봉사 전문학교나 학과 또는 전공트랙을 설치하고 전문봉사전문가를 양성하는 교육프로그램이 절실하다는 것을 느낀다. 이젠 사회봉사에도 전문인을 양성할 필요가 있다. 그들로 하여금 봉사학습의 틀을 마련하고, 보다 바람직한 제도를 만들어 나간다면 우리 사회의 봉사가 한 차원 높아지게 될 것이다.

나아가 학생들을 보다 건강한 봉사자로 성장시키기 위해 학생들 스스로 봉사활동을 준비(P)하고 활동(A)하며 평가(R)하도록 하는 이른바 PAR 체계 교육을 수립해야 한다. 이 문제에 있어서 봉사 전문가는 봉

사학습을 서두르지 않고 자연스럽게 정착할 수 있도록 유도할 필요가
있다.

3) 봉사 아이디어의 지속적인 창출과 개발

지금까지 대학의 사회봉사는 봉사단이 제시한 유관기관 프로그램과
개인이나 동아리가 자유롭게 설계하는 자유선택 제도를 중심으로 이루
어져 왔다. 자유선택 제도는 학생들의 자율봉사 마인드를 키워준다는
점에서 매우 중요한 프로그램이다. 문제는 봉사를 한정된 프로그램에
국한시킬 경우 봉사 영역은 좁아질 수밖에 없다. 따라서 봉사아이디어
를 지속적으로 창출하고 개발할 필요가 있다.

자원봉사의 열정은 넘치지만 아이디어가 빈곤한 곳이 적지 않다. 앞
으로는 봉사프로그램도 재미있어야 하며, 조직적으로나 체계적으로 멋
진 프로그램을 짜는 것이 중요하다. 삼성 데이터시스템의 경우 '구두닦
이 넥타이부대'를 만들어 그것을 통해 수해성금을 모금했다. 제일기획
은 어린이 병동 벽화그리기에 참여했다. 그밖에 난지도 너른 방 공부방
에 놀이터 만들어주기, 달동네 문패 달아주기, 시골어린이 버스통학 시
켜주기, 백혈병어린이 PC경진 및 예쁜 엽서 만들기 대회, 외국인 근로
자에게 한글강습 등 다양하다. 이것은 우리 기업들이 사회봉사에 참여
하면서 얼마나 봉사아이디어를 창출하며 멋있게 봉사하고자 하는 가를
보여준다. 이 같은 일은 대학에서 조금만 배려하면 더 활발히 일어날
수 있다. 중고등학교 교사들이 현장 지도하는 것이 어려울 경우 봉사경
험이 있는 대학생을 참여시켜 중고등학생들의 봉사를 지도하는 것, 그
리고 대학에 입학은 되었지만 아직 고등학교를 졸업하지 못해 남은 공
백 기간 동안 헤매는 고3학생들에게 멘토가 되어주는 것도 예다. 대학
생들이 예술인들과 함께 문화공연 봉사를 통해 산간벽지의 문화갈증을
풀어줄 수도 있다.

4) 작은 봉사의 중요성을 일깨우는 교육

교육은 작은 것을 중시하고 배려하는 눈을 갖도록 할 필요가 있다. 자원봉사는 궂은 일이 대부분이다. 학생들은 어떤 일에서든지 봉사의 의미를 찾기보다 일 자체의 보잘 것 없음에 대해 부정적 인식을 갖기 쉽다. 사회봉사는 작고 비천해 보이는 일에 대해 겸손함을 요구한다. 그 일은 우리의 낮은 자세를 요구한다. 가난한 마음으로 어려운 이웃을 위해 허리 굽힐 때 이마엔 땀이 난다. 그러나 그 굽혔던 허리를 펼 때 눈은 기쁨으로 빛나고 입가엔 미소가 피어난다. 자원봉사는 그런 과정을 통해 보람을 안겨준다.

그럼에도 불구하고 상당수 학생들이 자원봉사에 대해 회의적이다. 그것은 일속에 숨어있는 정신을 생각하기보다 일 자체의 하찮고 보잘것없음에 대한 생각 때문이다. 우리가 그 작은 일을 통해 더불어 사는 정신을 이해하고 사람들을 사랑해 나간다면 우리 사회는 그만큼 밝아진다는 사실에 주목해야 한다. 일 뒷면에 숨어있는 아름다움을 발견해 나간다면 보람이 쌓이고, 작은 일 하나하나에 정성이 깃들게 된다. 교육은 이것에 대해 눈을 뜨게 만드는 일이 중요하다. 학생들에게 일에 대한 인식과 태도를 바꾸도록 하는 것도 중요한 교육이 될 것이다. 작은 것 하나라도 무시하지 않고 관심을 갖게 되고, 이러한 마음들이 하나씩 모아질 때 우리 사회는 밝아질 수 있다. 봉사의 보람은 큰일에서 나오는 것이 아니라 작은 일을 통해 감격스럽게 쌓인다. 봉사에 앞서 작은 일을 귀히 여기는 교육이 필요하다.

5) 봉사 교육프로그램의 다양화

봉사활동이 지속되면서 교육프로그램이 다양해야 한다는 요청이 높아지고 있다. 갤럽 조사에 따르면 미국의 경우 10대 청소년의 58%가 자원봉사 경험을 가지고 있다. 20개 이상의 주정부가 자원봉사를 공립학교 졸업필수로 규정하고 있다. 이런 바탕에는 사회 전체가 고루 봉사

313

에 참여할 수 있는 다양한 길을 열어놓고, 교육하기 때문이다. 심지어 영국에서는 고등학교 졸업 후 대입 전까지의 공백기에 할 수 있는 자원봉사 프로그램이 발달해 있다. 영국의 케이스는 수능 시험 이후 입학 전까지 긴 기간 동안 방황하는 우리 젊은이에 대한 대안이 될 것이다.

대학은 중고등학교를 통해 봉사과정을 거친 청소년을 대상으로 자원봉사 교육을 체계적으로 전개하고, 그들이 다양한 분야에서 쉽게 봉사할 수 있는 마당을 제공하며, 졸업 후에도 스스로 봉사할 수 있는 봉사의 산 교육장이 되어야 한다. 공식적으로는 대학의 사회봉사단이 교육책임을 맡고, 봉사의 장을 열어 유관기관과 다각적으로 연결시켜 주는 역할은 매우 중요하다. 그러나 비공식적이기는 하지만 각 학부나 클래스, 동아리나 각종 비공식 조직을 통해서 봉사 마인드를 자연스럽게 길러 주는 것이 더 중요할 수 있다. 예를 들어 건축 클래스의 경우 사회적 도움이 필요한 특정 기관의 건축 설계도를 제작하여 그들에게 실질적으로 도움을 줄 수 있다. 해양생물학과의 경우 자료들을 모아 생태계의 변화와 위험을 일반 학교와 시민들에게 알려줄 수 있다. 이런 식으로 전공을 다양하게 살려 봉사계획과 실행을 스스로 하게 하면 학생들로 하여금 더욱 의미 있는 일이 될 것이다. 학교에서 이 일에 관심을 가지고 지원한다면 더욱 힘을 얻게 될 것이다.

6) 봉사정신 교육에 대한 학교 및 기관의 공동참여

대학생들이 봉사를 하기 때문에 전공과 유관한 업무에 투입되어 봉사를 하게 되면 더욱 의미를 가질 수 있는 것은 확실하다. 그러나 대부분의 기관에서 요구하는 일은 전문성보다 일상적인 일들이 많다. 어떤 일은 기피대상이 되기도 한다. 이런 경우에 학생들이 취하는 자세에 대해 깊이 있는 검토가 필요하다.

봉사자도 사람이기 때문에 얼마든지 일에 대해 선호가 있을 수 있고, 학생들의 마음을 충분히 이해한다. 그러나 봉사는 기본적으로 자기희생을 바탕으로 하고 있다. 희생은 자기의 선호를 포기하는 것과 같다. 따라서 봉사자들이 자기의 선호성만 고집한다면 참된 의미의 봉사를 할 수 없다. 따라서 봉사에 투입되기 전에 봉사에 대한 기본적인 마인드를 체득하고, 사회봉사의 철학이 무엇인가를 확인시켜 줄 책임이 있다.

이 일은 대학만의 책임이 아니다. 대학도 봉사자들에게 기초교육을 시키기는 하지만 실질적인 교육을 하고 있지 못하다. 턱없이 부족한 상태에서 투입되었다고 봐야 정직한 표현이 될 것이다. 따라서 학생들을 봉사자로서 받아들이는 기관에서도 함께 학생들을 교육할 필요가 있다. 교육에 대해 학교와 기관이 공동으로 책임을 지는 것이다.

이 교육에 있어서 중요한 것은 사람과 일에 대한 겸손이다. 피봉사자를 존중하고 사랑하는 마음을 가르칠 뿐 아니라 일의 귀천을 따지지 아니하고 성실하게 임하는 자세를 가르치는 것이다. 캘커타의 테레사 수녀가 운영하는 '사랑의 선교회'는 가톨릭 자선기관이다. 이곳에는 죽어가는 사람을 위한 집 '니르말 흐리다이', 어린이를 위한 집 '쉬스 바반' 등이 있다. 캘커타에서만도 죽어가는 사람, 버림받은 아이, 천역으로 배척당하는 나병환자들, 병들고 정신장애를 가진 사람들, 버림받은 여인들 수천 명이 보호를 받고 있다. 사랑의 수녀회는 인도에만 있는 것이 아니다. 119개국에 557개 이상의 집을 운영하고 있다. 안산에도 사랑의 수녀회가 있다. 이들은 60년 이상 가난한 이 중에서도 가장 가난한 사람들에게 봉사하고 있다. 그곳에서 하는 일은 한 마디로 궂은일이다. 그러나 일하는 사람들은 결코 불평하지 않는다. 그래서 테레사 수녀는 늘 유언처럼 말했다. "나를 니르말 흐리다이로 보내주세요. 나도 그곳에서 그들처럼 죽고 싶습니다."

자원봉사는 희생, 곧 자기를 부인하는 법을 배우는 것이다. 섬기는 리더가 되려면 철저히 낮아지는 삶을 배우는 것이 중요하다. 섬김은 스스로 종이 되겠다는 것인데 일을 가려서 하겠다는 것은 자원봉사자의 올바른 마음가짐이 아니다. 누구나 봉사에 참여할 수 있다. 하지만 봉

315

사에 참여했다고 해서 누구나 다 진정한 봉사자가 되는 것은 아니다. 진정한 봉사는 어떤 일을 맡겨도 불평하지 않고 기쁨으로 받는 것이며, 그 일을 통해서 자기 겸손을 실천하는 것이다. 이러한 정신을 대학뿐 아니라 기관도 함께 가르치고 체득시켜야 한다.

그럼에도 불구하고 이 경지에 들어가기 위해서는 시간과 함께 엄청난 노력이 필요하다는 사실이다. 사회봉사를 시도하려는 학생에게 무조건 이 경지에 들어오도록 강요할 수는 없다. 사회봉사는 강요한다고 되는 것이 아니기 때문이다. 학교는 형식적인 봉사보다 보람을 느끼게 할 수 있는 봉사활동을 장려함으로써 교육의 효과를 높일 수 있으며, 봉사활동을 일단 경험한 뒤 점차 봉사에 익숙해지면 여러 유형의 봉사를 경험해 앞으로 어떤 봉사를 생활화해야 할까 생각하도록 하는 것이 바람직하다. 그때 어떤 일을 맡겨도 감내하는 하는 마음이 생길 것이다.

7) 교내 여러 조직들의 자발적 참여

대학의 사회봉사는 봉사단의 주선을 통해 공식적으로 이뤄지고 있다. 지도 교수가 있기는 하지만 성의를 가지고 임하는 경우는 거의 드물다. 사회봉사는 자발성이 원칙인데 이 원칙이 지도 교수부터 잘 지켜지지 않고 있는 것이 현실이다. 따라서 자발성을 높이기 위한 노력이 보다 배가되어야 한다. 그 일환으로 학생들뿐 아니라 교직원의 자원봉사 활동을 활성화시킬 필요가 있다.

학생들의 경우 자원봉사단(자봉단)을 이용한다. 학내에 각종 동아리가 자발적으로 조직되고, 회원 모두가 목적에 따라 힘 있게 움직이는 것처럼 여러 유형의 자원봉사단 형성을 학교에서 제도적으로 열어주고 권장하는 것이다. 의무보다 솔선하는 자원봉사가 더 의미가 있기 때문에 자봉단 활동을 이해하고 지원하면 효과가 클 것이다. 그간 탁아방 등 여러 유형의 동아리 활동이 있었지만 자봉단의 활동을 보다 다양화할 필요가 있다. 무엇보다 그룹의 특성을 살려 다양한 봉사활동을 하도록 하는 것이 바람직하다.

대학의 사회봉사는 학생들만 하는 것이 아니다. 봉사에 관심을 가진 교직원과 함께 해야 효과가 크다. 지금까지 교직원은 봉사에서 주로 안내자 및 감독자 역할을 해왔다. 이 역할은 결국 자신을 봉사와 무관한 방관자로 전락시킨다는 점에서 문제가 있다. 따라서 학생들에게 봉사마인드를 가지도록 하기 위해서는 학생들을 지원하고 감독할 교직원부터 교육을 시킨 뒤 봉사의 모범을 보이도록 할 필요가 있다. 그들이 먼저 자원봉사 경험을 가지고 지도한다면 봉사환경은 크게 달라질 수 있다. 봉사는 말로만 하는 것이 아니다. 교직원부터 봉사에 대한 감격이 있어야 한다.

교직원들의 경우에도 자발적으로 참여할 수 있는 분위기를 만들 필요가 있다. 자원봉사는 학생에게만 해당되는 일이 아니다. 교직원부터 솔선수범해야 학생들이 배운다. 그러므로 교직원에게도 봉사 마인드를 고취시켜 모두가 함께 하도록 하는 것이 중요하다. 물론 봉사참여는 자발적이어야 한다. 부서별, 교우별 등 여러 유형으로 봉사조직을 활성화하고 장려차원에서 우수 팀이나 개인에게 자원봉사상과 인사고과 반영 등의 인센티브도 부여한다. 신입직원 교육이나 교직원 연수에도 자원봉사 체험시간을 포함시킬 수 있다.

메릴랜드 주는 4년간의 시범 기간을 거쳐 봉사활동이 긍정적 사고와 시민교육, 학습에 도움이 된다는 확신을 가진 후 학생들의 봉사활동을 졸업필수항목으로 전면 실시했다. 그것은 단순한 행정명령이 아니었다. 지도자나 정책입안자들 스스로 봉사에 참여해 얻어낸 결과였다. 아울러 사전준비를 철저히 하고 봉사활동 및 평가과정이 학습에 구조적으로 반영되도록 했다. 이에 비해 우리나라는 봉사학습에 대한 충분한 교육이나 이해 없이, 심지어 봉사철학을 가슴에 담지 않은 채 학생들을 거리로 내몰았다. 이런 무책임한 봉사활동으로는 봉사가 계속 이어질 수 없다. 교직원들이 먼저 조직적으로 활동하고 그 경험을 모아 체계적으로 지도할 때 그 봉사가 살아 있고, 학생들은 졸업 후에도 평생 봉사할 마음을 갖게 된다. '학생은 어른을 따라 배운다.'는 것은 교육에서 진실이다.

'시민교육을 올바로 시키려면 교사부터 교육을 시키라'는 말이 있다. 학교와 교직원들에게 자원봉사의 이념을 교육시키고 봉사학습의 효과를 높이는 프로그램을 마련하도록 해야 한다. 이 점에서 교육을 받아야 할 대상은 학생이 아니라 오히려 학교와 교직원일 수 있다.

8) 교수와 학생이 함께 기획하는 봉사

봉사가 진정한 학습과 교육이 되도록 하려면 교육의 현장에서부터 교수와 학생이 함께 기획하는 봉사를 하는 것이 바람직하다. 기획은 상당한 전문성을 요하는 것도 있어 최소한 한 학교에 자원봉사를 전공한 교직원이 필요하다. 그러나 현재 대학에서 자원봉사를 전공으로 가르치는 학교는 없어 전문성을 갖추지 못하고 있는 실정이다. 하지만 일부 교육과정을 통해서 사회봉사에 관심을 가지고 새로운 프로그램을 만드는 노력이 필요하다. 학교와 사회단체들이 연계해 프로그램을 만들어 활용해 보는 것도 바람직하다.

메릴랜드 주 학생봉사연맹(MSSA)은 봉사 프로그램을 만들 수 있도록 교사와 학교를 지원한다. 교사들을 훈련시키고, 각 학교에 적합한 봉사활동 매뉴얼을 만들어 제공한다. 봉사활동 전문교사를 매년 15명씩 선발하여 일정 기간 휴직을 시킨 뒤 프로그램을 이수하도록 한다. 그 결과 교사와 학생이 함께 기획하는 봉사가 늘어났다. 예를 들어 가정과목 '바느질' 시간, 선생님은 학생들에게 봉사 학습의 필요성과 노숙자들에 대해 토론을 유도한다. 학생들은 수업시간에 만든 옷을 노숙하는 사람들에게 보내 활용하자는 의견을 모은다. 학생들은 조를 짜서 스웨터, 바지, 조끼, 장갑, 가방 등을 만들기로 한다. 교사는 먼저 준비단계로 1주일간 학생들에게 바느질 기술을 가르친다. 학생들은 집에서 옷감을 가져와 자르고, 깁고, 여러 색깔의 천을 대서 옷을 만든다. 한 달 간 옷을 만든 뒤 학생들은 옷들을 노숙자 쉼터를 찾아가 전달한다. 쉼 터에서 노숙자들을 직접 만나본 학생들은 학교에 돌아와 쉼터에서 느 낀 점과 노숙자에 대한 생각 등에 대해 토론을 벌린다. 학생들은 노숙 하는 사람들을 돌보고 관심을 가질 사회시설이 필요하다는 보고서를 작성하고 봉사 프로그램을 마친다. 이것은 하나의 예이지만 학생들은 학생만의 단독봉사보다 교수와 함께 하는 봉사, 친구들과 함께 하는 봉 사를 기뻐한다는 것을 잊어서는 안 된다.

9) 우수 봉사자나 시설에 대한 벤치마킹

모범을 통해 배운다. 벤치마킹은 모범을 통해 배우는 중요한 교육방 법이다. 우수 봉사자의 말을 듣거나 우수시설을 찾아가 그들의 경험을 배우며 봉사마인드를 키운다. 이를 위해 꽃동네와 같은 우수시설을 집 단적으로 견학하는 방법도 바람직하다. 견학 이외에 1박 2일 동안이라 도 직접 봉사활동에 참여하도록 하면 더 효과가 있을 것이다.

그러나 벤치마킹을 한다며 늘 이름이 있는 인물만 연사로 초대하거 나 유명시설만 찾도록 하면 대학의 봉사가 자칫 스타만을 좇는 인기주 의에 빠뜨릴 우려가 있다. 따라서 주변에서 찾아보는 노력이 중요하다. 이런 작업은 졸업 후 자신이 있는 그 자리에서도 얼마든지 봉사할 수 있다는 생각을 심어준다. 알아보면 학교 주변에도 얼마든지 배울만한 곳이 있다. 작은 일에 대한 귀중함을 안다면 오히려 이름이 없는 숨은 봉사자나 어려움을 잘 이겨나가는 시설을 찾는 것이 좋을 것이다.

10) 학습봉사에서 자율봉사로의 패러다임 전환

봉사를 위해 교육이 필요하지만 늘 교육을 받는 단계에 머물게 한다 면 커서도 늘 어린 아이로 남을 수밖에 없다. 따라서 봉사자를 성숙한 존재로 키우기 위해서는 사회봉사도 초기 단계의 학습봉사에서 성숙단

319

계의 자율봉사로 발전시켜야 한다. 이것은 봉사교육에서 패러다임을 변화시키는 중요한 일이다.

자원봉사는 자발적이고 순수한 동기가 중요하다. 그러나 우리 모두가 성숙한 것이 아니어서 자원의 상태로 나가지 못한다. 성경의 말씀대로 '마음은 원이로되 육신이 약하기' 때문이다. 그렇게 되면 아무리 좋은 것이라도 방치되기 쉽다. 이에 따라 봉사의무론이 제기된다. 사회봉사는 해도 되고 안 해도 되는 것이 아니라 사회적 의무라는 것이다. 의무론에 따르면 학생의 경우 자율봉사가 어렵기 때문에 어려서부터 학습봉사의 과정을 통해 봉사의 사회적 필요성과 유용성을 관념화해야 한다. 학습봉사는 클린턴 행정부에서 더욱 강화되었다. 연방정부가 K-12프로그램이라는 이름 아래 유치원에서부터 고등학교 졸업 때까지 봉사활동을 학교 교과과정에 편입시켰기 때문이다.

봉사활동을 순수 자원봉사로 할 것인가 아니면 봉사학습으로 할 것이냐는 아직 사회적 합의가 이뤄지지 않았다. 두 가지 모두 일리가 있기 때문이다. 봉사가 자기 삶의 일부로 체화되기까지 학습봉사가 필요하다. 그러나 늘 학습봉사로 남게 하면 아이 상태를 벗어날 수 없다. 궁극적으로는 자율봉사로 나가야 자원봉사로서의 순수성을 유지할 수 있고, 봉사자도 성장할 수 있다. 봉사를 의무적으로 한다는 것과 자율적으로 한다는 것은 다르다. 의무화보다 자율화가 바람직한 것은 말할 것도 없다. 셀프 리더(self leader)를 키운다는 점에서도 중요하다. 자원봉사는 결코 강제할 사항이 아니다. 중고등학교에서 학습봉사를 중심으로 봉사가 이뤄졌다면 대학에서는 자율봉사로 성숙되어야 한다. 그래야 학생들이 사회에 나가서도 봉사의 아름다운 전통을 이어갈 수 있다.

6. 섬김의 리더십과 봉사의 세계화

1) 사회적 가치의 공동 실현

사회봉사는 우리 사회가 중히 여기는 가치 중의 하나이다. 이것은 적절한 시간에 봉사하지 못하면 지나치게 될 만큼 시간과 직결되어 있고, 우리의 직접적인 헌신을 요구하고 있다. 이런 점에서 봉사는 사회적 가치의 실현(realization of social value)이다. 그 실현의 정도와 깊이에 따라 사회의 성숙도가 달라진다.

자원봉사가 일회성이 아니라 영속성을 가져야 하며, 봉사가 사회적으로 체화되어 봉사가 생활의 일부로 자리 잡을 필요가 있다. 이를 위해 사회 각 기관은 봉사에 뜻을 둔 사람들이 꾸준히 봉사 활동할 수 있도록 여건을 만들어 주어야 한다. 우리나라는 사회봉사가 필요하고 중요하다는 것을 인식하고 체험해 본 초기 과정을 거치고 있다. 이것이 보다 깊은 사회적 결실을 거두기 위해서는 봉사노력을 사회적으로 확산시켜 봉사가 단절 없이 계속 이어지도록 해야 한다.

2) 섬김의 리더 배양

대학의 사회봉사는 미래 우리 사회의 지도자를 키우는 중요한 도구이다. 대학은 학문을 통해서 학생을 기술적 전문가로 성숙시키기도 하지만 봉사를 통해서 감성적 리더로 키운다. 봉사는 사회를 생각하는 감성의 중요성을 일깨워 준다. 사회지도자는 모름지기 자기중심에서 벗어나 이웃 생각하기를 먼저 해야 하고, 사회의 삶의 질(QSL)을 높이는 데 앞장 설 수 있어야 한다. 대학은 이를 위해 봉사철학을 확립하고, 봉사의 사회적 가치를 실현시키는 리더 교육장이다. 특히 섬김의 리더십(servant leadership)을 통해 학생을 미래의 사회적 지도자로 양성하는 것은 대학의 당연한 과제이다. 학업성적이 뛰어나고 여러 전문분야에서

321

학문적 리더십을 발휘하는 것도 좋은 일이다. 그러나 그 어떤 리더라 해도 뒤틀린 사회와 소외된 이웃을 품에 안고 사랑하는 봉사 마인드 (service mind)나 돌봄의 정신(care spirit)이 부족하다면 참다운 리더가 될 수 없다.

322

3) 자원봉사 활동의 선진화와 세계화

봉사의 선진화와 세계화는 앞으로 한국의 사회봉사가 도약할 수 있는 바탕이 될 것이다. 봉사의 선진화와 세계화는 크게 두 가지 차원으로 전개될 필요가 있다.

하나는 세계 각국의 봉사 경험을 나누는 일이다. 미국을 비롯해 각국에는 자원봉사연합회가 있고, 자원봉사 대회를 개최한다. 우리도 이 대회에 참여하여 외국과의 교류를 넓히고 경험을 적극적으로 공유할 필요가 있다. 분과토의에 참여해 의견을 나누고, 외국의 자원봉사 활동 내용과 사례에 대해 파악한다. 대학도 이 대회에 적극적으로 참여한다. 이제 한국의 사회봉사도 글로벌 스탠더드로 진입하는 작업이 필요하다. 이를 위해 대학의 사회봉사에 대한 전문성을 높이고, 국제적 기구와 연대하는 작업이 요구된다.

세계에는 여러 유형의 자원봉사 활동이 전개되고 있고, 그것을 보다 활성화시키기 위해 여러 조직들이 구성되어 있다. 세계자원봉사협의회 (IAVE)는 가장 대표적인 기관이다. 미국에는 미국자원봉사총연합회가 있고, 한국에는 한국자원봉사단체 협의회가 있다. 흥미로운 것은 미국의 경우 전미자원봉사대회(NCSC)가 열린다는 사실이다. 이 대회에는 정부, 기업, 민간단체, 언론사, 학교 등이 참여하고 있으며 각종 정보와 사례들이 폭넓게 교류되고 있다. 미국은 자원봉사를 통해 인종의 벽을 허물어가고 있다. 흑백인 지역 주민들이 자원봉사 팀을 구성해 거리를 함께 청소해 봉사상을 받기도 한다. 이러한 사례들이 소개됨으로써 각국에서 참가한 사람들이 벤치마킹할 수 있는 기회를 제공한다.

미국에서는 1985년 브라운, 조지타운 등 30여개 대학들이 모여 대학사회봉사 협의체로 '캠퍼스 컴팩'을 구성했으며, 현재 6백여 개 대학들이 가입하여 활발한 연구와 정보교류를 하고 있다. 우리나라에도 대학의 사회봉사협의체라 할 한국대학사회봉사협의회가 있다. 협의회는 물론 전국단위의 대학사회봉사협의회다. 협의회는 학생들의 사회봉사 활동 지원방안에 대한 세미나와 연구 등을 통해 정보를 교류하며 참여대학들의 폭을 넓혀 나간다. 세미나를 통해 하버드나 스탠퍼드 등 봉사 우수 대학들의 사례를 살피고 우리 실정에서 가장 합당한 모델을 찾고 있다. 우리 협의회도 얼마든지 활성화할 수 있다. 미국의 경우 대학총장의 역할이 매우 크다. 샌프란시스코 주립대학 총장 등 21개 대학총장들이 대학의 '일－공부'장학금의 정부지원 증가액 중 50% 이상을 학생봉사 활동에 사용하도록 정책적으로 배려한 것도 대학총장위원회에서 나온 것이다.

앞으로 우리 대학은 이런 국제적인 행사에 참여해 정보를 교류할 뿐 아니라 서로의 경험을 나누고, 함께 하는 작업을 마련하는 것이 매우 중요하다. 우선 세계의 대학총장들이 함께 하는 모임을 만들 필요가 있으며, 대학사회봉사 담당 전문가들의 지속적인 모임 참여와 국제적 교류가 필요하다. 그런 과정에서 새로운 아이디어가 나오고, 세계와 네트워킹하면서 자원봉사 활동이 선진화될 수 있다.

다른 하나는 우리의 봉사도 한국이라는 좁은 경계를 벗어나 국제적 일원으로 활동할 수 있는 영역을 넓히는 일이다. 대학은 봉사를 키울 수 있는 가장 적합한 기관이며, 특히 학생이라는 신분은 보다 국제적으로 봉사 영역을 확산시킬 수 있는 좋은 기회를 가질 수 있다. 대학의 료봉사단이 아프리카, 중동, 중국, 몽골 등 각국에서 진료에 나서 한국인에 대한 이미지를 바꿔놓고, 학생들이 각국의 농촌을 도우며 사랑을 실천했다. 해외 올림픽 자원봉사대원으로서 대회진행을 돕기도 했다. 한국의 유엔활동이 높아지고 있기 때문에 전문 인력을 키우려면 해외

봉사 활동이 더욱 활발해져야 한다. 대학의 해외봉사를 보다 활성화하기 위해 국제 자매학교와 연계하는 작업도 중요하다. 그곳에 해외봉사단을 파견함으로써 자매학교와 함께 경험을 쌓는다.

324

봉사의 세계화와 선진화는 한국인의 봉사능력을 세계에 보일 수 있는 계기가 된다. 나아가 봉사를 통해 세계인의 마음을 하나로 묶는 역할을 한다. 대학의 사회봉사가 우리 안에 한정되어 있다면 그것은 결국 '우리 안에 갇힌 봉사'가 될 것이다. 사회봉사는 국경이 없다. 따라서 대학은 우리의 봉사활동이 보다 세계화되고 선진화 단계로 발전할 수 있도록 노력해야 한다. 대학인 스스로 국제봉사 활동에 참여하고, 한국의 사랑을 다른 나라에 옮겨 심음으로써 봉사활동이 선진화되도록 한다.

7. 더 나은 사회봉사의 창출

1) 양보다 질로 나아가는 봉사

봉사도 자율시대에 접어들었다. 이런 때에 대학의 사회봉사는 양보다 질로 나아가는 길을 택해야 한다. 대학이 봉사의 양적 확산에만 급급한다면 봉사가 올바르게 정착할 수 없다. 양에다 채워 넣을 질적 작업을 병행해야 한다. 이 시대에 우리가 해야 할 일은 자원봉사의 질을 향상시키는 일이다.

봉사가 질적으로 나아지려면 무엇보다 봉사 참여자 스스로 봉사의 내용을 결정하고 참여하는 자율적인 참여봉사가 되어야 한다. 봉사가 질적으로 참다운 자원봉사가 되게 하는 길은 스스로 하는 것이다. 대학은 자율봉사로 무장한 참다운 시민을 양성할 책임이 있다.

서울시 교육청에서는 학생들의 의무봉사 시간을 연간 40시간을 15시간으로 줄인 바 있다. 이에 대해 학생들의 봉사활동이 위축되는 것이 아니냐는 염려도 있었다. 하지만 교육청은 학교평가에 봉사활동을 반영함으로써 질적 개선을 유도했다. '학생들이 몇 시간 봉사했는가?', '교사가 몇 명 참가하고 몇 시간 지도했는가?' 하는 수량적 평가가 아니라 각 학교들로 하여금 활동내용을 서술하고 보고서로 제출토록 함으로써 질적 평가를 한 것이다.

학교에서는 봉사활동에 대해 의무시간을 부여해 학점을 인정해 왔다. 의무시간을 정하고 이에 따라 봉사를 하는 것은 관리상 도움이 되지만 봉사의 획일화를 초래할 위험이 있다. 따라서 봉사의 양만 측정할 것이 아니라 봉사의 질을 따지는 연구가 병행되어야 한다. 또한 정해진 프로그램 이외에 개인이나 집단이 도와야 할 일을 스스로 찾아서 하는 봉사를 할 때 훗날 스스로 봉사의 셀프 리더(self leader of service)가 될 수 있다.

2) 봉사의 네트워킹 확장

지금까지 대학의 사회봉사는 각 대학의 프로그램 위주로 진행해 왔다. 그러나 점차 느끼는 것은 대학의 사회봉사는 한 대학의 힘만으로 확산될 수 없다는 사실이다. 이제는 눈을 바깥으로 돌려 먼저 국내 대학 간 공동봉사를 기획하고, 대학이 사회봉사를 함에 있어서 직면할 수 있는 여러 문제점들을 협의할 필요가 있다. 대학 간 협의체를 구성하는 것이다. 이를 위해 관심 있는 대학들이 봉사정신을 키울 협의회를 구성해 나가는 것이 바람직하다. 물론 전국단위의 한국대학사회봉사협의회가 있지만 대학 대 대학의 실질적인 협력이 더 긴요할 수 있다. 국내에서의 이러한 노력과 함께 해외대학과 연계하여 공동프로그램을 개발하고 학생들을 서로 교류하는 일도 함께 이뤄지는 것이 바람직하다.

이러한 봉사의 네트워킹을 통해 봉사에 참여한 학생들은 봉사를 통해 서로를 알아가는 기쁨이 있고, 타 대학 및 해외학생들과도 교류함으로써 사회관계 및 세계인으로서 인지의 폭을 넓힐 수 있는 계기가 된다. 이들이 졸업 후에도 그들이 서로 만나 인간적으로 교류하고 봉사의 폭을 넓히는 계기로 이어진다면 바람직한 일이 될 것이다.

봉사의 네트워킹을 대학에만 한정시켜서는 안 된다. 지역 사회의 여러 자원봉사센터는 물론 세계 각 도시의 자원봉사센터와 연계하여 봉사를 보다 조직화하고 체계화시킬 필요가 있다. 일본은 현 단위까지 조직된 자원봉사센터가 학생들을 돕고 있다. 우리나라에서도 여러 구에서 자원봉사센터를 운영하고 있다. 대학과 봉사센터들이 서로 경험을 나누고 봉사에 대한 지식을 공유하며 새로운 봉사모형을 개발하는 것도 중요한 일이다.

3) 언제나 봉사의 기본 정신으로 돌아가

봉사에 몰입하다 보면 때로 봉사의 기본정신을 놓칠 수 있다. 그때 우리 스스로 '기본으로 돌아가라!(back to the basics)'를 외칠 수 있어야 한다. 기본 가운데 하나가 바로 조용하고 겸손한 봉사이다. 진정한 봉사는 왼손이 한 일을 오른 손이 모르게 하는 것이다. '소리 없이' 봉사할 때 봉사자로서의 겸손과 순수함을 잃지 않게 된다. 대학은 봉사를 권장하기 위해 때로 업적을 드러낼 필요도 있지만 가급적 조용하고 겸손한 봉사를 통해 매일 잔잔한 파장을 일으키는 것이 중요하다.

우리 대학은 봉사의 중요함을 일깨워주었고, 지금도 다양한 방법으로 사회봉사에 참여하고 있다. 하지만 대학의 사회봉사는 완성된 것이 아니다. 이제 시작에 불과하다. 선진국에 비하면 초보단계에 머물러 있다. 짧은 시간 내에 급격히 확산하다 보니 부작용도 적지 않고, 고치고 다듬어야 할 문제도 한두 가지가 아니다. 이런 때 대학이 해야 할 일은 사회봉사의 철학을 심화시켜 봉사 마인드를 키우고, 의무적 학습봉사를 자율적 자원봉사로 나갈 수 있도록 고취시켜야 하며, 우리 사회뿐 아니라 국제적으로도 봉사를 선도할 수 있는 섬김의 리더를 양성하는 일이다. 대학의 봉사도 언제나 거듭나야 한다. 양적으로 만족할 것이 아니

라 봉사의 질을 높이는 작업을 계속 해야 하며, 언제나 봉사의 기본정
신을 잊지 않아야 한다. 대학이 이런 모습을 보일 때 우리 사회도 한
차원 성숙할 수 있다.

327

　지금까지 대학의 사회봉사는 학생과 시민들에게 봉사의 기쁨을 심어
주고, 사회를 활성화하는 데 도움을 주었다. 앞으로는 과거의 미비한
점을 보완할 뿐 아니라 새로운 차원으로 승화되는 길로 나가야 한다.
대학은 사랑의 실천, 곧 사랑의 봉사, 실천의 봉사를 가르치는 못자리
이다. 앞으로 대학은 학교의 사명에 사회봉사를 천명하고, 이를 적극적
으로 실천해 나가야 한다. 학생들은 짧은 봉사활동을 통해 삶의 의미를
깨닫고, 그 경험을 평생 마음속에 간직할 것이다. 봉사는 봉사를 낳는
다. 우리가 어떻게 학생들을 이끄느냐에 따라 사회가 달라진다.

　사회봉사는 사람을 사람답게 만드는 데 목적이 있다. 사람을 만드는
데 있어서 거창고등학교의 '직업선택의 10계'는 너무나 유명하다. 그
가운데서 우리는 이 말에 경청할 필요가 있다. '아무도 인정하지 않는
곳으로 가라.' 사회봉사는 권력을 주지 않는다. 부도 가져다주지 않는
다. 그러나 사람의 사람됨을 가르쳐 준다. 그래서 우리는 늘 경쟁을 통
해 높은 자리를 지향하는 학생들을 향해 낮은 자리로 내려갈 것을 교
육할 필요가 있다. 그 길이 곧 삶의 보람을 찾는 길이요 우리 사회 모
두가 생명을 얻는 길이기 때문이다. 한국의 대학이 이 길에서 계속 앞
장 설 것을 기대한다.

　사랑이라는 말이 본뜻을 잃어가고 있는 이 시대에 사랑을 찾을 수
있는 길은 사회봉사이다. 대학은 학문뿐 아니라 가난한 사람, 소외된
사람, 우리의 관심 밖에 있는 사람에 대한 존엄성을 일깨우고 그들을
사랑하는 길을 배우고 가르치는 곳이 되어야 한다. 이를 위해 대학은
혼돈 속에서도 생명을 키우는 봉사의 촛불이 꺼지지 않도록 해야 한다.
교육과 학문을 통해서도 사랑을 실천할 수 있지만 이웃의 아픔에 관심

을 가지고 돌보는 일을 통해서도 사랑의 실천자가 나올 수 있다. 우리는 대학의 미래를 믿는다. 한국의 학생들 가운데서도 미래의 마더 테레사가 나오고, 헨리 나우웬이 나오기를 기대한다.

참고문헌

동양문헌

강봉식(엮고 옮김).(1963). 그리샤·로오마신화. 을유문화사.

강영안.(1997). 주체는 죽었는가. 문예출판사.

고바야시 히데오. (2004). 만철, 일본 제국의 싱크 탱크. 임성모 옮김. 산처럼.

곽차섭.(1994). "마키아벨리즘", 서양의 지적 운동. 김영한/임지현 옮김. 지식산업사.

금장태.(1998). 퇴계의 삶과 철학. 서울대 출판부.

김승일.(1999). "동아시아 공동체의 전통이념과 계승발전", 21세기 동북아협력. 넥서
　　　　스. 15-42쪽.

김영호.(1995). "EU와 동북아: 비교와 협력의 가능성", 유럽연구. 제2권 1호. 유럽한
　　　　국학회. 9월.

김정인.(2000). 성희롱 행동의 이해와 실제. 교육과학사.

김창규.(1999). "협력체제의 미래상과 법제도: 동북아 지역을 중심으로", 21세기 동
　　　　북아 협력. 넥서스. 43-85쪽.

김홍우.(1999). 현상학과 정치철학. 문학과 지성사.

남정현 외.(2002). 내가 살고 싶은 세상. 또 하나의 문화.

니콜로 마키아벨리.(2003). 로마사 논고. 강정인·안선재 옮김. 한길사(2003).

로빈 쿡.(2003). 복제인간 1·2. 공경희 옮김. 열림원.

루이 알튀세르(2001). 마키아벨리의 가면. 오덕근·김정한 옮김. 이후.

마광수.(1989). 나는 야한 여자가 좋다. 자유문학사.

마샬 버먼.(2001). 맑스주의의 향연. 문영식 옮김. 이후.

메그나드 데사이.(2003). 마르크스의 복수. 김종원 옮김. 아침이슬.

민병태.(1964). 정치사상 특강 노트. 서울대학교 정치학과.

박상섭.(2003). 국가와 폭력. 서울대 출판부.

박영신.(1987). "하버마스와 의사소통행위의 사회학", 현상과 인식. 11.2. 1987년 여

름호.

박이문.(1996). 문명의 위기와 문화의 전략. 민음사.

박지향.(1997). 영국사. 까치.

백승주.(2003). '한미동맹 50년 법적 제도적 고찰: 북한붕괴 시 한국군의 역할과 한계', 한국정치외교사학회 2003년 하계학술회의.

백영서 외.(2000). 발견으로서의 동아시아. 문학과지성사.

빌 에모트.(2003). 20 : 21 비전. 형선호 옮김. 더난출판.

시오노 나나미.(2003). 마키아벨리 어록. 오정환 옮김. 한길사.

시오노 나나미.(1996). 나의 친구 마키아벨리. 한길사.

신형식 · 최규성(엮음).(2004). 고구려는 중국사인가. 백산자료원.

알베라 미켈센 외.(2001). 복음주의와 여성신학. 솔로몬.

알렉스 캘리니코스.(2006). 평등. 선우현 옮김. 울력.

앤소니 기든스.(1998). 성찰적 근대화론. 한울.

에드워드 윌슨.(2000). 인간 본성에 대하여. 이한음 옮김. 사이언스북스.

에드워드 카.(1997). 역사란 무엇인가? 김택현 옮김. 까치.

에릭 홉스봄.(2000). 새로운 세기와의 대화. 강주헌 옮김. 끌리오.

오성삼 · 구병두.(1996). 교육과정 및 평가의 이해. 양서원.

오세철.(1977). "사회과학 이론 및 방법의 통합과 행동과학의 역할", 현상과 인식.1.1. 1977년 봄호.

오세철.(1978). "후기산업사회의 인간상", 현상과 인식. 2.3. 1978년 가을호.

오세철.(1979). "로날드 디 랭의 실존 휴머니즘과 반정신의학", 현상과 인식. 3.2. 1979년 여름호.

와다 하루키.(2004). 동북아시아 공동의 집. 이원덕 옮김. 일조각.

위르겐 하버마스.(2002). 인간이라는 자연의 미래. 장은주 옮김. 나남.

유명종.(1987). 퇴계와 율곡의 철학. 동아대 출판부.

윤순봉 · 장승권.(1995). 열린 시대 열린 경영. 삼성경제연구소

윤정일 외.(1995). 교육의 이해. 학지사.

윤휘탁.(2004). "근현대 중국의 고구려 · 발해인식", 한국 근대사와 고구려 · 발해인식, 독립기념관 한국독립기념사연구소 심포지엄, 2004년 8월 13일.

이귀윤.(1996). 교육과정연구. 교육과학사.

이그나시오 라모네 등.(2002). 아메리카. 최병권 등 엮음. 휴머니스트

이근관.(2003). '한미동맹 50년 법적 제도적 고찰: 북한붕괴 시 통치주체 문제에 대
      한국제법적 검토', 한국정치외교사학회 2003년 하계학술회의.

이기상.(1987). "대화로써 해방을!", 현상과 인식. 11.2. 1987년 여름호.

이문웅.(1978). "인간주의 사회학에 대한 반론: 문화적 결정론의 올바른 이해를 위하
      여", 현상과 인식.2.2. 1978년 여름호.

이성호.(1984). 교육과정. 문음사.

이영덕.(1991). 더 나은 교육의 탐구. 교육과학사.

이용배 외.(1999). 우리나라 여성들은 어떻게 살았을까 1-2. 청년사.

이용헌·오 만록.(1995). 학교교육의 과정과 행정관리론. 동신대학교 출판부.

이태준.(1935). 손거부. 신태양사.

장병인.(1997). 조선전기 혼인제와 성차별. 일지사.

전국역사학대회.(2004). "세계화시대의 역사 분쟁", 제47회 전국역사학대회. 서울대학
      교. 2004년 5월 28-29일.

정재식.(2004). "현대세계의 지평에서 본 한국 종교전통: 기억과 기대 사이에서", 석
      학연속강좌, 조선일보사 한국학술협의회 대우재단 공동주최. 2004년 5월 13,
      14일. 성균관대학교 600주년기념관 조병두홀.

조명한.(1978), "소박한 인간관으로서의 인본주의 심리학", 현상과 인식. 2.2. 1978년
      여름호.

조르주 뒤비 외.(1998). 여성의 역사. 상·하. 권 기돈과 정나원 옮김. 새물결.

조지 소로스.(2002). 조지 소로스의 열린사회 프로젝트. 최종옥 옮김. 홍익출판사.

주만수.(2006). "지방정부의 역할변화와 제도의 전환", 제4회 다이내믹 매니지먼트
      심포지엄 자료집. 한양대학교 산업경영연구소. 2006년 5월 23일.

최원식 외.(1997). 동아시아인의 동양인식: 19-20세기. 문학과지성사.

최종욱.(1987). "하버마스의 의사소통행위론에 대한 비판적 소론", 현상과 인식. 11.2.
      1987년 여름호. 칼 포퍼.(2002). 우리는 20세기에서 무엇을 배울 수 있는가.
      이상헌 옮김. 생각의 나무.

톰 하트만.(1999). 우리 문명의 마지막 사건들. 김옥수 옮김. 아름드리미디어.

피에르 브르드외.(1995a). 자본주의의 아비투스. 최종철 옮김. 동문선.

피에르 브르드외.(1995b). 구별 짓기: 문화와 취향의 사회학. 최종철 옮김. 새물결.

필립 맥그로.(2002). 자아. 장 석훈 옮김. 청림출판.

한국여성민우회.(2000). 성희롱 당신의 직장은 안전합니까. 21세기북스

331

한비야.(2001). 한비야의 중국견문록. 푸른 숲.

한스 알버트.(2002). "칼 포퍼와 20세기 철학', 칼 포퍼 탄생 100주년 기념 학술대회. 빈대학. 2002년 7월 3-8일.

한스 페터 마르틴·하랄트 슈만.(2003). 세계화의 덫. 영림카디널.

허련순.(2004). 누가 나비의 집을 보았을까? 인간과자연사.

헤롤드 제임스.(2002). 세계화의 종말. 이헌대 들 옮김. 한울.

후지와라 기이치.(2002). 민주주의 제국. 김희진 옮김. 에머지.

서양문헌

Ahmed, L.(1993). *Women and Gender in Islam: Historical Roots of A Modern Debate*. CT: Yale University Press.

Apple, M. W.(1982). *Education and Power* MA: Routledge and Kegan Paul.

Ausbel, D. P. et al.(1978). *Educational Psychology* NY: Holt, Rinehart and Winston.

Barro, R. J and Sala-i-Martin, X.(1998). *Economic Growth*. 2nd ed. NY: McGraw-Hill.

Beauchamp, T. L. and N. E. Bowie(eds.)(1997). *Ethical Theory and Business* NJ: Prentice-Hall.

Berman, M.(1988). *All That is Sold Melts into Air: The Experience of Modernity*. NY: Penguin.

Bernbach, J. M.(1998). *Job Discrimination II: How to Fight, How to Win*. NJ: Voir Dire Press.

Bobbitt, F.(1918). *The Curriculum*. MA: Houghton Mifflin.

Bourdieu, P.(1977). 'Cultural Reproduction and Social Reproduction', *Power and Ideology in Education*, Karabel and Halsey(eds.).

Bowles, S. and Gintis, H.(1976). *Schooling in Capitalist America*. NY: Basic Books.

Brenner, C.(1957). *An Elementary Textbook of Psychoanalysis*. NY: Doubleday & Co.

Byington, M.(2004). "An Irresoluble Dilemma of Histories past and Present: Koguryo in Chinese Historiography", 고구려정체성 심포지엄. 고구려연구회. 2004년 7월 28-30일.

Chappell, T.(1993). *The Soul of A Business: Managing for Profit and the Common*

Good. NY: Bantam Books.

Chomsky, N.(2001). *9-11.* NY: Seven Stories Press.

Cofer, C. N. and Appley, M. H.(1964). *Motivation Theory and Research.* NY: John Wiley & Sons.

Cooper, R.(2002). *Reordering the World.*

Daly, M.(1985). *Beyond God the Father: Toward a Philosophy of Women's Liberation.* MA: Beacon Press.

Davis, K., Frederick, W. C., and Blomstrom, R. L.(1980). "Arguments For and Against Social Involvement by Business", *Business and Society: Concepts and Policy Issues.* NY: McGraw-Hill.

De Beauvoir, Simone.(1989). *The Second Sex.* H. M. Parshley(옮김). NY: Vintage Books.

Demko, G. J. and Wood, W. B.(엮음) (1999). *Reordering the World: Geopolitical Perspectives on the Twenty-First Century.* CO: Westview Press.

Dent, C. M.(엮음)(2002). *Northeast Asian Regionalism.* NY: Routledge Curzon.

Dent, C. M.(1999). *The European Union and East Asia.* NY: Routledge.

Dent, C. M.(2004). *Asia-Pacific Economic and Security Cooperation.* NY: Palgrave Macmillan.

DesJardins, J. R. and J. J. McCall.(1990). *Contemporary Issues in Business Ethics.* CA: Wadsworth Publishing.

Donaldson, T.(1982). *Corporations and Morality.* NJ: Prentice-Hall.

Drever, J.(1971). *A Dictionary of Psychoanalysis.* Harmondsworth, England: Penguin Books.

Felder, D. G.(2001). *The 100 Most Influential Women of All Time.* CA: Citadel Press.

Ferguson, N.(2005). "Sinking Globalization", *Foreign Affairs*, Jan / Feb 2005.

Ferguson, N.(2004). "A World Without Power", *Foreign Policy*, July / Aug 2004.

French, P. A.(1979). 'The Corporation as a Moral Person', *American Philosophical Quarterly*, 16(July 1979), 207-215.

Freud, F.(1935). *Civilization and Its Discontents.* London: Hogarth Press.

Fromm, E.(1955). *The Sane Society.* NY: Holt, Rinehart and Winston.

Fromm, E.(1964). *The Heart of Man: Its Genius for Good and Evil.* NY: Harper &

333

Row.

Fromm, E.(1971). *The Crisis of Psychoanalysis*. CN: Fawcett Publications.

Fukuyama, F.(2002). *Our Posthuman Future: Consequences of Biotechnology Revolution*. NY: Farrar Straus & Giroux. 부자의 유전자 가난한 자의 유전자. 송정화 옮김. 한국경제신문사(2003).

George, Jr., C. S.(1972). *The History of Management Thought*. NJ: Prentice-Hall.

Goffman, J.(1980). *Center and Periphery*. CA: Sage.

Hardt, M. and Negri, A.(2001). *Empire*. MA: Harvard University Press.

Healy, W., Bronner, A. F., and Bowers, A. M.(1930). *The Structure and Meaning of Psychoanalysis: as Related to Personality and Behavior*. NY: Alfred A. Knopf.

Hobson, J. A.(1965). *Imperialism*: A Study. MI: University of Michigan Press.

Hood, J. M.(1996). *The Heroic Enterprise*: Business and the Common Good. NY: Free Press.

Horney, K.(1950). *Neurosis and Human Growth*. NY: W. W. Norton & Co.

Hosmer, L. T.(1996). *The Ethics of Management*. IL: Irwin.

Hurh, Won Moo, and Kwang Chung Kim.(1984). *Korean American in America: A Structural Analysis of Ethnic Confinement and Adhesive Adaptation*. NJ: Fairleigh Dickinson University.

Jay A.(1967). *Management and Machiavelli*. NY: Holt, Rinehart, and Winston.

Kass, L. R.(2003). *The Beginning of Wisdom: Reading Genesis*. NY: Free Press.

Kass, L. R.(2002). *Human Cloning and Human Dignity: The Report of the President's Council on Bioethics*. NY: PublicAffairs.

Kohlberg, L.(1983). "The Moral Atmosphere of the School", *The Hidden Curriculum and Moral Education*, H. Giroux and D. Pupel(eds.) CA: McCutchan.

Kubler-Ross, E. and Gold, T.(1998). *The Wheel of Life*. NY: Touchstone Books. 엘리자베스 큐블로 로스.(2001). 더 휠 어브 라이프 박충구 옮김. 가치창조.

Lilla, M.(1994). G. B. Vico: *The Making of An Anti-Modern*. MA: Harvard University Press.

Luthans, F., Hodgetts, R. M., and Thompson, K. R.(1990). *Social Issues In Business*: Strategic and Public Policy Perspectives. Macmillan.

Machiavelli, N.(1950). *The Prince and The Discourses*. NY: Random House.

Machiavelli, N.(1952). *The Prince*. L. Ricci.(옮김) NY: New American Library.

Machiavelli, N.(1956). *The Discourses on Livy*, A. H. Gilbert.(옮김) NC: Duke University Press.

Machiavelli, N.(1965). *Machiavelli: the Chief Works and Others*. A. H. Gilbert.(옮김) NC: Duke University Press.

Moore, N.(2002). *Stupid White Men and Other Sorry Excuses For the State of the Nation*. NY: Regan Books.

Nadler, R. and Hibino, S.(1990). *Breakthrough Thinking*. NY: St. Martin's.

Newstrom, J. W. and Ruch, W. A.(1975). "The Ethics of Management and the Management of Ethics", *MSU Business Topics* 23(Winter 1975):29-37.

Nietzsche, F.(1966). *Thus Spake Zarathustra*. NY: Modern Library.

Novak, M.(1996). *Business as a Calling: Work and the Examined Life*. NY: Free Press.

Nye, Jr., J. S.(2002). *The Paradox of American Power: Why the World's Only Superpower Can't Go It Alone*. NY: Oxford University Press. 제국의 패러 독스. 홍수원 옮김. 세종연구원.

O'Rourke, K. H. & J. G. Williamson.(2001). *Globalization and History: The Evolution of a Nineteenth-Century Atlantic Economy*. MA: MIT Press.

O'Shea, T. and J. Lalonde(1998). *Sexual Harassment: A Practical Guide to the Law, Your Rights, and Your Options for Taking Action*. NY: Griffin Trade Paperbacks.

Page, E. C.(1991). *Localism and Centralism in Europe*. London: Oxford University.

Palast, G.(2002). *The Best Democracy Money Can Buy*. UK: Pluto Press.

Pence, G. E.(1998). *Who's Afraid of Human Cloning*. IL: Rowan & Littlefield

Petrocelli, W. and Repa, B. K.(1998). *Sexual Harassment on the Job: What It Is & How To Stop It*. CA: Nolo Press.

Peters, R. S.(1966). *Ethics and Education*. London: George Allen and Unwin.

Pinar, W.(1975). *Curriculum Theorizing: The Conceptualists*. CA: McCutchan.

Plaskow, J.(1989). *Weaving the Visions: New Patterns in Feminist Spirituality*. CA: Harper SanFrancisco.

Purpel, D. E.(1995). *The Moral & Spiritual Crisis in Education*, 「교육에서의 도덕적·정신적 위기」, 권순택(옮김) 양서원.

Revel, J-F.(2002). *L'Obssession AntiAmericaine*. FR: Plon.

Ridley, M.(2000). *Genome*. HarperCollins. 게놈. 하영미 등 옮김. 김영사.

Robin, D. P. and Reidenbach, R. E.(1987). "Social Responsibility, Ethics, and Marketing Strategy: Closing the Gap between Concept and Application", *Journal of Marketing*, Vol.51, No.1(Jan. 1987).

Rogers, C. R.(1961). *On Becoming A Person: A Therapist's View of Psychotherapy*. MA: Houghton Mifflin.

Rokkan, S. and Urwin, D. W.(1982). "Introduction: Centres and Peripheries in Western Europe", D. Urwin(엮음). *The Politics of the Territorial Identity*. London: Sage.

Rolka, G. M.(1994). *100 Women Who Shaped World History*. CA: Bluewood Books.

Sabine, G. H.(1959). *A History of Political Theory*. NY: Henry Holt & Co.

Sachs, J. D.(2001). *Macroeconomics and Health: Investing in Health for Economic Development*. SW: World Health Organization.

Schama, S.(1988). *The Embarrassment of Riches*. CA: University of California Press.

Sen, A.(2000). *Development as Freedom*. NY: Anchor. 아마티아 센. (2001). 자유로서의 발전, 박우희 옮김, 세종연구원.

Shane, H. and J. Shane.(1974). *Learning for Tomorrow: The Role of the Future in Education.* NY: Random.

Shaw, W. H.(1991). *Business Ethics.* CA: Wadsworth.

Skinner, S. J. and J. M. Ivancevich.(1992). *Business for the 21st Century*. IL: Irwin.

Spinoza, B.(1938). *Ethic*. London: Macmillan and Co.

Stewart D.(1996). *Business Ethics.* NY: McGraw-Hill.

Stiglitz, J. E.(2002). *Globalization and Its Discontents*. NY: Cooper Square Publishers.

Tarrow, S.(1977). *Between Center and Periphery*. CT: Yale University Press.

Todd, E.(2002). *Apres L'empire: Essai sur la Decomposition du Systeme Americain*. FR: Gallimard Jeunesse.

Tyler, R. W.(1949). *Basic Principles of Curriculum and Instruction.* IL: University of

Chicago Press.

Wadud, A. and A. Wadud-Muhsin.(1999). *Qur'an and Woman: Rereading the Sacred Text from a Woman's Perspective*. NY: Oxford University Press.

Whitaker, Reg and R. Whitaker.(1999). *The End of Privacy: How Total Surveillance Is Becoming a Reality*. NY: New Press. 개인의 죽음. 이명균 외 옮김. 생각의 나무(2001).

Wren, D. A.(1979). *The Evolution of Management Thought*. NY: John Wiley & Sons. 현대경영학사: 경영사상의 발전, 양창삼 옮김(대영사, 1989).

337

신문, 잡지, 기타

고건.(2004). '북 붕괴 후 친중 괴뢰정권 설까 용천 폭발사고 때 한잠도 못자', 조선일보. 2004년 8월 27일.

김광일.(2004). '중국 1급 작가 조선족 허련순씨', 조선일보. 2004년 9월 20일.

김기철.(2002a). '세계의 석학 인터뷰, 제3의 길 앤서니 기든스', 조선일보. 2002년 11월 4일.

김기철.(2002b). '오늘의 미국 21C 세계제국인가', 조선일보. 2002년 12월 21일.

김성윤.(2001). '이슬람국가들의 여성지위', 조선일보. 2001년 11월 20일.

김승환.(2004). "탈식민의 깃발로 지역화와 문화적 가능성" www.chungbuk.ac.kr/~whan86

김혜림.(2005). "나눔의 철학", 울산매일신문사. 2005년 1월 15일.

박종세.(2004). "슈퍼 EU란?" 조선일보. 2004년 5월 10일.

배국원.(2004). "정재식 교수 인터뷰: 상생문화 이끌 새로운 종교 가치 찾아야", 조선일보. 2004년 5월 13일.

안석배·윤 슬기.(2002). '인간복제아기 탄생에 엇갈린 반응', 조선일보. 2002년 12월 28일.

양대언.(2004). "중국이 추진하는 동북공정은 만주, 간도의 명칭과 남북한의 장래와 깊은 관계가 있다." 한양대학교 산업경영대학원 특강 자료집, 2004년 10월 26일.

이규태.(2003). "소강사회", 조선일보. 2003년 2월 3일.

이규태.(2002). '복제인간 고금', 조선일보. 2002년 12월 2일.

이수훈.(1999). "미 자본주의 빛과 그림자", 조선일보. 1999년 8월 16일.

이철민.(2002). '세은, 이례적 보고서', 조선일보. 2002년 8월 26일.

이한구.(2002). "21세기 열린사회의 적은?" 조선일보, 2002년 7월 25일.

제프리 삭스.(2002). '글로벌화, 의사식 접근을', 조선일보. 2002년 11월 19일.

조형래.(2002). '성희롱, 조심조심 또 조심!' 조선일보. 2002년 12월 2일.

찰스 테일러.(2002). '근대성과 세속적 시간', 제6회 다산기념철학강좌. 한국철학회. 2002년 10월 29일.

파이낸셜뉴스.(2005). "재계 반 기업 정서 막아라.-삼성" 파이낸셜뉴스. 2005년 8월 18일.

포스코신문.(1995). '환경친화경영기틀 확립', 포스코신문. 1995년 12월 28일.

한기수.(1997). '기업윤리의 교과과정, 교육내용 및 교육방법에 관한 연구', 제1회 기업윤리 심포지움 논문집. 연세대학교 경영연구소. 1997년 5월, 1-50.

한재현.(2003). '나이키 광고에도 표현의 자유를', 조선일보. 2003년 1월 13일.

한준상.(1986). '잠재적 교육과정의 교육사회학적 이론화: 잠재적 교육과정과 학교교육의 변화', 교육논총. 2, 한양대학교 한국교육문제연구소. 1986년.

Brooke, J.(2004). "China Fears Once and Future Kingdom", *New York Times*. Aug. 26, 2004.

Byington, M.(2004). "Koguryo Part of China?" Koreaweb.ws/2004-January/004054.html

Cody, E.(2004). "China Gives No Ground In Spats over History", *Washington Post*. Sept. 22, 2004.

Diehl, J.(2002). "The Accidental Imperialist", *Washington Post*, December 30, 2002.

Foreign Affairs(2002). Sept. / Oct. 2002.

Kim, Tong-hyung.(2004). "North Korea Denounces China's Claim on Goguryeo", FreeNorthKorea.net Dec. 14, 2004.

The Economist.(2002). Aug. 7, 2002.

http://www.dkbnews.com/bbs/zboard(2004). "중, 고구려사 왜곡 진짜 이유는 북한 땅?" 2004년 8월 14일.

http://www.taejun.pe.kr taejun at taejun.pe.kr taejun at hitel.net

www.yahoo.co.kr. egoist852000. 2004년 5월 12일.

양 창 삼 서울대학교 정치학과(학사, 석사)
서울대학교 대학원(경영학석사)
웨스턴일리노이주립대학원(MBA)
펜실베이니아주립대학원
연세대학교 대학원(경영학박사)
총신대학교 대학원(M.Div., Th.M.)
한국사회이론학회 회장
한국인문사회과학회 회장
연변과기대 상경대학 학장
한양대학교 경상대학 학장
한양대학교 산업경영대학원 원장
평양과기대 설립 학사위원
현, 한양대학교 경상대학 경영학부 교수

저 서

『아리스토텔레스의 정치철학』(대영사, 1982).
『자아실현론』(성광문화사, 1982).
『반주류의 인간론』(대영사, 1982).
『조직사회론』(양서각, 1985).
『조직행동론』(대영사, 1988).
『기독교사회학의 인식세계』(대영사, 1988).
『현대조직철학』(대영사, 1990).
『조직이론』(박영사, 1990).
『한국의 경영사상』(양영각, 1993).
『조직행동의 이해』(법문사, 1994).
『거시조직이론』(박영사, 1995).
『조직혁신과 창조적 경영』(민영사, 1997).
『인간관계와 갈등관리』(경문사, 1997)
『최신조직이론』(법경사, 1999)
『e조직이론』(박영사, 2001)
『공맹사상에서 문명충돌까지』(한양대 출판부, 2002)
『창의성 개발과 기업경영』(석정, 2002)
『열린사회를 위한 성찰과 조직담론』(한양대 출판부, 2003)
『리더십과 기업경영』(경문사, 2003)
『디지털조직과 디지털경영』(형설출판사, 2003)
『자본주의 문제와 기독교의 사회적 책임』(한양대 출판부, 2004)
『뒤틀린 삶의 문제와 기독교적 대답』(한양대 출판부, 2004)
『인간관계의 이해: 상한 관계의 치유』(창지사,2005)
『조직혁신과 경영혁신』(경문사, 2005)

통합지향의 사회디자인

• 초판 인쇄	2007년 2월 28일
• 초판 발행	2007년 2월 28일
• 지 은 이	양창삼
• 펴 낸 이	채종준
• 펴 낸 곳	한국학술정보㈜
	경기도 파주시 교하읍 문발리 526-2
	파주출판문화정보산업단지
	전화 031) 908-3181(대표) · 팩스 031) 908-3189
	홈페이지 http://www.kstudy.com
	e-mail(출판사업팀사업부) publish@kstudy.com
• 등 록	제일산-115호(2000. 6. 19)
• 가 ㄹ	32,000원

ISBN   978-89-534-6503-9 93350 (Paper Book)
        978-89-534-6504-6 98350 (e-Book)